U0451894

中国新型显示产业蓝皮书
（2017—2018）

中国光学光电子行业协会液晶分会 | 编著
北京群智营销咨询有限公司

电子工业出版社
Publishing House of Electronics Industry
北京·BEIJING

内 容 简 介

本书共分为 5 篇，分别为综述篇、材料篇、装备篇、器件篇和应用篇。全书围绕"五纵五横"主轴展开，全面而系统地阐述中国新型显示产业的现状及发展。"五纵"是指显示面板、应用市场、材料、装备、政策；"五横"则是在"五纵"的基础上，将对市场、技术、产品、企业和投融资等全方位的分析贯穿其中。本书对中国新型显示产业近两年相关技术趋势和行业热点进行了全面而深入的分析，是显示产业相关政府主管部门、企业、科研机构、证券金融类投资机构人员等不可或缺的工具书。

未经许可，不得以任何方式复制或抄袭本书之部分或全部内容。
版权所有，侵权必究。

图书在版编目（CIP）数据

中国新型显示产业蓝皮书. 2017—2018/中国光学光电子行业协会液晶分会，北京群智营销咨询有限公司编著. —北京：电子工业出版社，2019.10
ISBN 978-7-121-37580-4

Ⅰ. ①中… Ⅱ. ①中… ②北… Ⅲ. ①显示器—产业发展—研究报告—中国—2017-2018 Ⅳ. ①F426.63

中国版本图书馆 CIP 数据核字（2019）第 218678 号

责任编辑：徐蔷薇　　特约编辑：许波建
印　　刷：天津嘉恒印务有限公司
装　　订：天津嘉恒印务有限公司
出版发行：电子工业出版社
　　　　　北京市海淀区万寿路 173 信箱　邮编：100036
开　　本：787×1 092　1/16　印张：16.5　字数：411 千字
版　　次：2019 年 10 月第 1 版
印　　次：2019 年 10 月第 1 次印刷
定　　价：2690.00 元

凡所购买电子工业出版社图书有缺损问题，请向购买书店调换。若书店售缺，请与本社发行部联系，联系及邮购电话：（010）88254888，88258888。
质量投诉请发邮件至 zlts@phei.com.cn，盗版侵权举报请发邮件至 dbqq@phei.com.cn。
本书咨询联系方式：xuqw@phei.com.cn。

《中国新型显示产业蓝皮书（2017—2018）》
编辑委员会

主任委员

乔跃山　　中华人民共和国工业和信息化部电子信息司司长

副主任委员

欧阳钟灿　中科院院士、中科院理论物理所原所长

孙　伟　　中华人民共和国国家发展和改革委员会高技术产业司副司长

吴胜武　　中华人民共和国工业和信息化部电子信息司副司长

王东升　　中国光学光电子行业协会液晶分会理事长、京东方科技集团股份有限公司董事长

高鸿锦　　中国光学光电子行业协会液晶分会名誉理事长、清华大学教授

李东生　　TCL集团董事长、深圳市华星光电技术有限公司董事长

陈宏良　　天马微电子股份有限公司董事长

朱立锋　　中国电子信息产业集团有限公司总经理助理、中电工业互联网有限公司董事长

张德强　　维信诺集团总裁

陈忠国　　彩虹集团有限公司总经理，彩虹显示器件股份有限公司董事长、党委书记，彩虹光电科技有限公司董事长、党委书记

编　　　委（按姓氏笔画排列）

王威伟	中华人民共和国工业和信息化部电子信息司电子基础处处长
王　漪	北京大学信息科学技术学院微电子系教授
包英群	中国国际工程咨询公司高技术业务部电子装备处处长
关旭东	北京大学信息科学技术学院教授
孙学军	南京华东电子信息科技股份有限公司总经理、成都中电熊猫显示科技有限公司董事长
孙政民	深圳市平板显示行业协会首席顾问
关积珍	中国光学光电子行业协会 LED 显示应用分会理事长
张百哲	清华大学化学系教授
张志华	中华人民共和国国家发展和改革委员会高技术产业司新兴产业一处处长
林元芳	中国电子视像行业协会专委会主任
徐　红	中国国际工程咨询公司高技术业务部副主任
徐　征	北京交通大学光学工程专业教授
袁　桐	中国电子材料行业协会常务副秘书长
梁新清	中国光学光电子行业协会液晶分会秘书长
董友梅	京东方科技集团股份有限公司执行副总裁
董绪旺	中国光学光电子行业协会液晶分会名誉理事长
薛文进	南京平板显示行业协会副会长

《中国新型显示产业蓝皮书（2017—2018）》
编辑部

名誉主编：高鸿锦

主　　编：梁新清

副 主 编：胡春明　李亚琴

编　　委：陈　军　张　虹　曹　倩　谢玉婷　郑玉善　张黎明

目　录

综　述　篇

第1章　全球新型显示产业发展回顾暨大事记 2
第2章　中美贸易摩擦对新型显示产业的影响 18
第3章　中国离制造强国还有多远？ 21
第4章　中国新型显示产业发展与中国制造2025 25

材　料　篇

第5章　市场 34
　5.1　基板玻璃 34
　5.2　盖板玻璃 37
　5.3　偏光片 38
　5.4　显示芯片 41
　5.5　OLED发光材料 44
　5.6　混合液晶材料 48

第6章　产品 53
　6.1　基板玻璃 53
　6.2　盖板玻璃 58
　6.3　玻璃导光板 62
　6.4　OLED偏光片 64

第7章　技术 68
　7.1　显示驱动芯片 68
　7.2　新一代蓝相液晶材料将取代彩膜 70
　7.3　OLED材料发光原理及TADF材料发展进展 71
　7.4　聚酰亚胺（PI）薄膜 74

第8章　企业 80
　8.1　国内显示玻璃企业最新现状分析 80
　8.2　全球OLED材料企业最新现状盘点 85

第9章 投资 92
9.1 国内偏光片企业投资现状与趋势分析 92
9.2 2017年中国大陆地区光学膜项目新增投资状况 94

装 备 篇

第10章 市场 98
10.1 显示装备 98
10.2 智能制造系统 100

第11章 产品 111
11.1 TFT-LCD/AMOLED 生产装备概述 111
11.2 无机薄膜沉积设备 114

第12章 技术 117
12.1 激光加工 117
12.2 自动光学检测 120
12.3 AMOLED 补偿技术 124

第13章 企业 127
13.1 精密金属掩膜版企业竞争格局与最新进展 127
13.2 国内显示装备企业现状及技术发展趋势 129

第14章 投资 137

器 件 篇

第15章 市场 140
15.1 全球显示器件（面板）市场总结与趋势 140
15.2 液晶显示（LCD）器件（面板） 142
15.3 有源矩阵有机发光二极管（AMOLED）器件（面板） 157
15.4 微米级发光二极管（Micro LED）显示器件 160

第16章 产品 162
16.1 车载显示器件（面板）AMOLED 技术优势与挑战 162
16.2 数字光处理技术微型投影与智能驾驶 163

第17章 技术 166
17.1 LCD 技术趋势分析 166
17.2 柔性 LCD 172
17.3 全球及中国印刷显示产业发展情况 174
17.4 Micro LED 178
17.5 硅基 OLED 微显示 187
17.6 平行现实显示 191

第18章 企业 ...194
18.1 显示器件（面板）企业竞争策略分析 ...194
18.2 JOLED 公司的现状及未来发展规划 ...206
18.3 Micro LED 巨量转移企业概况 ...208

第19章 投资 ...211
19.1 高世代 LCD 显示面板产能竞争焦灼化 ...211
19.2 AMOLED 投资仍然非常积极 ...212
19.3 资本和新进入者不断涌入面板产业 ...213

应 用 篇

第20章 市场 ...216
20.1 智能手机 ...216
20.2 电视 ...222
20.3 虚拟现实与可穿戴装置 ...229

第21章 产品 ...236
21.1 全面屏手机 ...236
21.2 8K 电视 ...238

第22章 技术 ...242
22.1 触控与显示驱动器集成屏下指纹技术 ...242
22.2 无线充电技术 ...243
22.3 HDR 技术 ...245

第23章 企业 ...248
23.1 三星电子 ...248
23.2 苹果公司 ...248
23.3 LG 电子 ...248
23.4 TCL ...249
23.5 海信 ...249
23.6 创维 ...250
23.7 康佳 ...250
23.8 长虹 ...250
23.9 华为 ...251
23.10 小米 ...251
23.11 OPPO ...252
23.12 vivo ...252

第24章 投资 ...253

综述篇

第1章 全球新型显示产业发展回顾暨大事记

1897 年，德国物理学家发明了阴极射线显像管（Cathode Ray Tube，CRT），1951 年，出现了彩色 CRT。20 世纪 60 年代，平板显示器件（Flat Panel Display，FPD）问世，其中主要有液晶显示器（Liquid Crystal Display，LCD）、发光二极管（Light Emitting Diode，LED）、等离子显示板（Plasma Display Panel，PDP）、电致发光显示器（Electroluminescent Display，ELD）、真空荧光显示屏（Vacuum Fluorescent Display，VFD）、场致发射显示（Field Emission Display，FED）等。1984 年，又出现了超扭曲向列屏（Super Twisted Nematic，STN）和薄膜晶体管液晶显示器（Thin Film Transistor-LCD，TFT-LCD），LCD 的发展大大扩展了显示器件的应用范围，使移动显示器成为现实。

1998 年，CRT 背投电视、多晶硅（P-Si）TFT-LCD 投影显示性能和技术获得重大突破，又出现投影显示技术——LCOS（Liquid Crystal On Silicon），使投影显示进入快速发展阶段。在 90 年代以前，以彩色 CRT 显示为主导。

20 世纪 90 年代，彩色 TFT-LCD 大生产技术取得突破，高亮度和蓝色 LED 出现，彩色 PDP 亮度和性能提高，使彩色 FPD 走向市场。由于各种彩色 FPD 的发展，特别是彩色 TFT-LCD 的发展，20 世纪末期，传统的 CRT 显示器已经不能满足人们的日常生活需求，不同整机、不同用户对显示器件的性能要求不同，都在选取最佳的显示器件，完成最佳的显示功能，从而带动各种新型显示器件技术不断推陈出新。在实际应用中，不同新型显示技术都有自己的优点和限制，在各自有优势的尺寸范围、应用领域和消费群体中生存和发展，不是简单的一种显示器代替另一种显示器。

新型显示器件的技术、工艺和材料涉及多学科，其核心部件——显示屏的生产工艺主要涉及薄膜工艺、厚膜工艺、微细加工工艺、电真空工艺、半导体工艺等；新型显示器件产业是资金密集型、技术密集型、上中下游产业链联系紧密型的产业，也是带动企业聚集的产业。该产业具有长期性特征，必须依靠政策支持和相对完善的产业环境，各级政府应有所作为。

1. 中国 CRT 显示发展历程

20 世纪，中国显示器件产业发展以与彩电配套的彩色显像管为主。从 1967 年成都红

---

* 本书介绍 2017—2018 年中国新型显示产业情况，如无特殊说明，书中的"协会"指"中国光学光电子行业协会液晶分会"，"目前"基于 2018 年。另外，本书涉及部分 2017 年和 2018 年的预测数据，对应的实际数据将在之后的《中国新型显示产业蓝皮书 2018—2019》中给出。

第1章　全球新型显示产业发展回顾暨大事记

光电子管厂成功试制中国第一只 5 英寸彩色显像管起，1977 年 4 月，国家批准引进彩色显像管成套技术，定名为"咸阳彩色显像管工程"。1979 年 4 月动工，1981 年 6 月建成投产，到 1984 年，当时的电子工业部提出"从努力发展消费类电子产品入手，实现电子工业发展良性循环"，做出了加速彩电国产化步伐的决策，确定了"高起点引进、消化吸收"的发展方针，成立了彩电国产化领导小组，组织实施彩电国产化"一条龙"工程，彩电行业总投资超过了 300 亿元，累计引进为彩电配套的电子元器件生产线共 286 条，形成了彩电整机生产到配套基础元器件生产的一条龙式的 CRT 产业链，实现彩色电视机国产化水平达到 95%以上，建立了品种齐全、经济规模不断扩大、技术水平不断提高的相对完整的 CRT 彩电工业体系。

截至 2005 年，中国已具备 9000 万台彩电、1 亿只彩色显像管（简称"彩管"）的年产能力。累计生产彩电近 5.9 亿台，出口 1.72 亿台，销售收入约 1.1 万亿元，实现利税 730 多亿元；彩管工业累计生产彩管近 7 亿只，销售收入达 4000 亿元，创利税 300 多亿元。彩电和彩管工业直接提供了超过 40 万人的就业岗位，带动了相关配套产业的发展，在激烈的市场竞争中积累了丰富经验，为电子信息产业的长远发展积累了资金。据测算，一年可节省外汇 135 亿美元，产生了明显的经济和社会效益，活跃了市场，保证了供给，回笼了货币，带动了元器件的升级换代，从进口"替代型"进入创新阶段，行业逐步走上了自主发展的轨道，为产业持续、快速、健康发展做出了重要贡献。

除咸阳彩虹光电科技有限公司（简称"咸阳彩虹"）和上海永新显示技术有限公司（简称"上海永新"）属国内企业外，LG 电子（中国）有限公司湖南办事处（简称"长沙 LG"）、华飞彩色显示系统有限公司（简称"南京华飞"）、松下电器（中国）有限公司（简称"北京松下"）、深圳三星 SDI、深圳赛格日立彩色显示器件有限公司（简称"深圳赛格日立"）、东莞福地电子材料有限公司（简称"东莞福地"）、汤姆逊佛山彩色显像管有限公司（简称"佛山汤姆逊"）、天津三星电子有限公司（简称"天津三星"）、上海索广电子有限公司（简称"上海索广"）、华映科技集团股份有限公司（简称"福州华映"）等均属外资生产企业。产业上游的 7 家玻壳企业，生产线为 46 条，产能为 9000 万只；直接价值达 500 亿元，生产总量达 9800 万只，相关从业人员达 10 万余人，CRT 彩色显像管企业除在 1999 年将 CRT 升级至 34 英寸纯平外，再也没出现重要的技术革新。

进入 21 世纪，一个以视像为核心的、融合了众多产业的新经济浪潮在全球范围内兴起，朝着随时、随地接收和显示大量多媒体信息的视像化方向发展。全球彩电和显示技术的发展步入数字技术、平板显示、节能环保、产品与内容融合的结构调整和技术升级，多种显示技术并存发展的新阶段。中国已建成的 CRT 显示工业体系即将被颠覆，刚跻身竞争前列、踌躇满志走向国际化的中国彩电企业又重新退到"缺芯少屏""两头在外"的加工制造末端，中国视像产业处在历史的十字路口。

发展平板显示产业是大势所趋，是新一代信息技术发展的必然结果，也是信息时代的要求，是产业自身谋强图存的需要，更是保证产业经济安全必由之路。政府对此高度重视，启动了平板显示产业建设。经过短短十多年的努力，2012 年 6 月，彩虹宣告彩管停产，象征 CRT 时代结束，基本实现从 CRT 显示向平板显示的转型和从模拟电视技术向数字电视技术的变革。视像行业的战略地位日趋凸显，从传统家电业转变为战略性新兴产业，具备成为信息产业支柱的战略前景，将对中国整个信息产业的发展产生深远影响。

2. 全球 LCD 技术和产业发展历程

1968 年，美国无线电公司（Radio Corporation of America，简称"RCA 公司"）研究出动态散射型（Dynamic Scattering Mode，DSM）LCD，LCD 手表进入实用化阶段。1971—1984 年，扭曲向列型 LCD（TN-LCD）被发明，主要应用于钟表、计算器。1985—1990 年，超扭曲 LCD（STN-LCD）问世，并投入大规模工业化生产。非晶硅薄膜晶体管（amorphous Silicon Thin Film Transistor，a-SiTFT）制造工艺技术实现突破，进入大信息容量化、全彩色新阶段，应用产品以笔记本电脑等 STN 为主流。

1990—2000 年，LCD 技术发展进入高画质 LCD 新阶段。在此期间，技术飞速发展成熟，TFT-LCD 开始从第 1 代到第 4 代建立生产厂。1968—1997 年，日本投入大量资金，率先进行大规模工业化生产，其 LCD 显示引领全球，成为显示产业先行者，垄断全球面板产业关键核心技术和标准。1989 年，TFT-LCD 技术飞速发展并迅速成熟，日本建第 1 代 TFT-LCD 生产线，于 90 年代建第 1~3 代生产线。1999 年，夏普公司（简称"夏普"）建第 3.5 代生产线，2000 年建第 4 代生产线，2003 年建第 6 代生产线，2006 年第 8 代生产线建成。2010 年，夏普第 10 代 TFT-LCD 生产线建成。在日本，率先应用于手表、钟表、计算器、笔记本电脑。

1997 年，亚洲金融危机爆发后，全球面板市场不景气，日本企业大多面临亏损的窘境。韩国厂商攻克产业化的关键环节和关键技术，实现了产业升级和跨越发展。三星集团（简称"三星"）和 LG 集团（简称"LG"）采取反周期的投资战略，投入数十亿美元，建设大尺寸液晶面板生产线，让日本企业望尘莫及。2001 年，三星、LG 率先建设第 5 代生产线；2004 年，三星建第 7 代生产线，2005 年，LGP 建第 7.5 代生产线。第 5 代生产线正是韩国超过日本的分水岭，标志着 TFT 向大面积化发展，开始了在 TV 方面替代 CRT 进程。推动 TFT 液晶面板进入电视应用阶段的主角，已经不是日本，而是韩国。2011 年，三星、LG 部分 TFT-LCD 生产线被改造成有源矩阵有机发光二极体（Active-Matrix Organic Light-Emitting Diode，AMOLED）生产线；2013 年，建成第 8.5 代有机发光二极管（Organic Light-Emitting Diode，OLED）生产线。在此期间，中国台湾地区实施"两兆双星"计划，为自身面板产业的发展营造了难得的政策氛围，但由于缺少 TV 品牌和市场支持，资源缺乏，面临产业整合的局面。

2001—2009 年的 10 年间，TFT-LCD 技术成熟、产业链完善，全球共有 TFT-LCD 生产线 113 条，形成 17083 万平方米/年的产能。其间，中国大陆地区以小尺寸为主建 4 条第 5 代生产线、3 条 PDP 生产线。在世界各地区中，韩国、日本、中国台湾地区形成三分天下的局势。

2008 年爆发金融危机，全球经济形势低迷。中国平板显示产业逆势投资，2009—2015 年，全球新建 20 条 TFT 生产线，生产能力达 25622 万平方米，中国逆势跨越追赶，全面布局，产能扩大，新建 16 条 TFT 生产线，到 2015 年，累计投资 4308 亿元（折合 700 亿美元），形成面板产能由 2009 年的 158.7 万平方米到 2015 年的 7612 万平方米的突破。2009—2015 年，TFT-LCD 成为市场主流技术，LTPS、IGZO 技术突破，OLED 产业化，PDP 退市。各类新技术、新产品、新应用在市场中竞技发展。全球战略重心变成"三国四地"。

2016 年，全球 6 代以上面板生产线共有 34 条，其中，韩国有 7 条（7235 万平方米），日本有 5 条（1122 万平方米），其余在中国。其中，中国台湾地区有 11 条（3762 万平方米）。中国大陆地区全面追赶，迎接挑战，一年集中投资 3358 亿元（折合 482 亿美元），新增 11 条生产线（5933 万平方米，占全球 27%）。截至 2016 年年底，中国大陆地区面板总产能已达到 7869.69 万平方米/年，其中，TFT-LCD/OLED 产能为 7788.32/81.37 万平方米/年，位居全球第三，按面积计算占全球市场的 29.6%。2017 年，中国实现超越发展，2017—2020 年，预计新增产能 9400 万平方米/年，占全球 36%，其中 LCD/OLED 产能达到 8564/836 万平方米/年，届时，中国大陆地区的面板总产能将跃居全球第一。

2016 年，鸿海精密集团（简称"鸿海"）收购夏普公司，重塑全球产业版图。全球面板业集中在 4 个国家（地区）的 15 家企业，其中，韩国有 2 家，中国大陆地区有 7 家（含富士康的深超光电），中国台湾地区有 4 家，日本有 2 家（JDI、夏普），布局从地区布局模式变成集团模式，市场竞争从地区竞争模式变成集团竞争模式。

3. 中国发展新型显示产业的历程

中国显示器件产业经过二十多年的发展，在 CRT 显示快速发展的同时，在 20 世纪 80 年代初通过技术引进改造、消化吸收，逐渐掌握大生产技术和工艺，已初步形成了一定的产业基础。到 2005 年，彩色显像管（CRT）的产量约占世界产量的 50%，中国跨入世界彩管生产大国的前列，形成了 TN-LCD 生产线约 30 条、STN-LCD 生产线约 77 条、CSTN 生产线约 12 条、TFT-LCD 生产线 4 条的规模，成为世界上 TN-LCD 和 STN-LCD 的最大生产国，LCD 产量约占世界产量的 25%，其中 TN-LCD 的产量约占世界产量的 70%~80%。LCD 产值排名世界第四，LED 产量约占世界产量的 12%。在真空荧光显示（VFD）方面，中国已成为世界第三大生产国。等离子体显示器件（PDP）研究开发取得很大进展，有机 EL、场致发光（EL）、场发射（FED）均有一定的发展。

中低档液晶显示器件已经覆盖的产品包括手表、计算器、仪器仪表、PDA、手机、可视电话、台式计算机、笔记本电脑、大屏幕电视等，在各自领域获得了广泛应用。但与国外相比还存在很大的差距，产品设计开发能力不强，生产技术比较落后，产品档次偏低，配套能力较差，关键的原材料和设备还依靠进口。尽管中国大力发展 TFT-LCD 较晚，但后发优势明显。中国 TFT-MCD 产业发展经历以下三个阶段。

（1）2003—2008 年，技术引入和技术积累的起步阶段：2001 年，吉林彩晶数码高科显示器有限公司（简称"吉林彩晶"）第 2.5 代 TFT-LCD 生产线，从无源步入 TFT-LCD，开始局部突破，同时布局发展 PDP。2003 年，京东方科技集团股份有限公司（简称"京东方"）收购现代业务，2007 年后"十一五"规划以 FPD 为发展重点，国内京东方、上海广电信息产业股份有限公司（简称"上广电"）、昆山龙腾光电有限公司（简称"龙腾光电"）、深超光电（深圳）有限公司（简称"深超光电"）第5代TFT-LCD生产线相继量产。

（2）2009—2017年，产业化能力提升，产能扩大，技术追赶阶段：2008年金融危机，全球经济形势低迷，中国在《电子信息产业调整和振兴规划》中明确将TET-LCD列入重点任务和重大工程，加强产业规划，推动产业结构合理布局。经国务院批准，国家发展和改革委员会（简称"发改委"）、工业和信息化部（简称"工信部"）联合发布了《2010—2012年平板产业发展规划》，启动了平板显示产业垂直整合示范工程、专项工程、技改项目。

以突破新型显示产业发展的瓶颈为目标，以高世代TFT-LCD面板生产线建设为重点，围绕玻璃基板、高世代液晶面板线、模组与整机一体化、相关产业配套及OLED制造等领域，通过各种联合方式打造平板显示产业链，掀起建设高世代线热潮。全球86%的新增生产线在中国大陆地区。

2009年发布了《2010—2012年平板产业发展规划》，恢复高世代生产线国家统一审批。提出自主建设高世代TFT-LCD生产线；充分利用现有基础，适时切入AMOLED，争取中国站在AMOLED产业发展的第一线；用税收政策支持中国新型显示产业发展；用产业化专项支持中国FPD上游产业链的发展。

三年的振兴规划，组织实施了多项专项工程：天马微电子股份有限公司（简称"天马"）3条4.5代生产线，京东方4.5代生产线、6代生产线和8.5代生产线，昆山7.5代生产线获批开工；2010年，国家工艺技术实验室投入使用，合肥6代生产线量产，华星8.5代生产线开工、三星、LG项目获批；2011年，南京6代生产线量产，京东方和华星光电8.5代生产线相继量产，三星在苏州建设的8.5代生产线及友达光电股份有限公司（简称"友达光电"）在昆山投资的8.5代生产线量产；2012年，LGD在广州投建的8.5代生产线开工，合肥8.5代生产线开工，中电熊猫10代生产线获批；京东方和华星光电8.5代生产线线达设计满产目标。被动矩阵有机电激发光二极管（Passive Matrix OLED，PMOLED）市场有一定规模，AMOLED开始起步。

2013年，中国显示产业又进入十字路口：中国已建的8条高世代面板产能是否过剩？今后发展方向是TFT-LCD还是AMOLED？政府审批权下放，产业政策环境变化，新型显示产业发展如何？这些问题在社会上引发广泛讨论，为了客观评价中国显示面板产业现阶段的发展状况，指明今后的发展方向，国家组织实施了新型显示产业创新发展三年行动专项（2014—2016年）。

截至2015年12月31日，中国大陆地区在平板显示全产业链上的累计投资已经超过4000多亿元，形成面板产能6920万平方米（约10条8.5代生产线，10万片/月），中国产能占比由2009年的3.2%上升到2015年的27%，实现面板产值1700亿元。

- 生产规模：6条4.5代生产线（其中OLED 2条）；8条5~5.5代生产线（其中OLED 4条）；14条6代生产线（其中OLED 7条，含3条柔性）；14条8代以上生产线（其中OLED 1条）；4条10.5代生产线，分布于20个省市，共12个投资主体。2016年出货面积达到7869万平方米，占全球市场的29.6%，居全球第三；2017 年出货面积达到 9000 万平方米，占全球市场的 29.6%，居全球第二。预计 2020 年出货面积可达 16000 万平方米，占全球市场的 50%，产值达到 2500 亿元，占全球的 35%。

- 目前全国基本形成 5 个各具特色、分工合作、投资主体相对集中的产业园区（北京辐射圈、长三角地区、珠三角地区、海西经济区、以成都为主的西部开发区）聚集格局，国产化配套率提升至 31%，装备国产化率已经提升到约 15%，关键材料配套率达到 45%以上。其中，中小尺寸配套率达到 60%，大尺寸及 AMOLED 配套率达到 30%。
- 人才队伍：培育一支具备自主研发能力的生产经营队伍；掌握包括建线技术、工艺技术、制造技术在内的全套 TFT-LCD 技术，并在核心技术上取得突破。

（3）2018—2020 年超越挑战阶段："十三五"是中国信息技术活跃期，以智能工业、网络社会、在线政府、数字生活为主要特征的信息经济社会将引领中国从工业经济向信息经济发展转型。全球科技变革兴起，工业革命热潮带来 FPD 产业制造变革，是中国平板显示产业全面追赶、做大做强的"关键时间窗口"。

在认真总结《2014—2016 年新型显示产业创新发展行动计划》和中国十多年发展显示产业经验的基础上，把握产业发展趋势，结合中国显示产业目前存在的大而不强的现实情况，以创新驱动、提质增效、扩大应用、智能制造、产业集聚为重点，加紧统筹规划和前瞻部署，贯彻习近平总书记提出的加速从"跟跑者"向"并行者""领跑者"转变进程，实现产业由大变强的历史跨越，组织实施超越发展三年行动计划（2018—2020 年）。组织实施跨越行动计划是大势所趋、时代要求，也是产业自身谋强图存的需要。

提出坚持政府引导和市场配置相结合，以供给侧改革为主线，以提质增效为核心，以满足有效需求为目标的发展原则。着力巩固产业优势地位，着力布局前瞻性技术，着力营造产业生态环境，建成自主、安全、可控平板显示工业体系。围绕市场需求，拓展应用领域；突破关键技术，破解发展瓶颈；完善配套体系，夯实发展基础；整合优势资源，优化集聚布局；聚焦智能制造，强化提质增效；完善"窗口指导"等管理机制，实施专项行动。具体包括以下几方面。

（1）技术创新引领行动：重点是应用于金属氧化物、低温多晶硅、大尺寸液晶、OLED、全面屏、集成触控及 HDR 等高端产品的技术研发和产业化；

（2）前瞻技术布局行动：重点是量子点（AMQLED）、MicroLED、微显示（AR/VR）、碳基、激光、全息、打印等技术和产品的创新性探索研发；

（3）本地材料保障行动：重点是基板材料、液晶材料、发光材料、电子化学品、光学膜、驱动 IC、电子特气、掩膜版、靶材等国产化研发和产业化；

（4）另外还有装备配套提升行动、关键技术共享行动、产业集聚发展行动、开放合作共赢行动、应用需求拓展行动。

显示终端数字化、绿色化、网络化、智能化、异型化的发展，对新型显示产业提出了更高的要求：更大屏幕、更高分辨率、更低耗电量、更宽视角、更高对比度、更轻薄、更低成本，同时要解决当前产业存在的阻碍产业持续、健康、超越发展的亟待解决的问题和瓶颈：

一是技术快速变革与技术储备不足、领军人才欠缺相矛盾，技术发展仍处在追赶阶段，面临国外先行者的专利、标准壁垒，以及前瞻技术受控的严峻复杂的竞争局面。

二是产业规模迅速扩张与产业链不完整、质效不高之间的不协调，零配件、关键材料和核心装备已成为制约中国新型显示产业发展的瓶颈，90%以上的工艺设备、70%以上的零配件和材料仍依赖进口，影响产业安全，存在产业波动、不可控、不持续发展的潜在风险。

三是市场供需关系由产能需求转变为产品结构的矛盾。面临低端产品产能过剩、高端产品不能满足需求，产业重返增产不增效的老路。手机、平板电脑、笔记本电脑、显示器和电视五大传统细分市场往高端发展，以及出现车载、医用、工控、公用、穿戴、透明、镜面、物联网终端设备等诸多新的细分应用领域。

四是对标国际先进水平存在差距，提质增效、高效节能、智能制造、绿色制造还没落实。

五是产业发展环境变化，审批权下放，"政府主导+市场导向+政策引导+市场驱动"，税收政策放开，进口材料设备零关税，缺乏调控手段，地方政府以发展实体经济为最佳项目，因此优先选择芯片及显示领域盲目投资为产业长远发展埋下隐患。同时，忽视了当前的重点是提质增效、高端技术、绿色智能制造，以及依靠技术创新拓展新的市场应用。

附录：2017—2018年新型显示产业大事记

◆ 2017年

1月22日：广东省印刷及柔性显示创新中心成立大会在广州举行。

1月26日：华星光电11代（3430毫米×3040毫米）氧化物及OLED新型显示器项目（总投资453.50亿元，产能为90千片/月）通过评审。

2月4日：天马6代LTPS生产线在厦门点亮。

2月6日：京东方在合肥签署打印OLED技术项目投资协议。

2月7日：投资300亿元的福州京东方8.5代生产线投产。

2月16日：康宁公司（简称"康宁"）重庆二江区第二个8.5代生产线LCD基板工厂投产。

2月27日：投资120亿元的重庆惠科金渝光电科技有限公司（简称"惠科"）8.5代生产线投产。

3月1日：广州超视堺10.5代生产线开建。

3月3日：华星光电"AMOLED工艺技术国家工程实验室"项目启动仪式暨首届理事会会议在深圳举行。

3月30日：京东方与云南北方奥雷德光电科技股份有限公司（简称"奥雷德"）、高平科技签署10亿元硅基OLED微显示合作项目。

3月30日：阜合园区管委会与安徽海德致远电子科技有限公司签订7.5代面板线和500万台液晶显示器模组生产线项目。

3月30日：华星光电与武汉东湖新技术开发区管委会签订合作协议，投资建设6代LTPS-AMOLED柔性显示面板生产线。

3月31日：福建华佳彩有限公司6代TFT-LCD生产线项目点亮成功。

4月14日：由五家面板企业承担的2015新型显示产业关键共性技术应用共享工程验收。

4月20日：财政部、发改委、工信部和海关总署组织专家对进口平板显示材料及设备备品备件清单进行清理。

4月20日：武汉天马6代AMOLED生产线产品点亮。

5月6日：北京集创北方科技股份有限公司在北京亦庄举办第二届京台两岸面板显示产业高峰论坛。

5月8日：石家庄诚志永华显示材料公司30周年庆典及新液晶材料生产线落成。

5月9日：浙江永太科技股份有限公司（简称"永太科技"）投资0.95亿元建OLED电子材料项目。

5月10日：三星A4厂6代柔性OLED项目开建。

5月11日：国内第一条柔性OLED生产线——成都京东方B7厂6代生产线点亮，10月26日柔性AMOLED正式量产。

5月26日：中国电子视像行业协会OLED分会在长春举办"2017新型显示技术研讨会"。

6月12日：京东方北京视讯增资10亿元在合肥建800万台43～85英寸大尺寸整机电视项目。

6月13日：华星光电第6代柔性LTPS-AMOLED显示面板生产线在武汉光谷正式开工。

6月20日：投资465亿元的绵阳京东方6代OLED生产线开建。

6月23日：由南京平板显示行业协会主办2016海峡两岸（南京）新型显示产业高峰论坛。

6月26日：北京夏禾科技OLED材料公司成立。

7月17日：中电熊猫8.5代非晶态IGZO BCE制程面板产品点亮。

7月25日：LG宣布将在广州市建设一家生产OLED大尺寸面板的合资工厂。

7月26日：工信部电子信息司、国家发改委高技术司共同召开了《新型显示产业超越发展三年行动计划（2018—2020年）》编制工作座谈会。

7月26日：富士康宣布在美国威斯康星州（Wisconsin）建面板生产线。11月11日，富士康威斯康星州100亿美元面板工厂签约。

8月2日：TCL集团股份有限公司（简称"TCL"）与香港大学新型印刷OLED材料及技术联合实验室成立。

8月10日：京东方宣布在武汉建第二条10.5代生产线。

8月21日：富士康宣布，在美国威斯康星州投资100亿美元建立LCD工厂。

8月21日：京东方与新三板公司奥雷德、滇中发展等共同投资11.5亿元，在昆明建设国内首条大型OLED微显示器件生产线。

8月24日：旭硝子玻璃股份有限公司8.5代熔炉投产暨11代熔炉开工仪式在惠州举行。

8月25日：中国电子视像行业协会组织专家对夏普10代工厂液晶生产线进行评审。

8月31日：成都中电熊猫显示科技有限8.6代TFT-LCD平板显示项目通过评审。

9月6日：中国电子彩虹集团"溢流法电子玻璃基板制备技术"在京正式启动。

9月8日：由集创北方公司和中芯国际IC（北京）公司承办的"2017第三届京台面板显示产业高峰论坛暨显示控制芯片技术研讨会"在北京亦庄召开。

9月9日：中国电子视像行业协会在北京对由福州大学、福建捷联电子公司、TCL集团和福建歌航电子信息科技公司共同开发的"高性能液晶显示模组与多屏交互技术及产业化应用"进行了科技成果鉴定。

9月：上海视涯信息科技有限公司投资的合肥综保区全球最大的硅基OLED微型显示器基地开工。

9月19日："2017国际OLED产业大会"在固安召开，纪念OLED发明30周年。

9月20日：维信诺公司（简称"维信诺"）柔性AMOLED全面屏产品下线。

9月24日：TCL与台湾友达光电股份有限公司签署《和解协议》。

9月26日：海信集团有限公司（简称"海信"）赴美发布80～120英寸4K激光电视新品。

9月26日：惠科8.6代薄膜晶体管液晶显示器件项目在滁州开工。

10月7日：新华社发布信息，中国电子视像行业协会和中国光学光电子行业协会液晶分会的最新数据显示，中国在建和已宣布规划的平板显示生产线投资额已达8000亿元。预计到2019年左右，中国将成为全球最大的平板显示生产基地。

10月11日：群创光电股份有限公司（简称"群创光电"）开始量产可穿戴柔性AMOLED显示屏。

10月16日：由中国光学光电子行业协会液晶分会[1]主办的"2017国际显示产业高峰论坛"在京召开。

10月16日：彩虹显示器件股份有限公司（简称"彩虹股份"）增资咸阳彩虹光电科技有限公司（简称"咸阳彩虹光电"）8.6代面板线，增资合肥彩虹蓝光科技有限公司（简称"彩虹合肥"）8.5代液晶基板玻璃生产线。

10月25日：深圳卓翼科技股份有限公司（简称"卓翼科技"）在南昌投资10亿元建OLED模组项目，2018年投产。

10月26日：中国首条京东方成都6代柔性AMOLED生产线提前量产。

11月8日：发改委和工信部召开面板企业、业界专家及显示协会、材料协会、视像协会领导座谈会，讨论即将出台的新型显示产业超越发展三年行动计划初稿。

11月17日：华星光电在惠州投资96亿元建高世代模组整机一体化生产线。

11月29日：华星光电11代TFT-LCD及AMOLED新型显示器件生产线建设项目&AGC玻璃厂提前一个月完成主体厂房封顶。

12月3日：在世界互联网大会期间，维信诺正式发布"全球首款任意折叠柔性屏全模组产品"。

12月6日：天马拟向金财产业、中国航空技术国际控股有限公司（简称"中航国

---

[1] 无特殊说明，本书中的"协会"均指"中国光学光电子行业协会液晶分会"。

际")、中航国际深圳、中航国际厦门非公开发行股份购买厦门天马 100%股权,向上海工业投资(集团)有限公司、上海张江(集团)有限公司非公开发行股份购买天马有机发光 60%股权。天马成为 LTPS LCD 出货量最大的厂商。

12 月 12 日:信利(仁寿)高端显示科技有限公司 5 代 TFT 线和 6 代 OLED 线开工。

12 月 20 日:京东方合肥 10.5 代 TFT-LCD 生产线产品下线暨客户交付仪式在合肥 B9 工厂举行。

◆ 2018 年

1 月 1 日:发改委印发《国家产业创新中心建设工作指引(试行)》,国家产业创新中心结合相关产业规划和重大工程实施,按照"需求对接、国家统筹"的方式进行部署,采取"成熟一个、组建一个"的原则予以推进。

1 月 1 日:财政部等四部门发布《关于集成电路生产企业有关企业所得税政策问题的通知》,自 2018 年 1 月 1 日起执行。

1 月 3 日:工信部电子信息司在京召开超高清视频产业发展工作座谈会。一是组建中国超高清视频产业联盟,搭建产业协同发展服务平台;二是加强产业发展分析研究,制定《超高清视频产业发展行动计划(2018—2022 年)》;三是推动超高清内容建设和行业应用,拓宽超高清内容与应用渠道;四是推动地方产业集聚发展和先行示范,支持广东、北京等有一定基础的地区率先实现相关项目落地。

1 月 8 日:创维集团有限公司(简称"创维集团")与黄埔区、广州开发区签订投资框架协议。投资约 70 亿元,在该区的中新广州知识城内建设智能产业创新基地。

1 月 9 日:国家印刷及柔性显示创新中心启动会在广州举行。

1 月 10 日:天马投资 8.83 亿元在深圳建新型显示产业基地总部及研发基地。

1 月 11 日:发改委等八部门发布《关于促进首台(套)重大技术装备示范应用的意见》。加大资金支持力度,强化税收政策导向,优化首台(套)保险运行机制。工信部对《首台(套)重大技术装备保险补偿机制试点工作管理细则(暂行)》公开征求意见,工信部印发《首台(套)重大技术装备推广应用指导目录(2017 年版)》。

1 月 11 日:彩虹股份拟与康宁在咸阳建设 8.6+代 TFT-LCD 玻璃基板后段加工生产线。

1 月 15 日:云谷(固安)科技有限公司 6 代全柔 AMOLED 生产线设备搬入。

1 月 17 日:LG 化学偏光片项目在广州签约,生产大尺寸偏光片及封装材料等产品。

1 月 18 日:成都路维光电有限公司投资 10 亿元建设的 11 代生产线光掩膜版动工,将建成中国的掩膜版制造基地。

1 月 19 日:滇中新区与深圳市盛世鼎元通讯技术有限公司签约,在该区建 2000 万台智能终端全产业链研发生产基地。

1 月 22 日:奥英光电(苏州)有限公司拟投资 15 亿元在武汉生产无边框曲面显示器。

1 月 23 日:武汉华星光电 6 代柔性 LTPS-AMOLED 显示面板生产线项目封顶。

1 月 25 日:由中国电子视像行业协会与奥维云网(AVC)联合主办的"2017 年中国智能显示与创新应用产业大会暨 CRC 2017 年度彩电行业研究发布会"在北京召开。

1 月 26 日:京东方与国开行签订千亿合作协议,加快柔性 AMOLED 生产线/10.5 代生产线进程。

1月27日：杭州锦江集团及昆山之奇美材料科技有限公司2.5米宽幅偏光片开工。

1月28日：成都中电熊猫8.6代液晶面板项目成功点亮。

1月30日：Photronics合肥10代掩膜版动工。

1月28日：武汉华工科技公司建造精密激光智造基地。

2月1日：京东方在绵阳的6代全柔AMOLED生产线工厂封顶。

2月11日：习近平总书记参观成都中电熊猫8.6代液晶面板生产线。对中国新型显示产业技术创新和竞争力提升提出了新的期望和要求。

2月22日：成都中光电正式试产LTPS玻璃基板。

3月2日：国星光电股份有限公司国星MicroLED-MiniLED研发中发揭牌。

3月2日：永州奥创液晶面板OPENCELL生产线开工。

3月4日：雷曼G3COB小间距显示面板新品发布。

3月6日：成都中光电LTPS玻璃基板下线，检测理化性能和品质指标达到行业领先水平。

3月7日：武汉10.5代TFT-LCD基板玻璃开建。

3月8日：京东方拟在重庆建6代柔性AMOLED生产线。

3月13日：翰博集团OLED装置零部件膜剥离、精密清洗及热喷涂生产基地项目在成都高新区开工。

3月16日：皖维高新材料股份有限公司投资700万平方米偏光片。

3月20日：彩虹光电8.6代生产线二期曝光机设备搬入。

3月25日：深圳市道尔顿电子材料有限公司与湖南宁乡签订合作协议。

3月29日：华星光电11代生产线首台自动化设备搬入。

4月2日：全球显示器制造商中电冠捷科技集团在咸阳年产400万台电视的生产线建成并试产。

4月3日：凯盛集团超薄高铝盖板玻璃下线。

4月9日：京东方在武汉的10.5代TFT-LCD生产线开工。

4月12日：日本出光兴产株式会社OLED材料与成都高新区签约。

4月12日：长阳科技有限公司高端光学反射膜通过鉴定。

4月：中建材（蚌埠）光电材料有限公司0.12毫米超薄电子触控玻璃下线；中国建材集团（简称"中建材"）将投资50亿元，在淮州新城建设触控显示一体化模组项目。

4月16日：中建材与成都签约触控显示一体化模组。

4月17日：月产7000万片的合肥奕斯伟材料技术有限公司COF卷带开工。

4月17日：惠科11代生产线薄膜晶体管液晶显示器件项目与郑州签约。

4月18日：绵阳市与惠科投资8.6代生产线液晶显示器生产线在成都举行签约仪式。

4月19日：TCL与武汉东湖高新区签署合作协议，双方将在光谷合作共建TCL集团工业研究院。

4月19日：湖南群显科技有限公司将在湖南浏阳经开区投资360亿元建设6代柔性AMOLED生产线。

4月21日：北京鼎材科技有限公司高世代高性能CF光刻胶通过鉴定。

5月2日：华星光电11代生产线设备安装调试。
5月3日：康宁武汉10.5代生产线TFT-LCD基板玻璃签约。
5月4日：中国华录集团有限公司发布了华录激光影院V9、华录RGB三色激光影院两款新品。
5月8日：咸阳卓英社光电科技有限公司背光模组试产。
5月10日：康宁合肥10.5代生产线TFT-LCD基板玻璃量产。
5月10日：旭硝子11代生产线基板玻璃三期在惠州签约。
5月17日：电维信诺主导建设的中国首条6代全柔AMOLED生产线在河北固安启动运行。
5月17日：台玻青岛玻璃有限公司ITO玻璃量产。
5月17日：京东方在苏州打造的智造服务产业园开建。
5月21日：赤峰引盛光电材料有限公司100吨OLED及功能材料奠基。
5月22日：华星光电11代曝光机和CFITO设备搬入。
5月23日：大富科技有限公司购买重庆百立丰科技有限公司51%股份。
5月28日：6代全柔AMOLED生产线在株洲签约。
5月28日：杭州锦江与广州签约，生产2.5米宽幅偏光片和1.5米宽幅偏光片。
5月29日：井冈山江西益丰泰光电技术有限公司6代TFT-LCD主体工程竣工。
6月1日：武汉天马6代全柔AMOLED生产线二期签约。
6月4日：TCL集团控股子公司TCL多媒体科技控股有限公司收购TCL集团、宁波元亨聚源投资合伙企业及惠州市冠联实业投资有限公司合计持有的TCL商用信息科技（惠州）股份有限公司100%的股份，总价约为7.93亿元。
6月5日：广州奥翼发布零功耗、高性能的可量产电子纸。
6月6日：柔宇科技公司年产5000万片全柔性显示屏大规模量生产线点亮投产。
6月8日：联建光电与国星光电首发Mini LED。
6月8日：武汉天马6代OLED生产线正式量产。
6月11日：通用显示公司（UDC）与维信诺签AMOLED技术许可协议和材料采购协议。
6月12日：TCL集团模组整机一体化智能制造产业园华星光电年产6000万片高世代模组项目在广东惠州仲恺高新区举行。
6月12日：华星光电高世代模组投产。
6月13日：中国电子视像行业协会在深圳举办"2018新型平板显示技术研讨会——Micro/Mini LED产业合作研讨会"，发布了《中国智能显示产业发展倡议书》。
6月14日：日本V-Technology与黄冈科技产业园签署第10代掩膜版协议。
6月18日：黑牛食品改名维信诺科技。
6月20日：默克宣布全新的OLED技术中国中心在中国（上海）自由贸易试验区正式启用。
6月22日：吉林奥来德与上海金山就OLED有机材料研发生产基地签约。
6月：康佳集团与滁州市人民政府签署了战略合作协议，计划总投资约140亿元。

6月：中国LED芯片制造商华灿光电和厦门乾照光电也已开始了Micro LED和Mini LED技术的研发，三星电子订购三安光电LED外延片和Mini LED芯片产能。

6月25日：海信宣布其激光电视产品已通过了欧美市场安全认证、国家CCC和美国FDA激光安全认证，光辐射安全等级为RG0（最低光辐射等级，完全无害）。

6月26日：蓝思科技股份有限公司黄花生产基地开工，总投资100亿元。

6月27日：深圳市翔凌通讯科技有限公司与湖南澧县签约年产300万片手机面板的生产线。

6月28日：鸿海集团在美国的6代生产线奠基。

7月2日：上海和辉光电有限公司6代AMOLED生产线设备搬入。

7月2日：辽宁科技大学PI薄膜工业化量产示范落户鞍山。

7月3日：深圳同兴达科技股份有限公司拟在赣州同兴达实施触控显示一体化及3D模组业务。

7月10日：中国国家市场监督管理总局审批LG显示在中国广州建立8.5代OLED面板生产线的投资计划。

7月12日：信利5代LCD厂房封顶。

7月12日：中科大激光显示团队与合肥高新区组建成立全色光显科技有限公司。

7月12日：瑞鼎科技股份有限公司与昆山开发区就设立驱动IC芯片项目进行签约。

7月17日：默克与中电彩虹的创新合作项目"光刻胶国产化项目"在陕西咸阳正式竣工。

7月20日：京东方精电与合肥新站高新区就车用液晶显示及车载智能交互共同研发平台项目。

7月23日：成都路维11代光掩膜版厂房封顶。

7月24日：汕头比亚迪二期3D玻璃试产。

7月26日：重庆蓝黛动力传动机械股份有限公司拟在重庆壁山建15条显示模组及5条触控一体化生产线。

7月27日：工信部、发改委印发了《扩大和升级信息消费三年行动计划（2018—2020年）》。基本原则：坚持需求拉动、创新发展；坚持多方联动、协同发展；坚持因地制宜、特色发展；坚持有序推进、安全发展。主要目标：消费规模显著增长，到2020年，信息消费规模达到6万亿元，年均增长11%以上。

7月27日：3D高端智能触控视窗生产在烟台福山签约。

7月27日：由北京奥维云网大数据科技公司主办的"2018中国智能显示与创新应用产业大会暨第48届CRC彩电行业研究季度发布会"在北京举行。

7月28日：天马增资145亿元，建设武汉天马6代LTPS AMOLED生产线二期项目。

7月29日：中国3D电视试验频道停播。

7月30日：成都电子信息产业功能区28个项目集中开工。

8月1日：液晶显示器浮法玻璃国家标准正式实施。

8月5日：郑州引进河南省华锐光电产业有限公司5代液晶显示项目。

8月7日：亚智系统科技（苏州）有限公司（简称"亚智科技"）研发第一台10.5代

第1章　全球新型显示产业发展回顾暨大事记

湿制程设备。

8月7日：湖北菲利华石英玻璃公司研发8代掩膜版。

8月20日：江西联创光电科技股份有限公司（简称"联创"）FMM高精金属掩膜版在赣江签约。

8月27日：彩虹溢流法铝硅酸盐盖板玻璃技术产业化通过鉴定。

8月28日：福州大学和福建捷联电子有限公司共同完成的"超高分辨率液晶显示关键技术开发及产业化"通过中国电子视像行业协会鉴定。

8月30日：滁州惠科8.6代主体厂房封顶。

8月30日：重庆鑫景特种玻璃有限公司特种玻璃高铝硅触控屏基板和特种功能材料基地生产线点火。

9月4日：SKC新材料（苏州）有限公司子公司在苏州建专用复合膜、光学膜生产线。

9月12日：创维集团成都基地在双流区举行投产仪式。项目投资5亿元，主要生产超高清智能平板电视，预计年产能将达100万台。

9月21日：日本爱发科株式会社10.5代掩膜版在合肥开工。

9月27日：浙江钱江生物化学股份有限公司拟用6.3亿元收购合肥欣奕华智能机器有限公司100%股权。

9月27日：上达电子（邳州）股份有限公司（简称"上达电子"）高精度超薄柔性封装基板厂封顶。

9月28日：彩虹8.5代基板玻璃熔炉在合肥开工。

9月28日：江西联创电子有限公司（简称"联创电子"）在重庆两江的触控一体化显示屏二期开工。

9月28日：上饶经开区与香港万维数码集团签署年产10万台裸眼3D TV的协议。

9月：广电总局印发《4K超高清电视技术应用实施指南（2018版）》，适用于电视台4K超高清电视节目制作和播出系统，以及现阶段有线电视、卫星电视、IPTV和互联网电视中4K超高清电视直播和点播业务系统；适用于3840×2160分辨率、50帧/秒帧率、10比特量化精度、BT.2020色域、高动态范围（HDR）的4K超高清电视节目制作、播出、编码、传输及终端的适配。

9月：三安光电股份有限公司计划建首条Micro LED生产线，申请Micro LED相关专利约27件，已经开发出了直径为20微米的Micro LED产品；目前针对RGB三色Micro LED亮度均有明显改善，其中，蓝光与绿光的亮度均可达到TV显示要求，仅有红光LED的亮度仍须提升。基于显微成像系统的Micro LED表面亮度检测，厦门大学与台湾新竹交通大学的科研团队近期合作开发了一种基于显微成像系统的Micro LED表面亮度检测系统。

10月1日：CCTV 4K频道上线。

10月8日：创维集团智能家电产业园在安徽省滁州市全椒县开工，总投资50亿元，年产1000万台智能家电。

10月10日：浙江怡钛积功能光学膜在兰溪光学膜小镇签约，总投资21.6亿元。

10月16日：陕西坤同柔性半导体服务制造基地建6代AMOLED生产线。

10月16日：武汉精测电子集团股份有限公司子公司——苏州精濑公司开工。

10月17日：彩虹邵阳7.5代盖板玻璃生产线开工。

10月28日：绵阳惠科光电科技有限公司8.6代LCDTFT生产线在绵阳市开工。

10月29日：贵州达沃斯光电有限公司7代触摸智能屏生产线投产。

10月30日：四川东材科技集团股份有限公司在江苏海安建2万吨OLED用光学级聚酯基膜。

10月31日：深圳市柔宇科技有限公司发布折叠柔性屏手机。

10月31日：深圳市纺织（集团）股份有限公司拟投资19亿元建设超大尺寸电视用偏光片，在成都开工。

10月31日：由中国电子视像行业协会主办、以"AI+超清新视界，畅享智慧新生活"为主题的"2018第14届中国音视频产业大会"在北京召开。

11月5日：默克集团（Merck KGaA）与维信诺签署合作协议，共同研发OLED材料。

11月7日：京东方与中国移动等合作伙伴实现了包含8K拍摄、8K编解码、5G网络传输、8K直播在内的8K+5G直播全过程。

11月9日：信利光电股份有限公司（简称"信利"）发布OLED产品。

11月12日：信利5代LCD设备搬迁。

11月13日：深圳市汇成科技有限公司与陕西安康签显示终端协议。

11月14日：华星光电11代TFT-LCD及AMOLED生产线投产；第二条生产线开工。

11月14日：重庆粤翔实业发展有限公司年产350万片液晶屏生产线投产。

11月15日：华星光电展示全球IGZO-TFT 8寸AM-MiniLED全彩屏。

11月16日：维信诺与合肥市政府签署6代柔性AMOLED生产线建设协议。

11月26日：国家统计局发布战略性新兴产业分类（2018）国家统计局令第23号。

11月26日：京东方发布中国首款喷墨打印55英寸4K OLED屏。

11月26日：上海和辉光电有限公司6代AMOLED生产线成功点亮。

11月27日：高世代氧化物TFT电子纸项目在宁波签约。

11月27日：惠科电子北海产业城开工。

11月28日：武汉京东方10.5代线液晶显示器件项目主体结构封顶。

11月28日：江丰钨钼材料公司生产超高纯钼靶下线。

11月29日：广州LG化学偏光片项目设备搬入。

11月29日：中国科学院光电技术研究所承担的新式光刻机的国家重大科研装备研制项目"超分辨率装备研制"通过验收。

11月30日：联创电子在重庆两江建年产3000万片触控一体化显示屏生产线。

12月4日：常州可折叠柔性屏材料开业。

12月8日：重庆京东方科技集团股份有限公司6代AMOLED（柔性）生产线开工。

12月18日：宁波江丰电子材料股份有限公司与惠州仲恺（国家级）高新技术产业开发区签约建设江丰电子惠州"溅射靶材及溅射设备关键部件的产业化项目"。

12月18日：康宁公司与彩虹显示器件股份有限公司合资的位于成都的LCD玻璃基板后段加工投产。

12月19日：安徽滁州康佳智能家电及装备产业园动工。

12月20日：TCL集团印度模组整机一体化智能制造产业园在AndhraPradesh邦Tirupati正式动工建设。

12月20日：上达电子柔性集成电路封装基板（COF）项目在安徽省六安市签约。

12月25日：和成喜获第二十届专利金奖。

12月26日：京东方与福州市人民政府等签署了"京东方福州6代AMOLED（柔性）生产线项目投资框架协议"。

12月27日：维信诺合肥6代柔性AMOLED生产线开工建设。

12月28日：总投资125亿元的信利（仁寿）项目首条生产线正式投产。

12月28日：京东方与中国联通在北京签订战略合作框架协议，双方基于各自研发优势，将在4K/8K超高清视频、5G、物联网等创新业务领域开展深度合作，加快推进物联网技术创新和应用创新落地。

林元芳

第 2 章　中美贸易摩擦对新型显示产业的影响

2018 年 4 月 6 日，美国发布建议征收中国产品关税的清单，该清单涵盖约 1333 个单独关税项目，其中与显示产品上下游相关的关税项目超过 30 项。

2018 年 6 月 15 日，美国贸易代表办公室公布对华征税清单，本次征税清单由两套清单组成。第一套清单在 4 月 6 日发布的建议清单的基础上进行了一定删减。建议清单共有 1333 个项目，实际落地 818 个项目，共涵盖 340 亿美元的进口商品，从 2018 年 7 月 6 日开始征收额外 25% 的关税。第二套清单由"301"委员会拟定，主要针对"中国制造 2025"，共计 284 个项目，涵盖 160 亿美元的进口商品。

2018 年 7 月，美方又公布了 2000 亿美元的对华征税清单，拟加征 10% 关税。

中美贸易摩擦持续升级，对中国新型显示产业的持续健康发展影响深远。受前几阶段中美贸易摩擦影响的显示相关出口产品主要是显示器件（面板）及其上游配套材料和装备，包括偏光片、触摸屏、LED 背光、PCB 板、基板玻璃、导光板/棱镜膜、靶材、蚀刻液等上游材料。另外，还包括平板显示器制造用机器和设备、激光加工设备、电极板、机械手、掩膜版、光学测量及检查仪器等上游装备。

美国不是中国显示面板的主要出口国，对显示面板细分行业影响较小。根据海关总署的数据：2017 年，中国共出口液晶显示面板 19.34 亿片，金额为 256.36 亿美元。其中，直接出口美国的数量是 0.35 亿片，金额为 9.44 亿美元，占比分别为 1.8% 和 3.7%。

显示面板用"LED 背光"细分行业受到第一套清单的直接影响。美国税则编号为 9033.00.20，产品英文描述为"LEDs for backlighting of LCDs"，产品中文描述为"LCD 用 LED 背光"。该产品自 7 月 6 日起被征收 25% 关税。

美国不是中国 LED 背光的主要出口国，对显示面板细分行业影响较小。根据 LEDINSIDE 的统计数据，2017 年和本次征税相关的三大 LED 项目仅占行业出口总值的 5% 以内，对美出口总额比例更低，仅为 4600 万美元。

显示面板用"PCB"细分行业受到第一套清单的直接影响。美国税则编号为 8529.90.05 和 8529.90.05，产品自 7 月 6 日起被征收 25% 关税。

美国不是中国 PCB 的主要出口国，对显示面板细分行业影响较小。根据对代表企业的了解，中国企业对美出口的比例不足 1%。

显示面板用"加工设备"，尤其是激光加工设备细分行业受到第一套清单的直接影响。美国税则编号为 8456，产品中文描述为"用激光或其他光、光子束、超声波、放电、电化学电子束、离子束或等离子弧处理各种材料的加工机床"，自 7 月 6 日起被征收 25%

第 2 章 中美贸易摩擦对新型显示产业的影响

关税。

据了解，显示面板用此类装备基本为中国境内企业配套，目前没有出口到美国，故目前暂无影响。

显示面板用"机械手"细分行业受到第一套清单的直接影响。美国税则编号为8479.50.00，产品英文描述为"Industrial robots, not elsewhere specified or included"，产品中文描述为"工业机器人，不在别处指定或包含"，显示面板装备用机械手归属以上税则编号。该产品自 7 月 6 日起被征收 25%关税。

据了解，显示面板用此类装备基本为中国境内企业配套，目前没有出口到美国，故目前暂无影响。

显示面板用"掩膜版"细分行业受到第一套清单的直接影响。美国税则编号为8480.50.00，产品英文描述为"Molds for glass"，产品中文描述为"玻璃模具"，和美国税则编号为 9002.90 的产品都与显示面板用"掩膜版"相关。该产品自 7 月 6 日起被征收25%关税。

据了解，显示面板用此类产品基本为中国境内企业配套，目前没有出口到美国，故目前暂无影响。

显示面板用"光学测量或检查仪器"细分行业受到第一套清单的直接影响。美国税则编号为 9031.49.90，产品英文描述为"Other optical measuring or checking instruments, appliances and machines"，产品中文描述为"其他光学测量或检查仪器、器具和机器"。该产品自 7 月 6 日起被征收 25%关税。

据了解，显示面板用此类产品基本为中国境内企业配套，目前没有出口到美国，故目前暂无影响。

显示面板用"平板显示器制造用机器和设备"受到第二套清单直接影响，美国的税则编号为 8486.30.00，产品英文描述为"Machines and apparatus for the manufacture of flat panel displays"。

据了解，美国不是中国"平板显示器制造用机器和设备"的主要出口国，因美国目前尚无显示面板制造企业，故目前对细分行业几乎没有影响。即使未来 3~5 年美国可能出现显示面板制造企业，因"平板显示器制造用机器和设备"的主要市场份额仍被日本、韩国和中国台湾地区企业占据，故对细分行业的影响也很小。

显示面板用"偏光材料薄板和板材"细分行业受到第二套清单的直接影响。美国税则编号为 9001.20.00，产品英文描述为"Sheets and plates of polarizing material"。

据了解，美国不是中国"偏光材料薄板和板材"的主要出口国，因显示面板的全球生产基地为中国、日本、韩国，故目前对细分行业几乎没有影响。即使未来 3~5 年美国可能出现显示面板制造企业，因"偏光材料薄板和板材"的主要市场份额仍被日本、韩国和中国台湾地区企业占据，故对细分行业的影响也很小。

显示面板用基板玻璃、盖板玻璃及其他玻璃制品受到 2018 年 7 月美方公布的 2000亿美元清单直接影响，被加征 10%关税。美国税则编号为 7003、70.05、7018、7019。据了解，显示面板用此类材料基本为中国境内企业配套，目前没有出口到美国，故目前暂无影响。

显示面板用导光板、棱镜膜/复合光学膜受到 2018 年 7 月美方公布的 2000 亿美元清单直接影响，被加征 10%关税。美国税则编号为 9001.90.90。据了解，显示面板用此类材料基本为中国境内企业配套，部分出口，美国不是主要出口国，故影响较小。

显示面板用部分靶材受到 2018 年 7 月美方公布的 2000 亿美元清单直接影响，被加征 10%关税。美国税则编号为 7407 和 8102。据了解，显示面板用此类材料基本为中国境内企业配套，目前没有出口到美国，故目前暂无影响。

显示面板用刻蚀液受到 2018 年 7 月美方公布的 2000 亿美元清单直接影响，被加征 10%关税。美国税则编号为 2808.00.00 及 2809.20.20。据了解，显示面板用此类材料基本为中国境内企业配套，目前没有出口到美国，故目前暂无影响。

另外，显示器件（面板）下游应用显示器和电视将受到直接影响，根据海关总署的数据，2017 年，中国液晶电视机出口总量为 8028 万台，金额为 137 亿美元，其中，向美国出口 1600 万台左右，金额超过 30 亿美元，占比分别为 20%和 22%。从产业链上下游的相互影响来看，此次出口限制可能导致中国电视和监视器整机的出口受阻，从而间接影响上游面板企业对国内终端企业的出货和营收。

虽然中美贸易摩擦对我国显示相关产品的出口影响不是很大，但是显示器件（面板）部分上游材料和装备对美国的依赖很大，中美贸易摩擦已经对中国显示相关产品的进口产生较大影响。主要影响的上游材料和装备包括以下几点。

（1）AMOLED 显示器件（面板）用有机发光材料，年进口额近 1 亿美元。该产品已被列入《对美加征 20%关税商品清单》，HS（海关）编码为 3204.9090，品名为"其他用作发光体的有机合成产品"。

（2）显示器件（面板）测量设备，年进口额约为 1000 万美元，该产品已被列入《对美加征 20%关税商品清单》，HS 编码为 9031.4990，品名为"其他光学测量或检验仪器和器具"。

（3）偏光片用材料增亮膜，年进口额约为 5000 万美元，HS 编码为 3920.6940。目前尚未列入我方对美增加关税清单。

（4）喷墨打印设备，年进口额约为 5000 万美元，HS 编码为 8486.3090.00。目前尚未列入我方对美增加关税清单。

中国新型显示行业目前在中国 14 个省级行政地区都有布局，包括北京、上海、河北、广东、深圳、湖北、江苏、安徽、四川、重庆、陕西、内蒙古、江西、福建。就业人口约为 20 万。

虽然中美贸易摩擦目前主要影响的是中国显示器件（面板）企业的部分进口材料和装备，对出口的影响不是很大。但是，部分从美国进口的材料基本是由垄断企业独家生产的，因此中美贸易摩擦将必然造成中国企业的材料成本负担，从而影响全球竞争力的进一步提升，不利于中国显示行业实现全面超越的目标。

另外，从发展趋势来看，在美国保护主义政策的影响下，不排除苹果、惠普等美国企业回归本土的可能，届时，美国进口中国显示面板的份额将会增加，关税增加将有可能直接影响我面板企业的出货和营收。

第3章　中国离制造强国还有多远?

2018年4月初，中国工程院发布了《2017中国制造强国发展指数报告》。该报告基于世界银行、世界贸易组织等权威机构的最新数据，应用"制造强国评价指标体系"分别测算了美国、德国、日本、英国、法国、韩国、印度、巴西和中国等九国2015—2016年的制造强国综合指数，结果如表3-1所示，并对中国2012—2016年制造强国发展进程进行了总结及发展趋势预判。

"制造强国战略研究"是中国工程院会同工业和信息化部、国家质检总局等多个部门，自2013年起联合组织开展的重大长期咨询项目，目前正开展第三期研究。

"制造强国指标体系"是项目组重要研究成果之一，从规模发展、质量效益、结构优化、持续发展等四方面对美国、日本、德国、中国、英国、法国、韩国、巴西、印度等典型国家制造强国发展水平进行了评价分析。

从九个国家的"制造强国综合指数"发展趋势来看：美国快速上升，制造业综合优势地位进一步巩固；德国稳步前进，工业4.0战略成效显著；日本触底反弹，其规模受日元汇率反转上升影响较大；而中国受人民币兑美元汇率大幅下滑、PPI持续为负、国际市场不景气导致出口下降等三项因素同时作用，大大拉低了中国在全球制造业中所占的市场份额，造成了2016年中国指数的首次下滑。制造强国指标体系如表3-2所示。

当前，中国制造强国进程呈现"规模发展最强、质量效益最弱、结构优化平稳、持续发展追赶"的总体态势，正加快推进由数量扩张向质量提升的战略性转变进程。2012—2016年中国大陆地区"质量效益指数"如表3-3所示。

中国的"规模发展指数"目前在综合指数中仍占绝对优势。2016年，指数值和占比虽然出现下滑，但仍是当前支撑中国制造强国进程的主体。目前传统领域的比较优势和规模正在萎缩，新兴领域的竞争优势和规模尚未形成，中国制造业的发展面临诸多挑战。在全球市场容量有限的情况下，"规模发展"要从产品实物数量递增转向主要依靠产品品质提升、价值提升的道路。

中国的"质量效益指数"近五年来持续增长，但在制造强国综合指数结构占比中处于劣势地位，与发达国家相比仍然存在着倍数级的差距。但正因为差距大，所以发展潜力也大，这是今后较长时期内指数提升、建设制造强国的主要方向，且质量效益提升必须覆盖整个产业，尤其是量大面广的传统产业和中小微企业。纵观美、日、德等发达国家，质量效益指数占比具有绝对优势，是制造强国的主要标志。

表 3-1 2012—2016 年九国制造强国综合指数值及排名情况

排名	2012 年		2013 年		同比增长	2014 年		同比增长	2015 年		同比增长	2016 年		同比增长
1	美国	160.35	美国	161.22	0.87	美国	163.83	2.61	美国	165.12	1.29	美国	172.28	7.16
2	日本	124.29	日本	117.69	3.37	日本	119.92	2.23	日本	118.73	−1.19	日本	121.31	2.58
3	德国	114.32	德国	116.49	−7.80	德国	114.03	−2.46	德国	107.13	−6.90	德国	112.52	5.39
4	中国	92.31	中国	97.84	5.53	中国	103.35	5.51	中国	105.78	2.43	中国	104.34	−1.44
5	韩国	70.32	韩国	72.74	6.60	韩国	70.85	−0.08	韩国	68.60	−1.84	韩国	69.87	1.27
6	法国	66.14	法国	70.93	0.61	法国	70.44	−2.30	法国	68.01	−2.84	法国	67.72	−0.29
7	英国	64.78	英国	65.30	0.52	英国	67.93	2.63	英国	66.86	−1.07	英国	63.64	−3.22
8	印度	42.75	印度	42.90	0.15	印度	43.65	0.75	印度	42.69	−0.96	印度	42.77	0.08
9	巴西	36.43	巴西	31.55	−4.88	巴西	37.66	6.11	巴西	29.25	−8.41	巴西	34.26	5.01

第3章 中国离制造强国还有多远？

表3-2 制造强国指标体系

一级指标			二级指标		
指标	权重	权重排名	具体指标	权重	权重排名
规模发展	0.195	4	制造业增加值	0.129	1
			制造业出口占全球出口总额比	0.066	9
质量效益	0.293	1	质量指数	0.043	11
			本国制造业拥有世界知名品牌	0.099	2
			制造业增加值率	0.036	13
			制造业全员劳动生产率	0.09	3
			销售利润率	0.025	14
结构优化	0.281	3	高技术产品贸易竞争优势指数	0.069	7
			基础产业增加值占全球比重	0.084	4
			全球500强中本国制造业企业营业收入占比	0.069	8
			装备制造业增加值占制造业增加值比重	0.051	10
			标志性产业的产业集中度	0.009	18
持续发展	0.231	2	单位制造业增加值的全球发明专利授权量	0.082	5
			制造业研发投入强度	0.04	12
			制造业研发人员占从业人员比	0.013	15
			单位制造业增加值能耗	0.075	6
			工业固体废物综合利用率	0.012	16
			信息化发展指数（IDI指数）	0.01	17

表3-3 2012—2016年中国大陆地区"质量效益指数"

一级指标	2012年	2013年	2014年	2015年	2016年
规模发展	46.50%	47.80%	49.00%	49.10%	48.20%
质量效益	11.90%	12.00%	12.00%	11.90%	13.00%
结构优化	26.10%	25.60%	24.60%	24.40%	23.40%
持续发展	15.50%	14.60%	14.40%	14.60%	15.40%

中国的"结构优化指数"经历了2012—2015年的低速增长后，2016年出现负增长趋势，且指数占比持续下降。当前中国正在大力推进供给侧结构性改革，推动制造业从中低端向中高端发展，但结构优化短期调整成效并不明显且反复性较强。目前，国家对于结构变化的关注主要集中在新兴产业产值增速上，对其价值链中占位情况的关注不够。要下大力气促进产业内产品质量、档次和工艺效益提升，才能真正见效。

持续发展能力是衡量一个国家经济增长潜力的重要标志。2012—2016年，中国的持续发展指数稳步增长，中国制造业由粗放型向集约型转变的成效初步显现。但是，相对于美国和日本，中国仍有不小差距。持续推进自主创新、两化融合、绿色发展的任务艰巨，制造业实现可持续发展任重道远。

目前，中国制造业在总体上仍未摆脱规模拉动的路径依赖，由数量扩张向质量提升的转变不够顺畅。质量效益应是中国制造强国建设未来的主要突破方向。

从中期来看，在美国制造强国指数稳步较快增长的压力下，缩小中国制造强国指数与美国之间的差距的进程不显著，要想在 2025 年实现初步目标，在 2035 年实现基本现代化，仍旧需要做出更大努力。

从较长时期来看，在坚持以发展实体经济为基础的战略方针指导下，制造业规模的增长速度会持续快于发达国家。

质量效益方面虽然差距大，但也是追赶的主要着力点，在坚持向高质量发展的转型中，这方面应该会有明显提高。结构优化则应更多体现在在质量效益高的产业和环节上发力，而不是停留在"高"和"新"的发展概念上。可持续发展中研发创新投入的增加也要与产业效果挂钩，这样踏踏实实坚持若干年，必有成效。

（Engineering 中国工程院院刊）

第 4 章　中国新型显示产业发展与中国制造 2025

中国大陆地区的显示产业是在 21 世纪初 CRT 被 TFT-LCD 替代、彩电产业转型升级的大背景下诞生和发展起来的。经过十多年的发展，中国显示产业在全球的地位不断上升：中国大陆地区显示面板的出货面积已经在全球排名第二，仅次于韩国。其中，TFT-LCD 显示面板的出货面积已位居全球第一；在各类主要的面板应用中，约三分之二的功能手机面板、超过三分之一的智能手机和液晶电视面板、接近一半的平板电脑面板都已经实现了中国制造。另外，在显示产业链下游的终端应用领域，中国也一直是当之无愧的世界工厂，全球超过一半的彩电、超过 80%的手机和约 95%的笔记本电脑都是 "Made in China"。

基于以上情况，我们对中国大陆地区今后产业形势的基本判断是，在市场上，我们依托全球最大 IT 产品消费市场和制造基地，显示面板的出货和营收有望实现全球第一；在技术上，我们在 TFT-LCD 工艺积累方面已达先进水平，在 AMOLED 原创技术研发和标准研究方面已经与日、韩形成三足鼎立的局面；在产业链上，我们初步实现了部分材料和装备的自主配套并培育出一批具有自主知识产权的配套企业。总结一句话就是，中国显示产业已经具备了全球领先的基础和条件。

尽管中国的显示产业在今后几年面临着难得的发展机遇，但我们也不得不注意到，全球的经济竞争形势在过去十多年的时间里出现了巨大的变化。波士顿咨询公司关于全球制造业成本竞争力的研究表明，工资、汇率、劳动生产率和能源成本是制造业成本的 4 个关键要素，过去被认为是低制造业成本的经济体如中国、巴西、俄罗斯等，它们的竞争优势在过去的十多年时间里大幅减弱。相对美国而言，中国的制造业成本优势已经从 2004 年的 14%下降到了 2014 年的 4%。

中国已经可以定义为"制造大国"了，但还不是"制造强国"。什么是"制造大国"？简单的定义就是制造数量大。在显示产业，如果从制造数量大这个意义上来说，我们已经是显示应用产品的制造大国了。而什么是"制造强国"呢？实际上，《中国制造 2025》并未给出制造强国的明确定义。有的解释说，制造大国只是制造数量大，但没有核心竞争力，表现为科技含量低、自主研发差；而制造强国的本质是核心竞争力强，表现为科技含量高、自主研发和创新水平高，同时，制造数量也不小。

工信部苗圩部长认为，全球制造业已基本形成四级梯队发展格局，第一梯队是以美国为主导的全球科技创新中心；第二梯队是高端制造领域，包括欧盟和日本；第三梯队是中低端制造领域，主要是一些新兴国家；第四梯队主要是资源输出国，包括 OPEC、非洲、拉美等国。在制造业版图重塑的过程中，第一和第二梯队的地位将进一步巩固，一些后发国家有望通过技术、资本和人才累积，通过产业升级进入第一梯队。在第三梯队中，大量的新兴经济体通过要素成本优势，积极参与国际分工，也将逐步纳入全球制造体系。

中国目前的局面在短时间内很难有根本性改变，但经过若干阶段的努力，提升位次完全有可能。在中国经济下行压力不断加大的今天，许多人为服务业超越制造业成为国民经济第二大产业而欢呼，甚至认为中国可以逾越工业化发展阶段，直接形成以服务业为主导的经济结构。对此，苗圩认为，不管是从历史经验还是现实情况来看，这都是脱离实际的一种观点。

中国处于全球制造业的第三梯队，即中低端制造领域，中国制造业要实现转型升级，在未来 30 年左右的时间里进入第二梯队的高端制造领域确实任重道远，因此《中国制造2025》的开篇就把制造业定位为国民经济的立国之本、兴国之器和强国之基。

《中国制造 2025》是根据 4 个指标来衡量是否达到"制造强国"标准的，如表 4-1 所示。

表 4-1 《中国制造 2025》指标

类别	指标	2013 年	2015 年	2020 年	2025 年
创新能力	规模以上制造业研发经费内部支出占主营业务收入比重（%）	0.88	0.95	1.26	1.68
	规模以上制造业每亿元主营业务收入有效发明专利数[1]（件）	0.36	0.44	0.70	1.10
质量效益	制造业质量竞争力指数[2]	83.1	83.5	84.5	85.5
	制造业增加值率提高幅度	—	—	比 2015 年提高 2 个百分点	比 2015 年提高 4 个百分点
	制造业全员劳动生产率增速（%）	—	—	7.5 左右（"十三五"期间年均增速）	6.5 左右（"十四五"期间年均增速）
两化融合	宽带普及率[3]（%）	37	50	70	82
	数字化研发设计工具普及率[4]（%）	52	58	72	84
	关键工序数控化率[5]（%）	27	33	50	64
绿色发展	规模以上单位工业增加值能耗下降幅度	—	—	比 2015 年下降 18%	比 2015 年下降 34%
	单位工业增加值二氧化碳排放量下降幅度	—	—	比 2015 年下降 22%	比 2015 年下降 40%
	单位工业增加值用水量下降幅度	—	—	比 2015 年下降 23%	比 2015 年下降 41%
	工业固体废物综合利用率（%）	62	65	73	79

备注：

1.规模以上制造业每亿元主营业务收入有效发明专利数=规模以上制造企业有效发明专利数/规模以上制造企业主营业务收入。

2.制造业质量竞争力指数是反映中国制造业质量整体水平的经济技术综合指标，由质量水平和发展能力两个方面共计 12 项具体指标计算得出。

3.宽带普及率用固定宽带家庭普及率表示，固定宽带家庭普及率=固定宽带家庭用户数/家庭户数。

4.数字化研发设计工具普及率=应用数字化研发设计工具的规模以上企业数量/规模以上企业总数量（相关资料来源于 3 万家样本企业，下同）。

5.关键工序数控化率为规模以上工业企业关键工序数控化率的平均值。

第4章 中国新型显示产业发展与中国制造2025

1．创新能力

（1）规模以上制造业（年主营业务收入>2000万元人民币）研发经费内部支出占主营业务收入的比重。

未来十年，以OECD统计的1999—2012年中国制造业研发投入强度年均增速5.9%进行测算，2020年和2025年指标将分别达到1.26%和1.68%。1999—2013年中国大陆地区制造业研发投入强度如图4-1所示。

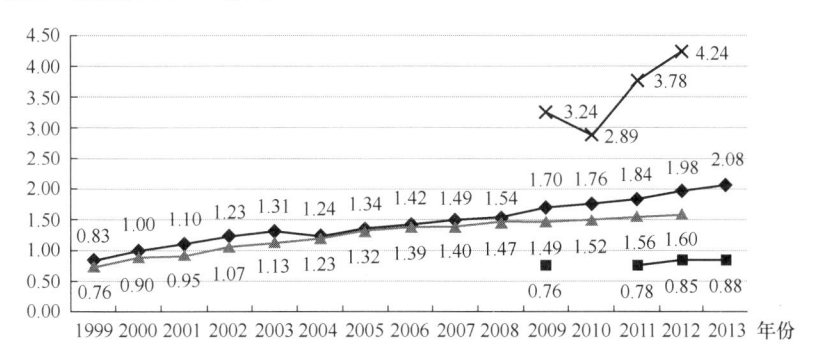

图4-1 1999—2013年中国大陆地区制造业研发投入强度

（2）规模以上制造业每亿元业务收入有效发明专利数。

据统计，2006—2013年，中国规模以上制造业每亿元主营业务收入有效发明专利数从0.16件增加到0.36件，年均增长12.4%，平均每年增加约0.029件。未来十年，按照12.4%的年均增速测算，2020年和2025年指标将分别达到0.83件和1.48件；按照年均增加0.029件测算，2020年和2025年将分别达到0.57件和0.71件。为提高指标预测的准确性，取两者均值，即2020年和2025年指标将分别达到0.70件和1.10件，如图4-2所示。

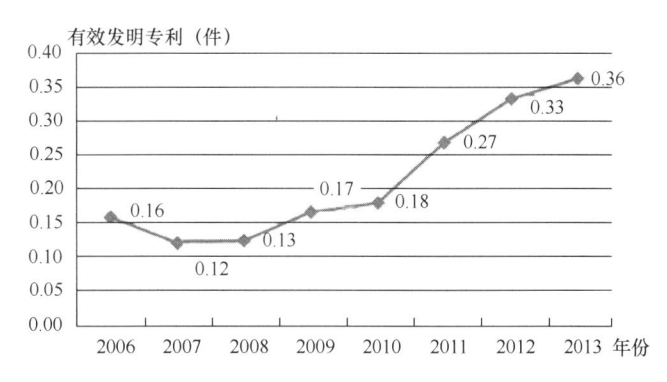

图4-2 中国规模以上制造业每亿元主营业务收入有效发明专利数

2. 质量效益

（1）制造业质量竞争力指数。

该指标为国内独创，是反映中国制造业质量整体水平的经济技术综合指标，由质量水平和发展能力两个方面的 6 个维度 12 项具体指标计算得出。未来十年，预计国际市场需求不足的局面很难有根本性改观，传统低端产业竞争优势走弱不可避免，质量竞争力将继续保持中低速增长，为此，以年均增长 0.19 分（2010—2013 年年平均增长 0.19 分）计算，2020 年和 2025 年将分别达到 84.5 分和 85.5 分，如图 4-3 所示。

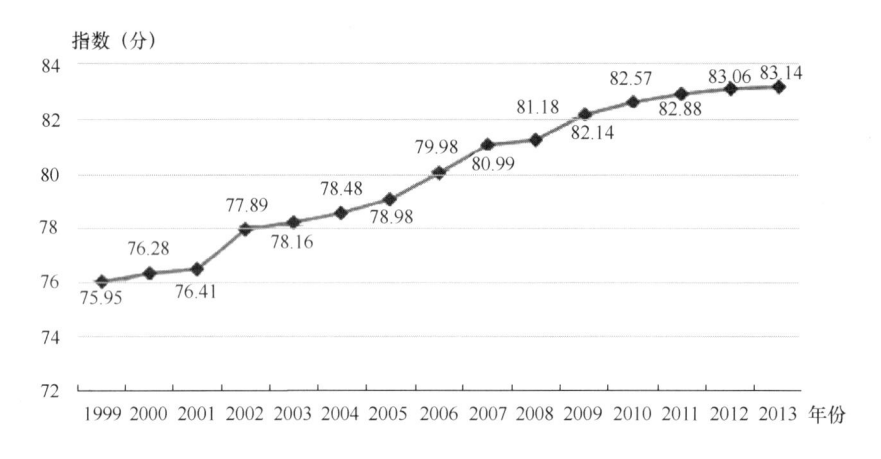

图 4-3　1999—2013 年中国大陆地区制造业质量竞争力指数

（2）制造业增加值率提高。

工业增加值=工业总产值-工业中间投入+本期应交增值税。

工业增加值率（%）=工业增加值（现价）/（工业总产出（现价）+应交销项税额）×100%。

由于工业总产值不含增值税，而工业增加值含有增值税，为了保证式中分子、分母项计算口径一致，应将工业总产值还原为含增值税（销项税额）的口径。

受世界金融及经济危机影响，中国制造业增加值率在 2008—2011 年下降速度较快，近两年来开始止跌回稳。从 2012 年的情况来看，发达国家一般在 35%以上，美国、德国、日本甚至超过 45%，中国仅为其一半左右。未来十年，中国制造业结构调整和产业升级步伐加快，重化工业和加工贸易比重降低，制造业将逐步向价值链高端提升，预计"十三五"期间，制造业增加值率将走出低谷期，2020 年比 2015 年提高 2 个百分点，到 2025 年恢复到金融危机前的水平，比 2015 年提高 4 个百分点，如图 4-4 所示。

（3）制造业全员劳动生产率增速。

工业企业全员劳动生产率=工业增加值/全部工业企业从业人员平均人数。

中国制造业全员劳动生产率与发达国家相比存在较大差距，但增速远远高于仅为0.5%~2%的美国、日本、德国等发达经济体。未来十年，随着中国工业经济进入新常态，制造业增加值增速将逐步放缓，而制造业就业人口规模将相对稳定并突出结构优化，制造业全员劳动生产率与制造业增加值变化正相关并略高于后者增长速度。预计在"十三五"和"十四五"期间，制造业全员劳动生产率年均增速将分别为 7.5%和

6.5%左右。

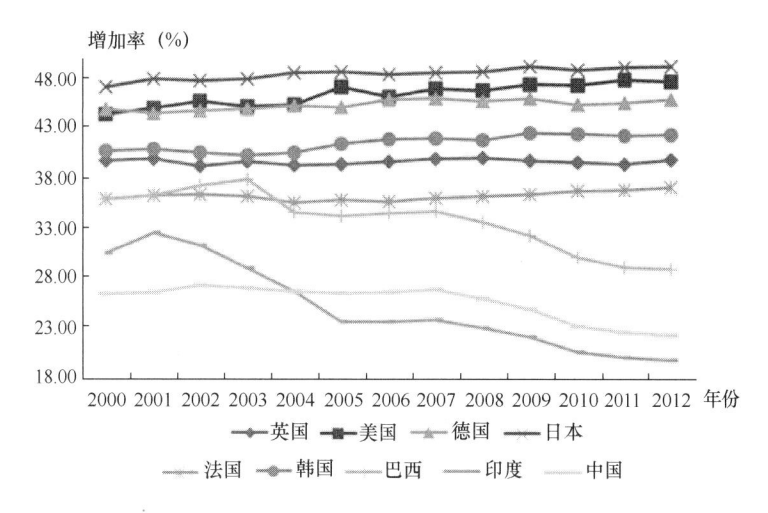

图 4-4　2000—2012 年各国制造业增加值率变化趋势

（资料来源：世界银行数据库）

3. 两化融合

（1）宽带用户数。

在"十三五"期间，根据国务院颁布的《"宽带中国"战略及实施方案》发展目标，2020 年中国固定宽带接入用户数将达到 4 亿，其中，家庭宽带用户数约为 3.3 亿，固定宽带家庭普及率将超过 70%。在"十四五"期间，中国固定宽带发展进入缓慢增长的饱和阶段，预计宽带用户年均净增规模为 1100 万，据此估算 2025 年中国固定宽带接入用户数将达到 4.8 亿，其中家庭宽带用户将达到 3.9 亿户，固定宽带家庭普及率达到 82%，达到发达国家当前的平均发展水平，具体如表 4-2 所示。

表 4-2　2010—2014 年相关国家宽带人口普及率水平

年份	2010	2011	2012	2013	2014
美国	26.50%	27.45%	28.44%	29.25%	—
英国	30.83%	32.95%	34.51%	35.76%	—
法国	33.74%	35.78%	37.51%	38.79%	—
德国	31.43%	32.80%	33.70%	34.56%	—
日本	26.77%	28.03%	28.39%	28.90%	—
韩国	35.48%	36.65%	37.25%	38.04%	—
印度	0.91%	1.06%	1.17%	1.16%	—
巴西	6.80%	8.56%	9.15%	10.08%	—
OECD	23.5%	24.6%	25.7%	26.6%	27.5%
发展中国家	4.2%	4.9%	5.4%	5.8%	6.1%
全球	7.6%	8.4%	9.0%	9.4%	9.8%
中国	9.4%	11.6%	12.9%	13.9%	14.7%

（资料来源：根据 ITU 公布的统计数据整理，其中 2014 年的数据为 ITU 公布的预测数据）

(2)数字化研发设计工具普及率。

参照 2011—2014 年数字化研发设计工具普及率年均增加 3.1 个百分点,并遵循指标超过60%增速将放缓的普遍规律,预计"十三五"期间,数字化研发设计工具普及率年均增加 2.7 个百分点,"十四五"期间,数字化研发设计工具普及率年均增加 2.4 个百分点,2020 年和 2025 年指标将分别达到 72%和 84%,具体如表 4-3 所示。

表 4-3　2011—2025 年数字化研发设计工具普及率及其增长情况

指标	2011 年	2012 年	2013 年	2014 年	2015 年	2020 年(预计)	2025 年(预计)
数字化研发设计工具普及率	45.9%	48.8%	51.9%	55.1%	58.2%	72%	84%
同比增加(百分点)	—	2.9	3.1	3.2	3.1	2.7(五年年均)	2.4(五年年均)

(3)关键工序数控化率。

参考 2011—2014 年关键工序数控化率增长趋势,预计"十三五"期间指标年均增加 3.3 个百分点,2020 年指标达到 50%。在"十四五"期间,遵循指标超过60%增速将放缓的普遍规律,关键工序数控化率年均增加 2.8 个百分点,到 2025 年指标达到 64%。具体如表 4-4 所示。

表 4-4　2011—2025 年关键工序数控化率及其增长情况

指标	2011 年	2012 年	2013 年	2014 年	2015 年	2020 年(预计)	2025 年(预计)
关键工序数控化率	22.3%	24.6%	27.0%	30.1%	33.3%	50%	64%
同比增加(百分点)	—	2.3	2.4	3.1	3.2	3.3(五年年均)	2.8(五年年均)

4. 绿色发展

中国实现可持续发展的重点在工业,难点也在工业。由于工业能耗占全社会能耗的 70%以上,工业排放污染是中国污染的主要来源。《中国制造 2025》提出,到 2025 年重点行业单位工业增加值能耗、物耗及污染物排放达到世界先进水平。《中国制造 2025》还确定了 4 个定量指标,即规模以上单位工业增加值能耗到 2020 年和 2025 年分别较"十二五"末降低 18%和 34%;单位工业增加值二氧化碳排放量分别下降22%和40%;单位工业增加值用水量分别降低 23%和 41%;工业固体废物综合利用率由"十二五"末的65%分别提高到 73%和 79%。

中国新型显示产业的部分指标目前已经超过或接近了 2025 年的目标。如研发经费内部支出占主营业务收入的比重,根据协会的统计,中国显示产业目前的比重已经超过了 5%,远高于《中国制造 2025》1.68%的目标。还有就是关键工序的数控化率,中国新型显示产业的平均水平已经超过了 80%,也高于《中国制造 2025》中 64%的目标。

第4章　中国新型显示产业发展与中国制造2025

但我们也应该注意到中国新型显示产业目前的问题所在，如每亿元主营业务收入的有效发明专利数、制造业质量竞争力指数及有关绿色发展的具体指标等，中国新型显示产业要达到《中国制造2025》的目标仍须付出巨大的努力。

因此，对中国显示产业来说，以《中国制造 2025》为目标实现显示产业的中国梦是必由之路。而对《中国制造 2025》来说，充分发挥中国显示产业的引领作用则具有十分重要的意义。

材料篇

第 5 章 市场

5.1 基板玻璃

基板玻璃是构成显示面板重要的原材料之一，对显示面板产品性能的影响十分巨大。显示面板的分辨率、透光度、厚度、重量、可视角度等指标都与所采用的基板玻璃质量密切相关。作为重要的基底材料，基板玻璃对于显示面板尤其是 TFT-LCD 面板的意义相当于硅片对于半导体产业的意义。

根据市场研究机构 IHS 发布的数据，2017 年全球基板玻璃市场的出货面积约为 4.89 亿平方米，与 2016 年全球基板玻璃市场约 4.75 亿平方米的出货相比，同比增长 3%如图 5-1 所示。

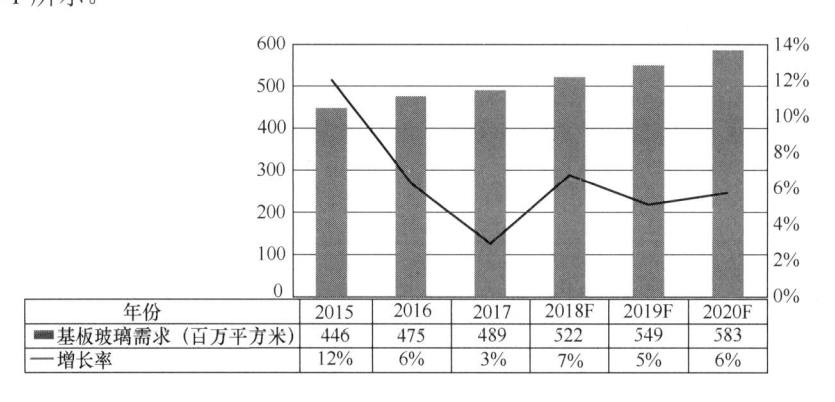

年份	2015	2016	2017	2018F	2019F	2020F
基板玻璃需求（百万平方米）	446	475	489	522	549	583
增长率	12%	6%	3%	7%	5%	6%

图 5-1 全球基板玻璃需求预测图

展望未来，全球基板玻璃市场年均出货增长速度将维持在 5%～6%，预计 2019 年基板玻璃市场的出货可能与 2018 年相当。

截至目前，关于全球基板玻璃市场的营收情况，大多数市场研究机构没有这方面的数据。不过全球基板玻璃市场的主要竞争者是有限的，我们可以从主要竞争者发布的财报中推导出基板玻璃市场的全球营收规模。

康宁公司（简称"康宁"）的基板玻璃业务主要归属于其显示科技部门，根据 2017 年的财报，康宁显示科技部门当年实现营收约 33.94 亿美元，与 2016 年的 35.56 亿美元营收相比，同比减少了约 5%。净利润约 9.44 亿美元，与 2016 年的 10.06 亿美元相比，同比减少了约 6%。

据韩国媒体《朝鲜日报》的报道，三星康宁精密玻璃公司（简称"三星康宁"）2017 年实现营收 2424 亿韩元（按 2017 年平均汇率 1140 计算，折合约 2.13 亿美元），净利润为 20.34 亿韩元（按 2017 年平均汇率 1140 计算，折合约 178 万美元）。

但是，一般业界均认为，美国康宁和韩国三星康宁加在一起，无论是在产能上还是在出货上都是全球排名第二的旭硝子公司的两倍。因此没有理由相信韩国三星康宁 2017 年的营收只有 2424 亿韩元，怀疑货币单位应为 10 亿韩元。因此，韩国三星康宁 2017 年的营收为 24240 亿韩元（按 2017 年平均汇率 1140 计算，折合约 21.3 亿美元），净利润为 203.4 亿韩元（按 2017 年平均汇率 1140 计算，折合约 1784 万美元）。基板玻璃市场占有率如图 5-2 所示。

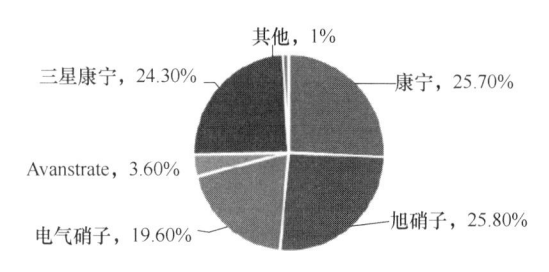

图 5-2 基板玻璃市场占有率

旭硝子公司（简称"旭硝子"）2017 年财报显示，其平板玻璃的营收为 3488.42 亿日元（按 2017 年平均汇率 112.27 计算，折合 31.07 亿美元），与 2016 年的 3201 亿日元的营收相比，同比增长了 8.98%。

日本电气硝子株式会社（简称"电气硝子"）2017 年财报显示，其电子情报部品（包括基板玻璃、盖板玻璃等）实现营收 1491 亿日元（按 2017 年平均汇率 112.27 计算，折合 13.28 亿美元），与 2016 年的 1471 亿日元营收相比，同比增长 1.36%。

安瀚视特股份有限公司（简称"Avanstrate"）2017 年财报显示，其 2017 年 4 月 1 日至 2017 年 12 月 31 日实现营收约 118.60 亿日元，推算全年营收约 158 亿日元（按 2017 年平均汇率 112.27 计算，折合 1.41 亿美元）。

根据市场研究机构 Fuji Chimera 的调研数据，LG 化学公司（LG Chem，简称"LG 化学"）2017 年营收约 116 亿日元（按 2017 年平均汇率 112.27 计算，折合 1.03 亿美元）。

东旭集团有限公司（简称"东旭光电"）2017 年财报显示，其基板玻璃营收为 20.65 亿元（按 2017 年平均汇率 6.7547 计算，折合 3.06 亿美元），与 2016 年 12.13 亿元的营收相比，同比增长约 70%。

彩虹股份 2017 年财报显示，其基板玻璃营收为 2.85 亿元（按 2017 年平均汇率 6.7547 计算，折合 0.42 亿美元），与 2016 年 2.62 亿元的营收相比，同比增长约 8%。末期公司获得了大额与收益相关的政府补助，实现归属母公司的净利润 5968.72 万元，实现了公司 2017 年度的扭亏为盈。

综上所述，根据全球 8 家显示玻璃企业发布的财报和有关媒体消息，2017 年基板玻璃全球市场营收规模约为 105.5 亿美元，与 2016 年的约 102 亿美元的市场规模相比，同比增长约 3.4%。

以上 8 家公司发布的财报没有对基板玻璃的出货面积进行披露，各市场研究机构发布的有关出货的数据略有差异，但大体上的市场占有率基本一致。

根据市场研究机构 Fuji Chimera 的调研数据，2017 年康宁在出货上的市场占有率约为 53%，位列第一；位列第二的是旭硝子，市场占有率约为 24%；电气硝子的市场占有率约为 18%，位列第三；Avanstrate 和 LG 化学的市场占有率大体相当，均不足 2%，并列第四位；中国大陆地区企业东旭光电和彩虹股份则分列第六位和第七位，市场占有率分别为 1.2%和 0.3%。

康宁 2017 年在全球有 77 座窑炉可用于显示玻璃生产，合计产能最高可达到 2.65 亿平方米。其中，康宁在韩国有 46 座窑炉，占比接近 60%，是康宁目前最大的显示玻璃生产基地。另外，康宁在中国台湾地区有 20 座窑炉，占比约 26%，其生产能力仅次于韩国。康宁在中国大陆地区投建的窑炉在 2017 年时仅有 3 座量产，随着今后几年中国大陆地区 10.5 代显示面板厂的陆续投产，康宁在中国大陆地区的窑炉数量预计能达到 15 座左右，成为康宁全球第三大生产基地。

2017 年，康宁基板玻璃的出货面积大约为 2.45 亿平方米。康宁的基板玻璃有 80%以上供应 6 代及以上显示面板生产线，其中，10 代以上显示面板生产线基本为康宁独家供应。韩国三星、中国京东方和日本夏普的 6 代及以上显示面板生产线，尤其是 7～10.5 代显示面板生产线的基板玻璃基本由康宁独家供应。韩国 LG Display（简称"LG 显示"）、友达光电股份有限公司（简称"友达光电"）和群创光电股份有限公司（简称"群创光电"）等其他显示面板厂商使用康宁基板玻璃的占比相对较低，一般在 30%左右，个别显示面板生产线接近 50%。

旭硝子 2017 年在全球有 18 座窑炉可用于显示玻璃生产，合计产能最高可达 1.3 亿平方米。旭硝子公司在窑炉地区分布上总体比较平均，日本、中国台湾地区和韩国各占三分之一左右，目前来看，日本还是旭硝子公司全球最大的生产基地，有 7 座窑炉。中国大陆地区在 2017 年还没有旭硝子公司的窑炉，未来几年可能投建 1～2 座窑炉。

旭硝子 2017 年基板玻璃的出货面积大约为 1.22 亿平方米。与康宁一样，旭硝子公司的基板玻璃有 80%以上供应给 6 代及以上显示面板生产线，其中 40%以上供应给 8 代显示面板生产线。华星光电的基板玻璃目前由旭硝子公司独家供应。在群创光电和友达光电 7～8 代显示面板生产线所用的基板玻璃中，旭硝子的占比也在 50%以上。其他如韩国 LG 显示、韩国三星、日本夏普也部分使用旭硝子的基板玻璃，占比为 10%～40%。

电气硝子 2017 年在全球有 43 座窑炉可用于显示玻璃生产，合计产能最高可达到 1.1 亿平方米。电气硝子在窑炉地区分布上与旭硝子有很大不同，其全球主要生产基地集中在日本，有 37 座窑炉可用于显示玻璃生产，占比高达 86%。此外，电气硝子还在韩国和中国大陆地区建有窑炉各 3 座。

电气硝子 2017 年基板玻璃的出货面积大约为 6846 万平方米。电气硝子的基板玻璃有 80%以上也是供应给 6 代及以上显示面板生产线，其中 8 代显示面板生产线是电气硝子基板玻璃的主要供应生产线，占比超过 50%。韩国 LG 显示目前是电气硝子的最大客户，占比在 60%～70%。其次，群创光电 8 代显示面板生产线接近 50%的基板玻璃也由电气硝子供应。此外，中国大陆地区的南京中电熊猫、韩国三星和日本夏普也有部分生产线使用电气硝子的基板玻璃。

因中国大陆地区基板玻璃厂商东旭光电和彩虹股份 2017 年的出货主要面向中国市

场,故本章不做单独介绍,另外在本书的企业篇中详细介绍其生产线和窑炉的建设情况和出货情况。

2017年,全球基板玻璃的产能约为5.68亿平方米,实际供给数量为4.89亿平方米,平均产能转化效率约为86%。从厂商来看,旭硝子的产能转化效率最高,约为94%;康宁的产能转化效率次之,约为92%。电气硝子的产能转化效率位列第三,约为62%。中国东旭光电和彩虹股份的产能转化效率同国外竞争者相比,差距仍十分明显。

2017年,基板玻璃的平均价格约为21.3美元/平方米,与2016年21.5美元/平方米的均价相比,同比下降了不到1%,价格相对平稳。由于参与竞争的厂商数量不同,不同规格基板玻璃的均价的降幅也有明显差异。总体规律:6代及以下的基板玻璃均价的降幅要远大于6代以上的基板玻璃;非晶硅(a-Si)基板玻璃均价的降幅要远大于低温多晶硅(Low Temperature Poly-Silicon,LTPS)或OLED基板玻璃。另外,不同厂商之间由于技术及产品的差异,基板玻璃的平均价格差异也较大。其中的规律:旭硝子和康宁的基板玻璃均价高于全球平均水平,而其他公司基板玻璃均价低于全球平均水平,中国东旭光电和彩虹股份的基板玻璃均价与全球平均水平相比,仍有很大差距。

5.2 盖板玻璃

盖板玻璃是触摸屏的保护层,在消费电子、汽车中控屏、工业控制等方面有着广泛应用。2007年,高强超薄铝硅酸盐盖板玻璃率先在美国苹果公司的iPhone智能手机和iPad平板电脑的触控屏中应用,其后,该类产品在其他品牌的智能手机和平板电脑相继得到广泛应用,随着智能手机数量和屏幕尺寸的迅猛增加和增大,其需求量呈现快速增长。

关于盖板玻璃全球市场,根据媒体对外发布的信息,明确知道全球盖板玻璃市场营收和出货的是2015年,出货面积约为3300万平方米,同比增长13%,市场规模为101.7亿美元。

全球盖板玻璃市场中的主要竞争者,在2012年主要是美国康宁、日本旭硝子和德国Schott(肖特)公司。2015年时新增了两家中国大陆地区企业,分别是四川旭虹光电科技有限公司(简称"旭虹光电")和福州科立视材料科技有限公司(简称"科立视")。在2015年的全球盖板玻璃市场中,以上5家公司的出货面积合计占比约为93%。其中,美国康宁的出货约1800万平方米,市场占有率为54.5%,位居第一;日本旭硝子出货约900万平方米,市场占有率为27.3%,位居第二;旭虹光电出货约250万平方米,市场占有率为7.6%,位居第三;德国Schott(肖特)公司出货约80万平方米,市场占有率为2.4%,位居第四;科立视出货约50万平方米,市场占有率为1.5%,位居第五。

2016年,德国Schott(肖特)公司逐步退出市场竞争,当年出货只有60万平方米,同比减少25%;美国康宁出货2340万平方米,同比增长30%,全球市场占有率第一;日本旭硝子出货750万平方米,同比减少17%,全球市场占有率第二;旭虹光电出货350万平方米,同比增长40%,全球市场占有率第三;科立视出货110万平方米,同比增长120%,全球市场占有率第五。除上述5家竞争者外,中国大陆地区又新增一家竞争企业中国南玻璃集团(简称"深南玻"),当年出货190万平方米,全球市场占有率后来居上，超过科立视位居第四。如果我们按前 6 家公司在全球市场份额占比 93%推导，则 2016 年全球盖板玻璃市场的出货面积突破 4000 万平方米，达到约 4086 万平方米。

关于 2017 年全球盖板玻璃市场的出货规模，目前只有市场研究机构 IHS 于 2017 年 6 月发布过有关预测：铝硅酸盐玻璃预计将继续主导盖板玻璃终端市场。其 2017 年出货面积预计达到 1950 万平方米，占 64.8%，紧随其后的是钠钙玻璃，凭借价格优势，其占比达到 31.7%。由此推导，2017 年，全球盖板玻璃市场的出货面积只有约 3009 万平方米，同比减少 26%。

关于全球盖板玻璃市场的营收规模，根据协会掌握的平均价格数据，2016 年全球主要 6 家盖板玻璃企业的营收规模合计为 108.49 亿元（按当年平均汇率 6.6423 折算，约 16 亿美元）。其中，美国康宁的营收约为 88.92 亿元（按当年平均汇率 6.6423 折算，约 13 亿美元），占比 82%。这个数据与美国康宁发布的 2017 年财报中特殊材料事业部（业务涵盖生产销售盖板玻璃）的 14.03 亿美元 GAAP 净销售额相差不多，因此判断之前媒体发布的有关全球盖板玻璃市场有 100 多亿美元销售规模是错误的，应为 100 多亿元。

美国康宁 2017 年财报中特殊材料事业部（业务涵盖生产销售盖板玻璃）2017 年 GAAP 净销售额为 14.03 亿美元，同比增长约 25%。如果按照美国康宁营收在全球盖板玻璃市场营收中占比约 82%推导，则 2017 年全球盖板玻璃的营收规模约为 17 亿美元。

5.3 偏光片

偏光片是显示面板的关键材料之一，通常占显示面板总成本的 10%~15%。由于偏光片目前一般以薄膜的方式提供给客户，因此其价格与面板尺寸的关联性高于面板产量。

由于偏光片的制造过程涉及精密机械、光学、高分子和化工等诸多门类，技术难度大且品质要求高，因此现阶段全球只有 15 家左右的偏光片生产商，共有偏光片生产线 81 条，其中，日本的生产线最多，共有 36 条生产线；其次为中国台湾地区，有 18 条生产线；排名第三的是韩国，有 14 条生产线；中国大陆地区目前有 13 条生产线，位列第四。随着偏光片厂产能扩增及液晶面板产业的重心逐渐由日本转向韩国、中国台湾地区和中国大陆地区，各国的偏光片厂商也开始拓展海外市场。

2017 年，全球偏光片生产线的合计产能约为 6.18 亿平方米，与 2016 年 6.02 亿平方米的产能相比，同比增长了约 2.7%。其中，日本 4 家企业的产能约为 3.32 亿平方米，同比减少约 3.2%，全球占比约为 53.7%。其中，日东电工的产能最大，约为 1.63 亿平方米，全球占比约为 26.4%；住友化学株式会社的产能位列全球第三，约为 1.25 亿平方米，全球占比为 20.2%。韩国 2 家企业的产能约为 2.01 亿平方米，同比增加约 16.9%，全球占比为 32.5%。企业中 LG Chem 的产能约为 1.44 亿平方米，全球占比 23.3%，产能仅次于日东电工，位列第二；SDI 的产能约为 5700 万平方米，全球占比约为 9.2%，位列全球第四位。中国台湾地区和中国大陆地区各 3 家企业的合计产能约为 8500 平方米，全球占比只有 13.8%，只有中国台湾地区的奇美电子公司（简称"奇美"）和明基电通公司（简称"明基"）在产能上介于 2000 万~4000 万平方米，其余企业的产能目前都在 1000 万平方米及以下。

第5章 市场

2018年，全球偏光片的产能预计将会同比增长约10%，达到6.81亿平方米。其中，日本企业的产能同比小幅增长不到1%，但产能仍保持全球第一；韩国企业的产能同比增长16.9%；中国台湾地区企业的产能同比增长11.9%；中国大陆地区企业的产能同比增长85%，将达到3700万平方米。

展望未来，2021年将是全球偏光片产能饱和的一年，届时，全球产能预计将达到7.46亿平方米。其中，日本企业的产能仍将保持领先地位，全球占比约为47%；韩国企业紧追其后，产能的全球占比约为37%；中国大陆地区企业的产能将快速增至约4000万平方米，但全球地位不会改变。2019—2020年，偏光片产能预计将以每年4%左右的速度增长。

显示面板生产线的规格一般是由基板的大小来确定的，而偏光片生产线的规格则由其生产时卷料的幅宽来确定。在2017年全球6.18亿平方米的产能中，1490~1540毫米幅宽生产线的产能约为2.39亿平方米，占比是最高的，达38.7%，尽管与2016年相比，该幅宽生产线的产能同比下降了2.8%，但从2018年开始到2020年，该幅宽生产线的产能预计将每年增长11%~17%，最终达到3.21亿平方米。1490~1540毫米幅宽生产线所制造的偏光片，裁切后能对应的显示面板生产线相当于7~8代。

除此之外，1330毫米幅宽生产线的产能占比也很高，在2017年时达24.9%，产能约为1.54亿平方米，仅次于1490~1540毫米幅宽生产线。该幅宽的生产线实际上2017年产能同比下降了约3.1%，并且预计在2023年之前不会再有扩产计划。1330毫米幅宽的生产线可以对应5~6代显示面板生产线。

为应对近年来显示面板生产线规格的提升，偏光片企业开始投建大于2500毫米幅宽的生产线，预计这种幅宽的生产线在2019年前后达到约200万平方米的产能，之后迅速在2020年扩大10倍，形成约2100万平方米的产能，然后在2021年以后的3年时间里，产能扩大到2300万平方米，全球占比超过3%。

根据市场研究机构IHS的调研数据，2017年，全球偏光片市场的出货面积约为5.06亿平方米，与2016年出货4.74亿平方米相比，同比增长了约6.8%。其中，LCD用偏光片的出货面积约为5亿平方米，同比增长了6.6%；OLED用偏光片的出货面积约为600万平方米，同比增长了20%。

预计2018年全球偏光片市场的出货面积将同比增长5.9%，达到5.36亿平方米。其中，LCD用偏光片的出货面积将同比增长5.6%，达到5.28亿平方米；OLED用偏光片的出货面积将同比增长33.3%，达到800万平方米。

展望未来，2019—2020年全球偏光片市场的出货面积还将保持年均6%左右的增长速度，其中，LCD用偏光片的年均增速在5.5%左右，而OLED用偏光片的年均增速则会接近40%。2021年以后，出货面积的年均增长速度开始减缓，目前来看，2021—2023年，全球偏光片市场的出货面积年均增速预计将在3%以下。其中，OLED用偏光片的年均增速将会降到15%以下。

由于全球偏光片市场中的竞争者一直以来比较稳定，因此其产能转化成有效供给的效率（简称"产能转化效率"）也一直处于平稳且较高的状态。2017年，全球偏光片市场的产能约为6.18亿平方米，实际供给约5.31亿平方米，则产能转化效率为85.9%。2018

年，预计全球偏光片市场的产能约为 6.81 亿平方米，实际供给约 5.86 亿平方米，则产能转化效率约为 86%。2019—2023 年，全球偏光片市场的产能转化效率将一直保持在 86% 的水平。

从供需关系来看，2017 年全球偏光片市场供给大于需求的比例约为 4.9%，相较于 2016 年的 9.3%，供需关系相对稳定。2018 年，供给大于需求的比例将继续恢复到 9.3% 的水平。业界认为，当全球偏光片市场的供给大于需求的比例超过 10% 时，则出现供给过剩。因此，2018 年将可能是出现供给过剩危险的一年，此后供需矛盾将逐年缓解，预计到 2023 年将可能出现供给不足。

根据市场研究机构 IHS 的调研数据，2017 年，全球偏光片市场的营收规模约为 97.71 亿美元，相较于 2016 年的 94.05 亿美元，同比增长了 3.9%。其中，LCD 用偏光片市场规模约为 94.21 亿美元，同比增长了 3.4%，在全球市场中的占比为 96.4%；OLED 用偏光片市场规模约为 3.5 亿美元，同比增长了 19.5%，在全球市场中的占比为 3.6%。

2018 年，全球偏光片市场的营收规模预计约为 99.19 亿美元，同比增长 1.5%。其中，LCD 用偏光片市场规模约为 94.2 亿美元，与 2017 年大体相当；而 OLED 用偏光片市场规模约为 4.99 亿美元，同比增长约 42.6%。

展望未来，2019 年，全球偏光片市场的营收规模有可能突破 100 亿美元，之后将逐年回落。主要原因是 LCD 用偏光片市场的营收规模逐年同比下降和 OLED 用偏光片市场的营收规模增速放缓。

根据各公司发布的财报，2017 年，全球偏光片市场的营收规模约为 86.02 亿美元，同比增长 3.7%。财报数据与调研数据之间存在 12% 左右的误差，一般原因是各自采用的汇率不同。

2017 年，在全球偏光片市场中，日东电工的营收规模最大，约为 28.83 亿美元，全球市场份额约为 33.5%。与 2016 年相比，日东电工的营收规模同比增长了约 6.5%。住友化学和 LG 化学的营收规模分列第二位和第三位，彼此相差不多。住友化学的营收规模约为 16.78 亿美元，全球市场份额约为 19.5%，同比减少 12.1%；LG 化学的营收规模约为 16.46 亿美元，全球市场份额约为 19.1%，同比增长 0.4%。SDI 的营收规模位列全球第四，约为 7.66 亿美元，全球市场份额约为 8.9%，同比增长幅度最高，达到 41.1%。奇美、明基和三立子的营收规模大体相当，均在 3 亿～4 亿美元。在国内企业中，深圳市盛波光电科技有限公司（简称"盛波光电"）和深圳市三利谱光电科技股份有限公司（简称"三利谱"）的营收规模也大体相当。根据盛波光电发布的财报，2017 年实现营收 13.38 亿元人民币，同比增长 24.35%，其中偏光片及相关光学膜产品的营收占比为 61.89%，约 8.28 亿元人民币。根据三利谱的财报，2017 年实现营收 8.176 亿元，同比增长 2.14%。其中 TFT 用偏光片营收约 6.625 亿元人民币，同比减少 2.03%；黑白偏光片营收 1.503 亿元，同比增长 28.73%。如果按照平均汇率 6.7518 计算，两家企业 2017 年的营收规模约为 1.2 亿美元，全球市场份额不足 1.5%。

LCD 偏光片的主要应用市场是电视和手机。其中，电视用偏光片市场最大，2017 年，该市场的营收规模约为 44.11 亿美元，在整个 LCD 偏光片市场中的占比约为 46.8%；出货面积约为 3.78 亿平方米，全球市场占比为 74.7%。其次为手机用偏光片市场，2017 年，其营收规模约为 19.35 亿美元，市场占比约为 20.5%。电视和手机两个应用市场合计的市场占比超过三分之二。

OLED 偏光片的主要应用市场则是手机和电视。2017 年手机用 OLED 偏光片的市场营收规模约为 2.53 亿美元，在整个 OLED 偏光片市场中占 72.3%。其次为电视用偏光片市场，2017 年营收规模为 0.87 亿美元，市场占比约为 24.9%。两个应用市场合计的市场占比为 97.2%。

根据市场研究机构 IHS 的调研数据，2017 年，中国大陆地区偏光片市场的需求面积约为 2.03 亿平方米，与 2016 年 1.66 亿平方米的需求相比，同比增长 22.3%，占全球市场的 40.1%，为全球最大单体市场。2017 年，中国大陆地区偏光片市场的营收规模约为 33.45 亿美元，与 2016 年 27.27 亿美元的营收相比，同比增长 22.7%，在全球市场的占比约为 34.2%。2018 年，预计中国大陆地区偏光片市场的需求面积约为 2.57 亿平方米，同比增长 26.6%，营收规模约为 39.19 亿美元，同比增长 17.2%，保持全球最大单体市场地位。2019—2020 年，中国大陆地区市场的需求面积还将保持 20%左右的增长速度，营收规模将超过 50 亿美元。2021 年以后，中国大陆地区市场成长趋缓，需求面积的成长速度预计将在 10%以下，营收规模的增长速度在 5%以下。

对中国大陆地区的偏光片生产企业来说，因其面对的主要客户是显示器件（面板）的生产企业，因此市场需求要比市场研究机构从终端消费角度估计的要小。根据协会统计，2017 年，中国大陆地区显示器件（面板）企业的偏光片需求面积约为 1.64 亿平方米，与 2016 年的 1.45 亿平方米需求相比，同比增长了 13.1%，仅为市场研究机构调研结果的 80%左右。2018 年，中国大陆地区显示器件（面板）企业的偏光片需求面积估计约达到 2.1 亿平方米，同比增长约 28%。

中国大陆地区偏光片企业 2017 年的投入产能约为 1.09 亿平方米，同比增长 84.7%。产能转化效率为 86.2%，略高于全球水平的 85.9%，因此其实际供给能力约为 9400 万平方米，与市场研究机构的调研结果相比，需求缺口达 53.7%；而与显示器件（面板）企业的需求相比，需求缺口则缩小为 42.7%。预计 2018 年，中国大陆地区偏光片企业投入的产能将同比增长 57.8%，达到 1.72 亿平方米，实际供给能力约为 1.48 亿平方米。与市场研究机构的调研结果相比，需求缺口达 42.4%；而与显示器件（面板）企业的需求相比，需求缺口则缩小为 29.5%。

展望未来，2019—2021 年，中国大陆地区偏光片企业的投入产能将保持年均 15%左右的增长速度，产能转化效率与全球水平相当，在 86%以上。2021 年，中国大陆地区偏光片企业的年投入产能达到峰值（2.37 亿平方米），到 2023 年将一直保持稳定投入，不再增长。在供需关系上，与市场研究机构的调研结果相比，则一直存在 30%以上的需求缺口未能得到满足，而与显示器件（面板）企业的需求相比，需求缺口则可能缩小到 10%以内，甚至出现供给大于需求的可能。

5.4 显示芯片

2017 年，全球半导体芯片产业销售额达到 4197 亿美元，同比增长 23.8%，是 2011

年以来增速最快的一年。与上一次出现大幅增长的 2010 年不同，本次大幅度增长是在市场及应用设备没有明显变化的情况下出现的，且以存储器价格的快速、大幅上涨为主要标志。

其中，中国大陆地区芯片全年销售额达到 5411 亿元（按 2017 年平均汇率 6.7547 计算，折合约 801 亿美元），同比增长 24.8%，也是 2012 年以来最快的，是摆脱近年来增长率一直在 20%左右徘徊的第一次跳高增长。

2017 年，中国大陆地区芯片产业各主要环节均维持高速增长，设计、制造和封测（封装测试）的增长率均超过 20%，是近年来的第一次。其中，芯片制造业增速最高，增长 28.5%；设计业位列第二，达到 26.1%，销售额首次突破 2000 亿元；增长率长期停留在 20%以下的封测业也取得了近年来的最好成绩，增速也超过 20%。

其中，中国大陆地区芯片制造业全年销售额达到 1448 亿元（按 2017 年平均汇率 6.7547 计算，折合约 214 亿美元），比上年增长 28.5%，为近年来的最高值。但必须指出，这一数值包含了在华外商独资企业的经营数据，所以制造业的快速增长包含有这些企业的贡献。中国大陆地区芯片设计销售额达到 2073 亿元（按 2017 年平均汇率 6.7547 计算，折合约 307 亿美元），首次突破 2000 亿，且与芯片制造不同，芯片设计统计数据近乎全部来自本地企业，并且鉴于芯片设计的最终产出为产品，具备与全球产业销售统计数据进行比较的条件，因此备受关注。中国大陆地区本土芯片的销售收入在全球的占比仅为 7.3%。

从 2013 年起，中国进口芯片的金额就一直超过 2000 亿美元，2017 年，创下历史新高。2017 年的芯片进口金额为 2601 亿美元，而 2017 年原油进口金额为 1623 亿美元，远远低于进口芯片价值。固然有部分芯片大幅涨价的因素，但进口芯片价值超过 2000 亿美元毋庸置疑，由此产生的贸易逆差也创下历史新高，达到 1932 亿美元。具体如图 5-3 所示。

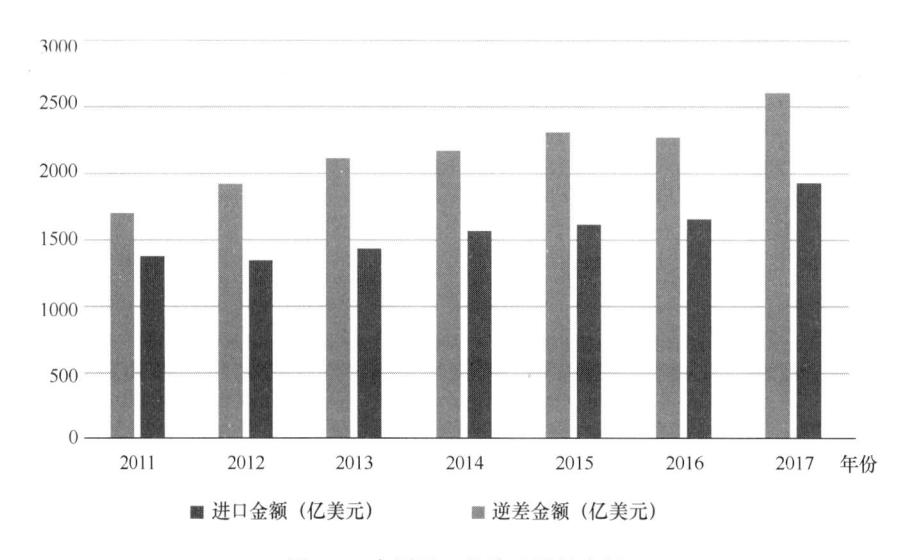

图 5-3 中国进口芯片及逆差金额

显示芯片泛指在显示面板制造过程中所用到的芯片（Integrated Circuit，IC），主要包括显示驱动芯片（Driver IC）、电源管理芯片（Power Management IC）和时序控制芯片（Timing Controller IC）等。

显示芯片采购金额在显示器件（面板）营收中的占比约为 5.5%。2017 年，全球显示芯片的市场营收规模约为 68.75 亿美元，与 2016 年相比，营收规模同比增长了约 5%。预计 2018 年，全球显示芯片市场的营收规模与 2017 年大体相当，不会超过 70 亿美元。

其中，显示驱动芯片无论在使用数量还是在采购金额上都是显示芯片的最大销售主体。显示驱动芯片是显示器件（面板）中成像系统的主要部分，集成了电阻、调节器、比较器和功率晶体管等部件，具备驱动显示器和控制驱动电流等功能。

2017 年，根据市场研究机构北京群智营销咨询有限公司（英文名称为 Sigmaintell，简称"群智咨询"）提供的数据，显示驱动芯片的全球市场营收规模约为 51 亿美元，占整个显示芯片市场的 74%。与 2016 年相比，显示驱动芯片市场同比增长 7.9%。预计 2018 年，全球显示驱动芯片市场将保持小幅成长。

其中，显示驱动芯片最大的终端应用市场是电视和智能手机。2017 年，在全球显示驱动芯片市场营收中，电视用芯片占比约为 35%，达到 17.85 亿美元；智能手机用芯片占比约为 28%，达到 14.28 亿美元。两者合计的市场份额约为 63%。其他应用市场，如平板电脑、显示器和笔记本电脑等，营收规模大体相当，为 5 亿～6 亿美元。2018 年，智能手机应用的显示驱动芯片市场受触控与显示集成驱动芯片（TDDI）渗透率进一步提高的影响，其平均单价可能提高 4%～5%，在销售量稳定的前提下，智能手机应用的显示驱动芯片市场占整个显示驱动芯片市场的份额可能进一步提高。展望未来，在手机和电视应用中，显示驱动芯片市场的平均价格受新型显示技术渗透率提高的影响均将有不同程度的提高。

2017 年，根据市场研究机构群智咨询提供的数据，全球显示驱动芯片的销量约为 63.26 亿颗。与 2016 年相比，同比增长不足 1%。显示驱动芯片的销量和显示器件（面板）的销量之间一般存在一定的比例关系，可以作为单耗指标进行比较。从销量上看，显示驱动芯片最大的终端应用市场依然是电视和智能手机。

其中，电视应用的显示驱动芯片 2017 年的销量约为 20.53 亿颗，占比约为 32%，与 2016 年相比，销量略有增长。UHD 电视应用的显示驱动芯片销量约为 12.46 亿颗，是电视应用的显示驱动芯片中销量最高的，占比约为 61%。从单耗的角度来看，2017 年，电视应用的显示驱动芯片的单耗约为 7.6 颗/片，预计 2018 年的单耗还将维持在同一水平线上。未来，随着 QUHD 电视渗透率的提高，虽然在技术上要求使用更多的显示驱动芯片才能满足，但随着显示驱动芯片自身的技术进步，估计单耗的整体趋势不会增长，反而会有所降低。

智能手机应用的显示驱动芯片 2017 年的销量约为 19.54 亿颗，占比约为 31%，与 2016 年相比，销量小幅下降，分析其原因，是智能手机用显示器件（面板）销量下降而单耗没有过多增加所致。从清晰度的角度来看，智能手机应用的显示驱动芯片与电视有所不同，电视以 UHD 为主流，而智能手机应用的显示驱动芯片则 HD 和 FHD 并重。2017 年，HD 智能手机应用的显示驱动芯片销量达 9.81 亿颗，FHD 智能手机应用的显示驱动芯片销量则达到 9.47 亿颗，两者合计占比约为 99%。从单耗来看，2017 年，智能手机应用的显示驱动芯片的单耗约为 1.25 颗/片。与过去平均为 1 相比，单耗开始出现小幅增加。今后随着智能手机显示器件（面板）技术的多样化发展，智能手机应用的显示驱动芯片的单耗还将小幅增加。

关于触控与显示集成驱动芯片（Touch and Display Driver Integration，TDDI），根据市场研究机构 CINNO Research 提供的数据，其 2017 年的销量约为 187 万颗，与 2016 年约 107 万颗的销量相比，增长了约 75%。但市场渗透率还不是很高，在非 OLED 智能手机应用市场中，其渗透率在 2017 年达到 17%，相比 2016 年 7% 的渗透率，提高了 10 个百分点。2018 年，TDDI 的销量预计约为 320 万颗，在非 OLED 智能手机应用市场中的渗透率将提高到 32%。

显示驱动芯片在销量上的第三大终端应用市场是平板电脑。2017 年的销量约为 9 亿颗，与 2016 年相比，减少了约 3%。在该应用市场中，FHD 同样已成为主流。另外，在单耗上也有小幅增加的趋势，但受显示器件（面板）销量锐减的影响，该应用市场今后可能逐渐衰退。

其他应用的显示驱动芯片，如显示器和笔记本电脑等，其销量在 2017 年大致都在 7 亿颗左右，在技术上同样以 FHD 为主流。今后在单耗上的发展趋势：显示器应用的显示驱动芯片基本将维持 5.1 颗/片，不会有太大变化；而笔记本电脑应用的显示驱动芯片则可能从 4.1 颗/片增加到 4.4 颗/片。

中国大陆地区目前已经成为全球最大的显示器件（面板）生产基地，2017 年，中国大陆地区显示器件（面板）企业对显示芯片的采购金额约为 110 亿元（按 2017 年平均汇率 6.7547 计算，折合约 16 亿美元），中国大陆地区市场在全球市场的占比约为 31.4%，是除韩国外全球第二大显示芯片市场。具体到显示驱动芯片上，中国大陆地区市场 2017 年的需求量约为 25.72 亿颗。其中，需求量最大的两类终端应用分别是手机和电视，手机应用的显示驱动芯片约为 9.18 亿颗，而电视应用的显示驱动芯片约为 9.06 亿颗，两者合计占比约为 71%。预计 2018 年，中国大陆地区显示器件（面板）企业对显示芯片的需求金额同比增长约 3%，达到 113 亿元（折合约 16.66 亿美元）左右。其中，显示驱动芯片的需求量增长速度要大于需求金额的增长速度，这意味着平均价格将进一步降低，竞争加剧。

5.5 OLED 发光材料

2017 年，iPhone X 手机的发布对 AMOLED 显示器件和 OLED 材料的拉动效用十分明显。根据市场研究机构 DSCC（Display Supply Chain Consultants）的调研数据，2017 年，全球 OLED 发光材料（包括主体层材料、掺杂层材料和通用层材料）市场营收规模约为 8.68 亿美元，同比 2016 年的 6.06 亿美元增长 43%。除 DSCC 之外，市场研究机构 IHS 和 OF Week 调研得到的营收规模也大同小异，为 8.4 亿～8.7 亿美元。

其中，通用层材料在整体营收中占最大比例，在 2017 年为 50%，与 2016 年的 49% 相比，增加了 1 个百分点。主体层材料在整体营收中的占比仅次于通用层材料，在 2017 年约为 28%，与 2016 年相比也提高了 1 个百分点。掺杂层材料在整体营收中的占比最低，在 2017 年时只有约 22%，同比 2016 年减少了 2 个百分点。具体如图 5-4 所示。

第 5 章 市场

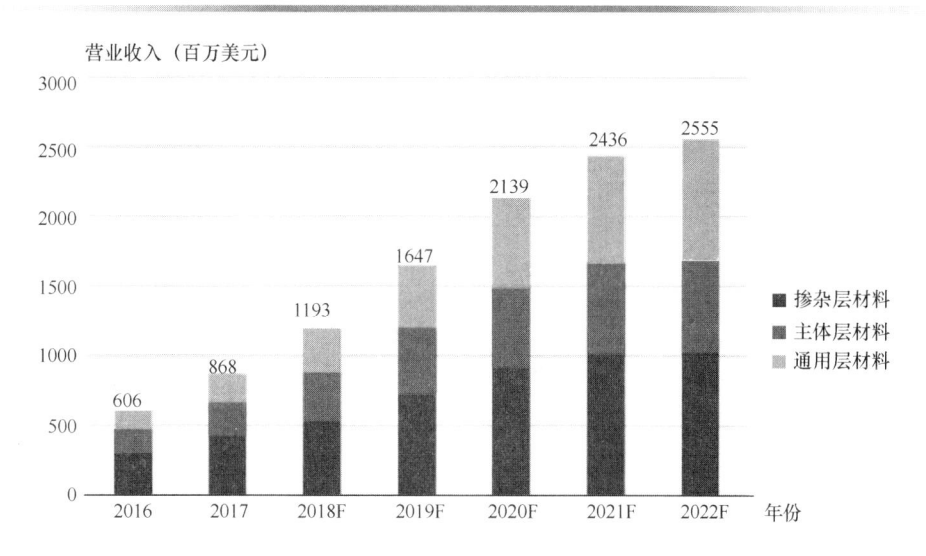

图 5-4 2016—2022 年 OLED 发光材料营业收入

日本的市场研究机构 TPC Marketing Research 则认为，2017 年全球 OLED 材料市场营收规模约为 1820 亿日元（按 2017 年平均汇率 112.27 计算，折合约 16.21 亿美元）。与 2016 年的 1677 亿日元相比，同比增长了 8.5%。但该机构并未披露其 OLED 材料包含哪些具体内容。正如《中国新型显示产业蓝皮书（2015—2016）》中所介绍的，OLED 材料除包含发光材料外，还有电极、载流子输送等其他材料。对于整个 OLED 材料市场，一般业内认为：发光材料市场在整个 OLED 材料市场中所占的份额为 8%～10%。因此推导，2017 年，全球所有 OLED 材料的营收规模应为 84 亿～109 亿美元。

市场研究机构 IHS 还发布了全球 OLED 发光主体层材料市场的出货数据，2017 年，发光主体层材料市场出货量约为 53 吨，与 2016 年的 41 吨出货量相比，同比增长了 29%。其中，FMM（精细金属掩膜）RGB 的出货量在总出货量中占 87%，约为 46 吨；WOLED（白光 OLED）的出货量在总出货量中占 13%，约为 7 吨。具体如图 5-5 所示。

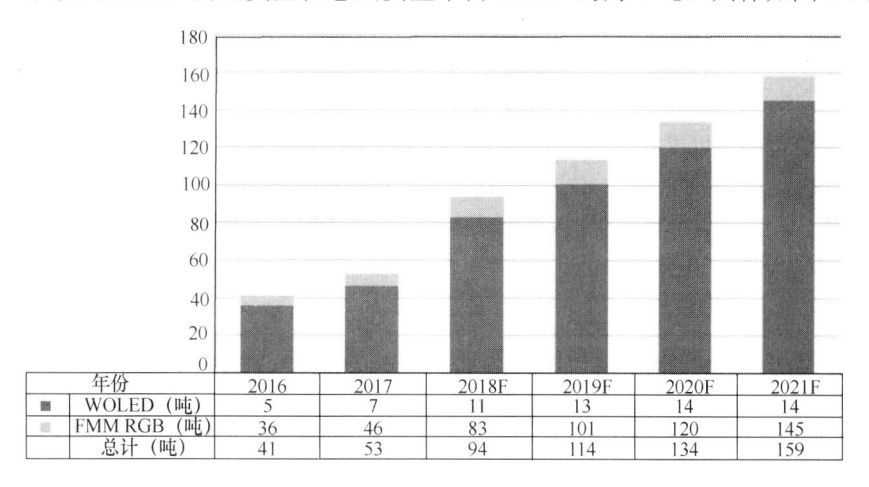

年份	2016	2017	2018F	2019F	2020F	2021F
WOLED（吨）	5	7	11	13	14	14
FMM RGB（吨）	36	46	83	101	120	145
总计（吨）	41	53	94	114	134	159

图 5-5 AMOLED 有机发光材料中期到长期使用量预测

从营收规模来看，市场研究机构 IHS 的数据表明：2017 年，精细金属掩膜 FMM RGB 类型的发光主体层材料（不包含掺杂层材料和通用层材料）所实现的营收规模约占总营收规模的 78%，约为 5.32 亿美元，同比增长了约 15%；而 WOLED 类型的发光主体层材料约占营收规模的 22%，约为 1.52 亿美元，同比增长了 18%。具体如图 5-6 所示。

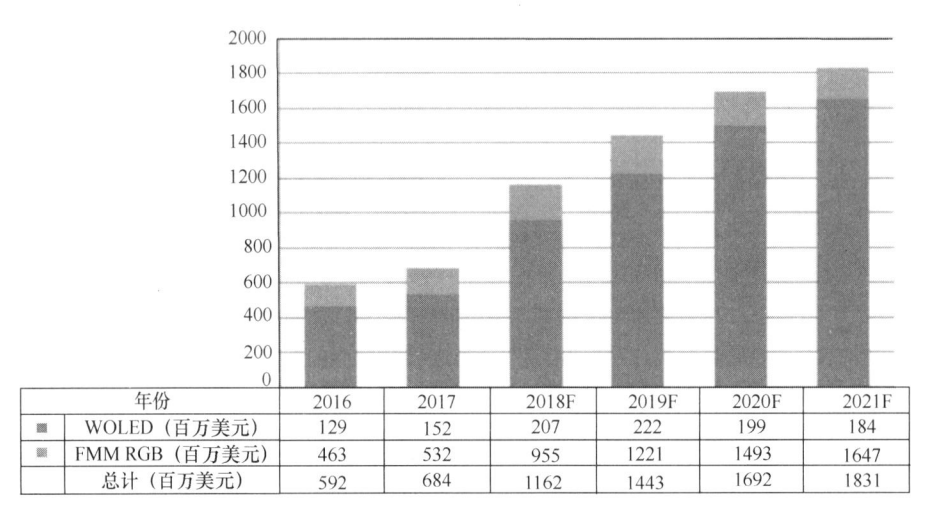

年份	2016	2017	2018F	2019F	2020F	2021F
WOLED（百万美元）	129	152	207	222	199	184
FMM RGB（百万美元）	463	532	955	1221	1493	1647
总计（百万美元）	592	684	1162	1443	1692	1831

图 5-6 AMOLED 有机发光材料中期到长期使用营收预测

从单价来看，2017 年 FMM RGB 类型的发光主体层材料的平均单价是 11.57 美元/克，约为 WOLED 类型的发光主体层材料的 53%。与 2016 年相比，平均单价的下降幅度约为 10%。而 WOLED 类型发光主体层材料的平均单价在 2017 年则同比下降了 16%，达到 21.71 美元/克。

根据协会有关 AMOLED 面板出货的统计数据，2017 年，智能手机用 AMOLED 面板出货面积约为 431 万平方米，电视用 AMOLED 面板出货约为 166 万平方米。则可计算得到 FMM RGB 类型发光主体层材料的平均单耗为 10.67 克/平方米；而 WOLED 类型发光主体层材料的平均单耗为 4.22 克/平方米。2016 年，智能手机用 AMOLED 面板出货面积约为 250 万平方米，电视用 AMOLED 面板出货约为 82 万平方米，则 FMM RGB 类型发光主体层材料的平均单耗为 14.40 克/平方米，而 WOLED 类型发光主体层材料的平均单耗为 6.10 克/平方米。从过去两年的数据来看，无论是 FMM RGB 类型还是 WOLED 类型的发光主体层材料，其单耗水平都在逐年下降，目前来看尚无规律可循。

从供给端来看，根据市场研究机构 DSCC 的调研数据，2017 年，全球 OLED 发光材料（包括主体层材料、掺杂层材料和通用层材料）市场的前三大供应商依然为 Universal Display 公司（简称"UDC"）、默克公司和陶氏杜邦公司（简称"Dow Dupont"）。其中，UDC 和默克公司的营收规模均约为 1.52 亿美元，同比增长 33%，但市场份额却下滑约 1.5 个百分点，达到 17.5%，并列第一位；Dow Dupont 的营收规模约为 1.33 亿美元，同比增长 25%，其市场份额下滑 2 个百分点，约为 15%，位列第三。

第5章 市场

具体如图 5-7 所示。

2018 年，全球 OLED 发光材料市场营收规模约为 11.93 亿美元，同比增长 37%。其中，增长幅度最高的是掺杂层材料，涨幅约为 84%；其次为主体层材料，涨幅约为 33%；涨幅最低的是通用层材料，涨幅只有 19%。

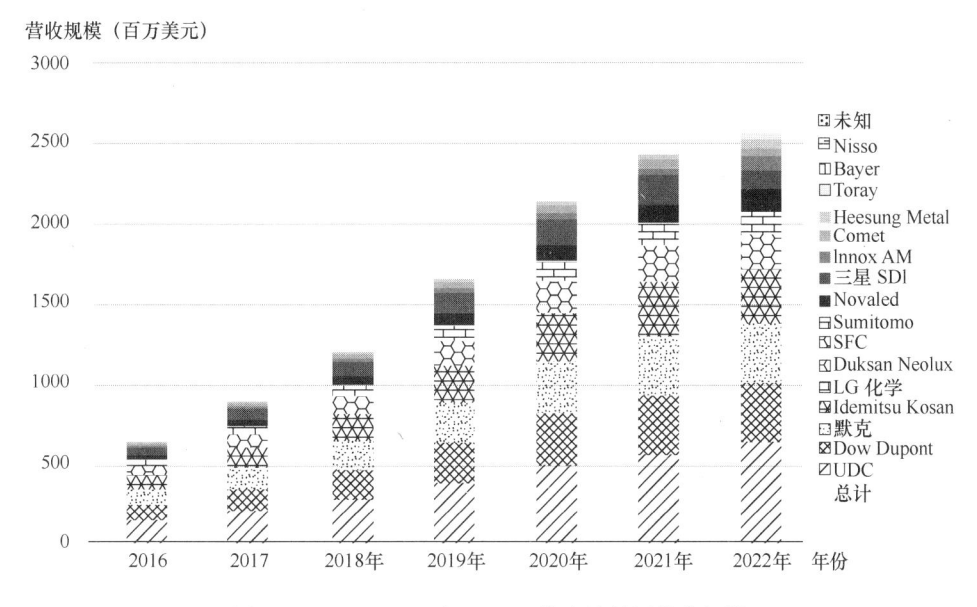

图 5-7　2016—2022 年 OLED 供应端材料营收规模

在主体层材料中，FMM RGB 类型的发光主体层材料实现的营收规模约为 9.55 亿美元，同比增长 79.5%；WOLED 类型的发光主体层材料实现的营收规模为 2.07 亿美元，同比增长 36%。OLED 发光主体层材料的出货到 2018 年预计同比增长 77%，达到 94 吨。其中，FMM RGB 类型的发光主体层材料出货约 83 吨，占比 88%，同比增长 80%；WOLED 类型的发光主体层材料出货约 11 吨，占比 12%，同比增长 57%。

供应商结构在 2018 年将会出现小的改变：UDC 将以约 2.28 亿美元的营收规模、19% 的市场份额，依然位列第一；默克公司的营收规模将小幅成长 5%，达到 1.6 亿美元，其市场份额也会下滑到 13%，从原来的并列第一位下滑到第三位；而 Dow Dupont 的营收规模将大幅成长 57%，达到 2.09 亿美元，其市场份额仅次于 UDC，上升到第二位。

2018 年，全球发光主体层材料的平均单价也会进一步降低。其中，FMM RGB 类型发光主体层材料的平均单价将同比降低不足 1%，而 WOLED 类型发光主体层材料的平均单价将同比降低超过 13%。

展望未来，虽然 2017 年中国大陆地区市场仅消耗了约 2% 的全球市场出货和营收，但中国大陆地区市场的需求将在 2018 年迅速扩大到 5%。随着中国大陆地区京东方、华星光电、天马等大型面板厂商在 OLED 领域布局的展开，未来，中国大陆地区将成为全球 OLED 材料市场成长的主要动力，预计 2020 年，中国大陆地区 OLED 材料市场需求将占全球市场的 20% 以上。

从供给端来看，在所有 OLED 材料制造商中，目前拥有最大市场份额的公司是 UDC，将有望以 30%的年复合增长率扩张其市场份额。预计到 2022 年，UDC 的销售额将达 6 亿美元。Dow Dupont 和默克公司将成为第二大和第三大供应商，2022 年的市场份额将分别达到 15%和 14%。

从营收规模和出货量来看，全球 OLED 发光材料市场的营收规模预计在 2020 年前保持 30%以上的增长速度，之后的增长速度预计将迅速回落到 10%以下。全球 OLED 发光主体层材料的营收规模和出货量基本与之同步。WOLED 类型发光主体层材料的平均单价预计将持续下滑，而 FMM RGB 类型发光主体层材料的平均单价则预计会在 2019 年和 2020 年回升，之后保持稳定。

5.6 混合液晶材料

由于不同的显示方式对液晶材料性能的要求有很大差别，任何液晶单体只具有一方面或几方面的优良性能，不能直接用于显示。在实际应用中，选用多种具有优良性能的液晶单体，并加入少量添加剂，将其调制成综合性能最佳的混合液晶，以满足显示用液晶材料的各项性能要求。液晶显示器所使用的液晶均为混合液晶（以下按行业习惯统称为"液晶材料"）。

液晶材料的发展经历了从低端到高端的过程。作为生产液晶显示面板的核心材料，液晶材料一方面随着液晶显示模式的发展而变化，另一方面又推动着液晶显示模式的发展，从低端 TN 型液晶材料发展到 STN 型液晶材料，继而发展到目前高端的 TFT 型液晶材料。

液晶材料在整个液晶面板中所占的金额比例（约 4%）虽然不高，但因材料的特殊性，其影响整体液晶面板的质量。液晶面板的视角、响应时间、对比度等参数主要受所用的液晶材料特性的制约，所以其重要性不言而喻。液晶材料在灌入液晶盒之后就不可改变，如果因为液晶材料的问题而导致液晶面板发生质量问题，则之前投入的玻璃基板、液晶材料及生产工艺成本和材料都将付之东流，所以液晶面板厂对液晶材料的品质把控极为严苛。

全球混合液晶材料主要分为 TN 型、STN 型、TFT 型三大类型，其中 TFT 型混合液晶是全球显示领域主要应用的液晶材料。

在 TFT 型混合液晶领域，目前主要包括 TN-LC、VA-LC、IPS-LC 等几种模式。其中，中小尺寸显示面板（平板电脑/手机等）主要以 IPS/TN 为主，TV 类大尺寸显示面板以 IPS/VA 类为主。市场研究机构群智咨询的调查数据显示：2017 年，全球液晶面板厂的混合液晶的需求量约为 762 吨，同比增长约 8%。2018 年，随着中国大陆地区多条 TFT-LCD 新生产线陆续投产，全球液晶面板厂的混合液晶的需求量将突破 800 吨，预计到 2020 年会超过 850 吨。

与此同时，中国大陆地区液晶面板生产线不断建设，新需求不断开出。在液晶材

第 5 章　市场

料项目建设方面，近年来，内资和外资企业都十分积极。其中，外资巨头德国默克在上海、日本 DIC 株式会社（简称"DIC"）在青岛、日本 JNC 株式会社（简称"JNC"）在苏州分别建设了液晶材料生产线。JNC 在苏州建设的工厂的设计产能为 50 吨/年，已于 2016 年竣工投产。

2017 年，中国大陆地区液晶面板厂的混合液晶的需求量约为 222 吨，同比增长约 16%。2018 年将同比增长 13%，混合液晶需求量超过 250 吨。到 2020 年，预计中国大陆地区液晶面板厂混合液晶的需求量将超过 300 吨。

目前全球液晶材料的混合液晶市场，主要被德国默克公司、日本的 JNC 和 DIC 控制。国外企业因进入时间较早，在专利布局、技术研发、产能等多方面都处于领先地位。混合液晶的生产，主要难点在于配方的调配、纯度的控制和各批次产品的稳定性。而相关企业都会针对配方、相关单体申请专利，制约了后进入者的进程。

（1）德国默克。

默克公司在全球混合液晶市场中占据着重要的地位。公司产品完整覆盖 VA、TN、IPS、PS-VA、SA-VA、UB-FFS 等各种类型。默克公司大力加强对高性能液晶技术的研发，开发出了超亮度边缘厂开关（UB-FFS）技术液晶材料和自对准垂直排列（PS-VA）技术液晶材料。UB-FFS 高性能液晶技术可以为平面显示提供更宽的视角、更亮的显示和更长的运行时间，目前已经应用在许多现代化的超平面智能手机或平板电脑中。

随着全球液晶面板生产逐渐向中国大陆地区转移，默克公司也加紧了在华投资，2011 年 11 月，默克公司首个液晶材料应用实验室在上海张江高科技园区正式投入使用，该实验室占地约 300 平方米，首期投入 500 万欧元，目前有约 20 位科学家和技术专家。

2012 年，默克公司又启动了"默克液晶中国中心"项目，加速开拓中国大陆地区本地的液晶业务。2013 年 12 月，位于上海金桥开发区陇桥路的"默克液晶中国中心"正式开业，其主要包括三个部分：液晶混合厂、液晶实验室和液晶中国业务中心。其中，液晶实验室早在 2011 年 11 月正式投入使用。

以前默克公司为中国大陆地区 TFT 面板厂提供的液晶产品都来自韩国、日本和中国台湾地区的混合液晶工厂。随着上海默克液晶中国中心的成立和运营，其成为默克在亚洲成立的第四个混合液晶工厂。2014 年第二季度，默克液晶中国中心已将首批产品交付客户使用。

2017 年，默克公司全球混合液晶的出货量约为 396 吨，受到大陆地区企业的强力竞争，增速放缓，出货量同比基本持平。2018 年，默克全球混合液晶的出货量将超过 400 吨，但市场份额会进一步降低。展望未来，2019 年以后，默克全球混合液晶的出货量预计为 400～410 吨，其市场份额预计维持在 48%左右。

（2）日本 JNC。

JNC 提供 Blue Phase、IPS、MVA、PS-VA、PVA、TN、UB-FFS、VA 等产品。

JNC，原日本智索（Chisso）公司，成立于 1906 年，于 1970 年开始发力液晶材料事业,为全球第二大 TFT 型混合液晶材料供应商。

2004 年,日本智索公司在中国上海成立全资子公司——智索国际贸易(上海)有限公司,注册资金为 100 万美元,位于上海市外高桥保税区。其主要从事液晶材料等相关化学品的进出口贸易业务。2011 年,智索公司在日本成立了 JNC 株式会社,智索国际贸易(上海)有限公司也随之更名为"捷恩智国际贸易(上海)有限公司"。JNC 生产混合液晶材料的工厂主要位于日本、韩国、中国台湾地区苏州市。

2014 年 10 月 16 日,日本 JNC 株式会社投资的液晶工厂及技术中心项目在苏州高新区签约,将生产高质量的液晶产品。该项目一期注册资本为 1700 万美元,项目总投资 5100 万美元,初期租用高新区综合保税区约 9600 平方米的标准厂房,今后将扩大规模,使之成为在华唯一液晶制造及研发基地,产能规模约 50 吨 TFT 型混合液晶,2016 年投产。

2017 年,JNC 全球混合液晶的出货量约为 198 吨,同比增长 3.7%。2018 年 JNC 公司全球混合液晶的出货量将同比降低 3%左右,达到 193 吨,市场份额会进一步降低 2 个百分点,达到 24%。展望未来,2019 年以后,JNC 全球混合液晶的年出货量预计将进一步降低到 180 吨以下,其市场份额预计也将进一步下降到 20%。

(3)日本 DIC。

日本 DIC 是全球三大 TFT 混合液晶主要供应商之一,成立于 1908 年,以制造印刷油墨起家。1950 年,其在东京证券交易所上市,1973 年,开发高性能液晶材料,开始进入液晶材料研发、生产和销售行业。

在液晶材料方面,日本 DIC 在中国大陆地区投资的子公司主要是青岛迪爱生精细化学有限公司、青岛迪爱生液晶有限公司、上海迪爱生贸易有限公司、广州迪爱生贸易有限公司、DIC Trading(HK)Ltd。其中,青岛迪爱生精细化学有限公司主要进行液晶材料的开发及研究,青岛迪爱生液晶有限公司主要进行液晶材料的生产,另外三家子公司主要进行液晶材料相关产品的销售贸易业务。

青岛迪爱生精细化学有限公司为日本 DIC 的全资子公司,成立于 1996 年 3 月,初始注册资金为 750 万美元,位于青岛市高科技工业园惠特工业城,占地约 6 万平方米,第一期工程建筑面积为 8400 余平方米,于 1997 年 9 月竣工并投入使用,主要从事液晶材料的开发及研究。

2000 年,DIC 在青岛迪爱生精细化学有限公司投资建设液晶单晶生产项目(简称"QDP-1"),2003 年 8 月,竣工投产并分立为青岛迪爱生液晶有限公司,主要从事 STN 等液晶材料的生产及销售。

2013 年,DIC 又在青岛迪爱生精细化学有限公司投资,新建 TFT-LCD 面板显示材料项目(简称"QDP-2"),追加项目注册资本 500 万美元。2013 年 2 月 28 日,举行了厂房开工建设奠基,同年 6 月 6 日,工程建设正式封顶,2013 年 11 月,QDP-2 项目正式竣工,占地 8700 平方米的 TFT 液晶工厂建成投产,年产能约为 20 吨,主要从事 IPS-TFT 液晶的生产。

第 5 章 市场

2017 年，日本 DIC 全球混合液晶的出货量约为 84 吨，同比增长 31%。2018 年，日本 DIC 公司全球混合液晶的出货量将同比增长 15%左右，达到 97 吨，市场份额也会进一步提高 1 个百分点，达到 12%。展望未来，2019 年以后，日本 DIC 全球混合液晶的年出货量预计将提高到 100 吨以上，其市场份额预计会维持在 12%~13%。具体如图 5-8 所示。

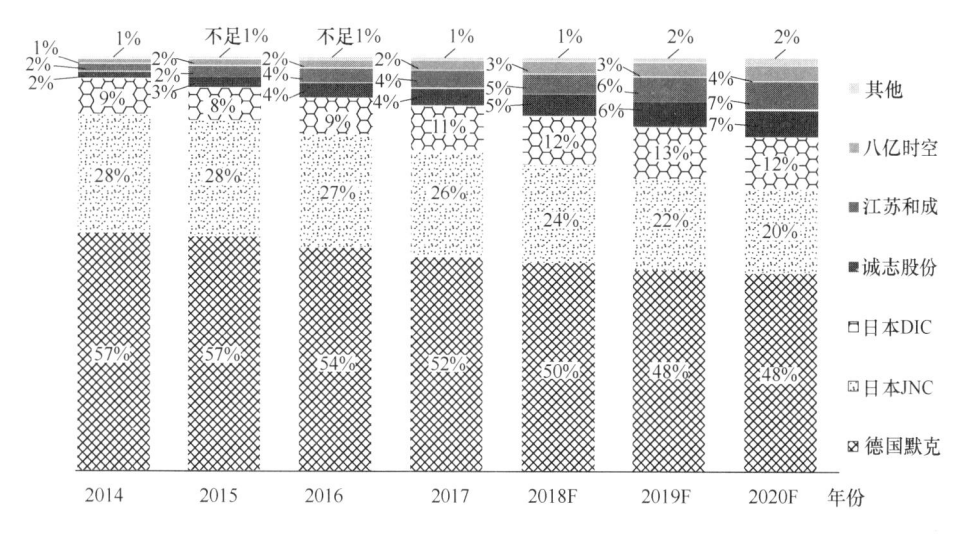

图 5-8 2014—2020 年全球混合液晶材料厂商市场份额

近年来，中国大陆地区液晶材料企业供货产品结构有了较大突破，从以往以 TN 型为主，发展到 IPS 和 VA 型比重逐步扩大。但下游面板产品结构提升速度不断加快，对液晶的性能要求也在逐年提升，例如，更高分辨率的面板要使用高穿透率 VA 型液晶，提升黑色画质要采用负性液晶等。因此，未来中国大陆地区液晶产业做大做强的关键还在于产品结构的进一步优化升级，而这需要由持续积极的研发投入及与下游面板客户的紧密合作来推动。

中国大陆地区的混合液晶企业，主要以石家庄诚志永华显示材料有限公司、江苏和成显示科技有限公司和北京八亿时空液晶科技股份有限公司为主。自 1987 年国内企业开始液晶材料的产业化以来，在技术和产能方面均取得了不小的成绩，市场占有率也在稳步提升。

国产液晶材料企业经过近些年的积累，在配方方面已取得巨大进步，同时在产业化方面不断配套国内的面板企业。目前，华星光电、京东方、龙腾光电等面板企业都采购大量的国产液晶。

2017 年，中国大陆地区本土混合液晶企业的合计出货量约为 93 吨，同比增长 24%，在全球市场的份额也提高了超过 1.5 个百分点，达到 12%。2018 年，中国大陆地区本土混合液晶企业的合计出货量将超过 100 吨，达到 117 吨，同比增长 26%，全球市场份额也会随之增加到 14.5%。展望未来，2019 年，中国大陆地区本土混合液晶企业的合计出货量预计将保持 20%以上的增长速度，2020 年以后，增长速度将下滑到 20%以下，合计出货量预计接近 170 吨。具体如图 5-9 所示。

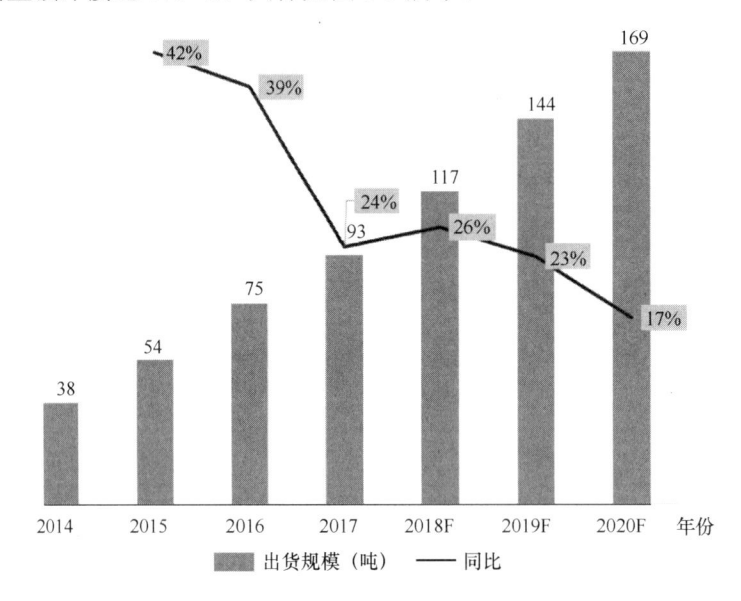

图 5-9 2014—2020 年国内混合液晶企业出货规模走势

第6章 产品

6.1 基板玻璃

基板玻璃分为含碱和无碱两类。有碱基板玻璃主要用于 TN/STN 型液晶面板，但对于 TFT-LCD 面板，由于玻璃中的碱金属离子会影响薄膜晶体管栅压的稳定性，故基板玻璃的制造必须使用无碱配方，不可以含有氧化钠和氧化钾等成分。但氧化钠和氧化钾可以降低玻璃的融化温度，故无碱基板玻璃的制造需要更高的炉温，这也是无碱基板玻璃生产技术难度高于有碱基板玻璃的原因之一。

基板玻璃作为显示面板的基础原材料之一，位居整个显示产业链的顶端。上游原材料是一些基础的化工原料，如石英粉、氧化铝等；下游主要是面板厂和彩色滤光片厂商。

显示面板制造过程中的特殊环境，如高温、高压及酸性—中性—碱性的环境变更等，要求基板玻璃具备一定的特性，具体如下。

（1）应变点。

在制造 TFT 的过程中，基板玻璃需要反复进行热处理，温度最高要加热到 625℃，要求基板玻璃在这一温度下保持刚性，不能有任何黏滞流动现象，否则不仅玻璃变形和降温时会带来热应力，还会造成尺寸的变化。因此要求基板玻璃的应变点高于 625℃，再加上 25℃的保险量，应变点至少要在 650℃以上。

（2）化学稳定性。

基板玻璃必须经得住显示面板制造过程中的各种化学处理，例如，LCD 有 7 层以上的薄膜电路和同样多的腐蚀步骤，腐蚀剂和清洗剂从强酸到强碱，如 10%以上的 NaOH、10%以上的 H_2SO_4、浓 HNO_3、10%的 $HF-HNO_3$、浓 H_3PO_4 等，可以说，基板玻璃对化学稳定性的要求几乎是玻璃品种中最严格的。

（3）碱的限制。

因为要在基板玻璃上印制电路，因此玻璃不能含有一价碱金属，即 R_2O 含量尽可能低，甚至为 0。一旦玻璃中含有一价碱金属，在高温时，一价碱金属会从玻璃内部向玻璃表面溢出，造成印制电路的短路或故障等，因此在基板玻璃中严禁一价碱金属离子的出现。一价碱金属离子主要包括 K+、Na、Li。

（4）热膨胀系数。

由于在显示面板的制造过程中，需要在基板玻璃表面镀上一层硅，所以基板玻璃的热膨胀系数必须与硅匹配，基板玻璃必须有与硅接近的热膨胀系数，氧化硅的膨胀系数为 $(5\sim7)\times10/℃$。另外，由于显示面板在制造过程中要经过多次、反复、快速地升温和降温，必然引起基板玻璃结构松弛，发生尺寸变化，这样就会使光刻制版的电子线路出现偏差。一般来讲，基板玻璃的膨胀系数在 0～300℃的温度范围内小于 40×10/℃。

1. 基板玻璃的主要原料

基板玻璃的主要原料包括石英粉、碳酸锶、碳酸钡、硼酸（硼酐）、氧化铝、碳酸钙、硝酸钡、氧化镁、氧化锡、氧化锌等。它们是玻璃的形成物、玻璃的调整物和中间体成分，构成了基板玻璃的主体，决定了其物理和化学性质。基板玻璃主要成分如表 6-1 所示。

表 6-1 基板玻璃主要成分

成分	含量（%）	成分	含量（%）	成分	含量（%）
SiO_2	58.5±0.5	Al_2O_3	15.3±0.5	B_2O_3	9.5±0.5
CaO	5.5±0.3	SrO	3.15±0.3	BaO	5.4±0.3
ZnO	0.4±0.2	As_2O_3	0.45±0.2	Sb_2O_3	0.20±0.15
ZrO_2	0.15±0.05	MgO	<0.10	TiO_2	<0.02
Na_2O	<0.02	K_2O	<0.003	Fe_2O_3	<0.02

（资料来源：显示世界）

部分原料的介绍如下。

石英粉的主要成分是 SiO_2，是形成玻璃的主要氧化物，其以硅氧四面体$[SiO_4]$的结构形成不规则的连续网络，成为玻璃的骨架。SiO_2 可以降低玻璃的热膨胀系数和密度，提高玻璃的应变点，SiO_2 含量过低时会降低玻璃的耐酸性等化学稳定性，不易获得低膨胀、低密度和高应变点的玻璃，使玻璃难以熔制，并容易导致结石（方石英）缺陷。

氧化铝为中间体氧化物，当玻璃中 O 不足时，Al 的配位数为 6，处于网络间隙，与 O 形成$[AlO_6]$八面体；当玻璃中有多余的 O 时，Al 的配位数为 4，进入玻璃网络，与 O 形成$[AlO_4]$四面体，起到补网作用，增加玻璃稳定性，降低玻璃膨胀系数，同时由于$[AlO_4]$四面体体积较大，可以降低玻璃密度。Al_2O_3 可以显著提高玻璃的应变点和弹性模量，增加玻璃的化学稳定性。氧化硅与氧化铝的含量是相互依赖的，两者之和在原料总量中的占比应大于 70%。

硼酸的作用是作为助熔剂，B_2O_3 可降低玻璃熔化黏度，且不增加膨胀系数，适量的 B_2O_3 可增加耐氢氟酸能力，而使其易于加工，但当 B_2O_3 浓度过高时，会损坏玻璃的抗酸能力，且应变点会太低。玻璃中的 B 主要与 O 形成硼氧化三角体$[BO_3]$，如果玻璃中有足够的 O，可以形成四面体$[BO_4]$，降低玻璃的热膨胀系数。氧化硼有降低熔点和有利于熔制的作用。但它同时会降低转变温度，而且对化学耐久性十分有害，因此氧化硼含量最好在 10%以下。

因为硼酐在生产过程中极易受潮，从而影响硼酐的主含量，因此硼酐的主要控制指标是主含量及水分含量，一般来讲，在使用过程中，要注意库房防潮和保证料仓内干燥。

碳酸锶主要引入氧化锶。氧化锶具有不使密度增大、不令线膨胀系数升高、不会使应变点下降过多的特性，还可使熔解性提高，但如果含量过多，则会导致失透特性的劣化，耐酸性和对抗碱性、抗蚀膜剥离液的耐久性低下。氧化锶还具有吸收 X 射线的作用。

氧化锌为中间体氧化物，在一般情况下，以锌氧八面体$[ZnO_6]$作为网络外体氧化物，当玻璃中的游离氧足够时，可以形成锌氧四面体$[ZnO_4]$而进入玻璃的结构网络，使玻璃的结构更加稳定。ZnO_4 能降低玻璃的热膨胀系数，提高玻璃的化学稳定性、热稳定性、折射率。

氧化锡则是替代有毒物氧化砷而作为澄清剂的一种原料。

2. 基板玻璃的制造工艺

基板玻璃的制造工艺主要有浮法、流孔下引法和溢流熔融法三种，目前主流工艺是溢流熔融法。

（1）浮法。

浮法是应用最广泛、历史最悠久的基板玻璃制造工艺。该法是将熔融玻璃液传输至装有熔融液态锡的沟槽，利用锡和玻璃的密度差，在玻璃液表面张力和重力作用下，使其自然摊平，再进入冷却室冷却成型，之后需要进一步研磨、抛光等。浮法的优势在于产能高、易于扩基板玻璃面积、成本低于其他工艺，但是后段处理带来的开销又抵消了部分成本优势。浮法以前主要用于 TN/STN 基板玻璃，后来旭硝子公司成功利用浮法制造无碱基板玻璃，成为利用浮法制造 TFT 基板玻璃的代表厂商。

（2）流孔下引法。

流孔下引法是将熔融玻璃液导入由铂合金制成的流孔漏板槽，在重力的作用下使玻璃溶液流出，再通过滚轮碾压、冷却室固化成型。流孔大小和下引速度决定玻璃厚度，温度分布决定玻璃的平整度。流孔在此工艺中的作用十分重要，其尺寸稳定与否关系到玻璃厚度是否均匀、表面是否平坦等关键指标，但由于外力作用流孔可能变形，良率就会出现波动。另外，由于玻璃表面与滚轮接触，所以平整度也会受到影响，因此流孔下引法也需要后段抛光加工。使用该工艺的主要厂商是电气硝子公司。但由于目前此工艺优势不明显，已逐渐被淘汰。

（3）溢流熔融法。

溢流熔融法是将熔融玻璃液导入导管，玻璃液到达容积上限后从导管两侧沿管壁向下溢流而出，类似瀑布一样在下方汇流后形成片状基板。溢流熔融法由著名玻璃厂商康宁公司主导，由于采用此工艺时，玻璃在成型过程中不需要接触任何介质（浮法接触液态锡、流孔下引法接触金属滚轮），不会产生因和介质接触而造成的玻璃表面性质差异等问题，因此不需要后端抛光加工，现在已经成为显示面板基板玻璃制造工艺的主流。

旭硝子公司采用浮法技术生产显示玻璃，与其他 6 家采用溢流熔融法的竞争者有所不同，其单台窑炉的生产能力要远大于采用溢流熔融法的窑炉。根据 2017 年的实际数据，旭硝子公司浮法窑炉单台年均产能在 700 万平方米以上，而其他采用溢流熔融法的窑炉单台年均产能仅为 300 万平方米左右。当然不同公司的溢流熔融法窑炉也存在年均产能的差异，大体上康宁的窑炉单台年均产能要比其他公司的溢流熔融法窑炉高 25%~30%。

由于需要与下游显示面板厂配套，基板玻璃生产线与面板厂一样，按照产出玻璃面积分成各世代生产线，面积越大世代越高，目前已经实现量产的最高世代生产线是 10.5 代生产线，基板的尺寸已经发展到 2940 毫米×3370 毫米。在厚度方面，7 代生产线和 8 代生产线的基板玻璃达到 0.5 毫米水平。显示面板生产线向高世代生产线发展，决定了基板生产线相同的发展趋势，目前国际基板玻璃巨头已将重心转移到高世代生产线的建设上，中低世代生产线不再开出新增产能。不同世代生产线的基板玻璃根据不同的产品尺寸，其经济切割效率亦不相同。具体差异如表 6-2 所示。

表6-2 基板玻璃各世代生产线经济切割效率

世代（代）	尺寸	20"	23"	26"	27"	28"	30"	32"	33"	40"	42"	45"	46"	47"	50"	52"	54"	57"	60"	65"
4（684×880）	片数	3	3	2	2	2	2	1	1											
	利用率	55%	33%	62%	63%	72%	83%	47%	63%											
4.5（734×920）	片数	4	3	2	2	2	2	1	1	1										
	利用率	66%	65%	55%	60%	64%	74%	81%	56%	66%										
5Ⅰ（1000×1200）	片数	8	6	6	4	3	3	3	2	2	2	2	1	1	1	1	1			
	利用率	73%	73%	93%	67%	54%	62%	71%	55%	73%	81%	93%	49%	51%	57%	62%	67%			
5Ⅱ（1100×1250）	片数	10	8	6	6	6	3	3	2	2	2	2	2	2	1	1	1	1		
	利用率	80%	85%	81%	88%	94%	54%	62%	55%	64%	71%	81%	85%	89%	50%	54%	58%	63%		
5Ⅲ（1100×1300）	片数	8	8	6	6	6	3	3	2	2	2	2	2	2	1	1	1	1		
	利用率	62%	82%	78%	84%	91%	52%	91%	53%	62%	68%	78%	82%	85%	48%	52%	36%	63%		
5.5（1340×1500）	片数	10	5	6	6	6	3	3	2	2	2	2	2	2	1	1	1			
	利用率	77%	82%	78%	84%	91%	52%	99%	53%	62%	68%	78%	82%	85%	48%	52%	56%			
6（1500×1850）	片数	24	15	12	12	10	8	8	6	6	3	3	3	3	2	2	2	2	2	2
	利用率	58%	81%	83%	89%	105%	73%	84%	84%	95%	54%	62%	65%	68%	51%	55%	60%	66%	73%	86%
7（1870×2200）	片数	32	24	18	18	18	15	12	8	8	8	6	6	6	3	3	3	3	2	2
	利用率	56%	55%	82%	88%	95%	90%	82%	73%	88%	95%	81%	85%	89%	50%	54%	59%	65%	48%	57%
7.5（1950×2250）	片数	36	24	18	18	18	15	12	8	8	8	6	6	6	6	3	3	3	3	2
	利用率	90%	85%	76%	82%	100%	85%	73%	69%	80%	89%	76%	80%	83%	94%	51%	55%	61%	68%	53%
8（2160×2460）	片数	40	32	24	24	21	18	18	12	8	8	8	8	8	6	6	6	3	3	3
	利用率	83%	85%	84%	91%	85%	54%	96%	85%	66%	73%	84%	88%	92%	78%	84%	91%	51%	56%	66%
8.5（2200×2500）	片数	40	32	24	24	24	18	18	12	10	8	8	8	8	6	6	6	3	3	3
	利用率	80%	85%	81%	88%	94%	81%	92%	82%	80%	71%	81%	85%	89%	75%	81%	88%	49%	54%	64%
10（2850×3030）	片数	72	50	40	40	32	32	28	18	18	15	15	10	10	8	8	—	—	—	—
	利用率	91%	54%	86%	92%	80%	91%	91%	78%	91%	84%	96%	67%	70%	63%	69%	74%	82%	91%	80%

（资料来源：新材料在线）

第 6 章 产品

基板玻璃的制造看似容易,好像只需要把玻璃做得够薄、够平、够洁净就可以,但其实技术壁垒极高。基板玻璃制造的技术壁垒主要体现在以下三个方面。

(1) 工艺壁垒。基板玻璃对玻璃表面平整度和杂质含量的要求都是电子级的,使用一般的浮法工艺无法满足这么高的平整度要求,后段进行研磨抛光又可能因为介质接触引入新的表面杂质,目前只有旭硝子公司成功使用浮法制造基板玻璃,基板玻璃的主流工艺还是溢流熔融法,而溢流熔融法工艺壁垒高于浮法,需要准确调整温度、流速等多个参数,难度较大。

(2) 配方壁垒。这是核心的壁垒,是康宁等巨头得以垄断基板行业的关键技术。溢流熔融法需要正确的玻璃液配方才能稳定成型,玻璃液配方也影响着基板玻璃的光学、化学特性;此外,氧化砷作为一种化学澄清剂,在传统的基板玻璃制造配方中用来加速熔融玻璃中气泡的排出,但是砷是有毒金属,不符合一些国家和地区的环保要求,含砷玻璃在出口和下游客户开拓时会受到限制,而使用无砷配方则必须使用其他办法来消除气泡,技术难度也随之加大。总之,配方是基板玻璃制造的核心技术,关系基板玻璃成品的良率。

(3) 装备壁垒。以溢流熔融法为例,由于生产设备基本都是由玻璃厂商自主研发生产的,因此新进入者很难在市场上买到现成设备,都需要重新设计和制作生产设备。另外,由于熔炉、引流槽、溢流砖等关键部件的生产要求高,一些精度和特性的不达标将直接影响最终产品的良率。

基板玻璃制造主要技术壁垒如图 6-1 所示。

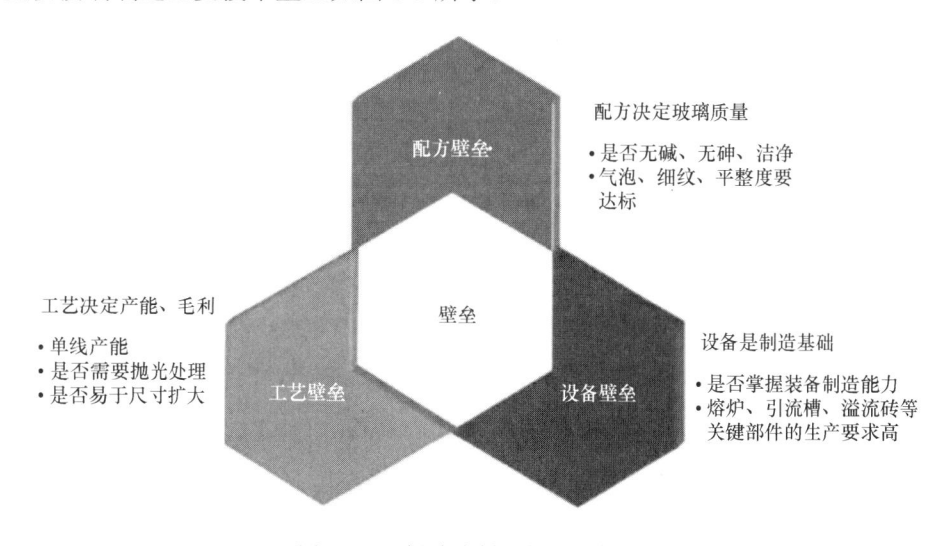

图 6-1 基板玻璃制造主要技术壁垒

(资料来源:显示世界)

基板玻璃产业的进入壁垒很高,但退出则相对较易,这主要体现在基板玻璃生产线单线投资额不高和容易转做盖板这两个方面。不同于一条面板生产线动辄百亿元的投资,基板玻璃生产线投资额相对较少,一条 6 代基板玻璃生产线的投资额在 7 亿元左右,其中 2 亿～3 亿元的铂金投资还可以变卖后回收，所以退出的资金压力不大。盖板玻璃是在手机、平板等可触控移动终端的最外层起保护作用的一层强化过的玻璃板。由于盖板玻璃对玻璃表面平整性和厚度要求没有基板那么高，且不需要使用无碱玻璃，故盖板玻璃的制造难度要低于基板玻璃。基板玻璃生产线转成盖板玻璃生产线的技术难度不大，后段加入强化处理的投资也不高，只要掌握配方，改造只需要一个月的时间；但从盖板转回基板则要难得多，除了更改玻璃液配方，还要消除盖板玻璃生产带来的碱沾污，而且还得改用耐温性更高的设备，这个过程技术难度大、耗时多，整体转换工期要三个月以上，行业中的实践不多。

由于 OLED 制程对基板玻璃的热稳定性要求极高，目前全球仅有康宁、旭硝子开发出相关产品，康宁已向三星供货。2013 年，康宁宣布开发出康宁 Lotus 玻璃（Corning Lotus Glass），其弹性模量、软化点、应变点等性能指标都优于 TFT-LCD 基板玻璃。具体参数对比如表 6-3 所示。

表 6-3 Lotus 玻璃和 TFT-LCD 基板玻璃主要性能指标对比

序号	性能指标	Lotus 玻璃	TFT-LCD 基板玻璃
1	密度（g/m^3）	2.59	2.38
2	弹性模量（GPa）	83	65
3	软化点（℃）	1043	950
4	退火点（℃）	806	715
5	应变点（℃）	752	665
6	介电常数	6.17	4.5

（资料来源：新型显示观察）

对柔性 OLED 显示面板而言，显示玻璃作为面板制程中的载板，在 OLED 沉积制程前会被裁切成基板原尺寸的一半或四分之一，最后使用紫外光将塑料基板从玻璃载板上剥离。玻璃载板必须使用具有纯净表面、绝佳的尺寸稳定性和光学特性的高效能显示基板玻璃。

Corning Lotus Glass 用于柔性 OLED 的优点：高弹性模量有助于减少基板在制程中的下垂量；优异的玻璃清洁度为塑料沉积制程提供纯净表面；较低并更接近塑料基板的热膨胀系数，有助于维持塑料层和玻璃载板间的尺寸稳定性；TPV 值比次佳显示玻璃高出 45%，在高温制程中有着优秀的尺寸稳定性；TTV 数值是浮式玻璃的一半，可帮助形成均匀且薄的塑料层；308 纳米波长的 UV 穿透率比次佳显示器玻璃高出 25%，能高效率且有效地使用激光剥离塑料基板；玻璃板内和每片玻璃板皆有一致的 UV 穿透率，使激光设定值可维持不变，以及达到较高的剥离良率。

6.2 盖板玻璃

盖板玻璃，主要应用于触摸屏最外层，英文名为 Cover Lens，又称强化光学玻璃、玻璃视窗、强化手机镜片等。产品的主要原材料为超薄平板玻璃，具有防冲击、耐刮花、耐油污、防指纹、透光率增强等性能。

盖板玻璃贴合在触摸屏外表层后，一方面起到保护触摸屏的作用，另一方面可印刷不同颜色的图案、标志物，起到装饰及美化产品的作用。在进入以苹果产品为标志的触控时代以来，电容式触摸屏凭借其性能稳定、触感良好等优势，已然成为手机、平板、触控笔记本等移动终端人机交互的主流解决方案。无论采用何种触控技术，盖板都是必不可少的保护部件，而玻璃盖板凭借其高透光性、强防刮性等特性，逐渐成为盖板的主流。

盖板玻璃可广泛应用于带触控功能和显示功能的多种电子消费产品，包括电容式触摸屏手机、平板电脑、数码相机、GPS、各类查询终端、各类自助终端、ATM机、点播机、大屏幕触摸式电子白板等。

盖板玻璃按生产配方的不同可分为钠钙玻璃和高铝玻璃，按生产工艺的不同则又可分为浮法玻璃和溢流法玻璃。而目前钠钙玻璃都采用浮法工艺生产，因此目前市面上有三类盖板玻璃，即浮法钠钙盖板玻璃、浮法高铝盖板玻璃和溢流高铝盖板玻璃。

从配方上看，钠钙玻璃的强化深度、压应力等参数远不及高铝玻璃；而从工艺上看，由于浮法工艺有着先天的缺陷（由于密度不均匀导致强化后的玻璃容易出现翘曲），中游玻璃盖板加工厂的加工良率低。因此从性能上看，溢流高铝玻璃最好，高端市场目前主要被溢流高铝盖板玻璃占据。

由于盖板玻璃需要同时具备上述诸多功能、特性，因此加工工艺流程复杂，需要通过切割、超声波清洗、CNC精雕、抛光（研磨）、强化、镀膜、丝印等，每一道流程都有良率上限。以每道工序的最高良率来计算，切割为98%，CNC精雕为96%，抛光为98%，强化为98%，超声波清洗为98%，丝印为95%，理论上全套生产过程的良率上限约为80%，但实际上，行业内良率集中在50%~65%，主要是抛光和丝印环节的良率不高，制约了整体良率的提升。众所周知，白色iPhone手机的售价要高于黑色iPhone手机，且市场一度缺货，其主要原因就是盖板玻璃厂商白色丝印环节良率仅为50%左右，白色涂料过薄容易透光，过厚又难以满足苹果公司对于盖板玻璃及涂料厚度的精确要求。

（1）切割。切割为盖板玻璃加工的第一个步骤，采用切割机将原板尺寸白片玻璃切割成比最终成品尺寸略大的毛坯。

（2）CNC精雕。CNC精雕是采用精雕机砂轮槽对毛坯玻璃进行磨边，去掉余量，并通过钻头进行打孔、雕槽并磨边以满足最终成品要求。

（3）研磨。研磨是使基片玻璃在厚度上达到最终成品要求的关键工艺，将玻璃置于磨机双面平整的磨盘之中，加入磨料进行研磨，去除多余厚度。研磨可以使基片玻璃达到成品要求厚度并增加平整度。

（4）强化。强化的主要目的是增加玻璃的表面应力，从而使玻璃可以达到抗刮花、耐冲击的效果。将玻璃置于400℃的硝酸钾溶液中，使玻璃表面的钠离子与硝酸钾溶液中的钾离子进行充分的离子交换，因为钾离子体积大于钠离子，钾离子的相互挤压在玻璃表面形成应力层，从而达到玻璃强化的效果。

（5）丝印。丝印的主要目的是使油墨在玻璃表面呈现不同颜色、不同形状的工艺效果，主要通过网版印刷、烘干，使油墨附着在玻璃表面，从而实现要求的外观效果。

（6）镀膜。镀膜的主要目的是在玻璃表面的特定位置形成一层具有特定功能的膜层。

在真空状态下，通过蒸发、电子枪轰击或磁控溅射等方式使膜材沉积在玻璃表面而成，目前的主要应用有防指纹膜（AF）、防反射膜（AR）等。

（7）清洗。清洗的主要目的是通过超声波去除附着在玻璃表面的脏污及尘点，以使盖板玻璃在强化、丝印、镀膜等生产工序中达到更好效果。

盖板玻璃既可用于手机前面机身的保护，也可用于手机后面机身的保护。自2018年以来，各品牌的旗舰手机除了步调一致地采用全面屏，还在一个方面做到了步调一致，那就是都用上了玻璃材质的机身。

在世界移动通信大会（Mobile World Congress，MWC）上，没用刘海屏的三星S9/S9+和索尼 XZ2 用的是玻璃机身，用了刘海屏的华硕等用的也是玻璃机身；OPPO R15 和 vivo X21 还是玻璃机身；甚至一些还没有发布的焦点新机，从目前泄露的消息来看，也是采用玻璃机身。如果再往前推，2017年的绝对旗舰机 iPhone X，乃至相对低端的 iPhone 8/8 Plus 用的同样是玻璃材质。和前几年的金属材质一样，玻璃机身大有一统高端机市场的趋势。并且，在接下来的一段时间内，采用玻璃机身的高端机型还会不断出现。

实际上，手机后盖是从2010年才开始形成了玻璃、多彩阳极氧化铝和聚碳酸酯（PC）三分天下的局面。

在这场角逐中，最早被高端产品抛弃的机身材质是聚碳酸酯。实际上，聚碳酸酯的优点颇多。这种塑料材质具有高强度、耐冲击、使用温度范围广、可自由染色、本身着色、不会掉漆、信号表现好等特点，而且使用这种材质，可以实现没有一丝接缝的一体成型机身。这是其他材质难以比拟的优势。不过，归根结底还是金属、玻璃等材料更符合消费者对于高端机的预期。

塑料从高端彻底走向低端之后，高端机的材质基本就是金属、玻璃。不过，在很长一段时间里，全金属的一体成型机身占据优势。就像 PC、ABS、PP、PE、PVC、PS 都统称为塑料一样，手机上用的金属其实也有不同的分类。手机采用的金属主要是铝合金，即在铝金属中掺入少量的镁或者其他的金属材料后得到的强度增强的材质。具体根据添加金属的不同，又有镁铝合金、钛铝合金等。铝合金材料具有良好的刚性和导热性、出色的电磁屏蔽性且同时兼具轻薄特性。铝合金的加持及 HTC、苹果、索尼等厂家的具体处理工艺，让手机的观感、质感和手感达到了一流的程度。但即使这样，金属材质也有一些难以克服的缺点。首先，金属的着色工艺复杂，所以采用金属的高端手机常见的就是银色、灰色、金色，最多再加粉色或者红色。如果坚持要采用颜色浓重的多彩设计，并且保证不容易掉色，就需要一些更复杂的工序。这也就在无形中增加了手机的成本和量产难度。这也造成很多色彩独特的机型只能以高价的限量或者定制版的名义推出。其次，金属材质另一个大的缺点是前文提到的"出色的电磁屏蔽性"。对手机内部的抗干扰而言，这是十足的优点；但是对手机的外部信号交换而言，这无异于先天劣势。毕竟手机的本质是对外信号交换的设备，工业设计的前提是保证信号的畅通。三星旗舰手机能无线充电，iPhone X 能无线充电，索尼旗舰手机能无线充电……可以预见的是，在不远的将来，无线充电功能将在旗舰手机中普及。而这是之前的金属机身旗舰手机难以实现的，所以金属被旗舰手机抛弃也就不难理解了。

比起塑料，玻璃本身更显高端，也容易做出更好的质感；比起金属，玻璃能更简单地做出各种色彩，甚至是渐变色。更重要的是，玻璃并不会像金属那样具备电磁屏蔽性，使用玻璃机身，可以保证手机设计的一体性，又不用牺牲 NFC 和无线充电功能。不过，严格来说，目前的玻璃机身手机基本用的是"玻璃后盖+金属中框"设计，与想象中的全玻璃还是有些不同。归根结底，还是因为玻璃的加工难度比塑料和金属要大。玻璃作为手机机身材质的最大缺点是易碎，这是由非晶体材料分子结构缺乏稳定性导致的。

最初的手机后盖玻璃是纯平面的，没有任何弧形设计。而 2.5D 玻璃则是将两侧边缘进行弧形设计，但屏幕中间还是纯平的。至于 3D 玻璃，则是将中间和边缘都进行弧形设计。具体如图 6-2 所示。

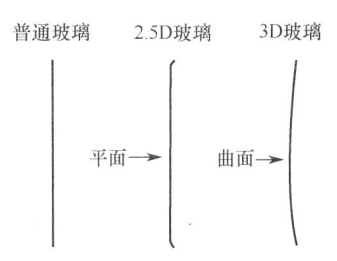

图 6-2 手机盖板玻璃形态变化

制作 2.5D 或 3D 玻璃的工艺比较复杂。第一种方法是将较厚的玻璃作为加工原材料，把多余的部分用强酸蚀刻掉，而不需要蚀刻的部分则用防腐蚀油墨保护起来。通过腐蚀得到一张比较薄的、有弧度的玻璃。但是利用这种方法得到的平面非常不平整，并不是抛光面。第二种方法是利用磨具压缩注塑成型，这种方法虽然可以保证是抛光面，但这种注塑的方式很有可能造成质地不均匀。第三种方法则采用更为复杂的热压方式。先利用 0.04 毫米高精度计算机数控（Computerized Numerical Control，CNC）技术切割加工的轻薄玻璃，将其作为打磨材料，高温加热至 800℃到达软化点，再通过 18 段式的热压后成型。成型后的 3D 玻璃还要经历 660 分钟特殊钢化加硬，保证玻璃的强度，使其不至于被轻易磕碎。

3D 玻璃具有轻薄、透明洁净、抗指纹、防眩光、耐候性佳等优点，不仅可以提升智能终端产品外观的新颖性，还可以带来出色的触控手感。此外，3D 玻璃在散热性、光泽度和耐磨方面更有优势。同时，弯曲的设计和手掌的弧度配合，更加符合人体工程学要求。

尽管 3D 盖板玻璃市场在 2017 年已经显著增长，但由于供应能力有限，绝大多数中国品牌没能用上。

生产 3D 盖板玻璃需要一道热弯工艺，这是非常关键且具有技术难度的一道工序。要将玻璃加热到约 800℃（或 1472ºF）的软化点，这给热弯设备和模具带来了巨大的挑战，导致 3D 盖板玻璃供应量一直受限，且价格昂贵。从理论上讲，也可以通过 CNC 技术成型来制作 3D 盖板玻璃，而不采用热成型工艺。但投资 CNC 设备成本很高，而且成型过程更困难，工时更长。因此对大规模生产来说，这种方式毫无效率可言。

这种情况已经在 2017 年的最后一个季度开始改善，盖板玻璃厂商在加工时，把加热和冷却玻璃的工时拉长,而不像此前为追求效率而快速加热和冷却。这种以牺牲"效率"换取良率的方式取得了明显成效。随着供应能力的逐步提高,中国品牌开始在其旗舰产品中采用 3D 盖板玻璃,尤其是 3D 后盖。

此外,由于 3D 盖板玻璃的边缘是曲面的,因此玻璃着色也成为另一个巨大的挑战。传统的丝网印刷方法被广泛应用于盖板玻璃着色,特别是用于那些图案简单的 2D 和 2.5D 盖板玻璃。然而,对于需要复杂图案的 3D 盖板玻璃,这种方式并不可行。盖板玻璃厂商正在开发新的方法来实现更好的 3D 盖板着色效果,如物理气相沉积(Physical Vapor Deposition,PVD)或 NCVM、移印、光刻工艺、装饰膜等。IHS Markit 认为,NCVM 在成本和性能方面具有巨大潜力。

兼具玻璃和金属优点的陶瓷材质,是一种更理想的高端手机选材。但手机机身采用的陶瓷材料和大家日常生活中常见的"陶瓷"是不一样的,普通的陶瓷在本质上和上文提到的玻璃是一样的,都是非晶体材料。对于在手机上的应用,普通陶瓷并非一种理想材质,厚重且易碎。手机所用的陶瓷材料,如"钇稳定氧化锆",其实应该算是一种复合材料。这种材料既有金属的光泽,又兼具延展性。其在后期精加工时,不容易出现玻璃机身爆裂的问题;同时,该材料又有玻璃的优点,观感剔透,硬度高,在日常生活中不用太过担心划痕问题。但是,陶瓷在获得金属和玻璃特性的同时,缺点也一并继承了过来。例如,虽然延展性有进步,但实际上,由于硬度大,陶瓷也容易破碎,只是相对玻璃稍好一些;虽然不像金属那么明显,但陶瓷材质对信号还是有一定屏蔽作用的。如何设计天线,又是一个摆在厂家面前的问题。陶瓷材质想要在手机中获得真正的普及,一个最大的问题是良率低、成本高,这会严重影响手机厂家原本的定价策略和利润空间。以陶瓷概念手机小米 MIX 为例,据小米的介绍,其陶瓷后盖需要利用 2000℃以上的高温进行烧制,并且烧制之后会产生很大的缩水现象,难度可见一斑。制造商很难控制陶瓷外壳的造型走向,整个烧制过程稍有不慎就会前功尽弃。因此,小米 MIX 的外壳良率只有 10%。10%左右的良率,对于要量产且大规模上市的产品来说,基本是不可想象的。

6.3 玻璃导光板

导光板是 LCD 面板中背光模组(Back-Light Unit)的主要组成部分,一般使用光学级聚甲基丙烯酸甲酯(Polymethyl Methacrylate,PMMA)作为主要材料,俗称"亚克力"。光学级 PMMA 强度高、不易损坏且非常轻,同时,因为其在可见光区域内的聚合物具有最低的光吸收性,还具备优异的透明度(透光率在 92%以上)和光泽度(不易黄化)。但它对温度和湿度的耐受性较差,在高温条件下可能会发生扭曲或拉伸。在设计时,为了防止这些问题,可以扩大铁框(Bezel)的宽度并形成一定的空气间隔。但是,这些解决方案会增加背光模组的厚度。当然也有的导光板使用的材料是光学级聚碳酸酯(PC),光学级 PC 与光学级 PMMA 相比,最大的优点是成本相对较低,还有就是耐湿性强;但是缺点也很明显,即透光率:一般厚度为 3 毫米的光学级 PC 的透光率约为 89%,而同等厚度的光学级 PMMA 的透光率则可达到约 92%。

LCD 与不需要独立光源的 OLED 不同,需要背光源及许多其他部件,这使得 LCD 电视比 OLED 电视更厚。目前，一般侧光式 LCD 电视主要使用的 PMMA 导光板的厚度一般为 3~5 毫米，整个电视整机的厚度为 10~15 毫米，设计者很难再减小电视整机的厚度。而 LG 推出的壁纸 OLED 电视的厚度只有 4 毫米。

在 2015 年的 CES 展览上，康宁发布了新的玻璃产品 Iris，其专用于制造侧光式液晶电视的导光板，这次的发布引起了行业的讨论：玻璃被认为是可能的新型导光板材料，因为它可以很好地承受高温和潮湿。玻璃厂商通过改变玻璃成分，开发出针对导光板特性的玻璃。玻璃导光板可能在电视整机厚度上深刻影响 LCD 电视和 OLED 电视的竞争。

康宁的 Iris 玻璃导光板厚度为 1~2 毫米，相较于 PMMA，使用 1 毫米厚度的玻璃导光板可以减少 75% 的厚度和 32% 的重量，并且可使得 LCD 电视的设计厚度小于 5 毫米。

在同期展览中，索尼展示了一款 4.9 毫米超薄 LCD 电视；新款 XBRX900C（55 英寸和 65 英寸）和 X901C（75 英寸）的 4K Bravia 电视被称为"悬浮式设计"（Floating Design），机身几乎没有边框，这款超薄 LCD 电视使用的就是玻璃导光板。另外，夏普也在康宁的 CES 摊位展出了一台 70 英寸超薄 LCD 电视，其导光板采用的是康宁 Iris 玻璃。

2016 年，继康宁之后，旭硝子也开发出玻璃导光板"XCV"。与 PMMA 或 PC 等塑料导光板相比，该款玻璃导光板比现有导光板强度高 20 倍，因高温高湿导致的热变形率和膨胀系数为目前导光板的 1/8 和 1/100。2016 年 7 月以来，其开始向 LG 显示推广和导入，其厚度仅为 1.8 毫米。LG 显示正计划使用旭硝子的 XCV 大量生产超大尺寸和超薄 LCD 面板。这些新的液晶面板几乎无边框，能够实现超薄设计，将适用于高端液晶电视。

三星显示采用康宁的 Iris，推出厚度为 4.9 毫米的 65 英寸 UHD 超薄曲面液晶面板样品。尽管尚未有确定导入的客户，但自 2017 年年中以来，其已开始向中国电视厂商推广。为了降低厚度，三星显示在玻璃导光板顶部涂覆了量子点材料，而不是使用量子点薄膜。然而这种方法有一个缺点，就是必须增加一层阻隔膜来保护量子点材料免受热和潮湿的影响。为了打破这个限制，三星显示正在计划通过将彩色滤光片和量子点集成为一体，推出一个色彩表现更强、亮度更低、厚度更薄的产品。预计韩国厂商开始量产采用玻璃导光板的液晶面板时，全球高端电视市场差异化设计竞争将更加激烈。

与 PMMA 或 PC 等塑料导光板相比，玻璃导光板的主要缺点如下。

（1）透光率较低。PMMA 的透光率约为 92%，而硼硅酸盐和铝硅酸盐玻璃的透光率比它低 1%~2%。

（2）制程处理较困难。为了获得平均的亮度，需要在导光板其中一面上印上黑点涂层，而在玻璃基板上打点比在树脂上难得多。

（3）成本高。由于玻璃导光板技术尚不成熟，很难将其成本与 PMMA 导光板进行比较。不过，PMMA 导光板的成品价格约为每平方米 20 美元，而一张 0.55 毫米的铝硅酸盐玻璃每平方米的价格约为 30 美元。因此可以推断，玻璃导光板的价格或成本有可能比 PMMA 导光板高 2~3 倍。

虽然玻璃导光板有以上缺点，但 4K 和 8K 分辨率的 OLED 电视也在材料寿命和生产良率上面临挑战。另外，玻璃导光板的超薄型 LCD 电视有可能总价不会太高，因为玻璃导光板质量轻且坚固，这就可以节约电视机底盘和机械组件方面的成本。随着 LCD 电视技术的不断改进，在亮度、色彩饱和度、动态对比上一直进步，正在逐步削弱 OLED 电视在色彩与对比上的优势。如果玻璃导光板成熟量产，也会对标榜超薄的 OLED 电视造成威胁。长期来看，OLED 电视能否取代 LCD 电视将会有更多不确定性。玻璃导光板不仅将在 LCD 电视和 OLED 电视市场掀起一场革命，也将持续推动平面电视的演进。

6.4 OLED 偏光片

OLED 显示器件（面板）本身是自发光显示模式，但是当外界光源照射到 OLED 的金属电极上并反射，就会在 OLED 的显示屏表面上造成反射光干扰，降低对比度。因此，在 OLED 的结构设计中，会在外层增加一层带 1/4 波长波片的偏光片来阻隔外界光的反射，以确保屏幕保持较高的对比度。

早期的 PMOLED 产品只有单色、双色等，对于偏光片的要求只是单纯降低外界反射光，并没有对其提出须达到整体黑态的要求。当时使用的偏光片，只需要用一般 Polarizer 搭配 1/4 波长波片就可以满足需求。而到了 AMOLED 阶段，产品已经是全彩色的，而且对比度达到了 10000∶1 以上，这就要求偏光片能够实现全面隔断外界可见光，从而达到一体黑的效果。

AMOLED 显示器件（面板）所面临的挑战之一，是如何有效抵抗环境光、减少显示方面的干扰，搭载圆偏光片便是其中一个解决方法。所谓的"圆偏光片"指的是以 1/4 波长相位膜与传统偏光片结合成的抗反射片。"圆偏光片"最理想的状态是偏光度大于 99.9%，透过率达到 45%以上，而 1/4 波长补偿部分要求可见光区全波长进行补偿。

目前，业界常规达到理想状态的高偏高透的偏光片的光学参数是偏光度大于 99.9%，而透过率在 43%左右。目前 OLED 的发光寿命问题已经得到了改善，从过去的 5000 小时延长至 50000 小时，但是从 OLED 的节能角度来看，还需要更高的透过率，考虑到 OLED 的发光效率和寿命的平衡问题，透过率在基本满足一体黑的情况下需要尽可能地提高，目前业内已有对偏光度做出调整以实现更高透过率的成功先例，具体原理如图 6-3 所示。

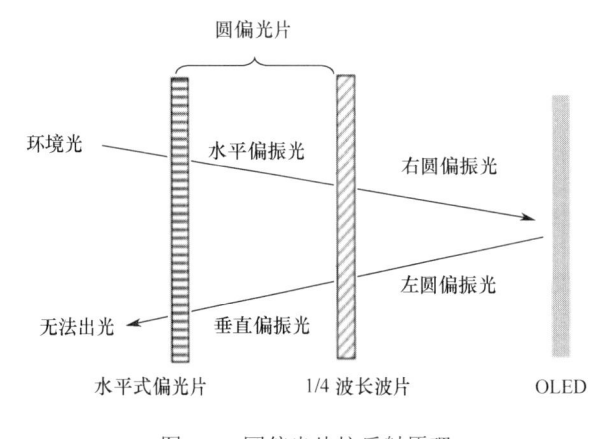

图 6-3 圆偏光片抗反射原理

第6章 产品

图 6-4 说明了圆偏光片的抗反射原理：经过最外侧的偏光片，光源仅剩一半的线性偏振光，其下夹角 45°的 1/4 波长波片可将线性偏振光转换成圆偏振光（如左旋光）；当光被金属电极反射后会形成直交的圆偏振光（如右旋光），之后再经过 1/4 波长波片，最终偏振光呈现与原偏光片透过轴垂直的偏振，无法再出光，外界光就被阻隔在圆偏光片内。因此，AMOLED 显示器件（面板）可以忠实地呈现信息，对比度就提高了。有了这片圆偏光片的遮蔽，即使在太阳光下，显示的信息依然清晰可见。

理想的 AMOLED 用圆偏光片，应具备在可见光波长范围内有高穿透度、补偿膜与线偏振光匹配良好、可以实施高量产性的卷对卷贴合、材料成本低等条件，才能进一步提升 AMOLED 显示器的整体表现。

目前搭配偏光片的宽波域 1/4 波长相位补偿膜有延伸型及涂布型两种，由于延伸型多属窄波域，须以迭层的方式来达到宽波域的要求，因此，其厚度目前仍无法小于 50 微米，售价也居高不下，不利于未来行动装置薄型化的趋势。至于单层宽波域的产品，其暗态补偿的效果目前还无法完全赶上迭层的做法。因此，业界极需暗态完美补偿、薄型且具有价格竞争力的产品。

应用 AMOLED 面板技术的 3C 产品，目前近 100%来自韩国三星，三星智能手机 Galaxy 系列皆使用 AMOLED 面板。Galaxy 系列产品中的宽波域补偿膜有 WR Film、1/2 波长 Film + 1/4 波长 Film、Amond Film 等。其中，在颜色补偿表现上，仅 1/2 波长 Film + 1/4 波长 Film 达到三星的需求目标，其余皆有暗态不足问题，但 1/2 波长 Film+1/4 波长 Film 的价格为其他宽波域补偿膜的 1.3～1.6 倍，对于 AMOLED 产品是不小的负担，不利于 AMOLED 面板成本下降。三星部分手机采用的圆偏光片结构如图 6-4 所示。

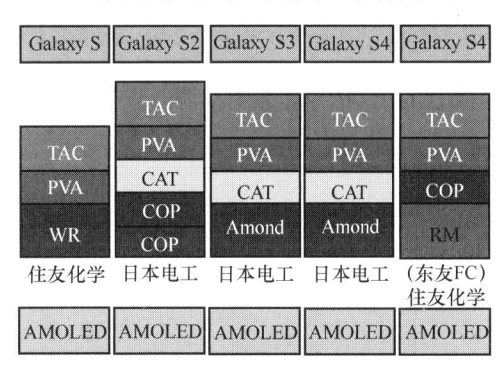

图 6-4 三星部分手机采用的圆偏光片结构

（资料来源：OLED industry）

为取得更佳的一体黑效果，全可见光谱反射率需要足够低且不会有特别的色光显示出来，在使用具有足够偏光度的偏光片的同时，需要搭配理想的全可见光谱的 1/4 波长材料。在理论上，所使用材料的反射率越低，一体黑的效果越好。

业界过去常将 PC 或 COP 作为补偿膜基板材料，然而，最近用液晶（LC）涂层代替 PC 或 COP 作为补偿膜基板材料在 AMOLED 显示面板市场上引起了很多关注。

从以上三种材料的数据对比结果来看，COP 补偿膜一体黑效果最好；从实际效果来看,也是 COP 补偿膜的一体黑效果最好。但如果结合透过率来考虑(使用相同的偏光片,透过率是 45.2%),贴合液晶补偿膜、PC 补偿膜和 COP 补偿膜后可以看出:液晶补偿膜对贴合后的整体透过率基本没有影响,而 PC 补偿膜和 COP 补偿膜对贴合后的整体透过率均有影响。随着 OLED 向薄型化和柔性化方向发展,厚度只有 2~10 微米的液晶补偿膜将具备很大优势。

然而,在制造过程中很难处理 LC 涂层的偏光片,并且供应商数量不足。另外,LC 涂层偏光片的价格是其他偏光片的两倍以上,因此其使用受到限制。此外,为了制造 LC 涂层偏光片,制造商必须逐层将 1/2 波长和 1/4 波长的 LC 层面板转移到线偏光片上,并且转印层必须涂覆压敏粘合剂(PSA)。这个复杂的过程使得良率管理变得困难,并且会导致价格变高。

尽管如此,LC 涂层偏光片已被用于 iPhone X 的 OLED 显示屏。其需求在短时间内增长迅速的主要原因:①LC 涂层偏光片可以最大限度地发挥轻薄 OLED 面板的优势,即使 LC 涂层偏光片的成本更高,但 OLED 面板也有增加成本的空间,因为其大多应用于高端产品;②LC 涂层偏光片既可用于智能手机 OLED 面板,也可用于电视 OLED 面板;③LC 涂层偏光片是对可弯曲 AMOLED 显示面板的有效解决方案。

近年来,出现了用于提高良率的新解决方案,但预计 LC 涂层偏光片将使折叠式偏光片技术以保持在 OLED 面板中的主流位置,直到更多的创新技术被提出。

根据韩国 ET News 的报道,汉阳大学 Kim Jaehun 教授研究组最近发表了在 OLED 上使用高圆形偏光生成法的研究论文,已在国际学术杂志《先进材料》网络版上刊载。他们在高分子 OLED 发光层里添加少量的手性分子(Chiral Molecule),研发出能够产生偏光性更高的可见光。手性分子是使液晶分子能够整齐转动方向的关键物质。具有发光特性的 OLED 材料生成线形偏光,这种线形偏光在手性分子的作用下,通过扭转方向的高分子层,线形偏光就能变成圆形偏光。

一般具有高 g-factor 值(对圆形偏光的非对称性程度进行定量化的值)的 OLED 结构具有更高的发光效率。定义没有圆形偏光性的 OLED 结构的 g-factor 值为 0,具有完整的单一圆形偏光性的 OLED 结构的 g-factor 值为 2。此次研究组就实验结果达成的最高 g-factor 值为 1.13,它比现有 OLED 结构的发光效率提高 60%,在理论上,发光效率可提高至 100%。

Kim Jaehun 教授同时指出,这次研究虽然是以高分子 OLED 材料为对象的,但低分子材料也在研究中,他认为低分子也同样可以被采用。另外他还说明,利用偏光来提高 OLED 发光效率的新方法的基础技术研究是非常有意义的。但要达到实际商业化程度,还需要工艺、材料等各领域更进一步的研究和探索。

随着 OLED 显示面板向柔性化方向或新应用领域的拓展,对 OLED 偏光片提出了更多新的要求:首先,为配合 OLED 面板的可绕曲性能,OLED 用的圆偏光片需要足够薄,而且具有一定的可弯折性能。业界目前对可弯曲部分的需求基本是需要达到 60~70 微米,在弯折性能方面需要能够在 2 毫米曲率条件下完成 10 万次测试。其次,OLED 显示面板的应用目前已经涵盖了从消费类产品到工控车载类产品,LG 和汽车厂商合作把 OLED 面板导入汽车产品。由于偏光片处于最外层,所以对于其耐高温和耐温湿性能都要求达到车载产品的标准，如满足高温 95℃×500 小时，温湿 65℃×93%×500 小时等条件。产品在经过此类严苛测试后，需要保证其光学变化少于 3%，而且不可出现气泡、分层或者剥离现象。最后，考虑到用户直接接触偏光片的表面，若没有硬化处理，表面容易出现划痕而影响屏幕显示，故表面需要有硬化处理，同时要达到一定的耐摩擦要求。

香港科技大学郭海成教授认为，在柔性显示中，把传统的偏光片贴上去非常费时，而且也很厚，要把偏光片弄得很薄不是那么容易的，最好的方法就是采用偏光片涂布方式，不用贴片，不用拉伸。如果能够涂布膜片偏光片，生产柔性显示器将会方便很多，也将会颠覆整个偏光片市场。据他介绍，分子吸收通常都有偏振效应，也可称为双吸收效应。分子排列越好，双吸收比（D 值）就越大。对比度与透过率成反比，D 值越大越好，而一般商业用偏光片的 D 值是 50。相对而言，OLED 需要的 D 值要比 LCD 需要低很多。传统方法是把双吸收分子掺在 PVA 中，同时拉伸，D 值可达到 50，或把双吸收分子放在液晶内，用摩擦或光配向对液晶分子进行排列，让双吸收分子同时有液晶特性，产生双吸收的效果。然而，液晶向列相只有 0.7，D 值只有 8~10，效果不是很好。

香港科技大学郭海成教授的研究团队开发出一种新的光配向方法，其技术路线是把双吸收染料与光配向材料混在一起，进行光配向，然后合成同时具有光配向特性和双吸收特性的染料。用这种染料进行光配向后制成的偏光片可以取得很高的 D 值，也可以有很好的光学特性。此外，这种染料分子可用涂布方法在任何衬底上形成薄膜，偏光片厚度小于 2 微米，适合柔性衬底或硬性衬底，LCD 和 OLED 都适用。目前香港科技大学已经成功研制出宽吸收带偏光片，稳定性高，适用于 OLED，且拥有 15 项相关专利。

第 7 章 技术

7.1 显示驱动芯片

每一次手机屏幕的变革，对整个手机产业的影响是最大的，所带来的机会也是最大的。根据业界预测，2017 年，全球全面屏智能手机出货规模为 1.3 亿～1.5 亿部，渗透率达到 10%；2020 年，预计高端机型全部搭载全面屏，全面屏手机有望达到 9 亿部，渗透率超过 55%。

全面屏的出现并非偶然，而是"窄边框"这一设计理念达到极致的必然结果。手机尺寸虽不断增长，但要达到手感舒适与便携，只有窄边框、高屏占比才能实现更好的显示效果，因此窄边框一直是手机外观创新的重点。2017—2020 年全球智能手机及全面屏手机出货量和渗透率如图 7-1 所示。

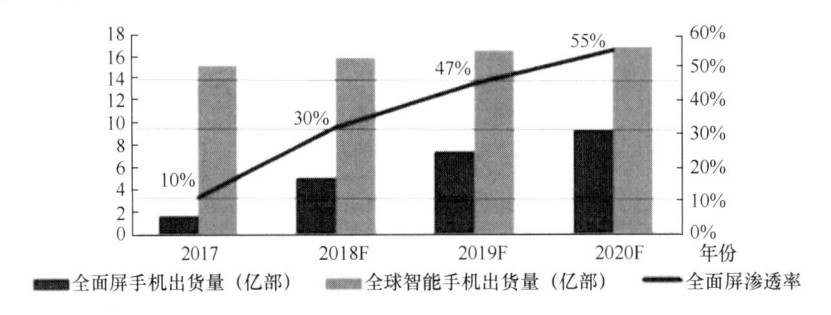

图 7-1 2017—2020 年全球智能手机及全面屏手机出货量和渗透率

全面屏也给手机产业链带来了全新的挑战，包括设计、制造及工艺上的种种难点。具体如听筒、前置摄像头的位置如何重新规划，如何解决正面生物识别的问题，如何应对因面板切割率降低而产生的成本问题，如何解决异形切割问题等，凡此种种，是整个供应链需要面临的共同挑战。

近年来，全球 TV 显示领域的技术升级正愈演愈烈，各大整机巨头都开始布局新一代的大屏显示产品和新型显示技术以抢占市场先机。顺应这股潮流，全球主流面板厂及产业链供应商也都不断加大在显示屏控制及显示驱动芯片等核心元器件领域的投入，显示元器件市场的增长趋势明显。作为 TV 大屏显示的核心元器件之一，显示驱动芯片产业近年来也驶入快车道，在技术上，日渐向高分辨率、高时钟频率及多信道方向快速演进，加之全球晶圆涨价和缺货潮的持续推波助澜，市场也在 2018 年逐步迈入全新调整期。

受 TV 面板价格调整、4K/8K 显示技术快速推进及上游硅晶圆缺货等多重因素影响，2018 年，显示驱动芯片价格调整已成必然趋势。但由于在现行方案下，画质及尺寸的提升需要更多的驱动芯片，加之传统显示屏本身的显示驱动芯片的高用量，由此暴露出来的成本问题也将反作用于 TV 显示屏领域，使 TV 显示技术整体的应用成本成倍增加。

例如，在 4K 甚至 8K 等高质量显示技术普及的驱动下，若依旧按照现行的显示驱动芯片布局法则，用量需要成倍增加。目前市面上随处可见的 WXGA 面板就需要约 10 颗源极驱动芯片和 3 颗闸极驱动芯片，而 Full HD 面板则分别需要 12 颗及 4 颗驱动芯片，达到 4K 或者更高的 8K 之后，驱动芯片的数量无疑会成倍增加，显示面板的应用成本也会大幅提升，这是很多面板厂及相关应用厂商不愿看到的。

业界针对该问题已有了相应的解决方案，例如，现在比较主流的是通过增加每个芯片的输出信道数量，特别是源极驱动芯片的信道数量，减少驱动芯片在单个显示屏产品中的用量，进而降低 4K 甚至 8K 等高质量 TV 显示屏的应用成本和市场价格。随着这种趋势的持续推进，未来驱动芯片价格波动对 TV 显示技术应用成本的影响也会越来越小。

对主流的 LCD 显示来说，色深的改进无疑是大尺寸 LCD TV 显示技术的一个发展重点。事实上，色深的表现能力与驱动芯片的位宽（用 bit 表示）息息相关。目前来看，大尺寸 LCD 驱动芯片一般都具有多个 bit 规格，例如，8bit 就相当于 256 个灰阶数，10bit 就相当于 1024 个灰阶数。随着色深与分辨率的持续增进，驱动芯片也必须以更快的速度去传输数据，换言之，芯片必须具备更高的位传输率，例如，为满足 Full HD 的需求，整个系统的信号传输速率就必须高达 3.6Gbps，每个源极驱动芯片就必须要有 85 赫兹以上的最大时钟频率才能达到要求。不过，当驱动芯片规格到达 10bit 以上（典型的如 12bit）时，电路的集成度就会成为重要挑战。具体来讲，当位传输率变高时，驱动芯片的数字/模拟转换器的电路就会随之增加，进而造成芯片面积增加，如果要维持原有的芯片面积，则输出信道数就无法增加，在这种情况下，必须依赖高集成度的设计或者更高制程的技术。此外，高位传输率的需求也会牵动另一个需求，即除驱动芯片的最大时钟频率外，LCD 模块的时序控制器及驱动芯片间的接口传输速率也是一大考察重点。

在 TFT LCD 技术中，氧化物技术（Oxide）在笔记本应用中正在兴起。但是，氧化物笔记本电脑面板产能有限。与氧化物技术同时兴起的还有 LTPS，LTPS 正在成为 TFT LCD 笔记本电脑面板的新解决方案。LTPS 提供的高分辨率和低功耗性能对于笔记本电脑面板非常重要。LTPS 的另一个重要优势是它能够通过显示驱动芯片实现超薄边框。笔记本电脑制造商戴尔股份有限公司（简称"戴尔"）、联想集团（简称"联想"）、宏碁集团（简称"宏碁"）、中国台湾华硕电脑股份有限公司（简称"华硕"）和惠普研发有限合伙公司（简称"惠普"）都强调窄边框，意味着他们可以将 13.3 英寸的屏幕安装到 12.5 英寸的机械框架中，或将 14.1 英寸的屏幕安装到 13.3 英寸的框架中。笔记本电脑外形保持不变，但屏幕更大。窄边框将是高分辨率和低功耗的高端机型的一大优点。

LTPS TFT LCD 面板没有栅极驱动器芯片，因为栅极功能与玻璃基板和 TFT 阵列综合在一起。得益于采用具有高电子迁移率的多晶硅，与传统方法生产的显示器相比，LTPS TFT LCD 具有更少的驱动器芯片通道。芯片贴装（COF）主要用于连接驱动器 IC 与面板，并且可以折叠到面板的背面，从而有助于实现薄型边框。

OLED 显示驱动芯片与 LCD 显示驱动芯片有很大的区别，其制造难度也高很多。

从驱动方式上看，LCD 采用电压驱动方式，OLED 采用电流驱动方式；电压驱动是将图像数字信号转变为模拟电压输出，具有电路结构简单的特点；而电流驱动是将图像数字信号转变为模拟电流输出，需要高精度的电流源，驱动电路则较为复杂。电流驱动的 OLED 的亮度与电流量成正比，除了进行 ON/OFF 切换动作的选址 TFT，还需要能让足够的电流通过的导通阻抗较低的小型驱动 TFT。

从显示驱动芯片功能来看，LCD 显示驱动芯片只需要完成 TFT 晶体管的开关即可，而 OLED 像素点的开关、亮度调整、色彩补偿、寿命补偿、Demura 等都要靠显示驱动芯片完成，相关的算法都是显示驱动芯片的核心。

7.2 新一代蓝相液晶材料将取代彩膜

美国光学学会于 2017 年 2 月 1 日对外宣布，吴诗聪教授团队研发的新一代蓝相液晶技术获得成功，使这种先进技术进一步接近量产阶段。据研究团队介绍，该技术可以使电视、计算机屏幕和其他显示器实现更高的解析度，最高可达 1500ppi（像素每英寸），是目前苹果 Retina 屏幕的 3 倍，并且同时可以降低屏幕所需的功耗。新液晶对场序彩色液晶显示器的性能进行了优化，这被认为是非常有前景的新型显示技术。

中佛罗里达大学光学与光子学院（CREOL）研究团队的吴诗聪教授提到，今天的苹果 Retina 显示器的像素密度约为 500ppi。使用我们的新技术，在同样大小的屏幕上可以实现每英寸 1500 像素的分辨率。这对于需要通过靠近我们的眼睛实现虚拟现实或增强现实的技术特别有吸引力，虚拟现实或增强现实技术必须在小屏幕中实现高分辨率。

尽管第一个蓝相液晶原型是在 2008 年由三星展示的，但由于工作电压高和电容充电时间长等问题，该技术还没有进入生产阶段。为了解决这些问题，吴诗聪教授的研究团队与液晶制造商日本 JNC 和显示器件制造商友达光电一起合作。在来自光学学会（OSA）的期刊 *Optical Materials Express* 中，研究人员报道了如何将新液晶与特殊的性能增强电极结构相结合，可以在每像素 15 伏的操作电压下实现 74% 的透光率，最终可以使场序彩色显示器实于产品开发。

文章的第一作者 Yuge Huang 说："场序彩色显示器可以用来实现较小像素以提高屏幕分辨率。"这很重要，因为当今技术的分辨率几乎达到极限。薄膜晶体管提供控制每个像素中的光透射所需的电压。LCD 子像素包含红色、绿色和蓝色的彩色滤光片，将其组合使用以产生不同的颜色，通过组合三种颜色创建白色。

蓝相液晶可以进行切换或控制，比向列型液晶快约 10 倍。这个亚毫秒级的响应时间允许每个 LED 颜色（红色、绿色和蓝色）在不同时间通过液晶发送，并且不需要彩色滤光片。LED 颜色切换如此之快，以使我们的眼睛可以整合红色、绿色和蓝色，从而形成白色。"用彩色滤色片时，红、绿、蓝光都是同时产生的。"吴诗聪教授说，"然而，对于蓝相液晶，我们可以使用一个子像素来产生所有三种颜色，但在不同的时间，这将空间转换为时间，节省三分之二的空间配置，其像素密度增加了 3 倍。蓝相液晶也使光学效率提升 3 倍，因为光不必通过彩色滤色片，这将穿透率控制在约 30%。另一个大的优点是，所显示的颜色会更加鲜艳，因为它直接来自红色、绿色和蓝色 LED，这消除了平时与彩色滤色片发生的颜色串扰。"

吴诗聪教授的团队与 JNC 合作,将蓝相液晶的介电常数降低到最小的可接受范围内,以缩短晶体管充电时间并获得亚毫秒级的光学响应时间。然而,每个像素仍然需要高于单个晶体管提供的驱动电压。为了解决这个问题,研究人员设计了一个凸起的电极结构,使得电场能更深入地穿过液晶,以大幅降低驱动每个像素所需的电压,同时保持高光穿透率。"我们实现了一个足够低的工作电压,允许每个像素由单个晶体管驱动,同时实现小于 1 毫秒的响应时间。"吴诗聪实验室的博士生陈海伟(音译)说,"工作电压和响应时间之间的这种微妙平衡是启用场序彩色显示的关键。""现在我们已经证明,将蓝相液晶与凸起的电极结构相结合是可行的,下一步是实现工业化生产的样品。""我们的合作伙伴友达光电在制造突出电极结构方面具有丰富的经验,并且能够生产这种样品。"因为友达光电已经有一个使用凸起的电极结构的样品,之后只需要与 JNC 合作使用新材料来进行生产即可。

7.3 OLED 材料发光原理及 TADF 材料发展进展

发光是很普遍的自然现象,但要了解物质为什么能发光,还需要从物质内部电子的状态来解释。有机材料中的电子转移过程分为两类:一类是分子内的电子转移过程,另一类是分子间的电子转移过程。当有机材料吸收某种形式的能量后,其内部的电子吸收能量后会由基态(S_0)跳跃到高能激发态(S_n, $\cdots$, S_2, S_1)形成激子,而不稳定的高能态电子会通过内转换回到单线态的最低激发态 S_1,而单线态 S_1 的电子也可能通过系间窜越的途径到达更低能级的三线态的最低激发态 T_1。如果电子从激发态 S_1 以电磁辐射的形式回到基态 S_0,则材料发出荧光;如果电子从三线态的最低激发态 T_1 回到基态,则发出磷光,但是由于三线态的电子自旋方向和基态 S_0 的自旋方向相反,所以一般分子由于禁阻跃迁是不会发出磷光的。激发态除了以发光的形式散发能量,还可以以非辐射跃迁、化学反应、能量转移的形式回到基态。有机材料发光电子转移过程如图 7-2 所示。

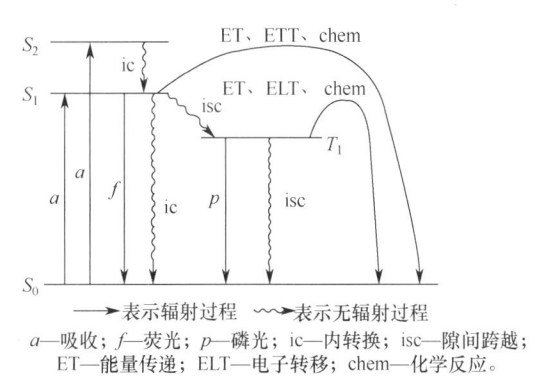

a—吸收;f—荧光;p—磷光;ic—内转换;isc—隙间跨越;
ET—能量传递;ELT—电子转移;chem—化学反应。

图 7-2 有机材料发光电子转移过程

AMOLED 器件是电流驱动型器件,在通电的情况下,空穴从阳极进入器件,穿过空穴注入传输层,电子从阴极进入器件,穿过电子注入传输层,两者最终到达有机发光层。

其具体发光过程须经过 4 个阶段：①电子和空穴在发光层中相遇，产生复合效应；②在复合的过程中产生激子，激子在电场的作用下迁移，将能量转移给发光层中的掺杂材料；③掺杂材料中的电子吸收能量后，从基态跃迁到激发态；④因为激发态是不稳定的，电子会从激发态再次跃迁回基态，同时释放出能量，产生光子。根据发光材料激发态能级的不同，电子在跃迁回基态的过程中释放出不同能量的光子，根据公式 $E = h\upsilon$，能量决定光的波长，而波长意味着光的颜色。

电子的激发态有单重态和三重态之分，算起来一共有 4 种状态，大家本着平均主义原则，获得相同数量的电子，即单重态获得 25%，三重态获得 75%。单重态电子跃迁到基态发出的光是荧光，三重态电子跃迁到基态发出的光则是磷光。isc 为隙间跨越，即电子从单重态变成三重态，或从三重态变成基态。

一般而言，有机发光层可依据发光机制分为三类：荧光（Fluorescence）材料、磷光（Phosphorescence）材料和热延迟荧光（Thermally Activated Delayed Fluorescence，TADF）材料。荧光材料是最早被用于有机二级发光体元件（Organic Light Emitting Diodes，OLED）的制备，随后在 1998 年左右，磷光材料也被成功地应用于 OLED 技术，而且相较于荧光，它拥有更好的能量使用效率，而 TADF 材料目前还不成熟，但正在向量产的目标努力。

对荧光材料来说，处于三重态的电子在跃迁时并不发光，而是隙间跨越到基态时释放热量，所以荧光材料只能依靠 25%的单重态电子发光，这也就是为什么荧光材料的发光效率只有 25%，专业讲法为内量子效率。

荧光材料的内量子效率最高只有 25%，是因为其三重态有跃迁禁戒（即处于三重态的电子无法和基态的电子形成自旋轨道耦合，向基态跃迁违反泡利不相容原理），所以电子无法以发光的形式跃迁回基态，通常以热量的形式释放能量。

而磷光材料发出的光是三重态上的电子跃迁时发出的，当三重态上的电子跃迁完之后，单重态上的电子还可以通过 ISC 到达三重态，并最终从三重态跃迁回基态，也就是说，磷光材料里所有的激发态电子都可以发光，内量子效率为 100%。对于磷光材料，三重态电子与基态电子自旋相同，有的电子并没有那么想跃迁，所以速度不快，有延迟发光的特点。但如果在有机分子中加入一个重金属（如 Ir、Pt、Re 等，其中，Ir 具有较短的三线态寿命，在室温下有较高的发光效率和较强的磷光，被广泛用于磷光材料），可在有机材料内形成较强的自旋轨道耦合效应，使电子从三重态跃迁回基态成为可能（普林斯顿大学教授 Forrest 在 1997 年发现）。磷光材料利用了 75%的三重态能量，所以内量子效率理论上可以达到 100%，这有利于降低器件电力能耗、减少热量产生、提高器件稳定性和延长器件使用寿命。磷光材料性能虽好，但 Ir 这种重金属储量非常有限，价格高昂，还污染环境。

在目前量产的 OLED 三原色中，红色和绿色都是磷光材料，只有蓝色是荧光材料。除了磷光材料的高制备成本（主要来自贵金属），蓝光一直是磷光材料的最大罩门，即便经历了长达 20 年的产学研究，仍旧无法开发出兼具效率、稳定性和纯色的蓝色磷光材料。因为实在做不出蓝色的磷光材料，科学家们只好通过其他方式来提高蓝色的发光效率，其中最有前景的便是 TADF 材料。

TADF 的首次发现要追溯到 1961 年，Parker 和 Hatchard 最先在四溴荧光素（Eosin

Dye)中观察到了延迟荧光现象,称为 E 类型的延迟荧光。Blasse 等于 1980 年在 Cu(Ⅰ)离子复合物中第一次发现了含金属的 TADF 材料。1996 年,Berberan Santos 等观察到富勒烯的延迟荧光现象,并第一次利用这种现象进行氧气含量和温度的探测。

此后,热活性延迟荧光材料发展得相对较慢。直到 2009 年,日本的科学家 Adachi 第一次尝试将 TADF 材料应用到 OLED 器件中。起初这种 OLED 器件需要很高的起始电流注入,工作电压为 10～29 伏,电流密度为 100 毫安每平方厘米。2012 年,来自九州大学 OPERA 实验室的 Adachi 等在《自然》杂志上发表了最新的研究成果,这些令人兴奋的研究成果使 TADF OLED 器件成为全球最新研究热点。他们合成了新型高效率的 TADF 分子,其 OLED 器件的外量子效率(EQE)可高达 30%,这完全突破了传统荧光 OLED 的限制,甚至可以与含稀有重金属复合物的 PhOLEDs 相媲美。TADF 材料发射光谱可以实现从红光到蓝光的覆盖;其蓝光器件目前最高 EQE 可以达到 19.5%,绿光器件可达到 30.0%,替代普通的贵金属复合物器件指日可待。TADF 材料对氧气和温度敏感的特性可以使 TADF 分子应用于对低浓度的氧气的探测,还可以探测较宽的温度范围,可从-75℃到 105℃。这些引人注目的发现已经真正地改变了我们对有机半导体和光电领域的了解。

TADF 材料的发光原理总结成一句话就是,处于三重态的电子可以高效地通过逆系间跨越回到单重态,并从单重态跃迁回基态并发出荧光。根据洪德定则,三重态的能量会低于单重态的能量,能带差(ΔE_{ST})通常在 500 毫电子伏特以上。这个差值对电子来讲很大,使得处于三重态的电子基本不可能去到单重态。Adachi 教授通过减少分子电子轨道中的最高占据轨道(Highest Occupied Molecular Orbital,HOMO)和最低未占轨道(Lowest Unoccupied Molecular Orbital,LUMO)的重叠,制备出三重态和单重态只有 100 毫电子伏特以下 ΔE_{ST} 的荧光材料,而且分子的 HOMO 和 LUMO 的重叠越少,ΔE_{ST} 越小。

ΔE_{ST} 即使很小,也是有一定差距的,电子需要一个外力从三重态跨越到单重态,这个外力便是热量。热量本身就是一种能量,温度越高,电子越容易跨越到单重态。虽然在理论上,100%的电子都可以从三重态逆系间跨越到单重态,但实际情况并不是,这取决于单位时间内从单重态跃迁到基态的电子数目和三重态跨越到单重态的电子数目的比例,如果三重态的电子不快速跨越到单重态,它就会逐渐以发热等不发光的方式回到基态,产生能量损失。

除效率以外,还有颜色。TADF 材料的发光颜色可自由设计,以苯二腈为基础,通过选择对其进行修饰的咔唑基的数量、结合位置及咔唑基的修饰基,可以选择发光颜色。安达教授的实验室已经制备出蓝色、绿色、黄绿色、红色、黄色和橙色等发光色,涵盖显示和照明所需的所有光色。

现阶段,市面上最接近量产的两家 TADF 材料供应商,分别是位于德国 Bruchsal 的 Cynora 公司(简称"Cynora")和位于日本的由 Adachi 教授共同成立的 Kyulux 株式会社(简称"Kyulux")。Cynora 专精于蓝光 TADF 材料的开发,已获得韩国厂商三星和 LG 高达 2500 万欧元的投资。2017 年,Cynora 公布了其最新的研发进展,其蓝色发光材料的特性又得到了巨大的提升。利用这款新的蓝色发光材料制作的器件,在 1000 坎每平方米的亮度下,达到了 15%的 EQE,而且发光峰值小于 470 纳米,LT90 大于 90 小时(在 700 坎每平方米条件下)。Cynora 声称,这款材料的开发使他们对推出商用高效率蓝色 TADF

发光材料充满信心，目前研发团队正努力将蓝光的峰值做进 460 纳米。另外，Cynora 还计划在 2018 年开发 TADF 绿色发光材料，在 2019 年开发 TADF 红色发光材料。而 Kyulux 也于 2016 年得到第三方投资，共计 1500 万欧元，并在黄光与绿光 TADF 材料上取得不错的成绩。如果未来这两家公司能够将 TADF 材料带进 OLED 市场，将会为面板产业带来新一波的成长机会。

TADF 材料之所以尚未量产，是由于还有两大问题没有很好的解决方案。一是蓝光材料寿命问题，虽然黄色、绿色材料的寿命已无太大问题，但最受关注的蓝色材料寿命却远未达到量产要求。以目前最接近量产的两家 TADF 材料公司 Kyulux 和 Cynora 的情况来看，Kyulux 的蓝光寿命可以做到 200 小时（LT95 500 坎每平方米）和 600 小时（LT80 500 坎每平方米），CYNORA 可以做到 420 小时（LT80 500 坎每平方米）。二是光谱宽度问题，对显示领域来说，TADF 材料的光谱太宽了，发出的光色不纯。对此九州大学 Adachi 教授于 2014 年推出了超荧光技术，通过把荧光材料和 TADF 材料结合在一起，提升荧光材料的发光效率并窄化荧光的光谱。在超荧光中，发射层由 TADF 和荧光发射材料组成。TADF 分子产生激子，激发的能量转移到荧光分子，然后荧光分子发射具有相同输入能量的四倍常规荧光的光。

7.4 聚酰亚胺（PI）薄膜

聚酰亚胺是指主链上含有酰亚胺环（-CO-N-CO-）的一类聚合物，其中以含有酞酰亚胺结构的聚合物最为重要。聚酰亚胺是综合性能最佳的有机高分子材料之一，耐 400℃以上的高温，长期使用的温度范围为-200～300℃，无明显熔点，具有高绝缘性能，在 103 赫兹下的介电常数为 4.0，介电损耗仅为 0.004～0.007，属 F 至 H，可分为热固型、热塑型、可溶型和不可溶型等多种类型。

1908 年，Boger 和 Rebshaw 通过氨基苯甲酸酐的熔融自缩聚反应首次制备 PI。但直到 20 世纪 50 年代，PI 才作为一种具有优良综合性能的聚合物材料逐步得到广泛应用。

1955 年，美国杜邦公司申请了世界上首项有关 PI 在材料方面应用的专利。随后杜邦公司开发了一系列 PI 材料，于 1961 年开发出聚均苯四甲酰亚胺薄膜，于 1964 年开发生产聚均苯四甲酰亚胺模塑料等，从此开启了 PI 蓬勃发展的时代。

PI 材料具有优异的耐高温、耐低温、高强高模、高抗蠕变、高尺寸稳定、低热膨胀系数、高电绝缘、低介电常数与低损耗、耐辐射、耐腐蚀等优点。同时，其具有真空低挥发、挥发可凝物少等空间材料的特点，可加工成耐高温工程塑料、复合材料用基体树脂、耐高温黏结剂、纤维和泡沫等多种材料形式。

近年来，各国都在研究、开发及利用 PI，并将 PI 列为"21 世纪最有希望的工程塑料"之一。鉴于其优异的性能，又将其称为"解决问题的能手"，人们普遍认为"没有 PI 就不会有今天的微电子技术"。

PI 产品以薄膜、涂料、纤维、工程塑料、复合材料、胶粘剂、泡沫塑料、分离膜、液晶取向剂、光刻胶等为主。

PI 薄膜是最早的 PI 商品之一，最初是用于电机的槽绝缘及电缆绕包的材料。经过近 50 年的发展，其已经成为电工电子领域的重要原材料之一。PI 薄膜除能符合各类产品的

第 7 章　技术

基本物性要求，更具备高强度、高韧性、耐磨耗、耐高温、防腐蚀等特殊性能，可符合"轻""薄""短""小"的设计要求，是一种具有竞争优势的耐高温绝缘材料，已经成为电子电机两大领域上游重要原料之一，广泛应用于航空、航天、电气电子、半导体工程、微电子及集成电路、纳米材料、液晶显示器、LED 封装、分离膜、激光、机车、汽车、精密机械和自动办公机械等领域。

PI 薄膜主要以二酐类（Dianhydride）及二胺类（Diamne）为原料聚合而成，目前主要有一步法、二步法、三步法和气相沉淀法 4 种方法。其中，二步法是目前 PI 膜制造中最普遍采用的合成 PI 的工业化方法，具体包括缩聚和亚胺化两个步骤。

二步法先由二酐和二胺获得前驱体聚酰胺酸（PAA），再通过加热或化学方法进行固化（又称为亚胺化、环化、熟化）脱水，从而形成 PI 高分子。膜的制造过程则是在 PI 高分子的两个步骤中间加入流涎、定向拉伸等步骤，使 PAA 溶液变成 PPA 膜后再进行亚胺化处理，从而生产出 PI 薄膜。

PI 薄膜制造的工艺流程如图 7-3 所示。

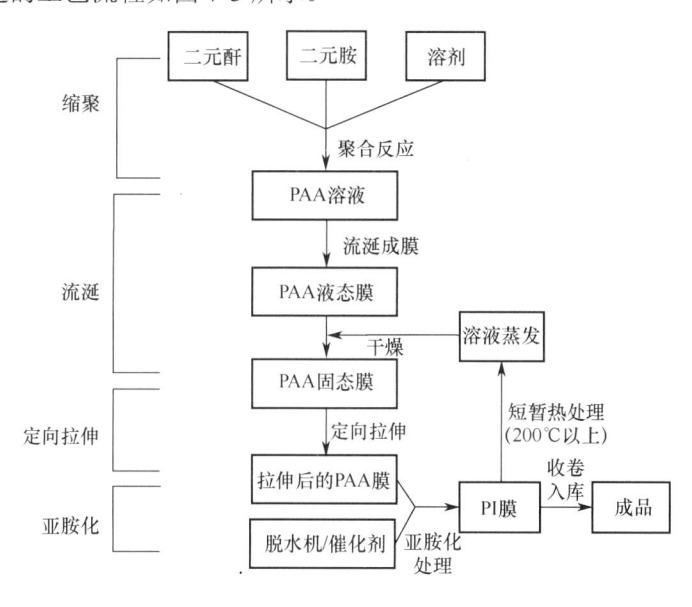

图 7-3　PI 薄膜制造的工艺流程

（资料来源：薄膜新材网）

目前 PI 薄膜生产商开发了多种商品化的高性能 PI 薄膜，由于研发层次及难度很高，目前 PI 薄膜产业以杜邦公司、日本宇部兴产株式会社（UbE）、钟渊化学株式会社（Kaneka）、三菱瓦斯化学株式会社（MGC）、韩国 SKC Kolon PI 和中国台湾达迈科技股份有限公司为主要生产商。

市场研究机构 Markets and Markets 的调研数据显示，2017 年全球 PI 薄膜的市场规模为 15.2 亿美元，预计到 2022 年将达到 24.5 亿美元。

全球主要 PI 产能如表 7-1 所示。

表 7-1 全球主要 PI 产能

国家/地区	制造商	商标	生产线（条）	产能（吨/年）	备注
美国	杜邦	Kapton	7	2640	电子信息行业发展需求扩产
日本	东丽—杜邦	Kapton	5	2520	柔性线路行业需求扩产
	宇部兴产（UBE）	Upilex	12	2020	液晶、等离子电视机 TAB 等应用需求
	钟渊化学	Apical	9	3200	手机等电子信息应用需求
韩国	SKC Kolon PI	—	7	2740	柔性线路行业需求
中国台湾地区	达迈科技	Pomiran	7	2800	用于挠性太阳能电池和柔性显示器等

柔性 AMOLED 显示器件（面板）目前主要用 PI 薄膜代替玻璃来做基板，从而使得屏幕变得可弯曲，变硬屏为软屏。本文主要介绍不同薄膜晶体管（TFT）背板的 AMOLED 显示屏用 PI 薄膜情况，并介绍和柔性 AMOLED 显示屏相配套的触摸屏用 PI 薄膜。其他用于 PMOLED、FPC、保护膜胶带等 PI 薄膜不在本文介绍范围内。

目前柔性 AMOLED 显示器件（面板）的主要工艺大致可分为如下几个步骤。

一是在光学玻璃上通过狭缝式涂布头涂布光学高尺寸稳定性 PI 浆料，再通过氮气保护固化成膜，制作成软性光学背板。然后在固化好的 PI 薄膜上制作水氧阻隔层，一般是多层沉积 SiO_x。制作好水氧阻隔层之后，制作 TFT 层，该工序复杂且涉及高温，TFT 可为低温多晶硅和氧化物 TFT 两类。

二是多次蒸镀 OLED 发光层，每家显示器件（面板）厂的蒸镀次数都不同，之后再蒸镀阴极，在阴极上制作水氧阻隔层，有一类工艺可以直接低温进行有机无机杂化，形成高水氧阻隔层，而另外一些工艺形成的水氧阻隔层效果不佳，需要再外贴水氧阻隔膜。

最后是通过激光剥离的方式把显示器件（面板）与载板脱离，将显示器件（面板）在模组段进行加工，形成最终产品。

柔性 AMOLED 显示器件（面板）按照 TFT 背板类型可分为 LTPS-TFT 背板和氧化物 TFT 背板两大类。

LTPS-TFT 背板是目前 10 英寸以下显示器件（面板）的主流，从三星双曲面手机到苹果的 iPhone X，一般生产线多为 4.5 代生产线到 6 代生产线之间，最大为 6 代生产线。

由于 LTPS-TFT 背板的制作温度高，要求基板的热膨胀系数（CTE）非常小，目前只有耐高温、低 CTE 的黄色 PI 浆料能够满足要求。目前还没有可贴附型的 PI 薄膜大规模量产。但使用耐高温、低 CTE 的黄色 PI 浆料会使得从阳极 PI 一侧发出的光线被黄色 PI 阻挡之后，只有黄光发出。为了实现原色显示，一般利用顶发光工艺，让光线从阴极发出。

LTPS-TFT 背板对目前所使用的黄色 PI 浆料的性能要求如下：玻璃化转变温度为 450℃以上；线性膨胀系数为 6ppm 以下；杂质要求在 10ppm 以下，具体各家显示器件（面板）厂不同；溶剂使用 NMP，其他固含量和黏度等每家各有差异。

采用氧化物 TFT 背板的 AMOLED 是大尺寸显示器件（面板）的主流，一般以 8 代及以上生产线为主，技术主要掌握在 LGD 手中。氧化物 TFT 的工艺温度在 350℃以上，要求基板 CTE 在 9ppm 以下，目前有部分厂商的无色透明 PI 可以达到工艺要求。由于使用

第7章 技术

无色透明 PI，所以光线可以从阳极 PI 一侧发出。

氧化物 TFT 背板对目前所使用的无色透明 PI 浆料的性能要求如下：玻璃化转变温度为 350℃以上；线性膨胀系数为 9ppm 以下；成膜后，透光率在 87%以上；杂质要求在 10ppm 以下，具体各家显示器件（面板）厂不同；溶剂使用 NMP，其他固含量和黏度等每家各有差异。

当前，柔性 AMOLED 制作的手表、手机主要配套的触摸屏都是以玻璃为盖板的硬屏。由于柔性 AMOLED 显示屏难以支持 In Cell 和 On Cell 触控工艺，当前都是采用 Out Cell 工艺。触摸屏分为盖板层和导电膜层，导电膜层主要以聚酯硬化膜、COP 膜为 ITO 膜基膜，也有极大可能采用无色透明 PI 薄膜。

当折叠屏可以批量化后，触摸屏也随之变为软屏。软屏要求盖板和导电层都要达到最少 10 万次弯折，目前只有无色透明 PI 可以达到这一要求。

以聚酯硬化膜、COP 膜来蒸镀 ITO 膜，薄膜耐温不高，造成蒸镀温度低，ITO 膜的方阻偏大。使用光学级无色透明 PI 薄膜（包括卷材和在玻璃上制作的片材）来蒸镀 ITO 膜，可以把方阻做到玻璃 ITO 导电膜的水平，可以显著提高触摸屏的触控灵敏度。

用于 ITO 膜的无色透明 PI，最好是卷对卷的光学膜，如果没有办法采购到卷对卷的光学膜，也可以使用无色透明 PI 浆料，通过玻璃涂布方法，制作成片材。其主要要求：玻璃化转变温度在 260℃以上，透光率在 90%以上。

软屏的导电膜层，当前似乎只有以无色透明 PI 薄膜为基膜的纳米银线导电膜才可以实现，这一路径是最接近可以规模化量产的路径。而盖板采用无色透明 PI 硬化膜，主要要求 6H 以上的硬度，还要求耐十万次以上弯折，这是高难度硬化膜，和卷对卷光学级无色透明 PI 薄膜一样难以生产。

当前，可以实现光学级无色透明 PI 薄膜卷对卷生产的企业，只有日本三菱瓦斯和韩国科隆。主要难题如下：在空气中，当温度超过 240℃时，无色透明 PI 薄膜会黄变；在低温下，溶剂难以排除干净；当前的钢带流延法，无法达到光学级效果；无色透明 PI 薄膜的单体太贵，中试试验费用以千万元乃至上亿元计。

目前，透明 PI 薄膜全球专利申请量仅占全球 PI 薄膜专利申请量的 9%左右，透明 PI 薄膜中国专利申请量也仅占中国 PI 薄膜专利申请量的 2.6%左右，总体而言，透明 PI 薄膜领域的专利技术储备量偏低，与其市场潜力并不匹配。包括中国、日本、韩国在内的亚太地区是透明 PI 薄膜研发最为活跃的地区，而日本在相关领域的全球专利申请量最大，引用频次 10 以上的重要专利数量最多，技术优势十分明显。

就国内而言，绝大部分透明 PI 薄膜中国专利申请来自中国和日本，这一方面说明，日本申请人对中国透明 PI 薄膜市场非常重视；另一方面也说明，中国申请人在透明 PI 薄膜领域已有一定技术积累，存在产业化的技术基础。但与日本在相关领域的研发主体以企业为主不同，中国相关研发主体则主要是科研院所，如东华大学、华中科技大学、中国科学院（包括中国科学院化学所、长春应化所、宁波材料所、兰州化物所）等，而相关领域的企业专利申请量较低，说明国内透明 PI 薄膜专利技术发展尚处于早期研发阶段。

我国是世界上开发 PI 薄膜最早的国家之一。20 世纪 70 年代，由原机械部和化工部牵头，在中国科学院长春应化所、华东化工学院等单位研究成果的基础上，上海合成树脂研究所（简称"上海所"）和第一机械工业部北京电器科学研究院（现桂林电器科学研究院有限公司，简称"桂林电科院"）分别用浸渍法和流涎法制造 PI 薄膜，上海革新塑料厂最早投产年产 5 吨浸渍法 PI 薄膜，桂林电科院与天津绝缘材料厂、华东化工学院协作研制成功利用流涎法生产均苯型 PI 薄膜的工艺路线。1993 年，深圳兴邦电工器材有限公司完成国内第一条产能为 60 吨/年，幅宽 650~700 毫米的双轴定向 PI 薄膜的工业化生产线。目前国内大约有 50 家规模不等的 PI 薄膜制造厂商，其中约 80%采用流涎工艺，国内已有深圳瑞华泰、溧阳华晶、山东万达、无锡高拓、桂林电科院、江阴天华等近 10 家企业采用流涎双向拉伸工艺制造 PI 薄膜，相继进行双向拉伸 PI 薄膜的产业化开发。

我国是全球最大的电子零组件生产基地，我国主要 PI 产能如表 7-2 所示，在技术与产品布局方面，国内 PI 薄膜制造厂商与全球主要生产厂商仍有一定差距，主要表现在：生产良率仍低于国际水平；工资持续上涨，削弱了当地生产的优势；融资渠道较为局限；产业规模持续扩大，在缺乏新兴产品驱动的情况下，造成 PI 薄膜制造厂商同质化竞争态势越来越明显等。我国企业今后的研究将主要朝着高性能化、多功能化、易成型加工和低成本等方向发展，同时需要关注具有差别化和特殊应用的高性能 PI 薄膜，如柔性 AMOLED 显示器件（面板）的应用等。

表 7-2　我国主要 PI 产能

公司名称	产品名称	技术及产能	研发及相关信息
中国台湾达迈科技股份有限公司（Taimide）	TH、TL、TX；BK（黑色）、OT（无色）、WB（白色）	截至目前，共有 5 条生产线	专注生产 PI 薄膜，2017 年营收约为 19 亿台币，比 2016 年增长 11.7%
长春高琦聚酰亚胺材料有限公司（HiPolyking）	轶纶纤维（PI 纤维）、PI 特种纸、PI 薄膜	生产基地占地 6 万平方米，可容纳 12 条生产线，于 2012 年建成二条生产线	最大股东为深圳惠程股份有限公司，技术股东是中国科学院长春应用化学研究所
株洲时代新材料科技股份有限公司	电子级 TN 型 PI 薄膜，可应用于柔性印刷电路板和 IC 封装基板领域	化学亚胺法、双向拉伸制造技术，产能为 500 吨/年	2015 年，建成国内首条化学亚胺法制膜中试线
江苏奥神新材料股份有限公司	甲纶 Suplon®聚酰亚胺短纤、长丝	干法纺丝生产技术，目前产能为 2000 吨/年	建有江苏省聚酰胺波纤维材料工厂技术研究中心，与东华大学、纤维材料改性国家重点实验室等合作
深圳丹邦科技股份有限公司	聚酰亚胺单双面基材	化学亚胺法、双向拉伸制造技术，产能为 300 吨/年	微电子级 PI 薄膜研发与产业化项目于 2017 年 4 月开始量产；2017 年上半年，PI 膜实现营收 43846.14 元，占总营收的 0.03%
深圳瑞华泰薄膜科技有限公司	PI 薄膜	热亚胺法、双向拉伸制造技术，产能为 1500 吨/年	与中国科学院化学所建立了联合实验室；在深圳市宝安区建有生产制造基地、产品检测中心和工程技术中心，从事 PI 薄漠的产业化生产与研究

第7章 技术

续表

公司名称	产品名称	技术及产能	研发及相关信息
桂林电器科学研究院有限公司	聚酰亚胺薄膜	热亚胺法、双向拉伸制造技术，产能为1280吨/年	桂林所拥有桂林双轴定向薄膜成套装备工程技术研究中心
宁波今山电子材料有限公司	黑色PI薄膜、防静电PI薄膜、高导热PI薄膜、发热PI薄膜、超高导热石墨膜，以及具有纳米填料添加的多功能PI系列产品	热亚胺法、双向拉伸制造技术	与中国科学院、清华大学等密切合作，拥有生产线及相关检验设备

第8章 企业

8.1 国内显示玻璃企业最新现状分析

东旭集团成立于 1997 年，总部及研发中心位于北京，是集光电显示、光伏、节能照明、绿色建材、装备制造、证券、地产等产业集群为一体的大型高科技企业集团，拥有两家上市公司。

东旭集团成立之初的主要业务是设计、制造传统显像管玻壳装备和系统集成。当时是国内最大的彩色显像管（CRT）装备制造商，市场占有率约为 50%，先后为安彩集团、彩虹集团、宝石集团等特大型 CRT 企业提供配套生产线、备件配件及技术服务。面对平板电视的兴起，2004 年，东旭集团在李兆廷董事长的带领下，组建了 TFT-LCD 液晶基板玻璃研发团队，在国内率先开始了对平板显示器用基板玻璃装备及成套技术的研发。2006 年，东旭集团成功研发了具有国际先进水平的 TFT-LCD 液晶基板玻璃和 PDP 等离子显示基板玻璃成套装备和关键技术，主导设计了平板显示基板玻璃生产线的全套图纸。2009 年，由东旭集团主导、投资、设计、建设的 5 代基板玻璃生产线在郑州开工。2010 年 5 月，东旭集团在郑州建成完全拥有自主知识产权的 5 代基板玻璃生产线。2010 年 12 月，东旭集团在成都建成国内首条 4.5 代 0.5 毫米的基板玻璃生产线。2011 年 4 月到 6 月，这两条生产线都通过了第三方客户的测试及认证，并为国内面板企业开始大量供货，实现了基板玻璃真正意义上的国产化。2012 年 11 月 16 日，东旭集团下属的旭飞光电科技有限公司的"国家地方联合工程实验室"通过国家发改委批准并授牌。2012 年 12 月 10 日，东旭集团 100%控股宝石集团。2013 年 7 月 18 日，芜湖东旭光电一线引板，标志着东旭集团首条 6 代液晶基板玻璃生产线正式投入生产。2014 年 10 月 23 日，东旭光电与京东方合作研发面板生产线相关设备。

2017 年，福州旭福光电科技有限公司正式落户福清，开展 8.5 代显示面板用基板玻璃后段加工制造业务。该项目采用增资并购的形式，由原来的内资公司变更为中外合资企业，注册资本由 6540 万元增加至 2.4 亿元，增资部分由福州东旭光电科技有限公司、东旭光电科技股份有限公司和日本电气硝子株式会社（NEG）分别认购，分别持股 50%、10%、40%，预定总投资额为 7.1 亿元，当年即可启动量产。

经过近七八年的建设，东旭集团已在成都、郑州、石家庄、营口、芜湖等多地布局了基板玻璃生产线的建设，且已开出不小的产量。2017 年，公司拥有郑州、石家庄、芜湖、福州四大液晶基板玻璃生产基地，全面覆盖了 5 代、6 代和 8.5 代 TFT-LCD 基板玻璃产品，公司拥有 20 条液晶基板玻璃生产线（含在建及拟建项目），拥有窑炉 20 座，合计年产能已达 5300 万平方米，全球占比 9%，稳居国内第一、全球第四。具体如表 8-1 所示。

表 8-1 东旭光电基板玻璃产能

世代	位置		投产条数	设计产能		备注
				万片/年	万平方米/年	
4.5 代	成都	一期	1	96	64.47	在产
	成都	二期	0	192	128.95	在建
	合计		3	288	193.42	—
5 代	郑州	一期	1	60	85.80	在产
		二期	3	180	257.40	在产
	石家庄	一期	2	120	171.60	在产
		二期	1	60	85.80	在产
	营口	一期	0（共 1 条）	60	85.80	在建
	合计	—	8	288	686.4	—
6 代	芜湖	一期	4	200	555.00	在产
	芜湖	二期	6	300	832.50	在建
	合计	—	10	500	1387.50	—

上市公司东旭光电 2017 年财报显示：2017 年是东旭光电砥砺奋进、锐意进取的一年，公司围绕经营目标，积极开拓创新，扎实推进各项工作，各业务板块得以夯实，光电显示材料、新能源汽车及石墨烯业务布局顺利，形成了良好的产业协同和集群效应。在报告期内，公司实现营收 173.36 亿元，较 2016 年增长 127.15%；实现归属于母公司所有者的净利润 17.44 亿元，较 2016 年增长 33.75%。

2017 年，液晶显示面板行业维持景气，公司下游面板厂商均取得较高的业绩增速，公司液晶基板玻璃及其他光电显示材料市场需求旺盛。公司液晶基板玻璃产品覆盖 5 代、6 代、8.5 代三类产品，全年共计实现销售收入 20.65 亿元，出货达到 1240 万平方米。与 2016 年的 12.13 亿元销售收入和 1120 万平方米出货相比，同比分别增长了 70%和 11%。在公司 2107 年的 1240 万平方米的出货中，5 代基板玻璃的出货为 540 万平方米，占 43.5%，国内市场占有率达 49%，同比增加 1 个百分点，位居国内市场第一；6 代基板玻璃的出货为 700 万平方米，占 56.5%，国内市场占有率 42.5%，同比增加 2.5 个百分点，也位居国内市场第一。公司基板玻璃产品已经全面覆盖了中国大陆地区及中国台湾地区的主流面板厂商，包括京东方、深超光电、群创光电、龙腾光电、天马、友达光电等，产业安全性及稳定性不断提升。福州旭福 8.5 代第一条和第二条后段生产线已先后投产，成功配套京东方，为公司贡献收入 4.32 亿元。8.5 代基板玻璃的顺利投放，对公司实现中、高世代基板玻璃产品全覆盖及巩固公司的行业龙头地位，起到了至关重要的作用。

除 TFT-LCD 基板玻璃外，东旭集团还涉足盖板玻璃的生产。其位于绵阳的旭虹光电，原来是年产能为 60 万套的 PDP 玻璃生产线。随着 PDP 市场的萎缩，旭虹光电从 2008 年开始介入高铝盖板玻璃的开发，在 PDP 玻璃的基础上，利用原有的设备和先进的配方，在触摸屏高铝盖板玻璃上再次取得突破，2014 年 2 月下旬，开始高铝盖板玻璃的生产，其设计日产能超过 100 吨，每年可提供约 650 万平方米的高性价比高铝盖板玻璃。2014 年，旭虹光电成功推出国内第一款环保型铝硅酸盐超薄盖板玻璃"王者熊猫"，2015 年，又成功研制出可实现 360°弯曲、薄度达到 0.3 毫米的浮法盖板玻璃，已在华为、LG、小米、酷派等多家品牌的手机中获得应用。旭虹光电也成为首家国产盖板玻璃的生产企业。

2015 年，旭虹光电盖板玻璃产品出货 250 万平方米，全球市场占有率达到 8.1%，位居国内第一、全球前三。2016 年，旭虹光电该产品出货 350 万平方米，全球市场占有率接近 10%，市场地位继续保持国内第一、全球前三的水平。

2017 年年末，东旭光电完成对旭虹光电的收购，将高铝盖板玻璃生产线正式纳入公司光电显示产业体系，随后通过募集配套资金及自有资金，以旭虹光电为主体，投资 14.97 亿元建设"曲面显示用盖板玻璃生产项目"，该项目是公司顺应 OLED 柔性显示屏趋势所采取的有力举措。

基板玻璃高端装备及技术服务、控制系统及专用设备等多为定制化产品，由于涉及核心技术、生产工艺的保密和市场竞争问题，在 2014 年之前，公司主要为集团体系内的 TFT-LCD 基板玻璃生产线及高铝盖板玻璃生产线建设提供成套设备的设计、生产、制造、安装及技术服务。随着自有生产线建设基本完毕，基于多年来在电子玻璃设备制造领域的丰富经验，公司高端装备业务开始转向海外市场，并在光电产业链上进行纵深拓展。得益于公司自主研发突破国外封锁、打通电子设备中技术含量最高的前段设备所奠定的坚实基础，在国内工业制造由设备替代人工、满足高效生产的大背景下，公司高端装备及技术服务业务持续发力，并逐步向国内高端客户供应，而且涉足面板产业装备及其他通用化设备供应。2017 年，公司高端装备及技术服务业务实现营收 72.40 亿元，并开拓和储备了华星光电、国显光电等一批在智能化应用领域有需求的大型集团客户。

彩虹股份自 2005 年开始研发、生产液晶基板玻璃，在研发和生产运营中培养和储备了大量基板玻璃研发、制造及管理的专业人才。公司在合肥、张家港、咸阳三地均建有生产基地。经国务院批准，2012 年 12 月 31 日，彩虹集团整体并入中国电子信息产业集团有限公司（CEC），成为其全资子公司。2008 年 10 月，彩虹集团在咸阳建成了我国首条 5 代液晶基板玻璃生产线。项目总投资 8.34 亿元，年产能 75 万平方米（52 万片）。与此同时，彩虹集团与张家港市经济开发区实业总公司共同投资成立彩虹（张家港）平板显示有限公司，注册资本为人民币 5.23 亿元，一期项目投资 17.3 亿元，拟建设 3 条 5 代基板玻璃生产线。2009 年 5 月，陕西彩虹电子玻璃有限公司的基板玻璃二期工程开始建设，总投资 17 亿元，再建三条 5 代（兼容 5.5 代）生产线，可生产 0.7 毫米、0.63 毫米、0.5 毫米、0.4 毫米等厚度的 5 代基板玻璃。二期工程三条生产线达产后，可年产液晶基板玻璃 225 万平方米，约 157 万片产品。2009 年 8 月，彩虹集团与合肥市新站综合开发试验区签订合作协议并注册成立彩虹（合肥）液晶玻璃有限公司，项目总投资 100 亿元。一期投资 37 亿元，拟建设六条 6 代液晶基板玻璃生产线，建成后可年产各种液晶基板玻璃约 287 万片。2010 年 10 月 11 日，彩虹合肥液晶玻璃公司 6 代生产线池炉成功点火，标志着我国第一条具有自主知识产权的 6 代液晶基板玻璃生产线正式投入运行；2011 年 4 月 12 日，中国大陆地区第一块 6 代液晶基板玻璃成品下线。2011 年 9 月 6 日，合肥 2 线成功点火，标志着彩虹液晶玻璃的生产进入规模化阶段。2012 年 8 月，厚度为 0.5 毫米的产品通过用户认证，实现批量销售。2013 年 2 月 20 日，合肥 3 线点火投入运行。2014 年 7 月

19 日和 2014 年 12 月 8 日，合肥 1、2 线经过冷修改造后分别点火启动生产。目前合肥公司有三条生产线在运行生产。

随着目前全球 TFT-LCD 液晶显示产业加速向我国转移的趋势，作为配套的基板玻璃产业将迎来重大发展机遇。2015 年 6 月 10 日，彩虹股份发布公告，董事会决定由彩虹股份控股子公司彩虹（合肥）液晶玻璃有限公司投资 31530 万元，建设 8.5 代液晶基板玻璃后加工生产线。2015 年 10 月 23 日，彩虹股份又发布公告称，拟投资 60 亿元建设 8.5 代液晶基板玻璃生产线，建设国内首条采用溢流下引法新工艺的 8.5 代液晶基板玻璃生产线。此项目的实施代表彩虹股份将正式进军 8.5 代基板玻璃的生产。建设地点为安徽省合肥市新站开发区彩虹（合肥）液晶玻璃有限公司厂区。项目包括 6 条热端生产线和 3 条后加工生产线，产品尺寸为 2500 毫米×2200 毫米，其中 4 条热端生产线兼容尺寸为 2250 毫米×2600 毫米的 8.6 代液晶基板玻璃。项目达产后形成年产 349 万片 8.5 代液晶基板玻璃的产能。项目总投资 600295 万元，其中，建设投资为 564396 万元，铺底流动资金为 35899 万元。

彩虹股份目前拥有自主创新的基板玻璃核心技术授权专利超过 300 件，专利范畴覆盖了配料、熔解、成型、产品加工等产品生产加工全过程，为液晶基板玻璃技术的发展提供了有力的支撑。在 5、6 代液晶基板玻璃产业化的同时，彩虹股份利用现有生产线，进行了 8.5 代液晶基板玻璃产业化技术研究，已积累了宝贵的经验。

2016 年，彩虹股份基板玻璃销量屡创历史新高，8 月起月销量突破 20 万片并稳定在 20 万片以上，全年基板玻璃产品销售量同比增长 39%，产销率达到 107%。8.5 代、6 代及薄型化基板玻璃销量同比增长 54.3%，占全年基板玻璃收入的 83.5%，同比增长 55.8%。重点客户潜能进一步释放，市占率稳步提升，在战略客户市场的地位由"替补"变为"主力"。8.5 代液晶基板玻璃项目已完成前期准备工作。合肥 6 代液晶基板玻璃横幅改造项目于 12 月 19 日点火试运行，将为高世代生产线建设积累技术和运营经验。此外，公司实施创新驱动战略，不断加大对科研工作和科研人才的支持力度。当年完成专利申请受理 102 件，完成技术创新课题 247 项，实现以技术能力提升带动生产效率提高的良性循环。同时，平板显示玻璃工艺技术国家工程实验室投入运行，已建成一条中试线、两个分中心、三个研发平台、六个成果转化和应用基地，形成了从装备仿真模拟、关键实验、生产中试到规模生产的完整创新链。

2017 年，顺应平板显示产业向大尺寸、高清晰度发展的趋势，彩虹股份对产品结构做出相应调整，专注 6 代及以上基板玻璃的研发、制造，运行三条 6 代生产线、一条 7.5 代生产线和一条 8.5 代后加工生产线。产品效率和良率有一定程度的提升，产品毛利率明显提高。依托国内首家平板显示玻璃工艺技术国家工程实验室的研发实力和人才优势，公司自主研发、设计、建设的 7.5 代基板玻璃生产线于 2017 年 6 月达到设计产能，产品顺利通过中国电子协会鉴定，单线产能较 6 代生产线提升 60%，提高了生产效率，实现了单线盈利。7.5 代玻璃的成功投产，为我国今后 8.5 代以上基板玻璃国产化奠定了坚实的基础。此外，彩虹股份还与美国康宁公司签署合作协议，共同出资在成都、咸阳两地设立合资公司（彩虹股份持股 51%，康宁公司持股 49%），建设运营 8.6 代及以上 TFT-LCD 液晶基板玻璃后段生产线。本次合作，是康宁公司首次在中国境内与国内企业开展基板玻璃项目合资。8.6 代基板玻璃后段加工生产线项目的建设，为公司高世代基板玻璃发展步入快车道奠定了基础。

彩虹股份还在 2017 年圆满完成了国家发展改革委员会（简称"发改委"）批复建设的平板显示玻璃工艺技术国家工程实验室建设任务，形成了国内首个集成电子玻璃研发平台和试验线的工艺技术验证系统，突破并形成了 10 多项关键核心技术，4 项重要科技成果成功实现量产，并顺利通过了国家主管部门组织的验收。另外，彩虹股份还完成了基于 LTPS 技术的 TFT-LCD、AMOLED 等高分辨率显示面板用基板玻璃的产品配方开发和生产线工艺摸底试验，积累了宝贵的批量生产试验数据；2018 年，将继续开展 LTPS 基板玻璃产业化技术研究，对关键装备材料和成套智能化成型设备设计方案进行系统设计，适时启动生产线建设项目。

2017 年，彩虹股份共申请专利 165 件，获得授权 59 件，其中含发明专利 6 件；具有自主知识产权的《G7.5 液晶基板玻璃关键技术研发和产业化》《G7.5 液晶基板玻璃智能成型装备研发及应用》两项成果通过了中国电子学会组织的科技成果鉴定，技术达到国际先进、国内领先水平；《第六代液晶基板玻璃生产能力提升改造项目》通过了发改委和工信部的验收，为加速实现高世代液晶基板玻璃产业化奠定了坚实基础。

在基板玻璃上游材料的本地化配套方面，彩虹股份也取得了重大突破。之前国内企业生产基板玻璃所用的石英砂一般从澳大利亚进口，而从 2015 年年底开始，彩虹股份通过研发和智能设备的提升，已经成功采用了安徽凤阳产的石英砂，替代率还在逐步提高，这将使得整个玻璃产业的国产化布局更为完善。

目前，彩虹股份在国内拥有 9 座可用于显示玻璃生产的窑炉，年产能合计达到 1000 万平方米。彩虹股份显示玻璃产能如表 8-2 所示。

表 8-2 彩虹股份显示玻璃产能

地址	世代	条数	年产能
陕西咸阳	5 代	3	95 万平方米/条
陕西咸阳	5 代	1	132 万平方米
安徽合肥	6 代	3	132 万平方米/条
江苏张家港	5 代	2	95 万平方米/条
总计	—	9	1003 万平方米

彩虹股份 2017 年财报显示，2017 年，公司共生产各类液晶基板玻璃 155.32 万片，销售液晶基板玻璃 184.23 万片。实现营业总收入约 4.528 亿元，同比增长 34.3%，其中，基板玻璃业务收入约为 2.85 亿元，同比增长 8.06%。

2017 年，为满足客户需求，扩大高世代产品市场份额，提高生产效率，公司对产品结构进行了优化调整，虽在基板玻璃产量、销量上较上年有一定程度的下滑，但在调整效益方面取得了明显的成效。2016 年，彩虹股份生产各类液晶基板玻璃 196.67 万片，销售液晶基板玻璃 210.83 万片，销量同比增长 39.67%，产销率达到 107%。与 2016 年相比，2017 年，液晶基板玻璃的产量同比下滑约 21%，销量同比下滑约 13%。2017 年，液晶基板玻璃的出货面积约为 800 万平方米，其中 5 代基板玻璃的出货约为 200 万平方米，国内市场占有率约为 18%，仅次于东旭光电，位居第二；6 代基板玻璃的出货约为 600 万平方米，国内市场占有率约为 36%，排名也在东旭光电之后，位居第二。

在盖板玻璃方面，彩虹集团于 2016 年发布了其用溢流熔融法生产的高铝盖板玻璃 CG01。该产品的铝含量接近 19%，表面压应力在 800 兆帕以上，单点能承受载荷 600 牛以上，光透过率在 92%以上。经连续 3 个月的试验，该产品的良率稳定在 67%以上，已经达到科研要求的目标，具备了量产能力。当年，彩虹集团就在基础上形成了规格为 1520 毫米×1497 毫米、每月 10 万～12 万平方米的产能。

2017 年，彩虹集团与邵阳经开区共同出资建设了彩虹集团（邵阳）特种玻璃生产基地。该项目总投资 20 亿元，占地 300 亩，分 2 期建设 4 条盖板玻璃生产线。

除上述两家企业外，国内其他显示玻璃企业也在 2017—2018 年取得了一定的进展。

2017 年 12 月 29 日，凯盛科技股份有限公司正式举行 8.5 代 TFT-LCD 基板玻璃项目开工仪式。该项目一次规划，分二期建设，占地 230 亩，总投资 50 亿元人民币，将建设两条 8.5 代超薄浮法基板玻璃生产线。

成都中光电科技有限公司为了打破国外垄断，提升自身综合竞争力，在凯盛集团总经理、成都中光电董事长彭寿的带领下，确立了自主研发 LTPS 玻璃基板的战略目标并迅速成立了研发小组。经过无数次的料方设计、优化、打样测试后，2018 年 3 月，成都中光电一线正式试产 LTPS 玻璃基板并成功下线，经过全面对比检测，其理化性能和品质指标达到行业领先水平。

8.2　全球 OLED 材料企业最新现状盘点

OLED 包括 AMOLED 和 PMOLED，目前市场主流为 AMIOLED，PMOLED 几乎可忽略。OLED 进入量产至今不过 10 年，相关人员仍不断尝试调整材料结构，以期盼能提升发光效率与延长寿命，而三星显示器公司（简称"SDC"）称霸中小尺寸 OLED 市场多年的关键，便在于掌握了其中的空穴阻挡层（HBL）及红色、绿色、蓝色发光材料的结构组成。

根据韩国媒体 KINews 的报道，OLED 面板一般由电子传输层（ETL）、发光层（EML）、空穴传输层（HTL）、空穴注入层（HIL）等组成，SDC 运用的技术是在电子传输层与发光层之间增加 1 层 A-ETL，以避免空穴侵害电子传输层，导致面板发光效果与寿命减损。A-ETL 尤其有助于提升蓝色材料的寿命与发光效率，目前红色与绿色发光层为磷光材料，发光效率可达 100%，然而蓝色发光层仍为荧光材料，发光效率最高只能达到 25%，因此如何减少电荷耗损便成为提升 OLED 技术的重要课题。OLED 材料界人士表示，增加 A-ETL 可以让蓝色发光效率提升 10%左右。另外，SDC 还在发光层与空穴传输层之间设有电子阻挡层（EBL），以防止电子侵入空穴传输层。业界人士表示，A-ETL 与红、蓝、绿三色材料的结构组成技术与相关专利皆被三星独家掌握，因此在短时间内，其他业者恐怕难以突破此技术障碍。

与智能手机、电视相比，车用面板对温度、湿度环境要求更严苛，对外部振动也很敏感。因此，改善显示特性的方向聚焦在延长寿命、增强可靠性上。根据韩国媒体 KINews

2017年5月24日的报道，LGD和SDC分别公开确定车用OLED显示结构。LGD在现有中小尺寸OLED所使用的红、绿、蓝（RGB）结构中，仿照WOLED结构进行双层叠加（Tandem）的结构研发。即在RGB的结构中，把发光层（EML）堆叠成2层结构。红色+红色、绿色+绿色、蓝色+蓝色，将EML做2层堆叠，来双倍提高发光材料寿命和使用效率。但1、2层的EML之间需要单独加入电荷生成层（Charge Generation Layer，CGL）。CGL将电压分配给上下层，使组件发光。上下层分别为含锂的电子输送层（ETL）N型CGL和含Pdopant的电荷输送层P型CGL。这两层的作用是让ETL的电子易于进入HTL的空穴。LGD申请了双层叠加和CGL结构的专利。与此相比，三星显示采用的是与现有智能手机使用的中小尺寸OLED显示屏相同的单层RGB结构来做车用OLED显示屏。为了提高组件的可靠性，计划采用耐温、耐湿等更具环境适应能力的有机材料。

经过近几年的技术发展，OLED已经成为业界追逐的新焦点。随着OLED生产技术的成熟，制约其发展的劣势逐步被消除，优势逐步凸显，需求迅速上升。当前，OLED材料市场规模快速增长，而OLED材料领域壁垒高、竞争格局好、盈利能力强，而且由于成本占比较高，对面板厂盈利能力的影响大。

美国UDC是有机发光二极管、OLED技术和材料研究领域的领导者，拥有经验丰富的管理和科学顾问团队，并获得了政府支持。UDC主宰全球OLED发光材料市场，2015年，OLED发光材料收入相比2014年减少11%，尽管收入下降，但UDC在市场上仍保持最高地位。特别是UDC旗下有一个掺杂剂材料部门，UDC拥有掺杂剂材料部门82%的股份，该部门拥有基于磷光的专利，负责向三星和LG提供磷光红色和绿色发光材料。

德国默克是一家全球领先的高性能材料公司。高性能材料有四个业务部门：液晶材料、效果材料、半导体材料和OLED材料。默克是LCD产业中液晶材料的主要供应商，在TFT液晶市场的份额超过50%，同时已经提前布局OLED业务。目前，默克在HTL材料领域占据了27%的市场份额，在磷光绿色材料领域也有21%的市场份额。默克已经生产出基于蒸镀和基于溶液应用的新型OLED材料。同时，公司也与爱普生联手，希望通过新型喷墨式的可打印OLED技术，突破大面板OLED的生产瓶颈。2015年6月，公司投入3000万欧元在总部达姆施塔特建立新的OLED材料工厂，根据规划，从2016年7月起，生产高纯度的OLED材料。

日本出光兴产公司（简称"出光兴产"）OLED业务基本囊括了材料的上游业务，包括空穴传输层（HTL）、空穴注入层（HIL）、电子传输层（ETL）及有机发光层（OLL）。在HTL领域，出光兴产占据了22%的市场份额，在磷光蓝色材料领域的市场份额更是达到了60%以上。由于下游厂家LG显示扩大OLED面板生产，出光兴产已经计划将韩国的年产能提高至5吨，达到现有产能的2.5倍水平。

2017年，出光兴产发布新闻稿称，其与韩国LG化学已经缔结合作契约，双方将能够相互使用各自持有的OLED材料相关专利。出光兴产表示，藉由此次合作，希望能创造出新的OLED材料，研发出更省电、寿命更长的高性能OLED材料。出光兴产、LG化学将携手，在材料领域为LGD的OLED面板事业提供强大的支持，且也会将此次合作成果推广给其他面板厂，扩大双方的OLED材料事业。

第 8 章　企业

根据日本产经新闻的报道,在构成 OLED 的红色、蓝色、绿色 3 种发光材料中,出光兴产拥有为数众多的蓝色材料专利;另外,LG 化学的强项在于发光体的周边材料。出光兴产于 2009 年就和 LG 在 OLED 事业上进行策略合作,提供材料给 LG 在于 2013 年开卖的大尺寸 OLED 电视中使用。

而根据韩国媒体 KINews 2018 年的报道,出光兴产的蓝色发光材料核心专利将在 2018 年下半年期满,是利用有机化合物之一的蒽(Anthracene)来结合多种物质,或改变结构制造成蓝光材料的专利。

出光兴产的蒽系列代表性专利物质有 AlphaBeta-Anthracene 等。出光兴产掌握 6 成以上全球蓝色主发光体 OLED 市场,影响力巨大。根据市场研究机构 UBI Research 的资料,2016 年,出光兴产在全球蓝色主发光体市场中,以营收为基准,市占率高达 89%。2017 年,竞争企业 SFC 比重从 5%骤增到 23.4%,出光兴产的市占率虽然下滑到 65.4%,但市场主导权仍相当强大。

出光兴产专利权是阻挡其他竞争业者进入蓝光材料市场的高墙。多家材料开发商为了避免出光兴产的专利,开发了多元蒽相关专利,然而实际进入量产市场的企业仅有 SFC 和陶氏化学(Dow Chemical)。出光兴产的专利在制造性能及寿命表现优越的蓝光主体材料上具有一定的影响力。2018 年下半年,该专利期满后,不仅现有开发商,新企业也可涉足研发蓝光材料。因进入门槛降低,蓝色发光材料的研发将如火如荼地展开。

新日铁化学公司是新日铁住友金属集团的化学品制造商,业务领域包含煤化工、石油化工、环氧树脂及功能材料。公司 OLED 业务主要为磷光 EL 材料 LumiAce,其 4 倍能源效率的蓝色磷光是全球首创的工业化技术。新日铁化学公司在 2006 年便与 UDC 合作,开发出寿命达 6 万小时的磷光绿色材料,其市场份额为 21%,目前三星依然是该材料的主要采购对象。

保土谷化学公司的主要产品为基础化学品、精细化学品及功能性树脂。公司于 2001 年起开始从事 OLED 业务,主要生产 HTL、HIL 材料,也正在研发 ETL 等材料。其 HTL 材料为三芳基胺衍生物,可以提高空穴和电子的注入/传输性能。目前包括 EL-301 及 EL-022T 两种产品,是 LG 显示的主要采购对象。

2010—2011 年,保土谷化学接连收购韩国 SFC 公司的股份,SFC 公司从 2002 年起便大规模生产 OLED 材料,主要产品为荧光蓝色材料、磷光及荧光绿色材料等。2011 年 5 月,SFC 正式成为保土谷化学的子公司(保土谷化学持股 65.5%)。2012 年,保土谷化学以 SFC 的名义,在韩国设立有机 EL 与发光层新工厂,新工厂中 90%的产能用于生产荧光蓝色材料,主要出货对象为三星电子。SFC 公司 2015 年年报显示,由于 EL 材料价格竞争激烈,功能性材料(包括电荷控制剂、有机光导材料、有机 EL 材料等)的销售额为 8.3 亿日元,同比下滑 7.8%,未来的研发重点为 HTL、ETL 材料及子公司 SFC 的发光材料。

JNC 株式会社是日本智索在 2011 年重组后成立的公司,业务主要涉及液晶及电子等功能材料,能源、环境、纤维及树脂等加工品、化学品领域。JNC 是国际三大 TFT 混合液晶材料的供应商之一,目前其 OLED 材料产品主要为小分子的蓝光发光材料与电子传输材料,在 2013 年增产后,目前每月产能在 100 千克左右,下游厂家为 LG 显示。2016

年 2 月，JNC 与日本科学振兴机构、关西学院大学宣布，开发出目前发光效率和色纯度最高的蓝色发光材料"DABNA"，可以大大降低耗电量。

东丽株式会社是一家以合成纤维与合成树脂起家的，涵盖各种化学制品、信息相关材料的大型化学企业，是全球最大的碳纤维供应商。在公司的塑料和化学品业务中，涉及为有机 EL 显示器和有机 EL 发光系统提供发光材料的细分业务，而这些应用有望在未来继续扩大。公司的电子传递材料具有功耗低、发光效率高和使用寿命长等特点，这些材料受到了各种客户的大加赞誉，随着时间的推移，其应用不断扩大。

住友化学公司最近开发的可溶性的 OLED 材料，性能测试结果较为理想。可溶性有机电致发光材料的效率超过 UDC 蒸镀材料的 65%；特别是住友化学的红色材料的效率超过 UDC 蒸镀材料的 85%，绿色材料效率超过 UDC 蒸镀材料的 88%，不过寿命测试结果相对还有改善的空间。

当今在 OLED 显示面板生产方面，无疑还是韩国走在最前头。虽然 OLED 有机发光材料的核心专利及供应主要掌握在欧美及日本的几家企业手中，但是韩国的 SDC 和 LGD 也会培育一些韩国本土供应商，促进韩国本土 OLED 材料供应链发展。其中，韩国的德山集团和斗山集团就是伴随韩国 OLED 产业发展起来的两大本土 OLED 材料供应企业。

德山集团（DS Neolus）成立于 1999 年，最早从事半导体封装锡球的研发生产，2008 年收购了韩国 LUDIS 公司，开始进入 OLED 行业。2014 年，德山集团将半导体金属业务和 OLED 材料业务进行了拆分，将 OLED 材料业务成立为 DS Neolux 公司，并于 2015 年登陆韩国创业板，其产品基本覆盖了 OLED 材料上游，同时还有红色底材及圆偏光镜。其中，HTL、HIL 材料主要供应给三星显示。2017 年，德山集团营收达 100405.84 百万韩元（约为 6 亿元人民币），较 2016 年大幅增长。基本反映出 2017 年 OLED 显示屏销售增长，且主要产量集中于韩国。但是公司的毛利率和净利率不太高，这与其主要为 UDC 做代工生产有关系。

再看 2018 年一季度德山集团的收入，可见与前两个季度（2017 年四季度和三季度）相比，营收有所下降。这与 UDC 2018 年 1 季度的情况类似。

德山集团与三星共同申请的专利显示，其供应的 HTL 材料使用的空穴传输物质具有较高的 HOMO 值，且电荷平衡优异，因此具有元件发光率高、驱动电压低、耐热性好和色纯度高等特点。

韩国斗山集团（Doosan）是韩国几大财团之一，业务覆盖范围非常广泛，包括新能源、水处理、工程建筑、发动机、化工机械、液压机械、产业车辆、金融服务、咨询、IT 服务、材料、辅助材料、媒体、零售及休闲产业。Doosan 的 OLED 材料业务属于斗山集团电子材料公司，该分公司的主要产品为 CCL（覆铜薄层压板）、OLED 材料，以及其他基板材料、放热基板和多层印制板等。OLED 材料业务主要生产、供应多种类型 OLED 有机薄膜层（空穴注入层、空穴传输层、发光层、电子传输层）的有机发光材料，下游主要是三星显示。

2017 年，整个 Doosan 的营收为 17585204.29 百万韩元，相当于 1042 亿元人民币。其中，关于 OLED 材料的营收，Doosan 并未发布确切数据。根据华创证券在 2017 年 9 月发布的《2017 韩国 OLED 产业链调研纪要》，估计 Doosan 的 OLED 材料收入约为 594 亿

第8章 企业

韩元（约合人民币3.5亿元）。

韩国OLED材料企业除了德山集团和斗山集团，还有LG化学和三星SDI。其中，三星SDI主要是蒸镀材料和TFE（薄膜封装）。在蒸镀材料方面，三星SDI和Novaled作为有机物质及元件技术的专业企业，引领OLED蒸镀材料领域的发展，对三个方面的核心技术不断进行研究开发。①有机化学：高性能新材料的开发及量产技术；②元件技术：OLED元件制造及分析；③制造：高纯度有机材料的量产技术。Novaled于2013年加入三星集团，拥有530余项专利，特别是在改善OLED共同层材料的性能、减少叠层数、最大限度提高效率的添加剂（Dopant）技术方面，具有世界领先的地位。在TFE方面，三星SDI在世界上首次成功量产柔性屏幕用TFE有机材料，拥有世界上唯一一款量产产品。在蒸镀及喷墨工艺流程的缜密性及面板产品的可靠性方面的表现都非常优秀。

总体来说，由于韩国本土OLED面板产业的带动，韩国相关OLED材料生产企业在营收规模上比我国同类型企业高出许多。但是从DS Neolux的毛利水平看，在不掌握核心专利的情况下，韩国OLED有机发光材料企业目前也不能达到类似UDC这样的高毛利水平。

根据韩国媒体ZDNet Korea 2017年9月的报道，新创企业Material Science开发出可取代出光兴产握有专利的蓝色OLED掺杂物，成为首家在未获得大企业的支援之下，成功实现技术达到商用化水准的韩国材料业者。

自1995年出光兴产开发出蓝色OLED掺杂物后，其总计在日本申请了约30余件技术专利，其中8件专利的有效期限至2034年，并独占由蒽（Anthracene）结构蓝色材料与含芘（Pyrene）蓝色掺杂物组合而成的OLED材料技术。因此，向出光兴产购买蓝色掺杂物的面板业者必须连同蓝色材料一起购买。

这次Material Science开发出的蓝色掺杂物完全跳脱出光兴产的技术专利，分子设计舍弃电子受体（Electron Acceptor），而将电子予体（Electron Donor）导入分子，提高OLED材料发光效率与延长发光寿命，同时减少溶剂色变（Solvatochromism）现象，呈现真正的蓝色。Material Science表示，利用新材料结构与合成技术，开发出具有差异化的蓝色OLED掺杂物，为面板业者提供了更多的材料选择。

中国大陆地区开始有越来越多的企业进入OLED材料领域，目前中国大陆地区OLED相关材料企业有濮阳惠成电子材料股份有限公司（简称"濮阳惠成"）、江苏三月光电科技有限公司、吉林奥来德光电材料股份有限公司（简称"奥来德"）、西安瑞联新材料股份有限公司、常州强力昱镭光电材料有限公司、宁波卢米蓝新材料有限公司、广东阿格蕾雅光电材料有限公司、宇瑞（上海）化学有限公司（简称"宇瑞化学"）、江西冠能光电材料有限公司、中节能万润股份有限公司（简称"万润股份"）等。

濮阳惠成成立于2002年，是集科研、生产、经营于一体的股份制国家高新技术上市企业，公司拥有自营进出口权，产品远销欧美、东南亚等多个国家及地区。濮阳惠成主要从事顺酐酸酐衍生物、功能材料中间体等精细化学品的研发、生产、销售，其中，功能材料中间体主要用于有机光电材料及医药中间体等领域。濮阳惠成结合自身优势，开发出多种OLED中间体材料，大致分为芴类、咔唑类、硼酸类和噻吩类，其中OLED蓝光功能材料——芴类衍生物的生产和销售已初具规模。濮阳惠成在2017年营收54091.95万元，同比上年增长 43.94%，净利润为 7416.31 万元，同比上年增长 14.29%。公司主要客户有亨斯迈先进化工材料（广东）有限公司、PROCHEMA、PENPET 等。

2013 年 1 月，中节能万润股份有限公司吸收其他自然人和机构，投资组建江苏三月光电科技有限公司（简称"三月光电"），该公司隶属中国节能环保集团，主要从事有机发光材料、有机发光照明及显示技术的研发、生产、销售。2017 年，三月光电实现营收 2006.45 万元，同比 2016 年的 1631.37 万元增长 23%；2017 年，三月光电的净利润约为 25.08 万元，净利润率达到 1.2%，同比 2016 年的 25.44 万元下降约 1.5%。

吉林奥来德成立于 2005 年，是国内首家国家立项支持的生产有机发光材料的企业，是"中国 OLED 产业联盟"的发起单位及理事单位，奥来德在 2012 年开始 OLED 材料专利布局，在 2017 年新三板挂牌上市。公司主营业务为有机电致发光（OLED）材料及其相关产品研究开发、生产、销售及售后技术服务。主要产品分为 OLED 中间体、OLED 粗品、OLED 升华品。2017 年，公司营收为 4068.09 万元，同比上年增长了 33.93%；净利润为-917.42 万元，同比上年减少了 522.49%。

2017 年 7 月 25 日，公司"AMOLED 用高性能长寿命有机材料研发及产业化建设项目"被国家发展和改革委员会列为"2017 年度东北振兴新动能培育平台及建设专项中央预算内投资计划"，项目建设期为 2 年，总投资 5752 万元，项目建成后，公司 AMOLED 高性能有机材料生产能力将达到 3000 千克。

2017 年 8 月，吉林奥来德光电材料股份有限公司与日本半导体能源研究所进行专利合作签约，联手抢占中国手机显示技术制高点。通过双方此次的合作，奥来德将取得日本半导体能源研究所在 OLED 方向的专利在中国境内的专利实施许可权，用以投入 OLED 新型显示材料的生产。奥来德董事长轩景泉说，通过我们对日方专利的吸收，可以提高我们自身的显示材料研发、合成能力，缩小与国外先进 OLED 材料研发机构差距。同时，降低国内 OLED 下游面板厂家应用国外专利材料的成本，打破国外技术壁垒；有效促进下游 OLED 显示屏面板企业快速量产，帮助他们更好地参与国际竞争。

西安瑞联新材料股份有限公司（简称"西安瑞联"）成立于 1999 年，是主要从事液晶材料、OLED 材料及医药中间体等精细化学品研发、生产和销售的高新技术企业。2017 年，西安瑞联的营收为 71910.41 万元，同比上年增长 28.95%；净利润为 7800.87 万元，同比上年增长 38.36%。其中，销售给出光兴产的 OLED 材料实现营收 4983.76 万元，占比 6.93%。

常州强力昱镭光电材料有限公司（简称"强力昱镭"）是强力新材与台湾昱镭光电科技股份有限公司于 2016 年 10 月共同出资成立的一家专业从事 AMOLED 高纯度电子级有机材料研发、生产、销售的企业。公司于 2017 年 9 月开始投产，预计规划年产 AMOLED 高纯度电子级有机材料 10 吨。在有机小分子电激发光材料方面，强力昱镭现阶段已技术转化并量产一系列的电子输送材料、电洞注入材料、电洞输送材料及适用于全彩 OLED RGB 的主发光体材料。强力昱镭也积极寻求与两岸三地不同业界的合作，研发新的高发光效率、纯 RGB 光色、高亮度与长使用寿命的新一代有机小分子材料。

宁波卢米蓝新材料有限公司（简称"卢米蓝"）成立于 2017 年，是一家专业从事新型 OLED 材料研发、生产制造、销售的 OLED 材料领军型企业。2017 年 3 月，宁波化学端器件验证平台开工，2017 年 9 月，宁波器件端韵升厂房建设完毕，其中激智研究院持有卢米蓝 20%股份，激智科技、张彦、宁波高新区投资有限公司等作为 LP 的宁波沃衍股权投资合伙企业（有限合伙）持有 25.45%的股份。卢米蓝是国内 OLED 材料领军型企业，为国内外客户提供一整套材料、器件、面板服务与解决方案。主要方向为研制高效稳定并具有成本优势的有机发光材料体系及研制新型 OLED 照明器件结构与工艺，集中提升照明器件的效率、寿命及色温调控。

阿格蕾雅科技发展有限公司（简称"阿格蕾雅"）成立于 2005 年 4 月，是由留学归国人员在北京市留学人员海淀创业园创办的一家高新科技企业。阿格蕾雅较早进入 OLED 相关材料的研发，共申请相关发明专利 225 件，其中授权 90 件，PCT 58 件，进入巴黎公约 34 件。2017 年，阿格蕾雅出货 1 吨以上。阿格蕾雅计划在成都建设 OLED 新材料项目，布局辐射四川、重庆、武汉等周边地区的材料需求。该项目将分三期，五年内总投资达 10 亿元，主要用于生产 OLED 发光材料及其功能主体材料，最终将实现绿色、智能化生产。项目计划于 2019 年年底投产。项目建成后，将具备年产 38 吨级 OLED 材料的生产能力。

宇瑞化学是瑞源集团基于对可持续发展的全球需求所投资建立的新型公司，公司产品主要应用于化学、医药、生物、OLED 显示、OLED 照明、新能源等诸多领域。其中，公司销售产品以 OLED 中间体为主，客户主要有三星的材料供应商等。

江西冠能光电材料有限责任公司（简称"江西冠能"）是一家中美合资的国家高科技企业。公司主要研发无机纳米半导体和有机分子半导体。材料包括红光材料、绿光材料、蓝光材料、白光材料、导电油墨及浆料、电荷传输材料、阻挡材料和本体材料等，广泛应用于 OLED、POLED、PHOLED、OPV、PTFT。江西冠能是国内兼具有机 OLED 各类材料、中间体及有机材料提纯设备制造技术最完备的企业之一。公司生产的升华品已经进入国内 OLED 面板生产企业。

万润股份目前是国内最大 OLED 中间体生产商之一，已经进入三星、LG 的供应链，作为上游材料供应商。公司 2017 年的 OLED 材料（含中间体与单体）业务收入大幅增长，较上年增长约一倍。公司 OLED 材料研发工作稳步推进，现已有自主知识产权的 OLED 成品材料在下游厂商进行验证，是否能够批量供应尚存在不确定性。未来随着 OLED 材料在小尺寸显示领域应用规模的扩大，公司有望进一步扩大在 OLED 材料领域的市场占有率。

第9章 投资

9.1 国内偏光片企业投资现状与趋势分析

中国大陆地区偏光片市场不仅是全球偏光片市场最重要的成长极，也是全球最大的偏光片单体市场。中国大陆地区市场的需求增长速度在 2017 年时达到 22.2%，预计到 2020 年之前，需求增长速度都将在 20%以上。目前估值达 30 多亿美元的中国大陆地区偏光片市场，预计到 2023 年将翻番至 56 亿美元。

但是，中国大陆地区偏光片的本地产能却显著低于需求。中国大陆地区偏光片的产能在 2017 年占全球总产能的 17.6%，而需求占比则为 40.1%；2018 年，中国大陆地区的产能占比略升至 25.3%，而需求增长更快，全球占比达 47.9%。

目前，中国大陆地区的偏光片已完成投资约 90 亿元。其中，外资企业在中国大陆地区的投资约为 60 亿元，而本土企业的投资约为 30 亿元。

外资企业在中国大陆地区的投资包括 LG 化学、奇美材料、三星 SDI 和住友化学。已经建成投产的 TFT-LCD 用偏光片生产线共计 7 条，合计产能约为 1.29 亿平方米。其中，LG 化学的投资金额最多，已建成投产的生产线条数也最多，产能最大。LG 化学南京工厂目前已完成投资约 3 亿美元，投产生产线条数多达 4 条，产能约为 7200 万平方米。其中包括两条目前全球宽幅最大的 2300 毫米生产线。奇美材料在昆山目前已经投入了 5.5 亿元，建成了 1 条幅宽为 1490 毫米的生产线。三星 SDI 则投入 15.6 亿元，在无锡建成了 1 条幅宽为 2300 毫米的生产线。住友化学同样在无锡投资 3.2 亿美元，建成了 1 条 1490 毫米幅宽的生产线。

在中国大陆地区投资的本土企业目前只有两家：盛波和三利谱。已经建成投产的 TFT-LCD 用偏光片生产线共计 6 条，合计产能约为 4000 万平方米。与外资企业相比，我国本土企业无论是在投资规模上还是产能规模上都有较大的差距。

盛波目前的投资额最大，约为 20 亿元，共建成投产了 3 条生产线，产能约为 1800 万平方米。根据深圳证券交易所于 2018 年 2 月 13 日修订的《主板信息披露业务备忘录第 1 号——定期报告披露相关事宜》的相关规定，深圳市纺织（集团）股份有限公司（简称"深纺织"）针对控股子公司深圳市盛波光电科技有限公司（简称"盛波"）的承诺业绩完成情况编制了《关于深圳市盛波光电科技有限公司 2017 年度业绩承诺完成情况的专项说明》，披露了如下情况：为改善盛波的经营情况，深纺织于 2016 年年底通过在盛波层面增资扩股，引入杭州锦江集团有限公司（简称"锦江集团"）作为战略投资者，深纺织、盛波与锦江集团作为实际控制人，设立有限合伙企业杭州锦航股权投资基金合伙企业

（有限合伙）（简称"锦航投资"），共同签署了《深圳市盛波光电科技有限公司增资协议》，锦航投资作为增资主体认购盛波光电40%股权，增资金额为135264万元。为充分发挥民营企业的体制机制优势和国有企业的资源优势，公司与锦江集团在就盛波未来经营管理及发展达成共识的前提下，签署了《合作协议》，由锦江集团对盛波进行业绩承诺，以使引入战略投资者后的合作取得更好成效。根据《合作协议》，锦江集团通过锦航投资入股盛波光电后，将充分发挥锦江集团在体制、机制、产业、管理等方面的优势及行业整合的成功经验，并对盛波做出业绩承诺：2017年、2018年及2019年的销售收入及净利润分别不低于15亿元/5000万元、20亿元/1亿元，25亿元/1.5亿元，原则上，偏光片及相关光学膜产品的销售收入占总收入的比例在2017年不低于70%，2018年后不低于80%。如上述业绩未能实现，锦江集团应在年销售收入及年净利润等数据统计完成之日起，在10日内就净利润的差额部分进行现金补足。

2017年，在锦江集团的主导下，盛波开展了全面的经营改善、优化工作，通过聘请韩国专家团队提供技术和管理指导，通过车速、技术指标提升及原材料结构优化等多方面的有力举措提升技术水平，降低生产成本，生产经营得到较大幅度改善。2017年，盛波实现年度净利润5325.05万元，完成既定目标；2018年，其实现年度营业收入13.38亿元，同比增长24.35%，虽然本年度重点销售产品的销售额持续提升，但产品销售规模不及预期，与业绩承诺目标的15亿元相差约1.62亿元；实现偏光片及相关光学膜产品的销售收入占总收入的比例为61.89%，与业绩承诺目标的70%相差8.11个百分点。前述业绩承诺既包含净利润指标，也包含销售收入指标和偏光片及相关光学膜产品的销售收入占比指标，故盛波未全部完成业绩承诺，但根据《合作协议》条款，锦江集团仅需要对净利润的差额部分进行现金补足，因此无须支付现金补偿款。分析业绩承诺未完成的原因：一是大尺寸偏光片的导入不及预期，大尺寸偏光片产品布局推进较缓，未能及时有效贡献销售收入；二是部分品种销售价格持续下降导致供货调整，影响销售量。

三利谱目前已完成投资8.7亿元，建成投产了3条生产线，合计产能达到2320万平方米。根据其财报披露，2017年的营业收入约为8.18亿元，同比增长2.14%，营业利润约为9065万元，同比增长10.96%。2017年，LCD用偏光片产量约为1100万平方米。

从中国大陆地区偏光片企业目前披露的投资规划来看，未来几年，中国大陆地区的偏光片投资金额预计约为112亿元。规划的投资将以中国大陆地区本土企业为主，外资企业的预计投资只有约18亿元，占比约为16%。

外资企业的投资主要是LG化学和日东电工。其中，LG化学规划在广州投资约1.8亿美元，建设2条生产线，幅宽分别为1490毫米和2600毫米，计划分两期建设，1490毫米幅宽的生产线预计于2019年一季度投入运行，而2600毫米幅宽的生产线则预计于2019年四季度投入运行。日东电工规划投资7.6亿元在深圳建设2条1490毫米幅宽的生产线，投入运行的时间尚未确定。

中国大陆地区本土企业的投资主要来自锦江集团、昆山之奇美和盛波的联盟，预计投资金额约为70亿元，占全部规划投资的63%。其中，昆山之奇美的投资约为10亿元，盛波的投资约为40亿元，锦江集团在西安的投资约为20亿元。虽然该联盟只正式公布了2条2500毫米幅宽的生产线投资规划，估计还要建设1条2500毫米幅宽的生产线和1~2条1490毫米幅宽的生产线。三利谱规划投资15.7亿元分别在深圳和合肥建设多条包括2300毫米幅宽的生产线，规划总产能将达到4000万平方米。另外，深圳胜宝莱光电科技有限公司（简称"胜宝莱"）也准备在江西泰和投资约8亿元建设3条生产线，其中2条生产线的幅宽是1490毫米，另外1条的幅宽是1540毫米。该公司位于深圳市观澜镇鸿信工业园，是一家高科技民营企业，主要产品为偏光片，总厂房面积为6800平方米，员工约为150人。该公司已于2009年建设幅宽1330毫米的偏光片中后工序贴覆合生产线，拉伸线偏光片已经试产成功，足以满足客户后续订单的需求。

中国大陆地区对1490毫米和2300毫米及以上幅宽生产线的投资主要是在2016年以后进行的，这种趋势预计在2023年之前将继续保持。受中国大陆地区面板企业主要致力于电视等大尺寸显示器件（面板）的高需求牵引，中国大陆地区未来在2300毫米及以上幅宽生产线的产能相对高于全球其他地区。随着中国大陆地区多条10.5代显示器件（面板）生产线的投产，65英寸以上的偏光片需求将会快速增长，根据市场研究机构IHS的调研数据，预计2023年，全球65英寸及以上偏光片的需求将达到1.63亿平方米，而中国大陆地区的需求则将达到1.53亿平方米，占比约为94%。2300毫米和2500毫米幅宽偏光片生产线从裁切效率、经济性和技术方面能够较好匹配65英寸以上偏光片的需求，尤其2500毫米偏光片生产线更是匹配10.5代显示器件（面板）的最佳生产线，同时，作为10.5代显示器件（面板）生产线最大的象征性尺寸，105英寸的产品也只有2500毫米幅宽的偏光片生产线才能对应。虽然目前能搭配2500毫米幅宽的材料还十分有限，但相信随着中国大陆地区本土和外资企业的投资拉动，很快会有上游材料企业追加投资以满足需求。

9.2 2017年中国大陆地区光学膜项目新增投资状况

在TFT-LCD显示器件（面板）生产过程中，光学膜的需求总面积大约是显示器件（面板）的15~20倍，成本约占液晶面板的15%~20%。按照目前的产品价格计算，全球光学膜的产值约为60亿美元。

根据市场研究机构IHS发布的数据，随着全球TFT-LCD显示器件（面板）模组市场需求的持续增加，全球TFT-LCD显示器件（面板）用光学膜的市场需求也将呈现稳定增长态势。2017年，全球TFT-LCD显示器件（面板）背光模组用光学膜市场需求约为7.19亿平方米，与2016年的6.86亿平方米相比，增长了4.8%。其中，反射膜（Reflective Film）、扩散膜（Diffuser Film）、增亮膜（Prism）、微透镜光学膜（Microlens Film）和双增亮膜（Reflective Polarizer）的市场需求分别达到1.84亿平方米、1.84亿平方米、2.04亿平方米、0.76亿平方米和0.71亿平方米。同比分别增长4.5%、1.1%、4.5%、2.6%和18.9%。具体如图9-1所示。

2017年，随着光学膜市场产能持续增加，中国大陆地区的光学膜相关新项目陆续投产。

在上半年，康得新复合材料集团股份有限公司光学膜二期项目部分产能投产，投产产品包括薄型 PET 基材、特种隔热膜、水汽阻隔膜等新产品。据了解，光学膜二期项目包括 1.02 亿平方米先进高分子膜材料及 1 亿片裸眼 3D 模组产能，在原有品种的基础上新增纳米多层层叠膜、多层特种隔热膜、多层高档装饰膜、水汽阻隔膜、隔热膜等高端高分子膜材料产品。

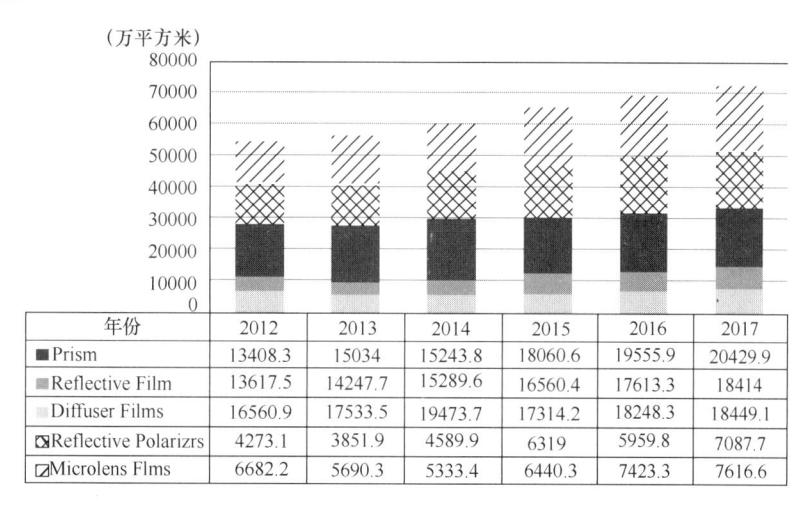

年份	2012	2013	2014	2015	2016	2017
Prism	13408.3	15034	15243.8	18060.6	19555.9	20429.9
Reflective Film	13617.5	14247.7	15289.6	16560.4	17613.3	18414
Diffuser Films	16560.9	17533.5	19473.7	17314.2	18248.3	18449.1
Reflective Polarizrs	4273.1	3851.9	4589.9	6319	5959.8	7087.7
Microlens Flms	6682.2	5690.3	5333.4	6440.3	7423.3	7616.6

图 9-1 全球 TFT-LED 背光模组用光学膜市场需求

宁波激智科技股份有限公司是国内光学膜龙头企业，主要产品为液晶显示用光学膜，主要包括扩散膜、增亮膜和反射膜。截至 2017 年 6 月 30 日，公司已获得了 33 项国家专利授权，其中 30 项为发明专利，是业内知名的显示用光学膜产品供应商。3 月 16 日，激智科技宣布将和全球量子点生产领头羊 Nanosys,Inc．在光学量子点增强膜（QDEF）的开发方面达成战略合作。此外，其还建有一个配备最先进 QDEF 涂装生产线的制造厂。

深圳市新纶科技股份有限公司表示，公司生产偏光片用光学膜的募投项目将于 2018 年三季度投产，届时三利谱将成为公司光学膜产品的主要目标客户。

2017 年 5 月，西安高新区管委会与杭州锦江集团成功签署投资协议，锦江集团光学膜生产项目和 CIGS 薄膜太阳能生产项目落户高新区，两个项目总投资达到 43 亿元。其中，光学膜项目主要生产平板显示面板的关键部件偏光片，总投资达到 20 亿元，项目建成达产后，将形成年产各类偏光板 3200 万平米的生产能力，达产后年产值约为 26.56 亿元。

2017 年 5 月，年产 2 万吨超薄高亮度光学显示薄膜材料产业化项目——"凤凰膜都"在四川省绵阳市涪城区临港经济开发区正式开工建设，总投资达 10 亿余元。该项目由四川龙华光电薄膜公司投资建设，预计到 2020 年，年产值将突破 10 亿元。据悉，该项目共分三期建设，其中，一期建设包括偏光片生产线、增亮膜生产线、偏光片精密涂布生产线、胆固醇液晶涂覆增亮膜生产线、手写数码膜生产线，共 5 条生产线，技术水平达到世界先进。

2017年5月,东艾科尖端薄膜(南通)有限公司年产13400万平方米的TFT-LCD显示屏材料(光学薄膜)项目正式投产,工厂一期总投资为2400万美元(约1.5亿元),预计年产值达2.3亿元。东艾科尖端薄膜(南通)有限公司由东丽尖端素材株式会社(东丽株式会社全资子公司)投资建设,并于2015年9月在南通经济技术开发区批准成立,公司专门从事TFT-LCD显示屏材料(光学薄膜)的生产和销售。

2017年6月,大东南募资投建的"年产5万吨光学膜新材料建设项目"的第一条引进德国布鲁克纳的光学级聚酯薄膜(基材)生产线产品性能已通过客户认证、质量稳定,现已正式投产。据悉,来自宁波、江苏等地的大型企业,已与大东南达成长期合作意向,每月需求量超过1200吨。公告称,该项目第二条生产中线引进日本东丽的设备已处于安装收尾阶段。

2017年6月,苏州市奥贝膜业有限公司签约总投资5.5亿元的年产8000万平方米新型光学膜离型膜项目。苏州市奥贝膜业有限公司创建于2013年2月,是一家从事研发、生产、销售各类高端离型膜系列产品的专业技术型企业,所生产的产品主要应用于精密光电模切、用于胶结透明光学元件(如镜头等)的特种粘胶剂(Optically Clear Adhesive,OCA)、光学保护膜、片式多层陶瓷电容器(Multi-layer Ceramic Capacitors,MLCC)、石墨、胶带、防水行业。

2017年8月,江苏双星彩塑新材料股份有限公司发布公告称,其使用募集资金投资建设的年产两亿平方米光学膜项目中的光学膜基材部分试车运行,光学基膜是光学膜项目的重要组成部分。该项目于2015年10月26日开始建设,总建设期约为36个月。项目财务内部收益率为21.56%,投资回收期为5.91年,总投资额为380755.43万元,完成后,能够进一步提升公司的盈利水平,增强竞争能力。

由江苏常华光电投资有限公司投资建设的光学保护膜产业基地项目落户安徽青阳县,该项目总投资15.5亿元,占地500亩,建成后可年产19亿平方米光学保护膜,是目前安徽规模最大的光学保护膜产业链生产基地。据了解,该项目分三期建设,其中一期投入2.5亿元,建设10条光学保护膜生产线;二期投入4亿元,新建厂房10万平方米,建设15条光学保护膜生产线;三期投入9亿元,新建厂房20万平方米,建设25条光学保护膜生产线。

浙江华东铝业股份有限公司主体实施的光学膜产业园项目,由杭州锦江集团引进,计划投资30亿元。目前已入驻两大项目,分别是锦辉光电实施的3600万平方米液晶屏背光模组增亮膜项目、浙江锦宏新材料科技有限公司(简称"锦宏新材料")实施的年产1800万平方米TFT偏光增量膜项目。其中,锦宏新材料和浙江锦辉光电材料有限公司都由杭州锦江集团控股。

装备篇

第 10 章 市场

10.1 显示装备

根据市场研究机构 Display Supply Chain Consultants（DSCC）的统计，2017 年，显示装备市场的营收规模约为 257.15 亿美元，与 2016 年的 192.03 亿美元的营收规模相比，同比增长了 33.9%。其中，LCD 装备市场的营收规模约为 96.30 亿美元，同比减少 26.2%；OLED 装备市场的营收规模约为 160.85 亿美元，同比增加 161.1%。2017 年，在显示装备市场中，OLED 装备首次成为增长主力，如图 10-1 所示。

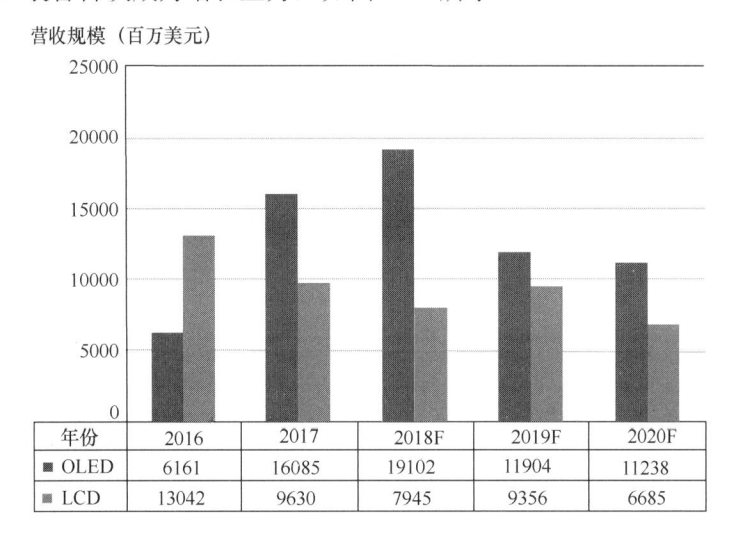

营收规模（百万美元）

年份	2016	2017	2018F	2019F	2020F
OLED	6161	16085	19102	11904	11238
LCD	13042	9630	7945	9356	6685

图 10-1 全球显示装备市场营收规模

在相同世代生产线规格下，OLED 生产线的资本密集度明显要比 LCD 生产线高，柔性 OLED 生产线所需的装备成本大约是 a-Si LCD 生产线的 2.5 倍。

预计 2018 年，显示装备市场的营收规模还将进一步增长 5.2%，达到 270.47 亿美元。其中，OLED 装备市场还将维持较高成长率，达 18.8%；而 LCD 装备市场则继续缩减 17.5%，达到 80 亿美元以下。

展望 2019 年及以后，整个显示装备市场的营收规模开始同比下滑，虽然 LCD 装备市场规模再度提升到 90 亿美元以上，但不足以弥补 OLED 装备下滑带来的损失。2020 年以后，全球显示装备市场的营收规模将下滑到 200 亿美元以下。

中国海关把"制造平板显示器用的机器及装置"单列 HS 编码进行统一管理，其中包括 5 大类装备，分别是"扩散、氧化、退火及其他热处理设备""薄膜沉积设备""将电

第10章 市场

路图投影或绘制到感光半导体材料上的装置""分布式重复光刻机""湿法蚀刻、显影、剥离、清洗装置"。根据中国海关的统计，2017年，中国大陆地区市场进口各类"制造平板显示器用的机器及装置"总计12886台，与2016年的3864台相比，同比大增233.50%；进口金额约为70.94亿美元，与2016年的42.53亿美元相比，同比增长66.80%。

市场研究机构DSCC估计显示装备支出约占全行业总资本支出的69%，结合协会掌握的中国大陆地区26条面板生产线装备投资数据，在总投资的6345亿元中，装备投资总额约为4298亿元，占比为68%。其中，生产工艺装备的支出约占总资本支出的64%。中国大陆地区的数据说明市场研究机构DSCC估计的显示装备支出占总资本支出的占比基本符合实际情况。

不过值得注意的是，显示装备支出占总资本支出的比例因技术路线、生产线规格和投资主体的不同而有所不同。

a-Si TFT-LCD生产线装备支出占总资本支出的比例约为68%，但4.5代和10.5代生产线的装备支出占比是低于平均水平的，其中，4.5代生产线的平均装备支出占比约为50%，10.5代生产线的平均装备支出占比约为66%。而6代和8.5/8.6代生产线的装备支出占比则高于平均水平，其中，6代生产线的平均装备支出占比约为70%，8.5代生产线的平均装备支出占比约为69%，8.6代生产线的平均装备支出占比约为72%。

LTPS TFT-LCD/OLED生产线装备支出占总资本支出的比例约为56%，总体上低于平均水平。其中，5.5代生产线装备支出占比约为51%，6代生产线装备支出占比约为63%。

LTPS TFT-OLED（AMOLED）生产线装备支出占总资本支出的比例约为72%，总体上高于平均水平，其中4.5代和6代生产线的装备支出占比相差不多。

Oxide TFT-LCD生产线装备支出占比在初期投资时比较高，约为85%，后期则快速降低至65%。

中国大陆地区显示装备支出的基本规律：AMOLED生产线的装备支出占比明显高于LCD生产线。LCD生产线装备支出占比基本与目前行业平均水平相当，相对来说，规格越新或投资时间越早的生产线的装备支出占比越高。

根据中国光学光电子行业协会液晶分会的统计，2017年，中国大陆地区显示行业新增面板投资约1072亿元，如果按68%比例计算，装备支出大约为729亿元，按当年美元兑人民币平均汇率6.7547计算，则折合108亿美元，中国大陆地区市场在全球装备市场中的占比约为42.0%。同比2016年，中国大陆地区市场的占有率提升2~3个百分点。

未来3年，中国大陆地区已知在建和规划生产线共计15条，其中包括LCD生产线9条，总资本支出约为3038亿元；OLED生产线6条，总资本支出约为1749亿元。如果按LCD生产线68%和AMOLED生产线72%的装备支出比例计算，则装备支出约为3325亿元，按美元兑人民币平均汇率6.5计算，则折合约512亿美元，累计在全球装备市场的占有率约为77%，平均每年投资171亿美元。可以说，未来3年中国大陆地区市场将是显示装备投资的最大单体市场。

TFT-LCD 制造工艺流程主要包括阵列（Array）、彩膜（CF）、成盒（Cell）和模组（Module）四段，而 AMOLED 制造工艺流程则主要包括背板（Back Plane）、前板（Front Plane）和模组（Module）三段。实际上，TFT-LCD 的阵列段和彩膜段工艺与 AMOLED 的背板段工艺可以统称为"前段"工艺；TFT-LCD 的成盒段工艺与 AMOLED 的前板段工艺可以统称为"中段"工艺；TFT-LCD 和 AMOLED 的模组段工艺可以统称为"后段"工艺。

无论是 TFT-LCD 还是 AMOLED，前段工艺的显示装备在整个装备的成本支出中占比最高，约为 70%；中段工艺次之，约为 25%；后段工艺占比最低，只有约 5%。由此可见，在 2017 年显示装备市场约 257 亿美元的市场中，前段工艺装备市场的规模约为 180 亿美元；中段工艺装备市场规模约为 64 亿美元；后段工艺的装备市场规模约为 13 亿美元。

在显示装备产品结构中，营收占比最大的装备是曝光装备和 OLED 蒸镀装备。曝光装备的营收规模在 2016 年和 2019 年大于 OLED 蒸镀装备。2016 年，LCD 装备市场的营收规模约为 OLED 装备的 2 倍多，而到 2019 年，由于新增 OLED 面板生产线陆续规划完成，整体显示装备市场营收规模开始下滑，因此 OLED 装备和 LCD 装备市场的营收差距逐渐缩小。

10.2 智能制造系统

智能制造是指在制造诸环节中，以高度柔性与集成的方式，借助计算机模拟人类专家的智能活动，进行分析、判断、推理、构思和决策，取代或延伸制造环境中人的部分脑力劳动，同时收集、存储、完善、共享、继承和发展人类专家的制造智能。

由于这种制造模式突出了知识在制造活动中的价值地位，而知识经济又是继工业经济之后的主体经济形式，所以智能制造就成为影响未来经济发展过程的制造业的重要生产模式。所谓"知识经济"（Knowledge Economy），通俗地说就是"以知识为基础的经济"（Knowledge-based Economy）。现行的工业经济和农业经济，虽然也离不开知识，但总体来说，农业经济和工业经济的增长取决于能源、原材料和劳动力，即以物质为基础。

智能制造是人工智能在制造领域的具体应用，其发展是制造业发展需求和人工智能技术共同推动的结果。

从制造业发展需求的角度来看，现代工业产品的性能大幅提升，功能越发多样，结构更加复杂精细，市场竞争日趋激烈，其背后所需要的设计和工艺的工作量猛增，造成企业生产线和生产设备内部的信息流量增加，制造过程和管理工作的信息量暴涨，在这种情况下，制造系统由原先的能量驱动型加速转变为信息驱动型，提高制造系统对爆炸式增长的制造信息处理的能力、效率及规模成为制造业技术发展的首要需求，制造系统必须具备一定的智能性，才能应对大量复杂的信息工作。

从人工智能技术发展的角度来看，自 20 世纪 60 年代以来，计算机技术及以深度学习为代表的模拟人类神经网络的算法技术的发展，促使人工智能技术有了长足的进步，已经在模式识别、自动工程、知识工程等领域获得了实际的应用，这为其在工业制造领域与传统技术的融合奠定了发展的基础。

智能制造系统（Intelligent Manufacturing System，IMS）是一种由智能机器和人类专家共同组成的人机一体化系统。智能制造系统是智能技术集成应用的环境，也是智能制造模式展现的载体，核心是大规模信息处理、识别、分析、决策等工业软件技术的研发和应用。

智能制造系统解决方案是指以自动化、网络化为基础，以数字化为手段，以智能制造为目标，借助新一代信息通信技术，通过工业软件、生产和业务管理系统、智能技术和装备的集成，帮助企业实现纵向集成、横向集成的各类智能化解决方案的总称。

所谓"纵向集成"是指在智能工厂内部，把现场层、控制层、车间管理层有机整合在一起，同时确保这些信息能够传输到生产资源计划（ERP）中。所谓"横向集成"是指将各种不同制造阶段的智能系统集成在一起，既包括一个公司内部的材料、能源和信息的配置，也包括不同公司之间价值网络的配置。

智能制造系统涵盖智能装备（机器人、数控机床、服务机器人、其他自动化装备）、工业互联网（机器视觉、传感器、射频识别技术）、工业以太网、工业软件（ERP、MES、DCS 等）、3D 打印及将上述环节有机结合的自动化系统集成及生产线集成等。

智能制造代表着未来先进制造业的发展方向，已受到广泛重视，多国政府均将其列入国家发展计划，大力推动实施。不过目前总体仍处于概念和实验阶段。

早在 1992 年，美国实施新技术政策，大力支持关键重大技术的发展，其中包括信息技术和新的制造工艺，智能制造技术包含在其中。美国政府希望借此改造传统工业并启动新产业。2012 年，美国国家科技委员会发布《先进制造业国家战略计划》，奥巴马总统随后提出创建"美国国家制造业创新网络"（NNMI），再次将智能制造作为战略重点提出，以帮助消除本土研发活动和制造技术创新发展之间的割裂，重振美国制造业竞争力。

日本早在 1989 年就已提出发展智能制造系统，并在 1990 年 4 月倡导发起了"智能制造系统 IMS"国际合作研究计划，计划投资 10 亿美元，对 100 个项目实施前期科研计划，包括公司集成和全球制造、制造知识体系、分布智能系统控制、快速产品实现的分布智能系统技术等。当时包括美国、欧洲共同体（后解散成立欧盟）、加拿大、澳大利亚等加入了该项计划。受益于此项计划的推进，日本在 20 世纪 90 年代就已经普及工业机器人，目前已在第三、四代工业机器人领域取得了世界领先的地位，希望借助在该产业的高投入来解决劳动力紧缺问题，降低劳动成本并支持未来的工业智能化。

欧盟的 ESPRIT 项目一直大力资助有市场潜力的信息技术，1994 年，在此基础上又启动了新的研发项目，选择了 39 项核心技术，其中 3 项（信息技术、分子生物学和先进制造技术）涉及智能制造。2012 年，德国政府提出高科技战略计划"工业 4.0"，计划投资 2 亿欧元提升制造业的智能化水平，建立智慧工厂，在商业流程及价值流程中整合客户及商业伙伴。

智能制造装备是智能制造的主要体现载体。智能制造装备涉及工业机器人、3D 打印设备、数控机床、智能控制系统、传感器等主要行业，产业规模快速增长。根据工业和信息化部（简称"工信部"）的统计，自 2010 年以来，我国制造业产值规模占全球的比重为19%～21%。2017年，我国智能制造行业产值规模约为1.56万亿元。据此测算，全球智能制造产值规模为1.1万亿～1.2万亿美元。

工业机器人是智能制造业最具代表性的装备。日本、美国、德国和韩国是工业机器人强国。日本号称"机器人王国"，在工业机器人的生产、出口和使用方面都居世界首位；日本工业机器人的装备量约占世界工业机器人装备量的60%。

国际机器人联合会（IFR）的市场报告显示，自2009年以来，全球工业机器人年销量逐年增长。2016年，全球工业机器人的销量为29.4万台，相对于2015年，增长了16%。国际机器人联合会预测，2018—2020年，全球工业机器人年销量将保持近15%的增长速率，到2020年将超过50万台，新增总量达到近170万台。2008—2020年全球工业机器人销量如图10-2所示。

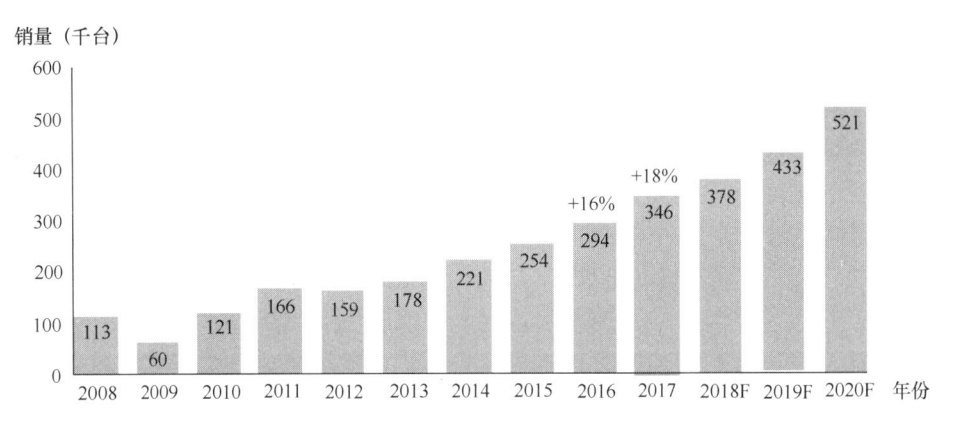

图10-2 2008—2020年全球工业机器人销量

2015—2017年，工业机器人在汽车、3C电子行业中的销量保持稳定增长。以汽车行业为例，2016年，工业机器人销量超过10万台，同比增长6%。在3C电子行业中，工业机器人的增长率最高，从2015年的6.5万台上涨到2016年的9.1万台，增长率为41%。除此之外，在食品行业中，工业机器人销量也有较大增长，但是，在金属、化工/橡胶和塑料方面的销量小幅下降。

从全球工业机器人的销量分布来看，亚洲地区工业机器人销量呈现爆发式增长，2016年，亚洲工业机器人总销量达到19.1万台，预计到2020年将突破35万台。相比之下，欧洲、美洲工业机器人在2015—2020年将保持稳定增长，预计到2020年，欧洲工业机器人销量为8.3万台，美洲为7.3万台，具体如图10-3所示。

经过20多年的发展，我国工业机器人已经初具规模，目前我国已生产出部分机器人关键元器件，开发出弧焊、点焊、码垛、装配、搬运、注塑、冲压、喷漆等工业机器人。一批国产工业机器人已服务于国内诸多企业的生产线，一批机器人技术的研究人才也涌现出来，某些关键技术已达到或接近世界水平。

根据工信部数据，2015年，我国工业机器人产量约为3.3万台，2016年，中国工业机器人产量达到7.24万台，增长119.50%；2017年前三季度中国工业机器人产量为95351台，同比增长69.4%，具体如图10-4所示。

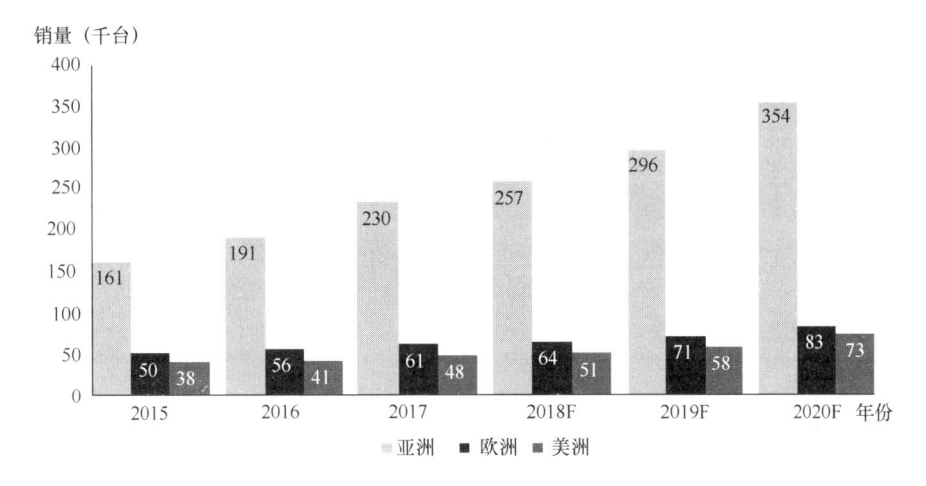

图 10-3 2015—2020 年全球各地区工业机器人销量

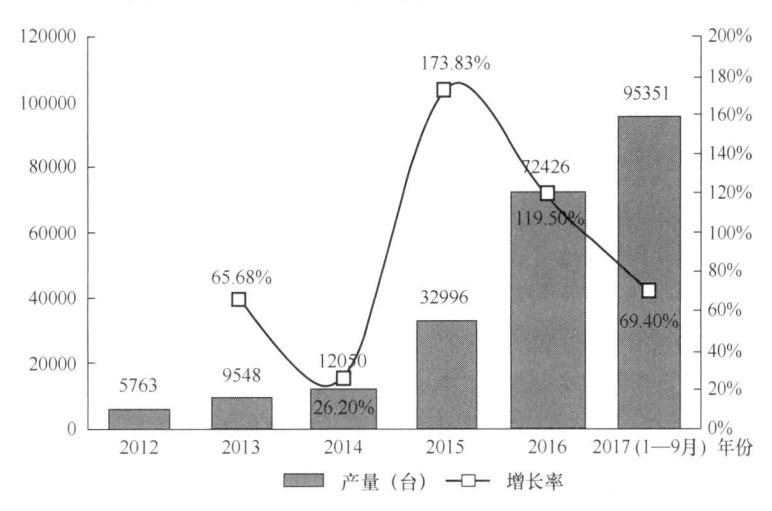

图 10-4 2012—2017 年中国工业机器人产量变化

（资料来源：由前瞻产业研究院整理）

在 2016 年全球销售的 29 万台工业机器人中，我国市场的销售量为 8.89 万台，占全球的 30%。

从应用情况来看，汽车是工业机器人在国内最大的应用行业，比亚迪、吉利、上海通用、上海大众、广州本田、长安福特及奇瑞等多个国内外领先汽车制造商的生产线上都已广泛应用了工业机器人。

从产品类型来看，2016 年，中国各行业工业机器人的使用百分比分别如下：弧焊占 16%，点焊占 15%，物料搬运占 13%，装配占 22%，喷漆占 3%，铸造占 3%，冲压占 3%，上料卸料占 15%，码垛、检测、研磨抛光和激光加工等复杂作业占 10%，如图 10-5 所示。

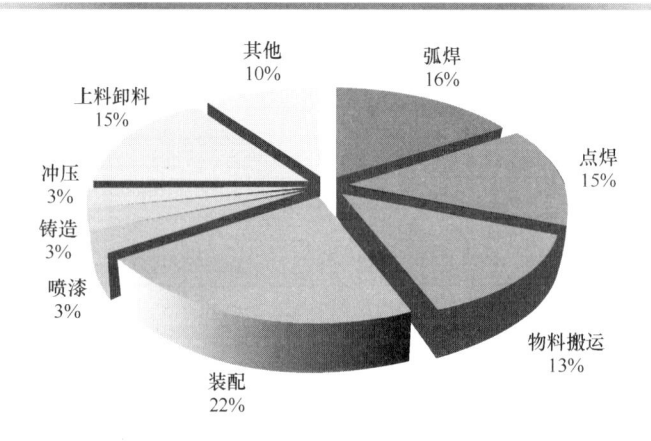

图 10-5 2016年中国工业机器人细分产品市场份额

从负载看，2016 年，在中国销售的工业机器人中，以小型负载工业机器人为主，中型和大型负载工业机器人相对较少。相较小型负载机器人而言，中大型负载机器人，尤其是大型负载机器人主要用于大型物件的搬运，需求量要远小于应用更广、价格更低的小型负载机器人。

从机械结构来看，在多关节机器人占比提升的同时，圆柱坐标机器人、SCARA 机器人、并联机器人的占比在下降。2016 年，SCARA 机器人和圆柱坐标机器人的销量均出现超过 30%的下降；并联机器人销量增长 8%，低于全行业的增速，因此占比也出现下降，国产机器人产品结构正发生变化。2016 年，国产多关节机器人销售加速，销量首次超过万台，为 11756 台，同比增长 92.7%，增速已连续两年超过 70%，占国产工业机器人总销量的 40.4%，比上年提高 12.9 个百分点。

"工业软件"是指在工业领域设计、生产、管理等环节应用的软件，被划分为系统软件、应用软件和介于这两者之间的中间件，其中，系统软件为计算机提供最基本的功能，并不针对某一特定应用领域；应用软件则能够根据用户需求提供针对性功能。工业软件具有分析、计划、配置、分工等功能，能够从机器、车间、工厂层面提升企业生产效率、促进资源配置优化、提升生产线协同水平。发展工业软件是推进智能制造的必要基础。现代信息通信技术和制造技术的深度融合是智能制造的关键所在，其中涉及硬件、软件、网络、计算等多种技术和制造工艺的融合，而工业软件是其中最为关键的技术。

发达国家在全球率先建立了较为完整的工业体系，并伴随着信息技术的发展提出了对工业软件的迫切需求，工业软件在为工业企业服务的同时也不断完善改进，二者的相互促进不仅为发达国家建立了高度发达的现代工业体系，也使其拥有了几乎所有的工业软件领域的核心技术和行业标准，孕育出了西门子、SAP 等多家国际知名工业软件企业。目前，无论是在产品研发领域还是生产过程管理和控制领域，先进的软件产品和技术均来自工业体系完善的发达国家。随着其工业体系的发展完善，工业软件技术趋于成熟，整个工业软件市场的新增动力越来越弱，市场增速趋于平缓，为了更好地发展，国际工业软件提供商必然要走出国门，向发展中国家和地区渗透。

根据前瞻产业研究院发布的数据，自 2011 年以来，全球工业软件市场规模以每年

5%～6%的速度增长，2016 年，全球工业软件市场规模约为 3530 亿美元，同比增长 5.85%；2017 年，全球工业软件市场规模约为 3750 亿美元，同比增长 6.23%，如图 10-6 所示。

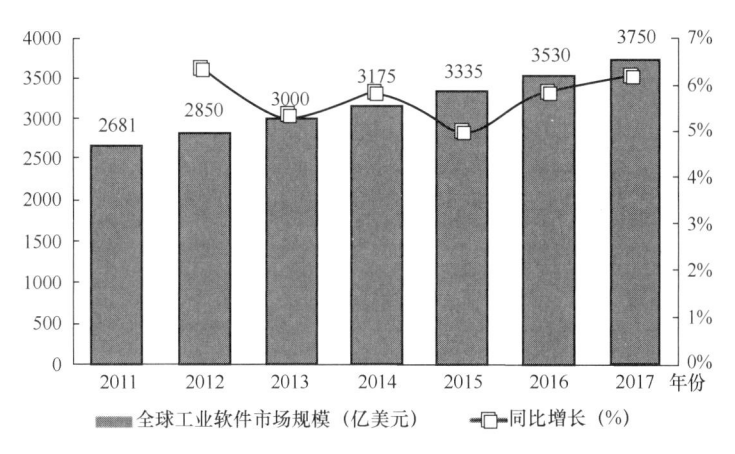

图 10-6 2011—2017 年全球工业软件市场规模

（资料来源：由前瞻产业研究院整理）

从区域分布来看，在全球工业软件市场上，美国、欧洲市场逐步回暖，欧美市场继续保持领导地位。在美国政府的大力扶持下，制造业的逐渐回暖使工业软件得到了快速发展，以通用电气、甲骨文公司（简称"甲骨文"）、欧特克有限公司（简称"欧特克"）等为代表的美国本土工业软件厂商在云计算等领域也加强了企业投资并购和创新技术研发。另外，亚洲经济延续了较高的增长速度，印度和澳大利亚的工业软件市场发展较快，与中国一同形成了市场增长的主要动力。

从市场结构来看，全球工业软件的构成主要以生产管理为主，占比超过 50%，生产控制类及嵌入式占 25%，研发设计类占 24%。从各分类市场来看，生产管理软件基本被美国、德国、英国等美欧国家垄断，亚洲企业在其中占据极小的市场，而生产控制类软件在全球的分布相对其他业务门类较为分散，但主要位于美国、欧盟等经济发达的国家和地区。具体来看，在全球范围内，研发设计类代表企业有西门子、欧特克和达索系统；生产调度和过程控制类代表企业有西门子、通用电气和 Asea Brown Boveri Ltd.（简称"ABB"）；业务管理类企业有 SAP 和甲骨文，具体情况如表 10-1 所示。

中国经济的整体发展及两化融合的深入贯彻和落实，给中国的工业软件带来了巨大的发展机遇。在国家科技重大专项及相关产业政策的支持下，中国工业软件从无到有，目前已基本形成完整的国产工业软件产品体系，为国产工业软件的发展提供了强有力的保障。

国内工业软件发展大概分为三个阶段：第一个是软件本身的发展阶段；第二个是软件的协同应用阶段，在这个阶段，业务流程进行串通和优化；第三个是"工业云"的阶段，在这个阶段，软件不再是单一的软件，而是集成多种软件，并提供"软件+服务"的整体解决方案。

表 10-1 工业软件分类内容及代表企业

工业软件分类	内容	代表企业
研发设计类	计算机辅助设计（CAD）、辅助分析（CAE）、辅助制造（CAM）、辅助工艺规划（CAPP）、产品数据管理（PDM）。产品全生命周期管理（PLM）等工具软件，用于提升企业在产品研发工作领域的能力和效率	西门子、欧特克、达索系统、数码大方、中望龙腾、苏州浩辰、华天软件等
生产调度和过程控制类	制造执行系统（MES）、工业自动化系统等，用于提高制造过程的管控水平，改善生产设备的效率和利用率	西门子、通用电气、ABB、和利时、中控集团等
业务管理类	企业资源计划（ERP）、供应链管理（SCM）、客户关系管理（CRM）、人力资源管理（HRM）、企业资产管理（EAM）等，也包括定制化的企业应用集成平台系统、协同办公系统等，用于提升企业的管理水平和运营效率	SAP、甲骨文、Salesforce、用友、金蝶等

然而，有专家研究过工业软件近几年的发展趋势，国内自主工业软件发展现状可以概括为"管理软件强，工程软件弱；低端软件多，高端软件少"。也就是说，一方面，国内自主工业软件在生产管理、客户服务和综合管理等运营管理领域发展较好，在工程研制领域发展较差；另一方面，国内自主工业软件在低端领域的竞争力相对较高，在高端领域很多还是空白。但是从我国工业软件市场规模逐年增长的情况来看，这一现状正在改变。

根据前瞻产业研究院的数据，2017 年，中国工业软件行业市场规模达到 1412.4 亿元。在《中国制造 2025》的大背景下，工业企业转变发展模式、加快两化融合成为大势所趋，工业软件及信息化服务的需求仍将继续增加，预计到 2018 年，中国工业软件市场规模将达到 1622.8 亿元，具体如图 10-7 所示。

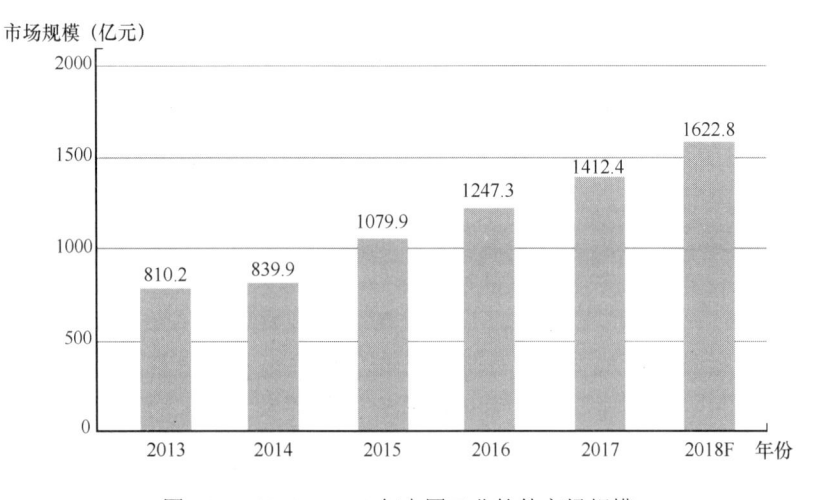

图 10-7 2013—2018 年中国工业软件市场规模

国内工业软件发展存在的主要问题如下。

（1）制造业对国外工业软件形成长期依赖，关键工艺流程和工业技术数据缺乏长期研发积累，制造业在一些领域呈现技术空心化。长期以来，我国飞机、船舶、冶金、化工、生物医药、电子信息制造等重点制造领域习惯用国外工业软件，对背后的设计原理了解不够，而且缺乏对基础工艺研发数据的长期积累，导致基础技术原理数据积累与国外存在明显差距。国外根本不可能出售含有最新创新成果数据的工业软件，能出售的工业软件里固化的数据往往是上一代甚至上几代的数据。

（2）软件业和制造业融合程度不高，大型制造企业缺乏主动布局，纯软件企业向工业软件企业转型难度大。纯软件企业进入工业软件领域存在天然专业技术屏障，工业软件不同于普通网络应用软件，是工业流程和技术的程序化封装，背后需要以工业流程和庞大技术数据为支撑，这绝非纯软件公司单独所能为的。目前，国内大型制造企业缺乏对智能制造时代工业软件重要性的深度理解和认识，习惯于购买和应用国外企业的工业软件，不会主动布局，加强对企业关键核心工艺流程、工艺和技术的软件化封装，提高工艺数据应用的便捷性和增强工业核心技术输出的安全保障。

（3）国内工业软件市场被国外企业垄断，国产工业软件发展严重滞后，产业生态基础还很薄弱。重点工业领域关键核心技术被国外企业掌握，关键核心工业辅助设计、工艺流程控制、模拟测试等软件几乎都是清一色的国外企业软件。工业软件研发需要生态系统作为支撑，然而目前我国工业操作系统、工业软件开发平台等重要国产工业基础软件全产业链缺失，这也直接导致了运行于国产工业操作系统的国产工业控制应用软件几乎空白。

（4）工业软件国内标准缺失，综合集成应用程度不高，工业软件作用发挥有限。近几年来，西门子、通用电气等大型制造企业都纷纷加大了工业技术和软件技术融合力度，通过大力收购软件企业，强化企业在智能工业时代的核心竞争力。目前，国内工业软件市场的事实标准都是由国外大型制造企业主导的，国外企业在标准上互掐，导致在国内市场同时采用国外企业产品时，不同厂商的产品程序兼容和互联互通存在很大问题。由于我国在重点制造业领域的国产智能产品体系化程度不高，在大部分情况下，都需要主动请求与对方产品互联，因此只能被动遵守对方的产品标准。

（5）工业软件对制造业模式的变革创新作用尚未发挥，制造业微笑曲线受制于工业软件短板。由于国内工业软件应用还普遍处在研发设计、工业控制等若干单项应用环节，贯穿整个制造业研发设计、流程控制等全环节的综合集成应用还较少，不同厂商的工业软件程序兼容存在较大问题，工业软件综合集成效应尚未显现。

我国各地区、各行业的制造业基础条件和发展环境不同，企业的发展路径也存在较大差异，在发展智能制造上不能一概而论，要分类施策、系统推进。工业和信息化部发布的《智能制造发展规划（2016—2020）》提出："在2025年前，要推进智能制造实施'两步走'战略：第一步，到2020年，智能制造发展基础和支撑能力明显增强，传统制造业重点领域基本实现数字化制造，有条件、有基础的重点产业智能转型取得明显进展；第二步，到 2025 年，智能制造支撑体系基本建立，重点产业初步实现智能转型。"

当前，中国制造业正由"自动化"向"数字化"迈进，这个时期企业实施的智能化改造可以认为是智能制造的初级阶段。我国多数中小型制造企业仍处于自动化阶段，传统自动化系统解决方案在中国市场仍占主流，行业领先企业和智能制造试点示范企业加快向数字化迈进，个别标杆企业已开展智能化布局。2016 年，在中国智能制造系统解决方案市场中，局部方案与整体市场方案的份额比为 92%：8%。其中，局部方案是指满足用户部分环节需求的系统解决方案，如开发环节数字化、制造环节数字化、物流环节智能化、企业管理信息化、工业互联服务等解决方案；整体方案则是指能够同时满足用户多领域需求的智能工厂和数字化车间解决方案。据统计，中国传统工业自动化系统解决方案供应商超过 8000 家，而在当前阶段，具备智能制造系统解决方案能力的供应商有 500～600 家。

当前企业在进行智能制造转型时，首先需要从产品创新的根源进行改变，从传统设计到数字化研发的发展过程体现了从为用户设计，到帮助用户设计，再到用户为自己设计的转变。将串行研发流程转变为根据用户需求进行持续改进的闭环智能研发流程，感知用户需求并灵活做出调整，同时融入相关新兴智能制造技术，形成从用户到用户的产品研发循环。同时，需在产品设计需求分析阶段就开始进行相关市场与用户数据分析，这其中包括用户直接参与基于自身喜好的产品定制过程，还包括在产品使用过程中反馈相关运行数据来指导改善原设计方案的过程，最终形成一个往复循环、持续优化的智能研发过程。数字化研发方案涉及三维数字设计系统、产品数据管理（Product Data Management，PDM）和仿真模拟软件系统等解决方案。根据解决方案的不同，数字化研发方案供应商可以分为两类，具体如下。

数字化制造是指通过数字化技术的制造技术的融合，在虚拟现实、计算机网络、快速原型、数据库和多媒体等支撑技术的支持下，根据用户的需求，迅速收集资源信息，对产品信息、工艺信息和资源信息进行分析、规划和重组，实现对产品设计和功能的仿真及成型制造，进而快速生产出达到用户要求的产品。数字化制造的应用方案包括制造执行系统、操作员培训仿真系统、先进控制系统、调度优化系统、在线优化控制系统、实验室新型管理系统、自动化检测系统、柔性装配系统等。其中，制造执行系统通常包括生产运营监控功能、生产计划排产和优化功能、报警管理功能和设备管理功能等，为其他系统提供生产、能耗数据，保证数据同源功能、设备的预测性维护功能是其今后主要的发展趋势。全球制造执行系统企业有 100 家左右，代表企业包括西门子、罗克韦尔自动化公司等，外资企业多数为综合性自动化厂商，通过自身硬件在工业领域的广泛应用，积累较多的行业经验，拓展到制造执行系统应用。本土企业则发展于大型企业集团或自动化工程公司，行业应用属性明显。

智能物流利用条形码、射频识别、传感器和全球定位系统等先进的物联网技术，通过信息处理和网络通信技术平台应用于物流运输、仓储、配送、包装、装卸和分拣等基本环节，实现货物运输过程的自动化和高效率优化管理，提高物流的服务水平、降低成本。从工厂内部来看，智能物流将工厂内的智能识别设备（如 RFID、传感器等）、智能物流装备和制造执行系统有效串联,应用于从原材料入库、分拣配送到生产、成品包装入库等全部作业环节,并高度融入智能制造工艺流程,使智能制造和智能物流无缝连接。智能物流没有普适性的方案,需要结合不同工厂的具体情况进行定制化设计。目前智能物流仍处于起步阶段,大部分物流设备商正在向物流系统解决方案供应商转化,纷纷布局数字化物流系统。按照供应商能够提供的解决方案类型,智能物流解决方案供应商可以分为三类。第一类是以设备制造为主的物流系统解决方案供应商,全球有20～30家。他们主要提供物流设备,具有完善的软硬件一体化系统集成能力,软件方面如WMS、SCM,硬件方面如分拣输送系统、自动化立体仓库等。此外,该类企业一般也具有较多的物流领域实践经验。代表企业包括西门子、范德兰德物流自动化系统有限公司、德国伯曼集团等。第二类是以顶层设计咨询或智能物流系统集成为主的供应商,全球有10～15家。该类企业具有总包资质和实施智能制造顶层架构规划的能力,主要为用户提供整体的物流解决方案的规划设计,一般由设计院所发展而来,具有明确的行业属性。代表企业包括大福有限公司、德马泰克有限公司、瑞仕格、胜斐迩等。第三类是以软件为主的智能物流方案供应商,全球有10～20家,该类企业依托物流相关软件,结合实施智能物流工厂项目,通过物流软件实时监控打造透明智能现场,同时能储存数据,实现采购、生产、仓储、运输等环节的有效衔接。代表企业包括Infor、曼哈顿软件(Manhattan Associates)等。

企业管理信息化一般通过企业资源计划(ERP)来实现。企业资源计划是指建立在信息技术基础上,以系统化的管理思想为企业决策层及员工提供决策运行手段的管理平台。根据企业资源计划供应商性质的不同,可以分为国外供应商和本土供应商。全球主流的国外供应商接近10家,代表公司包括思爱普、甲骨文、Infor、赛捷(Sage)、微软(Microsoft)、罗盛(Lawson)等;本土供应商在制造业应用较广的有5～10家,代表公司包括用友、金蝶、浪潮等,用友和金蝶凭借其在财务软件领域的深厚积累拓展市场,浪潮则在烟草、军工等行业保持绝对的市场占有率。目前,大型工业软件厂商凭借其在工业领域的积累,正在整合企业资源计划、制造执行系统、产品生命周期管理、云计算等服务,开始与基础平台、硬件设备厂商合作,联手推出智能制造系统解决方案。

总体来看,针对智能制造行业应用需求提供系统解决方案的业务尚处于发展初期,能够在行业内形成可推广复制的成熟解决方案不多,业务规模有限。随着智能制造进程的推进,系统解决方案的市场规模将加速增长,经过市场验证的解决方案的成熟度将进一步提升,届时智能制造系统解决方案与传统自动化系统解决方案的边界将更加明显。

面对智能制造巨大的市场空间,越来越多的厂商开始进入智能制造系统解决方案领域。其中,传统工业自动化系统解决方案供应商开始拓展智能制造业务板块,智能制造装备制造商正加快智能制造系统解决方案业务的布局。与此同时,积累了行业内相当程度专业化知识、技术及能力的领先制造企业,凭借着自身对行业工艺的深入理解及日趋成熟的自用系统解决方案,开始将自用系统解决方案提供给具有共性需求的同行业其他用户,寻求新的业务增长点。另外,通信和IT领域的企业,也开始布局智能制造。竞争厂商的增多已经形成了良莠不齐的局面,劣币驱逐良币现象时有发生,部分企业为了跑马圈地、快速抢占市场,不惜通过降低价格(甚至低于成本价)的方式进行市场运作。长此以往，其在干扰市场竞争的同时，也降低了行业的整体质量和服务水平，另外也将削弱行业技术开发和产品创新能力，造成企业和社会资源的浪费，最终影响智能制造市场的运行和发展。

目前智能制造用户对智能制造的整体认知还存在一定的偏差。用户普遍对智能制造的理解比较浅显，很多仍停留在概念阶段，甚至有部分用户将智能制造等同于机器人，或简单地将智能制造理解成信息化和无人化，导致在寻找解决方案时过于极端。供应商在与用户沟通过程中，由于反复不能达成共识，造成项目实施周期长、进展缓慢、投入产出不成正比，从而造成项目推进难度大、效率低，阻碍了智能制造的发展。

第11章 产品

11.1 TFT-LCD/AMOLED 生产装备概述

无论是 TFT-LCD 生产装备还是 AMOLED 生产装备，都可以按照功能分为三类，即工艺装备、量度装备和检测/修复/周边装备。

在 TFT-LCD 生产线的前段生产工序，工艺装备支出的占比约为 82%，其中包括成膜、清洗、涂胶、曝光、显影、刻蚀、剥膜 7 种设备和烧成炉。

成膜设备主要包括 PVD（物理气相沉积）和 CVD（化学气相沉积），其在装备支出中的占比约为 23%，仅次于曝光设备，位居第二。PVD 主要针对金属镀膜，有 3 种技术类型，分别是真空蒸镀、溅镀和离子镀（PPD）。显示行业所用的镀膜设备多为溅镀，可镀 ITO 膜、电极配线膜和 CF 上的 BM 用 Cr 膜。目前 PVD 的主要市场份额为 ULVAC 和 AKT 所有，其中 ULVAC 的市场份额约为 50%，AKT 于 2009 年才开始制造高世代 PVD，目前的市场份额约为 20%。两家的设备稳定性、制程能力基本相当。CVD 主要针对半导体和非金属镀膜，是一种利用化学反应方式将气体生成固态产物的沉积技术。为了使化学反应能在较低的温度下进行，其利用等离子体的活性来促进反应，因此这种 CVD 又被称为等离子体增强化学气相沉积（PECVD）。PECVD 的主要市场份额被 AKT 占据，竞争对手是 ULVAC 和 Jusung。

在 TFT-LCD 工艺中，至少需要 20 次以上的清洗工艺，包括入料、成膜前、光阻前、配向前、完工等。清洗主要分为湿法和干法两类，湿法比较普遍，干法一般作为湿法的补充，主要针对的是湿法药液难以渗透的微米级缝隙和有机污垢。湿法清洗一般使用高纯度的去离子水（DI 水），有刷洗、高压喷淋、浸泡式超声波、流水式高频超声波、药液喷淋、二流体、超高压微细粒子喷射、功能水 8 种清洗方法。根据不同的清洗要求，清洗剂主要有溶剂型、准水型和水系列 3 类。溶剂型包括碳化氢、乙醇；准水型包括乙二醇、乙醚，特点是溶解油污能力强；水系列则包括界面活性剂、增洁剂等。干法清洗则主要分为紫外线照射清洗和等离子体清洗。紫外线（UV）清洗是利用装在石英玻璃管中的低压汞灯发出紫外光来分解有机污垢。等离子体清洗则是利用等离子态能来分解污垢。不同的等离子体可以去除不同的污染物，例如，氧等离子体可以去除光刻胶和细小有机物；氯化氢和氩气混合等离子体可去除金属污染物；SF3、氢及氩等离子体可以去除氧化物污染物等。目前清洗设备的主要厂家是日本 DNS 公司和韩国 DMS 公司。生产紫外线清洗设备的厂家则有 Semes（韩国）、芝浦机电、Micro 技研等。清洗设备支出占比约为 3%。

涂胶设备即光阻涂布设备，其支出占比约为 10%，主要厂家是日本 DNS 公司和日本 TEL 公司。

曝光设备是利用光罩将电极图形照射在涂有光阻的基板上，使得电极图形部分与非电极部分的光阻实现不同程度的曝光。以前 TN/STN 采用是近接式（Proximity），而 TFT 则由于加工精度在 3μm 以下，采用步进式（Stepping）或投影式。曝光设备支出占比约为 29%，一般来说，10.5 代非晶硅 TFT-LCD 面板生产线要形成 90 千片/月的产能，需要 13 台以上 TFT 曝光设备，而要形成 120 千片/月的产能，则需要 16 台以上 TFT 曝光设备。长期以来，Nikon 和 Canon 是占据 TFT 曝光设备 95%以上市场份额的两家制造商。

显影设备利用光阻曝光后会改变溶液溶解度的特性，用溶液把非电极部分的光阻进行溶解。其显影方式可简单分成浸渍式（Dip）、喷洒式（Spray）和混拌式（Puddle）。目前大多采用单片式的喷洒方式，少部分采用浸渍式和混拌式。显影设备支出占比约为 3%，主要厂商有 DNS、TEL 和芝浦机电。

刻蚀设备的主要功能是去除未覆光阻部分的 ITO 导电膜，留下覆光阻图案的 ITO 导电膜，可分为干法刻蚀（Dry Etch）和湿法刻蚀（Wet Etch）两种。干法刻蚀可以用反应气体去除金属层和非金属层；湿法刻蚀主要用化学药液去掉金属层。刻蚀设备支出占比约为 8%，主要厂商包括 DNS、TEL、Semes 和 Micro 技研。

剥膜设备的主要作用是剥离光阻，方法也可分为干法和湿法，其设备支出占比约为 4%，主要设备厂商包括 TEL、DNS、Semes、Shibaura。

烧成炉与清洗设备同样重要，基本在清洗后都需要烧成炉，区别是温度不同。烧成炉有分批式和单片式之分，单片式有升温速度快且粒子产生少等优点，故被广泛采用。烧成炉的设备支出占比约为 1.5%，主要厂商包括 TEL、YAC 和 ADP。

在 TFT-LCD 生产线的中段生产工序，工艺装备支出占比约为 83%，其中包括清洗、PI 涂布配向、框胶印刷、间隔剂散布、液晶注入、真空压合及紫外线固化、切割/裂片、偏光板贴片等 8 种设备和烧成炉。其中，真空压合及紫外线固化设备的支出占比最高，约为 22%，主要厂商是信越工程、ULVAC 和日立 Techno 工程；其次为液晶注入设备，其设备支出占比约为 20%，主要厂商是协真工程、Ayumi 工业和岛津制作所；PI 涂布配向和框胶印刷设备支出占比均在 10%左右，PI 涂布配向主要厂商包括 Nakan Techno、芝浦机电和石井表记，框胶印刷设备主要厂商是日立、Techno 工程和武藏工程。

AMOLED 前段生产工序主要包括烘炉、移载/存储、成膜、涂胶/曝光/显影、蚀刻/离子注入/晶化/活化/退火、脱膜、修补 7 大类设备。整体设备支出在生产工艺装备总支出中的占比约为 40%。其中占比较高的是蚀刻/离子注入/晶化/活化/退火设备和涂胶/曝光/显影设备。AMOLED 的前段生产工序由于采用 LTPS TFT 背板，相较于传统非晶硅 TFT LCD 的 Array 制程，添加了激光结晶、离子注入等工艺装备，以激光结晶为主的激光设备是 AMOLED 前段生产工艺中的核心增量市场，而离子注入虽然也属于增量设备，但由于其在集成电路领域的用量远大于显示面板，因而设备弹性并不太大。激光结晶设备的主要生产厂商包括株式会社日本制钢所和韩国先进制造系统公司及 Dukin 公司。显示面板用离子注入设备则主要由日本日新意旺机器株式会社提供。

AMOLED 与 TFT-LCD 在工艺流程上的最大差异在于中段生产工序。TFT-LCD 的 Cell 制程设备涉及 PI 涂覆/固化设备、定向摩擦设备、灌注液晶/封口设备、基板对位压合机等一系列传统液晶面板制作设备，AMOLED 则采用有机材料制作自发光的 RGB 画素，在工艺流程上有所改进，引入了蒸镀设备、喷墨打印设备及封装机等设备。其中，蒸镀设备无疑是金额占比最大的设备。蒸镀设备在生产工艺装备总支出中的占比为17%～20%。无论在全球市场还是中国大陆地区市场，目前都是Canon Tokki的蒸镀设备的市场占有率最高，该公司过去每年仅生产4～5台，但是最近积极扩充生产线，已将年产能提升至12台左右。

目前国内使用的蒸镀设备除了Canon Tokki，还有SUNIC、SFA和ULVAC，这也是目前全球主要的蒸镀设备量产企业。AKT也在推出自己的蒸镀设备，目前正在JDI认证。从采购国别的角度来看，中国大陆地区企业从日本采购的蒸镀设备的比例在80%左右，个别企业100%从日本采购蒸镀设备。而从韩国采购的蒸镀设备的比例只有20%左右，具体如表11-1所示。

表11-1 中国大陆地区部分企业生产线情况及蒸镀设备供应商

企业	厂址	世代（代）	设备厂家	设计产能
京东方	鄂尔多斯	5.5	SNU	5.4万片/月
	成都	6	Tokki	4.8万片/月
	绵阳	6	Tokki	4.8万片/月
	北京	2.5	SNU	—
	成都	4.5（研发线）	—	
天马	上海	4.5（中试线）	SNU	15万片/年
	上海	5.5	ULVAC	1.5万片/月
	武汉	6	ULVAC	3万片/月
和辉	上海	4.5	ULVAC	9万片/月
	上海	6	ULVAC	6万片/月
华星	武汉	6	SUNIC	3万片/月
	武汉	6	Tokki	4.5万片/月
维诺信（国显）	昆山	5.5	SNU	一期4千片/月
	昆山	5.5	SFA	—
维诺信（黑牛）	固安	6	Tokki	3万片/月
信利	惠州	4.5	SFA	9万片/月
柔宇	深圳	类6	SFA	5000万片/年（小片）

除了蒸镀设备，封装设备在生产工艺装备总支出中的占比约为7%。这些封装设备包括封装机、点胶机、原子层沉积设备、激光剥离设备、无机/有机成膜设备等。中国大陆地区企业的封装设备主要从日本、韩国、中国台湾地区和欧美地区进口，各企业根据自身的工艺特点，其进口地区和企业不尽相同。整个AMOLED中段生产工序设备支出在生产工艺装备总支出中的占比为24%～27%。

在刚性TFT-LCD和AMOLED的后段生产工艺——模组（Module）制程，都是将封装完毕的面板切割成实际产品大小，再进行偏光片贴附、控制线路与芯片贴合绑定，然后进行老化测试及产品包装。因整个制程一般会用到3～5次的贴合与绑定，所以贴合和绑定设备的成本占比是比较高的，一般贴合设备在模组装备中的成本占比约为17%；绑定设备的成本占比约为30%。模组段设备的共同特点是定制化程度高，随着产品的不断更新，设备本身的更新频率也很高。另外，由于 AMOLED 技术相较 TFT-LCD 技术而言产品良率更低，对检测设备依赖更大，问题越早发现，对良率的提升就越有利，因此 AMOLED 面板生产线需要的检测设备比 TFT-LCD 面板生产线更多。

11.2 无机薄膜沉积设备

在显示器件的生产中，制作无机薄膜可以采用的方法有两种：PVD 和 CVD（本文依据众多资料的分类法，将 VE 和 VS 归于 PVD，而 ALD 归于 CVD），具体如图 11-1 所示。

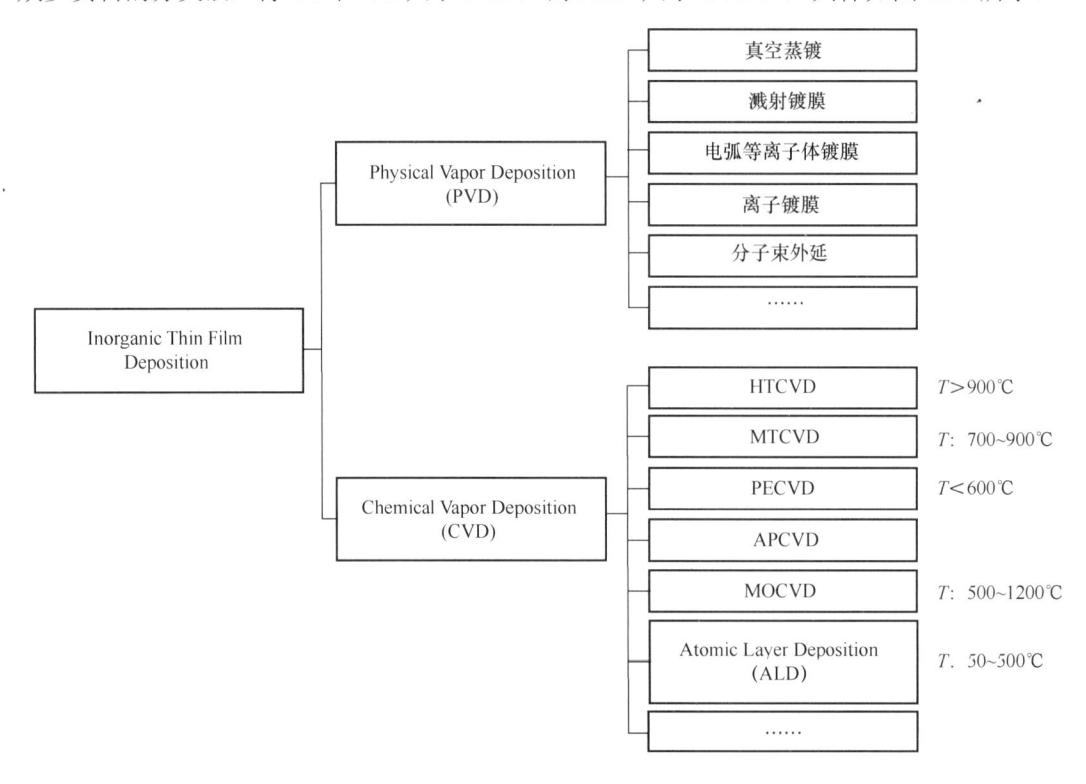

图 11-1 无机薄膜沉积设备分类

物理气相沉积（Physical Vapor Deposition，PVD）技术：在真空条件下，将材料源（固体或液体）表面气化成气态原子、分子或部分电离成离子，并通过低压气体（或等离子体）过程，在基体表面沉积具有某种特殊功能的薄膜。

PVD 沉积流程可以粗略地分为镀料的汽化、镀料的迁移和镀料的沉积三个部分。根据工艺的不同，PVD 可以提进一步分为真空蒸镀、溅射镀膜、电弧等离子体镀膜、离子镀膜和分子束外延等。

（1）真空蒸镀是指在真空条件下，使金属、金属合金或化合物蒸发，然后沉积在基体表面上的工艺。比较常用的蒸发方法为电阻加热、高频感应加热，或用电子或激光束及离子束高能轰击镀料等。

（2）溅射镀膜（Vacuum Sputtering）的基本原理是在充氩（Ar）气的真空条件下，使

第 11 章 产品

氩气进行辉光放电,这时氩(Ar)原子电离成氩离子(Ar^+),氩离子在电场力的作用下加速轰击用镀料制作的阴极靶材,靶材溅射出来而沉积到工件表面上。根据采用电流的不同,该工艺可以进一步分为采用直流辉光放电的直流溅射、采用射频辉光放电的射频溅射及由磁控辉光放电引起的磁控溅射。

(3) 电弧等离子体镀膜的基本原理是在真空条件下,用引弧针引弧,在真空金壁(阳极)和镀材(阴极)之间进行弧光放电,阴极表面快速移动着多个阴极弧斑,其不断地迅速蒸发,电离成以镀料为主要成分的电弧等离子体,并能迅速将镀料沉积于基体上。因为有多弧斑,所以也被称为多弧蒸发离化过程。

(4) 离子镀的基本原理是在真空条件下,采用某种等离子体电离技术,使镀料原子部分电离成离子,同时产生许多高能量的中性原子,在被镀基体上加负偏压,这样在深度负偏压的作用下,离子沉积于基体表面,形成薄膜。

PVD 技术不仅能用于金属膜和合金膜的沉积,还可以用于沉积化合物、陶瓷、半导体和聚合物膜等材料的沉积。

在显示器件生产过程中,真空蒸镀 PVD 技术被用于沉积活泼的金属电极,以及在采用 FMM 工艺的 AMOLED 中沉积小分子的 HIL、HTL、EML、ETL、EIL 等,而磁控溅射 PVD 技术被用于制备 Al、Cr、Ta、Mo 等金属及像素电极的透明 ITO。

Chemical Vapor Deposition(CVD)为化学气相沉积,是指在高温下的气相反应。例如,金属卤化物、有机金属、碳氢化合物等的热分解,氢还原或使其混合气体在高温下发生化学反应以析出金属、氧化物、碳化物等无机材料的方法。该工艺主要指在较高温度下的气相反应,并广泛用于耐热物质图层、高纯度金属的制作和半导体薄膜制作。

CVD 工艺主要包括五种基本的化学反应过程,即高温分解、光分解、还原反应、氧化反应和氧化还原反应。

CVD 反应物质源根据其常态下相态的不同,又可以进一步分为:

气态物质源:在室温下呈气态的物质(H_2、N_2、CH_4 和 Ar 等)。在采用气态物质源时,因为只需要用流量计来控制反应气体的流量,而不需要控制温度,大大简化了涂层设备系统。

液态物质源:在室温下呈液态的物质,如 $TiCl_4$、CH_3CN、$SiCl_4$ 和 BCl_3 等。在采用液态物质源时,通过控制载气和加热温度来控制液态物质源进入沉积室的量。

固态物质源:在室温下为固态的物质,如 $AlCl$、$NbCl_5$、$TaCl_5$、$ZrCl_5$ 和 $HfCl_4$ 等。因为该类物质需要在较高的温度下才能升华出需要的蒸汽量,因此在使用该类工艺时,需要对加热温度和在载气量进行严格控制。

根据工艺温度、压力和原理的不同,CVD 又可以进一步细分为多个子项。因为在显示器件生产中,玻璃耐温性有限,故多采取 PECVD 工艺制作含 Si 材料,如 a-Si、SiO_2 和 SiN_x。具体如表 11-2 所示。

表 11-2 CVD 设备分类

项目	APCVD	LPCVD	PECVD
成膜温度	400～500℃	500～900℃	200～500℃

续表

项目	APCVD	LPCVD	PECVD
气压	760 托	0.2~2.0 托	0.1~5.0 托
台阶覆盖性	差	优	良好
成膜速率	快	慢	—
优点	反应简单 沉积速度快 温度要求低	纯度高、均匀性好 台阶覆盖能力好	沉积速度快 台阶覆盖能力好 间隙填充能力好 温度要求低
缺点	台阶覆盖能力差 有颗粒污染 产出率较低	需要较高处理温度 沉积速度较低 维护成本较高 需要真空系统	要求 RF 系统 成本较高 容易有化学物（H_2）和颗粒污染 原材料气体有腐蚀性、可燃性、爆炸性、易燃性和毒性，需要采取必要的防护措施
应用	低温 SiO_2	高温 SiO_2 Si_3N_4 p-Si W WSi_3	SiO_2 ILD-1 ILD Si_3N_4 Cu

（以上内容摘自《OLEDindustry》）

第 12 章 技 术

12.1 激光加工

激光是一种自然界原本不存在的,因受激而发出的,具有亮度高、方向性好、单色性好、相干性好等特性的光。相干性是为了产生显著的干涉现象,波所需具备的性质。更广义地说,相干性描述波与本身、波与其他波之间对于某种内秉物理量的关联性质。相干性大致分为时间相干性与空间相干性。时间相干性与波的线宽有关;而空间相干性则与波源的有限尺寸有关。

激光的产生机理可以溯源到 1917 年爱因斯坦解释黑体辐射定律时提出的假说,即光的吸收和发射可经过受激吸收、受激辐射和自发辐射三种基本过程。众所周知,任何一种光源的发光都与其物质内部粒子的运动状态有关。当处于低能级的粒子(原子、分子或离子)吸收了适当频率外来能量(光),被激发而跃迁到相应的高能级(受激吸收)后,总是力图跃迁到较低的能级,同时将多余的能量以光子形式释放出来。如果光是在没有外来光子作用下自发地释放出来的(自发辐射),此时被释放的光即为普通的光(如电灯、霓虹灯等),其特点是光的频率大小、方向和步调都很不一致。但如果光是在外来光子直接作用下,由高能级向低能级跃迁时将多余的能量以光子形式释放出来(受激辐射),被释放的光子则与外来的入射光子在频率、相位、传播方向等方面完全一致,这就意味着外来光得到了加强,我们称为光放大。

激光的产生需要满足三个条件:粒子数反转、谐振腔反馈和满足阈值条件。通过受激吸收,使处于高能级的粒子比处于低能级的粒子多(粒子数反转),还需要在有源区两端制作出能够反射光子的平行反射面,形成谐振腔,并使增益大于损耗,即相同时间新产生的光子数大于散射吸收掉的光子数。只有满足了这三个条件,才有可能产生激光。激光产生机理如图 12-1 所示。

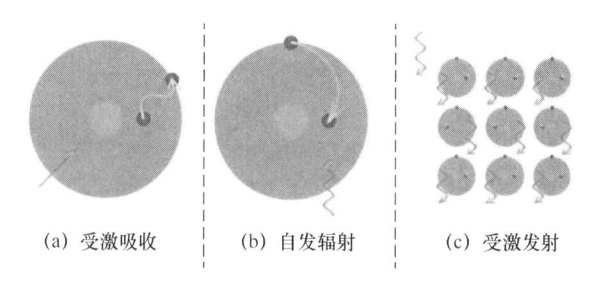

(a) 受激吸收　(b) 自发辐射　(c) 受激发射

图 12-1　激光产生机理

我们通常所说的激光器,就是使光源中的粒子受到激励而产生受激辐射跃迁,实现粒子数反转,然后通过受激辐射而产生光放大的装置。激光器虽然多种多样,但在本质上都是通过激励和受激辐射而获得激光。因此激光器通常由激活介质(被激励后能产生粒子数反转的工作物质)、激励装置(能使激活介质发生粒子数反转的能源、泵浦源)和光谐振腔(能使光束在其中反复振荡和被多次放大的两块平面反射镜)三个部分组成。

由于可以以许多不同的方式激发许多不同种类的原子,因此(在理论上)可以制造许多不同种类的激光。激光器有多种分类方式,其中比较著名的是固体、气体、液体染料、半导体和光纤激光器。固态激光器介质是类似红宝石棒的材料或其他固体结晶材料,并且利用缠绕在其上的闪光管泵送充满能量的原子。为了有效地工作,固体必须是掺杂的,这是一种用杂质离子代替一些原子的过程,使其具有恰当的能级以产生一定精确频率的激光。固体激光器产生高功率光束,通常是非常短的脉冲。相比之下,气体激光器使用惰性气体(所谓的准分子激光器)或二氧化碳(CO_2)作为介质来产生连续的亮光。CO_2激光器功能强大,效率高,常用于工业切割和焊接。液体染料激光器使用有机染料分子的溶液作为介质,主要优点是可用于产生比固态和气体激光器更宽的光频带,甚至可"调谐"以产生不同的频率。

如果按波长来分,激光器可以根据覆盖的波长范围分为远红外、红外、可见光、紫外直到远紫外激光器,最近还研制出 X 射线激光器。如果按激励方式来分,激光器则可分为光激励(光源或紫外光激励)、气体放电激励、化学反应激励、核反应激励激光器等。如果按输出方式来分,激光器又可分为单脉冲、连续脉冲和超短脉冲激光器等。从输出功率的大小来看,激光器的连续输出功率小至微瓦级,最大可达兆瓦级。脉冲输出的能量可从微焦耳至 10 万焦耳以上,脉冲宽度由毫秒级到皮秒级乃至飞秒级(1000 万亿分之一秒级)。

各式各样的激光器能满足不同的应用要求。例如,激光加工和某些军用激光都要求使用高功率激光或高能量激光(强激光)。有的应用场景希望脉冲时间尽量缩短,以从事某些特快过程的研究,有的应用场景还对提高光的单色性、改善输出光的模式、改善光斑的光强分布等提出了很高的要求。这些要求促使激光器的研究者不断探索,从而使激光器的探索深度和应用广度得到前所未有的发展。

根据美国 Strategies Unlimited 的报告,2013—2017 年,全球激光器行业收入规模持续增长,从 2013 年的 89.70 亿美元增加至 2017 年的 124.30 亿美元,年复合增长率为 8.50%。具体如图 12-2 所示。

2017 年,在全球激光器行业应用领域中,与材料加工相关的激光器收入达到 51.66 亿美元,占全球激光器收入的 42%,超越通信领域成为第一大激光器应用领域;与研发与军事运用相关的激光器收入为 9.22 亿美元,占全球激光器收入的 7%;与医疗美容相关的激光器收入为 9.20 亿美元,占全球激光器收入的 7%,如图 12-3 所示。

激光技术是探索开发各种产生激光的方法及探索应用激光的特性以为人类造福的技术的总称。50 多年来,激光技术发展迅猛,已与多个学科相结合形成多个应用技术领域,如光电技术、激光医疗与光子生物学、激光加工技术、激光检测与计量技术、激光全息技术、激光光谱分析技术、非线性光学、超快激光学、激光化学、量子光学、激光雷达、激光制导、激光分离同位素、激光可控核聚变、激光武器等。这些交叉技术与新学科的出现，大大推动了传统产业和新兴产业的发展。其中，激光加工技术就是利用激光的高强度（亮度）聚焦激光束在 1 毫秒内发射 100 焦耳的光能量，使材料在短时间内熔化或汽化，从而对特性不同、难以加工的材料进行加工处理，如焊接、打孔、切割、热处理、光刻等。激光加工具有精度高、畸变小、无接触、省能量等优点，其应用领域几乎覆盖整个机械制造业。关键零部件和精密设备的磨损和腐蚀都能很好地利用激光熔覆技术进行修复和优化，激光加工成为化腐朽为神奇的利器。

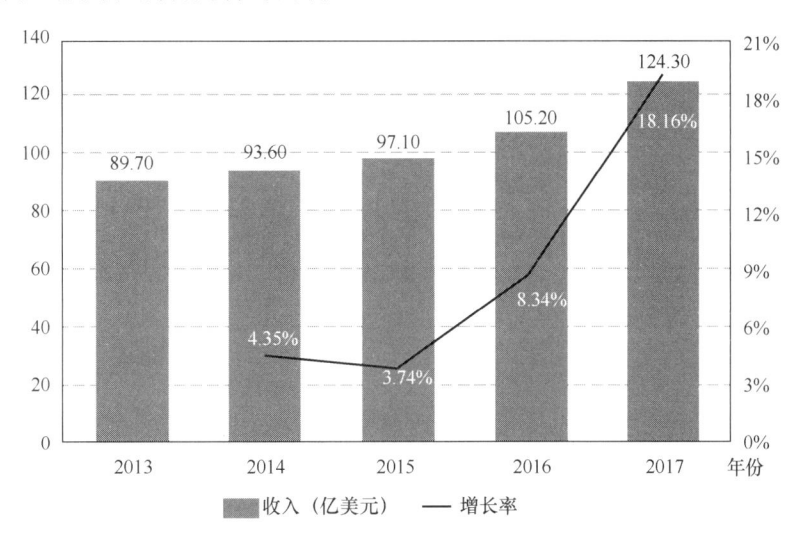

图 12-2 2013—2017 年全球激光器行业收入规模

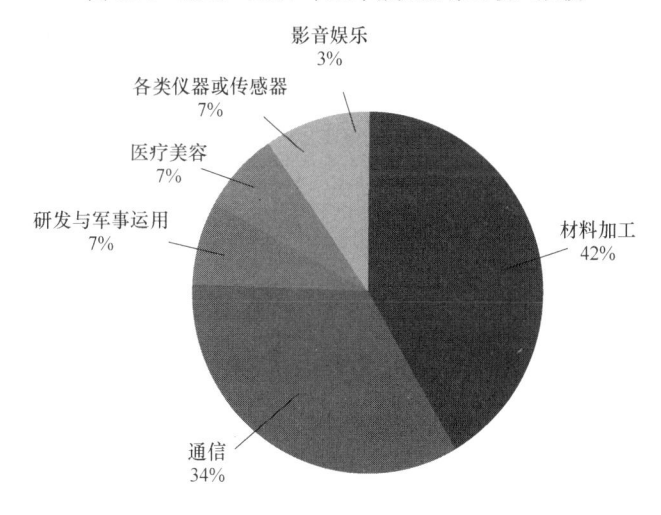

图 12-3 2017 年全球激光器行业应用领域

超快激光一般是指脉冲宽度小于 10 皮秒的皮秒或飞秒激光，超快激光的脉冲宽度极窄、能量密度极高、与材料作用的时间极短，会产生与常规激光加工几乎完全不同的机理，能够实现亚微米与纳米级制造、超高精度制造和全材料制造。超快激光实现了前所未有的极端制造与精密制造效果，大大拓展了激光加工的潜力和应用范围。尤其是近年来以数百飞秒至亚皮秒脉冲宽度、数百千赫兹至兆赫兹高重复频率及数十瓦乃至上百瓦高平均功率为典型特征的新一代超快激光的发展迅速，有望解决加工质量、加工精度与加工效率之间的固有矛盾，迎来新的学术研究和发展机遇。

在显示领域，激光加工技术尤其是超快激光技术主要用于对显示玻璃进行切割/钻孔、剥离和退火。显示玻璃与普通电子玻璃有很大不同，其更轻薄、更平整，透过率也更高。

目前针对显示玻璃切割的主流技术还是钻石刀轮。钻石刀轮具有极佳的耐磨性和刃口锋利度，通过精细研磨能够实现最佳的形位精度。对于需要精密切割的超薄显示玻璃，其优秀的品质是合金刀轮无法取代的。随着显示器件愈发轻薄，用超快激光对超薄显示玻璃进行切割（尤其是钻孔）逐渐在个别应用上开始取代钻石刀轮。

柔性显示器件目前都具有一个明显的特征，即背板都位于可弯曲的聚合物薄膜上而不是刚性的显示玻璃上，但在制造过程中，为便于在聚合物薄膜上制作 TFT，采用玻璃作为临时载体，因此就需要一种制程技术让聚合物薄膜从玻璃载板上剥离下来。通过对聚合物薄膜进行选择性激光烧蚀，即让激光束穿过玻璃载板，蒸发掉与玻璃载板相邻的几个聚合物原子层。这样就可以实现薄膜层从玻璃载板上剥离且可以确保相邻的其他微电子功能层不受影响。

目前的激光剥离技术一般使用短波长准分子激光器，大规模工业化的准分子激光加工方案一般用直线激光束扫描显示器件。窄脉宽、短波长紫外二极管泵浦固体（Diode Pumped Solid State，DPSS）激光器的最新进展促进了工业生产系统的发展。过去，DPSS激光器比较适用于科研而不适用于工业生产。目前柔性显示器件的领导厂商三星显示在2016 年以前基本采购使用准分子激光器的激光剥离设备（Laser Lift-off，LLO），主要供应商是韩国先进制造系统公司（Advanced Process Systems Corporation）。2016 年以后，三星显示采购的激光剥离设备则有 70%来自使用 DPSS 激光器的 Philoptics Co., Ltd，2017 年全部向该公司购买。使用 DPSS 激光器的好处是成本较低、维修便利，而且每条生产线所需的激光剥离设备的数量也会减少。

为了能在更小的尺寸上实现更高的分辨率，显示器件必须使用多晶硅 TFT，其导电性比传统非晶硅 TFT 提高 200 倍以上，并且开关状态非常稳定，为了将非晶硅转变为多晶硅，以美国相关公司为代表的企业开发研制了"准分子激光退火"技术，让波长为308 纳米的线型激光束照射并沿着涂有非晶硅的玻璃基板移动，使得非晶硅材料融化再结晶。由于采用超短 UV 波长和纳秒量级的脉宽，激光束焦点的能量将选择性地作用于超薄硅层而非相邻的热敏显示玻璃。目前准分子激光退火设备的最大照射面积可达 1300毫米×0.4 毫米。

12.2 自动光学检测

在显示器件的生产过程中，检测工序十分重要，遍布各环节。检测作为显示器件生产制程中的必备环节，主要应用领域是 LCD、OLED 及 Touch Panel 产品，主要作用是在显示器件生产过程中进行光学、信号、电气等性能检测。

第 12 章 技术

检测设备从功能上分类，可以分为光学检测设备和电信信号检测设备，前者主要立足于外观检测，后者则主要立足于功能性检测。这两种设备在显示行业都有应用。

检测设备从制程上分类，可以分为阵列（Array）、成盒（Cell）、模组（Module）、触控面板（TP）等不同种类，Array 制程主要是对玻璃基板进行生产加工，该段制程的检测主要是利用光学、电学原理对玻璃基板或偏光片进行各种检测，包含的检测设备有 AOI 光学检测设备、Array 测试机、CF 测试机、PS 检测系统、CF 阶差系统、Total Pitch 检测系统等；Cell 制程主要是在 Array 制程完成的玻璃基板的基础上生成液晶面板，该段制程的检测主要是利用电学原理对面板进行各种检测，包含的检测设备有亮点检测系统、配向检测系统等；Module 制程主要是对面板加装驱动芯片、信号基板、背光源和防护罩等组件，该段制程的检测主要是利用电信技术对面板或模组进行信号检测，包含的检测设备有点灯检测系统、老化检测系统等。应用于不同生产制程的检测设备技术原理差异较大，相互之间一般无替代关系。

AMOLED 与 TFT-LCD 在检测上的变化主要源于 Array、Cell 和 Module 工序上工艺的差别。最明显的差别就是，AMOLED 由于工序的减少不需要进行基于 CF 基板和背光系统的检测。但由于现行的 AMOLED 工艺会产生蒸镀混色、各类 Mura 缺陷等，因此良率较低且需要专门的 Mura 检测设备，通过 AOI 检测获取亮度信号后，再根据检测到的 Mura 进行光学补偿以消除缺陷。这样一来，对检测的要求更高，所以一条 AMOLED 生产线所需要的检测设备大约是同规格 TFT-LCD 生产线的 1.5~2 倍，检测设备的价格也要贵 20%~30%。LCD 和 OLED 检测工艺变化如图 12-4 所示。

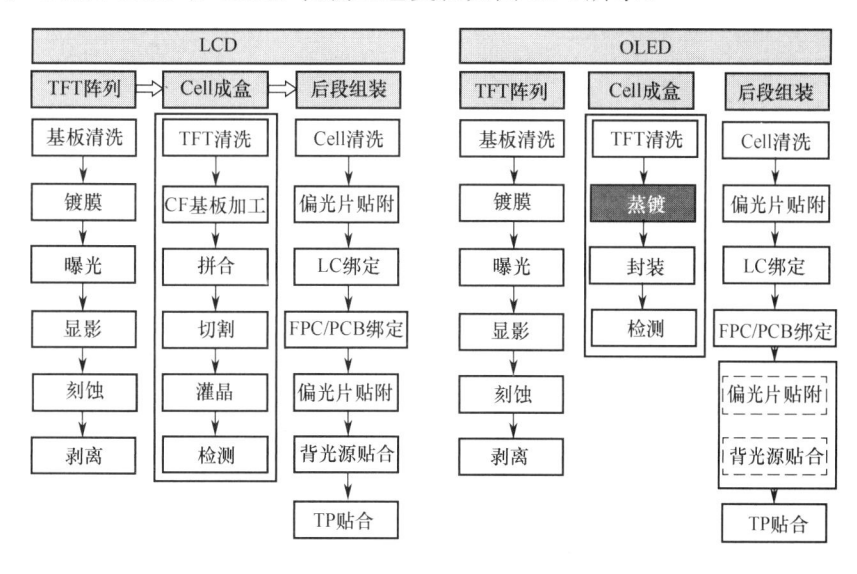

图 12-4 LCD 和 OLED 检测工艺变化

自动光学检测（Automatic Optical Inspection，AOI）是一种基于光学原理，利用机器视觉替代人工目检的检测技术。AOI 技术总体上是利用机器视觉模仿人工检测的过程，其基本原理与人工检测相似。即以人工光源代替自然光，以光学透镜代替人眼晶状体，以 CCD、CMOS 等元件（图像采集器件）代替视网膜，最后经过算法处理，将分析后的图像与之前采集的标准图像进行对比，利用"图像对比+模式分析"的方法代替人脑的分析过程，从而得到检测结果，如图 12-5 所示。

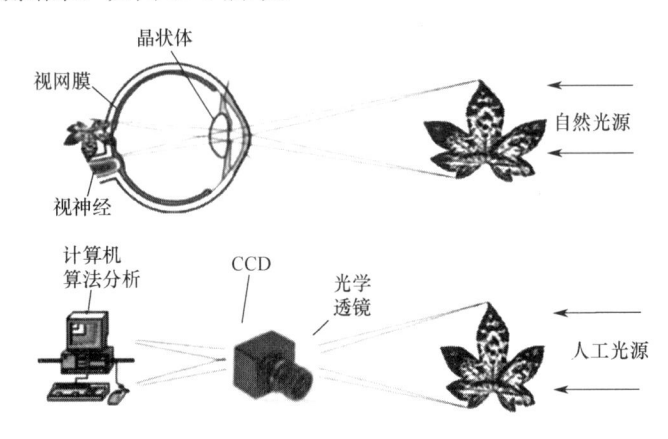

图 12-5 自动光学检测原理

AOI 系统主要由图像采集系统、运动控制系统、图像处理系统和数据处理系统组成，硬件设备主要分为六个部分：光源、相机、计算机主机、丝杆、马达和机体。其中，光源是决定检测能力的重要因素。除硬件外，还需要配套的算法。AOI 系统构成如表 12-1 所示。

表 12-1 AOI 系统构成

构成部分	主要部件
取像设备	照明设备（光源）、光学装置（镜头）、CCD 摄影机
影像处理单元	由个人电脑或嵌入式系统加上高解析度影像撷取卡与显示器，搭配品质检测和软体/资料库
具备可编程式逻辑控制器（PLC）的机构与驱动单元	取用检品的输送带或机器人手臂，相关输送/取用装置的介面卡与驱动程序等

（资料来源：AOI 技术网、广发证券发展研究中心）

相比于人工检测，AOI 检测的可靠性和效率都更高。由于 AOI 是光学检测，所以凡是用 AOI 可以检测出来的不良，用肉眼也完全可以看到。AOI 只能以设定好的标准为基准进行判断。如果标准设定太严，则误判太多；标准设定太松，又会漏检。尤其是在线 AOI，对编程的要求更高。但对 AOI 而言，程序设定好后，可连续工作，机器不会疲劳。对于比较小的元件，用肉眼检查起来比较吃力，而 AOI 由于具有光学放大作用，对较小的元器件的检查具有比较大的优势。因此将来用 AOI 取代肉眼检查是一个必然的发展趋势。肉眼检查可以根据标准灵活判断。但是采取人工检查，对于点数较多或批量较大的产品，由于长时间检查，人眼会产生疲劳，也容易漏检。

AOI 检测设备按上板作业方式的不同，可分为离线式和在线式两种。离线式 AOI 检测设备一般不连接生产线，由人工作业放板，成本低，目前市场应用较多。在线式 AOI 检测设备则一般连接生产线，不需要人工作业，而且可以实现整条生产线的品质数据共享及自动工艺优化，全面提升生产线的生产品质。在线式 AOI 检测设备的需求呈现逐年上

第 12 章 技术

升趋势。目前具有离线式 AOI 生产能力的厂商较多,而具有在线 AOI 生产能力的厂商较少,在线 AOI 的技术要求比离线 AOI 高很多,是评判 AOI 厂商实力的重要指标。在线式和离线式 AOI 检测设备对比如表 12-2 所示。

表 12-2 在线式和离线式 AOI 检测设备对比

对比项目	在线式 AOI 检测设备	离线式 AOI 检测设备
检验方式	100%实现全检	一般抽检或分批抽检
自动化程度	高,随流水线自动完成所有检验	中等,需要人工协助完成
ESD	低,自动化作业,检验环境基本不考虑此问题	高,检验环节需要人工协助,敏感元件需要格外小心处理
劳动强度	低,除了设备编程,基本不需要人工协助	每一块板的检验都需要人工放入,检验完后需要人工拿出
设备污染	无	光污染,检验员长期近距离接触高亮度光源会受到刺激

(资料来源:AOI 技术网、广发证券发展研究中心)

显示领域的 AOI 检测主要应用于 Mura/彩膜的缺陷检测,色度、膜厚、光学密度检测,PI 检测,液晶检测等,检测工序遍布 LCD、OLED 及 Touch Panel 产品的各生产环节。

关于 AOI 设备的市场规模,奥宝科技公司 2016 年财报中曾做过估算:平均一年建设期、140 亿元～350 亿元投资金额的面板生产线,需要的检测/修复设备的投资金额占比为 2.5%,AMOLED 显示面板的工艺更为复杂,良率提升难度更高,对 AOI 设备的需求量会更大。假定 AMOLED 用 AOI 设备的投资金额占比较 LCD 用 AOI 设备高出 3%,即 AMOLED 用 AOI 设备的投资金额占比约为 5.5%。据此推导,2016 年全球 AOI 设备的市场规模约为 6.7 亿美元,其中,LCD 用 AOI 设备的市场规模约为 3.3 亿美元,AMOLED 用 AOI 设备的市场规模约为 3.4 亿美元。2017 年,全球 AOI 设备的市场规模约为 11.2 亿美元,同比大增 33.9%。其中,LCD 用 AOI 设备的市场规模约为 2.4 亿美元,AMOLED 用 AOI 设备的市场规模约为 8.8 亿美元。2018 年,全球 AOI 设备的市场规模约为 12.5 亿美元,同比增长 5.2%。其中,LCD 用 AOI 设备的市场规模约为 2 亿美元,AMOLED 用 AOI 设备的市场规模约为 10.5 亿美元。

对于检测设备和 AOI 设备的国内市场规模,广发证券发展研究中心测算,2016 年,显示领域的检测设备市场规模约为 73.7 亿元(约合 11.1 亿美元),占全球显示设备投资的比例约为 5.8%。AOI 设备的市场规模为 20.3 亿元(约合 3.1 亿美元),在检测设备中的占比约为 27.5%。其中,包括 LCD 用 AOI 设备 10.4 亿元,AMOLED 用 AOI 设备 9.9 亿元。中国大陆地区 AOI 设备市场规模约占全球的 46%。2017 年,中国大陆地区 AOI 设备的市场规模成长约 139%,达到 48.5 亿元(约合 7.2 亿美元),中国大陆地区市场的份额也快速上升到 64%,成为全球最大的 AOI 设备市场。预计 2018 年,中国大陆地区 AOI 设备市场的规模还将继续成长 23%,全球市场份额超过 70%,继续保持第一的地位。

目前 Array 制程检测设备市场主要被日企垄断,Cell 制程则由日本、韩国及中国(主要为中国台湾地区)企业占据,我国检测设备厂商正尝试依托 Module 制程的技术积累,逐步打入 Array 和 Cell 制程市场。

12.3 AMOLED 补偿技术

AMOLED 作为一种电流型发光器件，已越来越多地被应用于高性能显示。由于其自发光的特性，与 LCD 相比，AMOLED 具有高对比度、超轻薄、可弯曲等诸多优点。但是，亮度均匀性和残像仍然是它目前面临的两个主要难题，要解决这两个问题，除了工艺改善，就不得不提到补偿技术。补偿可以分为内部补偿和外部补偿两大类。内部补偿是指在像素内部利用 TFT 构建的子电路进行补偿的方法。外部补偿是指通过外部的驱动电路或设备感知像素的电学或光学特性进行补偿的方法，OLED 补偿技术分类如图 12-6 所示。

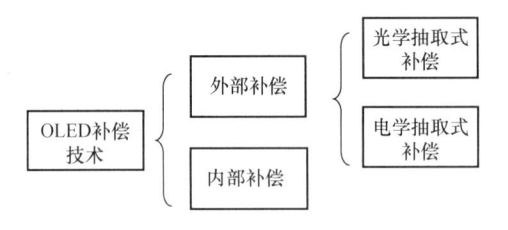

图 12-6 OLED 补偿技术分类

与一般的非晶硅薄膜晶体管（a-Si TFT）相比，低温多晶硅薄膜晶体管（LTPS TFT）和氧化物薄膜晶体管（Oxide TFT）具有更高的迁移率和更稳定的特性，更适合应用于 AMOLED 显示。在中小尺寸应用中多采用 LTPS TFT，而在大尺寸应用中多采用 Oxide TFT。这是因为 LTPS TFT 迁移率更大，器件所占面积更小，更适合高 PPI 的应用。而 Oxide TFT 均匀性更好，工艺与 a-Si 兼容，更适合在高世代生产线上生产大尺寸 AMOLED 面板。但它们也各有缺点：由于晶化工艺的局限性，在大面积玻璃基板上制作的 LTPS TFT，不同位置的 TFT 常常在阈值电压、迁移率等电学参数上具有非均匀性，这种非均匀性会转化为 OLED 显示器件的电流差异和亮度差异，并被人眼感知到，即出现 Mura 现象。虽然 Oxide TFT 工艺的均匀性较好，但是其与 a-Si TFT 类似，在长时间加压和高温下，其阈值电压会出现漂移，由于显示画面不同，面板各部分 TFT 的阈值漂移量不同，会造成显示亮度差异，由于这种差异与之前显示的图像有关，因此常呈现为残影现象，也就是通常所说的残像。因此，在当前的工艺制作中，不管是 LTPS 还是 Oxide 都存在均匀性或稳定性的问题，而且 OLED 本身也会随着点亮时间的增加，亮度逐渐衰减。

既然这些问题难以在工艺上完全克服，就必须要在设计上通过各种补偿技术来解决。补偿技术的主要目的就是让所有像素的亮度达到理想值。具体如图 12-7 所示。

内部补偿型电路 7T1C 是一个典型的内部补偿型电路，它由 7 个 TFT 和 1 个存储电容组成，因此被简称为 7T1C 结构。类似还有 6T1C、5T2C 等很多电路结构，经过近几年的不断研究和发展，内部补偿电路的拓扑结构几乎已经穷尽，很难再有实用性的结构创新。这种像素电路在工作时一般都会有三个工作阶段，会经历复位、补偿、发光，即一个驱动周期至少要做 2~3 件事，因此对电路驱动能力和面板上的负载都有一定要求。一般工作思路是在补偿阶段把 TFT 的阈值电压 V_{th} 先储存在它的栅源电压 V_{gs} 内，在最后发光时，把 $V_{gs}-V_{th}$ 转化为电流，因为 V_{gs} 已经含有了 V_{th}，在转化成电流时就把 V_{th} 的影响抵消了，从而实现了电流的一致性。但是实际上，因为寄生参数和驱动速度等影响，并不能完全抵消 V_{th}，即当 V_{th} 偏差超过一定范围时（通常 $\Delta V_{th} \geqslant 0.5V$），电流的一致性就不能确保了，因此其补偿范围是有限的。

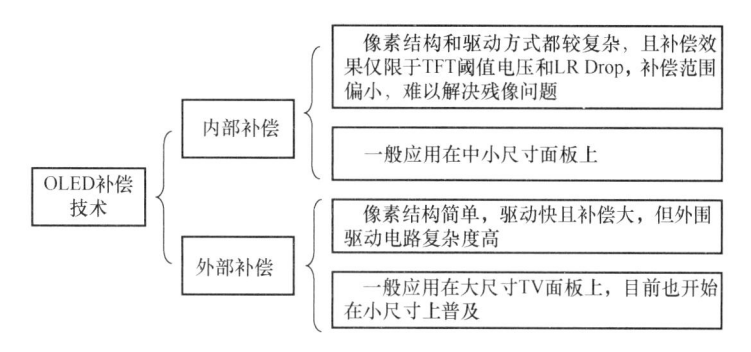

```
                    ┌─ 内部补偿 ─┬─ 像素结构和驱动方式都较复杂，且补偿效
                    │           │   果仅限于TFT阈值电压和LR Drop，补偿范围
                    │           │   偏小，难以解决残像问题
                    │           └─ 一般应用在中小尺寸面板上
OLED补偿技术 ──────┤
                    │           ┌─ 像素结构简单，驱动快且补偿大，但外围
                    │           │   驱动电路复杂度高
                    └─ 外部补偿 ┤
                                └─ 一般应用在大尺寸TV面板上，目前也开始
                                    在小尺寸上普及
```

图 12-7　内部和外部补偿技术主要特性

外部补偿根据数据抽取方法的不同又可以分为光学抽取式和电学抽取式。光学抽取式是指将背板点亮后，通过光学 CCD 照相的方法将亮度信号抽取出来；电学抽取式是指通过驱动芯片的感应电路将 TFT 和 OLED 的电学信号抽取出来。两种方法抽取的信号种类不同，因此数据处理的方式也不同。光学抽取具有结构简单、方法灵活的优点，因此在现阶段被广泛采用，即为我们平时所说的 Demura。Mura 一词源于日语，原意指明暗不均，后扩展成面板上任何人眼可识别的颜色差异。对面板厂而言，需要进行质量监控，因此在生产线上均有技术员去检测判定 Mura，但是这种方法很主观，不同人的判定之间有差异，给品质管控带来很大的困扰。因此技术人员开发出 AOI 设备进行 Mura 检测，以及检测到 Mura 后进行补偿以消除 Mura，即 Demura。

Demura 一般步骤如下。

（1）Drive IC 点亮面板，并显示数个画面（一般是灰阶或者 RGB）。

（2）使用高分辨率和高精度的 CCD 相机拍摄上述画面。

（3）根据相机采集的数据分析像素颜色分布特征，并根据相关算法识别出 Mura。

（4）根据 Mura 数据及相应的 Demura 补偿算法产生 Demura 数据。

（5）将 Demura 数据烧录到 Flash ROM 中，重新拍摄补偿后的画面，确认 Mura 已被消除。

根据不同面板厂的要求，点亮面板后需要被检测的画面一般是不同的。有些面板厂的 Demura 只对亮度差异进行补偿，不对色彩差异进行补偿，这种 Luminance Demura 一般只需要检测灰阶画面，而且由于不同灰阶时呈现的 Mura 不同，一般会检测高、中、低灰阶的 Mura，最后进行平均，当然不同面板厂会根据自己的实际需求选择具体的设定。有些面板厂进行的是比较全面的 Color Demura，即同时也对色度差异进行补偿。

为了达到代替技术员的目标，相机拍照时必须注意以下两点：一是相机符合 CIE1931 人眼匹配函数；二是相机能达到人眼的分辨率。拍摄检测画面时一般采用高精度高分辨率的 CCD 相机，相机分辨率的选择取决于被检测面板的分辨率、大小、拍摄距离及 Demura 补偿的精度。为了达到最佳的检测和补偿效果，相机最终得到的数据一定要是基于 XYZ 坐标系（以相机为圆心的坐标系）的，且后续的计算均要基于相机拍照得到的 XYZ 数据。

得到面板 XYZ 的分布数据后，就可以根据不同的算法检测不同的 Mura，当然 Mura 检测异常复杂，各厂家都会开发自己的 Mura 检测算法，也算是自己的核心技术。其算法原理其实很简单，即把认为偏暗的区域变亮，或者把偏亮的区域变暗，或者将有色偏的区域消除，最终的目标是使面板不同区域有大致相同的颜色，当然需要用平滑的算法来消除 Mura 边界。

AMOLED Demura 数据确定后，就需要将其烧录到 EEPROM 中以实现补偿效果，最后再拍照确认 Mura 已消除，Demura 数据占用 ROM 空间的大小取决于屏幕分辨率及补偿精度。

（以上主要内容摘自《OLEDindustry》）

第13章 企业

13.1 精密金属掩膜版企业竞争格局与最新进展

根据市场研究机构 IHS 的统计，2017 年，全球精密金属掩膜版（Fine Metal Mask，FMM）的营收规模约为 2.34 亿美元，同比成长约 14%。

2018 年，全球 FMM 市场的营收规模约为 4.3 亿美元，同比成长约 84%。到 2022 年，全球 FMM 市场的营收规模将有望达到 12 亿美元，年复合增长率（CAGR）约为 38%，具体数据如图 13-1 所示。

图 13-1 2017—2022 年全球 FMM 市场营收规模

从现阶段的产业链来看，FMM 上游材料的材质一般为因瓦合金，也称为"殷钢"或"不变钢"，国标称为"膨胀合金"。绝大多数的金属和合金都是在受热时体积膨胀，冷却时体积收缩，但因瓦合金（简称"INVAR 合金"）由于自身的铁磁性，在一定的温度范围内，具有因瓦效应的反常热膨胀，其膨胀系数极低，有时甚至为零或负值。

如果需要制造高精度的 FMM，则需要更高级的 INVAR 合金（Super INVAR alloy），其材料厚度小于 20 微米且受重力影响小。现在市面上唯一能提供满足 FMM 使用需求的 Super INVAR alloy 的厂商是日立金属株式会社（简称"日立金属"）。

在 2018 年以前，由于日立金属跟大日本印刷株式会社（DNP）进行捆绑合作，而 DNP 与三星签署了垄断性合约，为其提供 10~20 微米厚的 INVAR 合金用于生产 FMM。2018 年，三星与 DNP 垄断合约到期，因而 DNP 才得以与京东方达成协议，DNP 会逐步向京东方提供 WQHD 级手机用 FMM（约 30 微米厚）。

中游 FMM 企业则主要分布在日本、韩国和中国台湾地区，中国大陆地区是需求量最大的市场。

用蚀刻法生产 FMM 是目前的主流技术，采用该方法制作的 FMM，在现阶段最薄可以做到 20 微米左右并达到 WQHD 级别分辨率。日本的 DNP 和凸版印刷株式会社（简称"凸版印刷"）均采用蚀刻法生产 FMM。为应对快速增长的市场，DNP 计划在 2020 年以前投资 60 亿日元（约合 5430 万美元），让该厂 OLED 用 FMM 产能增长为目前的 3 倍。

由于 DNP 已经被三星绑定，LG 显示不得不扶植自己的 FMM 供应商，并由旗下的 LG Innotek 负责，在浦项钢铁的支援下，LG 集团新开发的 FMM 已于近期打入天马 OLED 供应链，将与中国台湾达运展开激烈的订单争夺战。

台湾达运的 FMM 研发长达七年，2017 年开始小量生产，并且在湖口投资 9 亿元建设 FMM 新厂。达运湖口厂第一期 FMM 新产能为 3000 片/月，已于 2018 年第三季度投产。台湾达运目前的营收主力仍为背光模组，该公司电视整机成品和半成品营收比重约为 51%，背光和面板模组比重约为 32%，两者合计为 83%。目前 FMM 的微型精密加工占比约为 3%，预期未来 FMM 比重将会持续提升。

国内外相关企业正在集中力量以电铸法、多重材料复合法及激光加工等多种方式发展 FMM，但仍处于研发阶段。

三星也在通过与 Korean Wave Electronics 和 TGO Tech 合作，开发自己的 FMM。除此之外，日本的模具大厂 Athene 公司和 Hitachi Maxell 公司正在合作用电铸法开发 FMM；而日本设备大厂 V-Technology 也使用树脂与金属材料混合的多重材料复合法开发 FHM（Fine Hybrid Mask）。虽然上述日本厂商已经使用不同于蚀刻法的其他技术开发出 QHD 分辨率以上的 FMM，但其产品尚未进入量产和厂商验证阶段。

韩国檀国大学 Chin Byung-Doo 教授和 Hwang Chang-Hoon 教授及 OLEDON 首席执行官共同在 2017 SID 上宣布，他们已经成功开发了 0.38 微米遮罩间距（Shadow Distance，SD）的蒸镀沉积技术。目前大约 30 微米厚的 FMM 在 OLED 面板生产中很难实现高于 QHD（约 600ppi）的分辨率，因为这将导致超过 800ppi 的 UHD 中的 RGB 像素重叠，因此，OLED 面板仅在 QHD 级别生产。如果将 OLEDON 的蒸发源沉积技术应用于批量生产，遮罩距离可以降低到 0.38~0.56 微米，这可以提高约 8 倍的分辨率。OLEDON 首席执行官 Mr. Hwang 表示："在真空环境中将有机材料蒸镀沉积在金属表面上，形成有机分子膜，并再次蒸发，用于第二次蒸镀沉积，我们发现，可以使有机分子束的蒸发角度最小化。"

2018 年 5 月，韩国研究机构在 FMM 技术上取得了新突破。韩国新川大学新材料工程系 Park Yong-Bum 教授的研究小组宣布成功开发电铸制造技术。这是一种利用电镀分离附着在阴极上的金属并制作 FMM 的技术。根据 Park Yong-Bum 教授团队的研究，INVAR 合金可以制成片状材料，通过这项技术，可以照原样复制图案化阴极的形状。此外，FMM 的厚度可以减小到约 7 微米，大约是目前 FMM 厚度的一半，这可能有助于实现超高图像质量。

在 AMOLED 显示面板生产过程中，除了 FMM，对于以金属为材料的掩膜版和普通金属掩膜版（也称为 Open Mask 或 Common Metal Mask，CMM），中国大陆地区企业已经具备了一定的量产能力。近两年，昆山允升吉光电科技有限公司、安徽大富光电科技有限公司及深圳浚漪科技有限公司相继推出了 CMM 和 FMM 相关产品。

例如，在 CITE 2018 展会上，深圳浚漪科技有限公司就展出了 AMOLED 用 6 代 CMM 和 4.5 代 FMM。

为从根本上避免使用 FMM 所造成的对脆弱有机材料的破坏，近两年，台湾中华映管股份有限公司（CPT）与欧洲 imec-Holst 研究中心（简称"imec"）合作，正在研究利用先进微影技术制作超高分辨率 AMOLED 多色并排像素组件，该制程不需要像传统制程那样使用 FMM（FMM-free）。为此，imec 与 CPT 特别针对 OLED 材料的独特光阻进行制程开发，由于使用微影技术进行 OLED 材料的图案化，OLED 像素大小与位置可被精准地控制，除提高分辨率外，更有机会在大尺寸基板上实现高开口率，以及优化良率。2017 年，双方首次推出的样机是 1400×1400 像素（196 万像素）、橘光与绿光有机组件相间的双色被动组件，其中，画素间距为 10 微米，相对应的分辨率为 1250ppi，在初期可靠度测试中的组件寿命可达数百小时。

13.2 国内显示装备企业现状及技术发展趋势

根据协会的统计，2017 年，中国大陆地区显示装备投资约为 729 亿元。2018—2020 年，预估显示装备总投资为 3325 亿元，平均每年显示装备的投资约为 1108 亿元。

根据协会从 2005 年到 2017 年对 37 条中国大陆地区显示器件生产线的统计，显示装备的总投资约为 5660 亿元，其中使用人民币结算的本地化装备采购金额约为 880 亿元，显示装备的本地化配套率约为 15.56%。其中，国内本土显示装备企业在这段时间累计实现营收约 420 亿元，本土化配套率约为 7.42%。其余为外资企业在中国大陆地区投资或者通过代理机构以人民币结算所实现的营收。

以上这些生产线如果按技术分类，兼容非晶硅（a-Si）和氧化物（Oxide）背板技术的液晶显示器件生产线装备的本地化配套率最高，已经接近 20%；使用非晶硅背板技术的液晶显示器件生产线装备的本地化配套率次之，约为 19%；而使用低温多晶硅（LTPS）背板技术的液晶显示器件或有机发光二极管显示（OLED）器件生产线装备的本地化配套率最低，只有 14%。

以上这些生产线如果按规格分类，装备本地化配套率最高的是 5.5 代生产线，已经达到了 57%；其二为 8.6 代生产线，约为 26%；其三为 8.5 代生产线，约为 21%；其四为 6 代生产线，约为 15%；最低为 10.5 代生产线，装备的本地化配套率仅有约 12%。

总结起来的规律就是，中国大陆地区使用非晶硅或氧化物背板技术的液晶显示器件生产线，其装备的本地化配套率明显高于使用其他背板技术的显示器件生产线；投建时间位于中后期且规格比较集中的生产线，其本地化配套率明显高于其他生产线。

目前国内显示装备企业共有 20~30 家，其中本土企业约占 2/3，外资企业约占 1/3。这些企业从 2015 年到 2017 年，每年合计的营收规模约为 60 亿元，基本没有增长。以 2017 年为例，国内显示装备企业的本地化配套率只有 8%。如果按显示装备的种类覆盖率来计算，在"十二五"末，我国显示装备的种类覆盖率就已经达到了 20%，到 2017 年年末，我国显示装备的种类覆盖率已经接近 30%。

在 2017 年国内约 60 亿元的营收中，本土约 20 家企业的累计营收约为 48 亿元，占比 80%，同比 2016 年增长了 60%；外资约 10 家企业的累计营收约为 12 亿元，占比 20%，同比 2016 年减少了 40%。主要原因是外资企业目前在国内投资的装备多以后段显示装备或低端显示装备为主，受国内企业的价格冲击，营收大幅下降；反之，国内本土企业增长迅速，但真正能够实现国产化配套的显示装备还仍以后段或检测/包装等周边设备为主。

1. 精测电子

武汉精测电子技术股份有限公司（简称"精测电子"）创立于 2006 年 4 月，旗下拥有苏州精濑、武汉精立、昆山精讯、台湾宏濑四家子公司并在韩国设立分公司，是一家专业从事平板显示测试系统研发、生产、销售与服务的高科技上市企业。公司产品包括模组检测系统、面板检测系统、OLED 检测系统、AOI 光学检测系统、Touch Panel 检测系统和平板显示自动化设备，并通过 ISO 9000—2008 质量管理体系认证、CE 欧盟产品认证。产品已在京东方、三星、夏普、华星光电、中电熊猫、富士康、友达光电等知名企业批量应用，并大量用于苹果公司 iPhone 和 iPad 系列产品的显示测试。

精测电子自成立以来，主要专注于基于电信技术的信号检测，坚持实施自主创新，注重技术的积累与创新，以市场需求为导向，紧随平板显示产业发展趋势，成功研发了多项平板显示检测系统，是国内较早开发出适用于液晶模组生产线的 3D 检测、基于 DP 接口的液晶模组生产线的检测和液晶模组生产线的 Wi-Fi 全无线检测产品的企业，也是行业内率先具备 8K×4K 模组检测能力的企业。经过多年的发展，公司 Module 制程检测系统的产品技术已处于行业领先水平，技术优势明显，为公司的快速发展奠定了基础。

此外，公司积极研发 AOI 光学检测系统和平板显示自动化设备，使公司在 Array 制程和 Cell 制程的检测形成自有技术。为加快产品开发进度、提升技术水平，公司在自主研发的基础上，于 2014 年引进了宏濑光电和台湾光达关于 AOI 光学检测系统和平板显示自动化设备相关的专利等知识产权。经过消化、吸收和提高，公司已完成 AOI 光学检测系统和平板显示自动化设备的产品开发，部分产品已实现销售。至此，公司成为行业内少数在基于机器视觉的光学检测、自动化控制和基于电信技术的信号检测等方面均具有较高技术水平的企业，并拥有多项专利、软件著作权和软件产品登记证书，形成了"光、机、电"技术一体化的优势。

精测电子建有"国家企业技术中心"，获得了"国家技术创新示范企业""国家知识产权示范企业""两化融合管理体系贯标试点企业""中国专利金奖"等多项荣誉。截至 2017 年 12 月 31 日，公司已取得 300 项专利（其中 111 项发明专利，122 项实用新型专利）、6 项商标、80 项软件著作权、43 项软件产品登记证书，其中发明专利"DP 解码和分辨率自动调整的液晶模组测试方法及装置"获得了中国专利金奖。公司于 2017 年 12 月被评为国家知识产权示范企业。

2017 年，精测电子实现营收 8.95 亿元，同比增长 70.8%。实现归属于上市公司股东的净利润约 1.67 亿元，较上年同期增长 69.07%。其中，AOI 光学检测系统实现营收 4.06 亿元，较上年同比增长 89.12%，总营收占比为 45.31%，首次超过模组检测系统。模组检测系统依然保持竞争力，2017 年实现营收 3.32 亿元，较上年同比增长 45.59%。平板显示自动化设备亦有明显增长，实现营收 0.9 亿元，同比增长 64.20%。

精测电子自主研发的"显示面板 AOI 自动光学检测设备"荣获 2017 年度"中国新型显示产业链发展突出贡献奖"。该设备针对国内外现有显示面板自动光学检测设备检测时间长（效率低）、系统复杂、成本高、稳定性差等问题，采用微观和宏观相结合的混合架构检测技术。检测系统以高速 FPGA 芯片为控制核心，实现光、机、电三大系统的有机整合，达到优化集成；提出了一种背景均匀性分区校正与自适应缺陷增强方法；研制了一种自动拔插线（Auto Connector）机构系统；提出图像运算协处理器的体系结构，构建"CPU+GPU+FPGA 的星形网格计算架构"，实现高性能图像运算，与主控制器 FPGA 芯片协同工作，以提高图像运算的并行度和加速处理，FPGA 芯片与 CPU 及 GPU 之间均采用高速总线 PCIE3.0×8 双向互联。该设备具有系统简单、检测效率高、稳定性好、可扩展性强等特点，可有效实现自动上下料、自动拔插线、闪烁度自动调节、EDID 自动烧写、自动分类等功能。该设备性能突出，打破了美日韩等厂家的垄断，已大量应用于京东方、友达光电、华星光电等面板厂商 Cell 和 Module 段，已经成为面板生产自动化线的首选设备。2014—2016 年，该设备累计实现营收 22.56 亿元，新增利润近 3.59 亿元。项目授权发明专利 16 项，申请 PCT 专利 2 项、发明专利 7 项，取得了显著的经济、社会效益。

精测电子未来将继续加强自身在模组检测、AOI 光学检测、OLED 检测领域的技术储备，积极开拓海外市场，巩固公司在平面显示检测领域技术及市场优势。同时，抓紧推动半导体、新能源行业测试技术及产品的突破及落地，为公司未来发展奠定基础。目前正在着手研发"OLED 检测及修复一体化系统"。借助公司"光、机、电"一体化技术能力，率先在行业内实现关键技术及产品突破；解决产业发展中因为 Mura 比重过高导致 OLED 良率过低的技术瓶颈，实现 OLED 检测及修复一体化技术的开发及推广。

2. 合肥欣奕华

合肥欣奕华智能机器有限公司（简称"合肥欣奕华"）是由中国光电与创新科技产业基金主导创建，专业从事新型显示用工业机器人和泛半导体产业智能制造装备研发、制造、销售及技术服务于一体的国家级高新技术企业。公司于 2013 年 7 月在合肥新站区投资 20 亿元建设了以泛半导体工业机器人为主的智能制造装备基地（占地 120 亩），并于 2014 年 10 月实现投产和首台洁净搬运机器人下线。

自 2013 年公司成立以来，合肥欣奕华在战略规划、团队建设、产品开发、市场开拓、项目实施、技术积累、工厂建设等方面实现了快速成长，销售收入逐年增长，专利和品牌等企业软实力也逐渐增强，并实现了 6 项"国内第一"：

（1）自主研发国内第一台 8.5 代洁净搬运机器人并量产制造投入生产线使用；

（2）自主研发第一台全球 10.5 代洁净搬运机器人；

（3）自主研发国内第一台 8.5 代测试机器人并量产制造投入生产线使用；

（4）国内第一家全自主研发液晶面板行业自动上下料机并量产制造投入生产线使用；

（5）国内第一家自主研发液晶面板行业 CIS 系统并投入客户使用；

（6）国内第一家自主研发半导体显示领域智能仓储解决方案并投入客户使用。

合肥欣奕华凭借上述产品的技术实力优势，在多项核心关键技术上打破了国外垄断，填补了国内空白，不仅各项技术成果国内领先，而且部分创新成果还达到了国际先进水平。例如，合肥欣奕华研发的平板显示洁净搬运机器人，在可搬运玻璃基板尺寸和重量、各轴速度、定位精度等性能指标上均已达到国际先进水平，并具有良好的技术先进性和产品可靠性；合肥欣奕华自主开发的控制器，可同时控制 8 个电机，采用基于系统动力学模型的控制方法，实时计算关键参数，加入前馈补偿控制和增益实时调整功能，提高机器人动态响应和轨迹控制精度；合肥欣奕华在国内率先进行 6 代半切（G6 Half）OLED 大尺寸显示面板蒸镀设备的研发，目前已经完成了蒸发源核心部件开发，完成产品制作并处于产品测试验证阶段，验证结果处于业界先进水平。该技术打破了国外对 OLED 蒸镀设备的核心技术垄断，填补了国内 OLED 蒸镀技术空白。

另外，针对行业装备现状，合肥欣奕华还专项开展了可靠性工程、故障智能诊断系统的研究，提高了系统的稳定性、可靠性和易维护性，更好地满足了平板显示行业高速度、高洁净度、高精度的生产要求。

目前，合肥欣奕华依托泛半导体行业形成了平板显示制造用 5.5 代至 10.5 代系列洁净搬运机器人、测试机器人、自动上下料机（INDEX）、自动化生产（INLINE）、标准化计算机智能制造系统（CIM）、整机自动化生产线（SIF）、自动包装（Auto-packing）、智能仓储（IRS）、自动化检测（AOI）、OLED 显示面板蒸镀设备、半导体制造自动化设备等智能制造装备，综合产能可达 1000 台（套）。公司针对平板显示行业进行了深入全面的市场开拓，自洁净搬运机器人产品推向市场后，打破了国外产品垄断的局面，迅速占领了 70%以上的市场份额，国内领先，目前基本与国内大多数液晶面板客户实现了业务往来。

2017 年，合肥欣奕华共实现显示装备营收约 5.12 亿元，同比增长 101%。其中，机械手/机器人（Robot）实现营收约 2.37 亿元，同比增长约 68%，在总营收中占比 46%；开路/短路测试仪实现营收约 0.87 亿元，同比增长 95%，在总营收中占比 17%；彩膜在线系统部件实现营收 1.87 亿元，同比增长 175%，在总营收中占比 37%。

合肥欣奕华自主研发的"高世代洁净搬运机器人"荣获 2017 年度"中国新型显示产业链发展卓越贡献奖"。该设备既属于国家大力支持的高端智能装备，也是我国战略性新兴产业新型显示行业必要的高端装备。该设备在模块化设计、高负载轻量化结构设计、重心剧变条件下的抑振设计、变加速智能反馈与控制、高速高精度运行控制和故障智能诊断与预测等方面取得众多核心技术突破，不仅打破了发达国家技术垄断，产品整体技术还达到世界先进水平。特别是世界首台 10.5 代洁净搬运机器人的成功开发与应用，可搬运玻璃基板尺寸和重量、各轴速度、定位精度等指标均达到国际先进水平，使我国相关产品产业化研制开发能力首次处于领先地位。

合肥欣奕华高世代洁净搬运机器人于 2013 年 6 月完成实验样机开发，2014 年 11 月，首台量产洁净搬运机器人下线，截至 2017 年年底，已经完成 6.5 代、8.5 代、10.5 代等多个系列的洁净搬运机器人研发成果转化并量产销售。累计完成销售 395 台套，国内市场占有率达 70%以上，实现直接经济效益约 2.58 亿元，创造利润约 0.6 亿元。牢牢占据国内同类产品市场份额第一位，为客户创造了巨额经济效益。在社会效益方面，对技术垄断的突破不仅对民族企业发展起到积极的示范带动作用，还批量培养了高端研发人才，为民族产业发展提供了安全保障。

随着合肥欣奕华技术创新能力的不断提高、公司技术创新成果产出量的迅速提升，以及企业自有技术成果占比不断提高，仅2016年，公司就完成新产品、新技术、新工艺技术研究成果30项，申请专利26项（其中发明专利申请17项）。截至2017年年底，公司已获得有效专利11项、软件著作权14项，并获批开始制定相关行业标准。

为了实现成为智能机器领域世界领先企业的愿景，合肥欣奕华在2016年明确了未来15年的发展目标。分为三个阶段完成：2016—2020年，行业追赶者阶段，积累能力，快速开拓，财务目标是2020年实现销售收入11亿元，净利润0.8亿元，成为国内行业内有一定影响力的企业；2021—2025年，行业超越者阶段，目标是2025年实现销售收入30亿元，净利润5亿元，成为国内行业内知名企业和全球行业内有一定影响力的企业；2026—2030年，逐步成为行业领先者，2030年实现销售收入100亿元，净利润10亿元，成为全球行业内知名企业。

合肥欣奕华下一步拟研发的设备产品如下。

（1）OLED蒸镀封装设备：目前国内仅有合肥欣奕华在进行样机开发，其他有部分科研院校仅进行原理性论证研究。准备研发出200×200 OLED蒸镀封装设备，解决设备的开发、制造和标准化问题，并完善设备生产制造的供应链。摆脱长期依赖进口的状态，推动国内新型显示事业的发展。

（2）液晶电视智能生产线：目前国内相关生产线主要是人工线和单个自动化工位辅助，整线自动化率低于20%。计划研发一条柔性自动化生产线，有效兼容不同品牌、不同系列的电视，组件可在精度、稳定性和节拍匹配良好的闭环下实现自动化生产。

（3）VR显示产品自动光学检测系统：VR显示产品像素分辨率高，人眼无法检测相关点类缺陷。VR显示产品自动光学检测系统作为新型显示行业的必要装备，目前国内无专门针对VR产品的检测设备，合肥欣奕华已经开展相关研究，并取得阶段性成果。计划研发VR显示产品自动光学检测系统，用于控制产品生产的质量，降低生产成本，提高生产效率。

3. 华大九天

北京华大九天软件有限公司（简称"华大九天"）成立于2009年6月，是中国电子信息产业集团（CEC）下属国有控股企业。公司继承了熊猫EDA系统系列工具近30年来的技术积累，不断创新，拼搏进取，先后获得国家科技进步一等奖、三等奖各一次，获得省部级科技进步奖一等奖、二等奖、三等奖各一次。

公司主要业务包括EDA（Electronic Design Automation）软件开发、IP（Intellectual Property）开发、设计服务等，是目前国内规模最大、技术力量最强的EDA和IP提供商。EDA产品主要包括数模混合设计解决方案、SoC设计优化解决方案、平板（FPD）设计解决方案及定制化服务，服务对象为集成电路设计公司、晶圆制造厂及面板厂。IP产品包括高速数据接口类、超低功耗类、高性能数模混合类等七大类200余款IP产品。

华大九天打破海外在EDA领域对华的技术封锁，推出的工具产品已经具备参与国际竞争的实力，个别工具已经达到国际领先水平。公司现有海内外客户近百家，主要客户包括深圳市海思半导体有限公司、展讯通信有限公司、锐迪科微电子有限公司、中兴通讯股份有限公司等国内知名的集成电路设计企业,以及京东方、华星光电等国内主流面板厂。在 IP 方面,其自主研发的高速 SerDes 和电源管理类芯片技术已经达到国际领先水平。

华大九天现有员工 184 人,其中拥有博士 19 人,硕士 104 人,享受国家特殊津贴的专家 1 人,国家"千人计划"海外专家 3 人,北京市"海聚工程"1 人,北京市"科技新星"3 人,北京市朝阳区"凤凰计划"1 人。千人计划专家人数占公司总人数的 1.5%,这个比例在国内企业中是最高的。公司技术骨干全部拥有 5 年以上相关研发工作经验。截至 2016 年年底,公司累计申请发明专利 138 项,获得授权发明专利 20 项,获得软件著作权证书 17 项。华大九天从 2015 年起年度营收就已经超过 1 亿元,每年的研发投入都超过 7000 万元。

华大九天提供显示器件(面板)设计的全流程解决方案,包含电路仿真工具套件 EsimFPD(EsimFPD SE、EsimFPD ALPS、EsimFPD iWave、EsimFPD Model)、基本版图设计工具 AetherFPD LE、高级版图设计工具 AetherFPD LEAD、异形版图设计工具 AetherFPD LEXP、3D RC 提取分析工具套件 RCExplorerFPD(RCExplorerFPD Pixel、RCExplorerFPD TP、RCExplorerFPD CLC、RCExplorerFPD EXT、RCExplorerFPD VIAna 等)、版图验证工具套件 ArgusFPD(ArgusFPD DRC、ArgusFPD LVS、ArgusFPD ERC、ArgusFPD LVL、ArgusFPD DRS、ArgusFPD PVE 等)、面板级版图分析工具套件 EplantFPD(EplantFPD IR、EplantFPD EM、EplantFPD Debug 等)、掩膜分析模拟工具套件 EmapFPD(EmapFPD EA、EmapFPD MRC、EmapFPD SP、EmapFPD JobFile)、数据版本管理工具(dMan)。所有工具都被有机整合在华大九天设计平台中,使 FPD 设计流程变得高效平滑,确保了设计质量,提升了设计效率。

华大九天自主研发的"平板显示面板电路设计工具系统"荣获 2017 年度"中国新型显示产业链发展卓越贡献奖"。该系统基于统一的 Open Access 数据库,支持异型和大尺寸面板复杂的创建、编辑操作,支持面向金属氧化物(Oxide)、有机发光二极管(OLED)、低温多晶硅(LTPS)的新型面板全面板的电路原理图输入、快速仿真优化、新型面板版图编辑,以及高复杂度布线、寄生参数提取、仿真与验证的全流程设计,系统内所有工具数据统一,无缝衔接,在国际上是唯一一款所有工具全部基于统一的数据库平台的面板设计工具系统。该系统具有多项世界第一或者领先的技术,如全世界唯一的异型面板全流程设计工具、运算速度世界第一的全面板仿真工具、速度和精度均为世界第一的面板版图验证工具等。

4. 清大天达

北京清大天达光电科技股份有限公司(简称"清大天达")是一家民营上市公司,其主营业务为自动化生产线的研发、设计、生产与销售,公司以技术为依托为客户提供系统解决方案。主要产品有配向膜形成设备、框胶设备、对位压合设备、检测设备、清洗设备、物流搬运设备与红(绿)激光刻线设备、固化设备、涂胶设备等。

清大天达的关键技术具备良好的可移植性,可广泛应用于电子信息产业、新能源、消费类电子、工业仪器仪表、医药、通信、汽车电子等多个领域。由于高世代平板显示及智能制造产业发展迅猛,公司目前主要集中于新型平板显示及智能制造领域。经多年积累,公司已掌握智能化生产线所需的核心技术，拥有完全知识产权，申报专利 57 项。在新型平板显示行业及智能制造细分行业已经成长为国内龙头企业之一。

其年度财务报告显示，清大天达 2017 年实现营收约 1.93 亿元，同比增长 6.90%。净利润为 0.22 亿元，较上年同期下降 1.32%。其中，TFT-LCD 面板段生产设备实现收入 1.31 亿元，占比约为 68%；模组段生产设备实现收入 0.25 亿元，占比约为 13%；OLED 生产设备实现收入 0.32 亿元，占比约为 17%。

清大天达面板段的生产设备主要是超声波清洗设备，既可用于 TFT-LCD，也可用于 OLED；而模组段的生产设备则主要是老化设备。实现营收同比增长的是超声波清洗设备，而模组老化设备的营收则同比下降。

5. 天通吉成

天通吉成机器技术有限公司（简称"天通吉成"）由天通控股股份有限公司投资创办，是专业从事智能成套高端专用装备研发、制造的国家高新技术企业。公司注册资本为 1.85 亿元，占地面积为 12.75 万平方米，拥有大型关键设备 152 台套，精密监测设备 32 台套，各类专业技术人员数量占员工总数的 40%。

天通吉成的主营产品包括全自动粉末成形压机、数控可转位刀片周边磨床、精密研磨机、单晶炉、超圆盘干燥机、螺旋压榨脱水机，以及基板移栽/玻璃装卸、在线设备/在线系统、玻璃对位索引等显示装备。

天通控股股份有限公司 2017 年财报显示，天通吉成当年实现营收 5.92 亿元，同比减少约 5%；实现净利润 0.64 亿元，同比减少 17%。其中，显示装备实现营收约 1.6 亿元，同比增长 14%，在公司所用营收中的占比约为 27%。

在天通吉成的显示装备产品中，营收占比最大的是在线设备/在线系统，约占 62.5%；基板移栽/玻璃装卸和玻璃对位索引设备的营收占比则各为 18.75%。以上三种设备只有在线设备/在线系统 2017 年同比增长 100%，其他基板移栽/玻璃装卸和玻璃对位索引设备同比均有不同程度的下降。

6. 上海微电子

上海微电子装备（集团）股份有限公司（简称"上海微电子"）主要致力于半导体装备、泛半导体装备、高端智能装备的开发、设计、制造、销售及技术服务。公司设备广泛应用于集成电路前道、先进封装、FPD 面板、MEMS、LED、Power Devices 等制造领域。

上海微电子以光刻机技术为依托，不断开发具有技术先进性的高端半导体装备，形成了光刻机产品系列、激光工艺设备产品系列、光学检测设备产品系列和特殊应用工艺设备四大类产品系列。产品可广泛应用于 IC 制造、先进封装、MEMS、LED、TFT-LCD、AMOLED 等制造领域。其先进封装光刻机销量持续增长，市场供货稳定，国内市场占有率达到 90%，国际市场占有率达到 40%；LED 光刻机销量大幅增加，国内市场占有率较高。2017 年，上海微电子交付的新产品包括新型平板显示用 4.5 代量测设备、6 代高分辨率 TFT 曝光机、6 代激光封装机、晶圆光学缺陷检测设备、光配向设备等。

尤其是 6 代高分辨率 TFT 曝光机，分辨率达到 1.5 微米，套刻精度达到 0.6 微米，在国产设备中尚属首例，在国产化核心设备方面具有十分重要的意义。

至于光配向设备，目前国内仅上海微电子开发出 4.5 代 IPS 光配向设备并投入市场，正在研制并推广达到国际先进水平的 5 代和 6 代光配向设备,支持 254 纳米或 313 纳米波长,消光比大于 60:1,照度大于 7 瓦·毫米/平方厘米。

目前国内缺乏国产的激光封装设备,特别是 6 代半高世代 AMOLED 应用,主要依靠从韩国 LIS 进口,每年消耗 2000 万美元外汇,技术长期依靠国外。上海微电子也正在研制并推广达到国际先进水平的激光封装设备,设计高精密振镜系统,选用 M 型 1070 纳米光斑,支持 0.4 毫米超窄边框、无掩膜和异形屏封装需求,同时兼容传统周线封装、准同步封装工艺需求,实现工艺参数自主可调。

第 14 章　投资

韩国 SFA 收购 SNU，增强其在蒸镀设备制造领域的竞争力。

2017 年 12 月 5 日，SFA 宣布将同样是蒸镀设备主要供应商的 SNU 收购。SFA 对 SNU 投资 475 亿韩元，目前是 SNU 最大的股东。通过持有 SNU 31.02%的股份，SFA 获得了 SNU 的经营支配权。同时，SFA 购买了 SNU 新发行的 2433371 注可转换债券，这些债券若全部转换成股份，SFA 持有的 SNU 股份将增加至 36%。

SNU 是首尔大学于 1998 年成立的 1 号风险企业，目前在国际市场上拥有 PSIS（Photo Spacer Inspection System）、CDHT（Critical Dimension & Half Tone Measurement Sys）和 GPIS（Glass Particle Inspection System）70%的市占率，为 SNU 主要的收益来源。SNU 另一项主要事业为 OLED 蒸镀设备制造，并面向中国的面板企业有着不错的销售业绩。

最近智能手机厂商纷纷使用 OLED 屏幕，使得中小尺寸 OLED 屏幕的需求量急速增加，世界范围内的面板制造企业都在加速投资 OLED 生产线。在这种情况下，各大蒸镀机制造商都在想办法提升其设备生产能力，而 SFA 通过此次的收购，在蒸镀设备制造行业的竞争力得到了成倍增加。考虑到可能从多数客户那里同时拿到大量蒸镀设备订单，SFA 收购 SNU 被认为是最有效果、最有效率的战略。特别是大型蒸镀机的制作需要大规模地组立工厂，SFA 与 SNU 的生产设施若能统筹运营，同时制作相当大规模的蒸镀设备将是可能实现的。

SNU 每年都会投入营业额的 10%到研究开发上，虽然积累了一些技术和研究成果，但作为一家中小型企业，这些成果并不能很好地商业化，这也是中小型企业的局限所在。另外，SFA 是一家稳定的，具有很强经营能力和充足资金的中坚企业，通过此次收购，SFA 可以将 SNU 积累的技术能力发挥出最大的商业价值。SNU 主要事业群之一的检查和测定设备，因具有优秀的算法、稳定的运行和精准的测量结果，较其他竞争对手有很强的竞争力。SFA 收购 SNU 后，通过活用其优秀的算法开发能力，强化 SFA 在检查和测量设备领域的实力，并扩大其在 OLED 设备制造领域的商业版图。

（以上内容摘自《OLED 新技术》）

器 件 篇

第15章 市场

15.1 全球显示器件（面板）市场总结与趋势

（1）多元技术齐绽放，显示产业正经历短期波动，总体趋向稳定。

市场研究机构群智咨询（Sigmaintell）的统计数据显示，2017年，全球TFT-LCD和AMOLED显示器件（面板）产业总体表现稳定，总产值维持在1100亿美元左右。然而由于外部经济环境的骤然变化、产能的快速增长、下游市场去库存化等多因素的影响，2018年，全球TFT-LCD和AMOLED显示器件（面板）产值同比下滑6.8%，产值规模接近1080亿美元水平。

伴随着产能投资增多、技术升级和新旧技术迭代，全球显示产业总体运行呈现短期波动和下滑。受到更多AMOLED产能释放、8K技术成熟、微米级发光二极管（简称"Micro LED"）技术量产等多元新技术进步的拉动，预计从2020年开始，全球显示器件（面板）产值规模将呈回升态势。

然而，值得注意的是，虽然全球显示器件（面板）总体趋向稳定，但短期低谷波动不可避免，显示技术正酝酿着巨大的结构性变化。中国新型显示产业链是否能够从中受益，或者平稳度过，或者异军突起，都值得深思。

（2）非晶硅（a-Si）TFT-LCD产值呈现大幅下降。

2016—2017年，由于韩系面板厂的旧生产线陆续关闭，如三星关闭了一条7代生产线和一条5代生产线，且新增产能较少，导致2017年全球非晶硅TFT-LCD的产值同比下滑8.8%。2018年，中国大陆地区10.5代和8.6代非晶硅TFT-LCD开始量产，全球大尺寸非晶硅TFT-LCD显示器件（面板）市场供过于求，市场供需的变化使得大尺寸非晶硅TFT-LCD面板价格大幅下滑。而在中小尺寸市场中，由于来自低温多晶硅（LTPS）面板的激烈竞争，非晶硅TFT-LCD在智能手机市场中的份额快速下滑。总体来看，2018年上半年，全球非晶硅TFT-LCD产值规模同比下滑了18.1%，预计全年产值为681亿美元，将同比下降11.4%，为历年最高降幅。由于新生产线陆续量产，高世代产能继续大幅增长，加之非晶硅TFT-LCD在移动应用市场份额继续下滑的影响，预计未来两年的产值将维持小幅下滑趋势，总体市场规模走向萎缩。

（3）低温多晶硅（LTPS）TFT-LCD产值稳中略升。

在经历了2016—2017年产能大幅增长和供需过剩带来的价格竞争，低温多晶硅TFT-LCD产值在2016年大幅下跌，导致日系厂商退出。近年来，低温多晶硅TFT-LCD产能维持稳定,而智能手机产品应用大幅度转向全面屏,低温多晶硅 TFT-LCD 面板厂商积极跟进,抓住了客户需求和产品趋势,从 2017 年和 2018 年的表现来看,低温多晶硅 TFT-LCD 产值维持稳定并小幅增长。随着全面屏的深化发展,低温多晶硅 TFT-LCD 的稳定状态将可持续;加之面板厂商积极拓展多元应用市场,将给低温多晶硅 TFT-LCD 带来更多市场空间。预计未来两年,低温多晶硅 TFT-LCD 的产值规模将稳中略升,2020 年将可达到 123 亿美元左右。

(4) 氧化物(Oxide) TFT-LCD 产值低谷反弹走势强劲。

近年来,氧化物 TFT-LCD 经历了市场波动和调整。三星显示关闭 5 代氧化物 TFT-LCD 生产线,除了苹果公司的需求,氧化物 TFT-LCD 在其他市场和客户群中受到冷遇。主要的增长动力来自国内南京中电熊猫液晶显示科技有限公司(简称"中电熊猫")8.5 代和成都 8.6 代工厂的产值贡献,增长速度并不显著。然而,随着 8K 显示面板于 2019 年正式大量量产出货,由于氧化物 TFT-LCD 的高电子迁移率对生产 8K 有天然的技术优势,因此 8K 显示市场的发展将给全球氧化物 TFT-LCD 市场增添新的动力,预计到 2020 年,总产值可达到 25 亿美元,年复合增长率达到 27%。

(5) 低温多晶硅 AMOLED 产值稳定增长。

2017 年,全球低温多晶硅 AMOLED 产值达到 244 亿美元,同比增长 62.8%;预计 2018 年的产值将达到 244 亿美元,与去年同期持平,低温多晶硅 AMOLED 产值在整个显示产业中的占比达到 23%。2018 年增长缓慢的主要原因在于柔性 AMOLED 的需求释放未能达到预期,而刚性 AMOLED 在规模增长的同时价格下滑。在可折叠手机推出后,在智能手机全面屏、屏下指纹和隐藏式摄像头等技术发展趋势引领下,整体来看,低温多晶硅 AMOLED 的竞争优势正在强化,加上中国大陆地区低温多晶硅 AMOLED 面板产能逐渐释放,未来产值将呈现稳定增长。

(6) 氧化物 AMOLED 产值 2020 年增速加快。

随着 OLED TV 在欧美国家的消费者认可度提升,其市场需求逐渐增加,LG 显示 2016—2017 年各增加了 26K 8.5 代氧化物 AMOLED 产能,高世代氧化物 AMOLED 产能持续增长带动 OLED TV 面板的产值也呈现稳步增长的态势,预计 2018 年全球氧化物 AMOLED 产值将达到 20 亿美元,同比增长 44.1%。而 LGD 在广州投资的 8.5 代氧化物 AMOLED 生产线将于 2019 年下半年量产,三星显示 SDC 也启动产能改造计划,于 2020 年开始小批量生产基于氧化物 TFT 背板的 QD-OLED。预计 2020 年氧化物 AMOLED 产值将可达到 41 亿美元,同比增长 66.5%。

(7) Micro LED 市场进入萌芽阶段,2020 年的产值将可达 1 亿美元规模。

三星电子在 2018 年 CES 期间发布 146 英寸 Micro LED 电视后,市场需求和产品技术发展逐步起步,2018 年将取得一定的市场销量,预计全球产值规模为 2000 万美元。随着 LG 电子和苹果等厂商的加入,以及巨量转移制程技术的进步,预计大尺寸 Micro LED 市场进入萌芽阶段,产值逐步增长,到 2020 年将可达 1 亿美元,如图 15-1 所示。

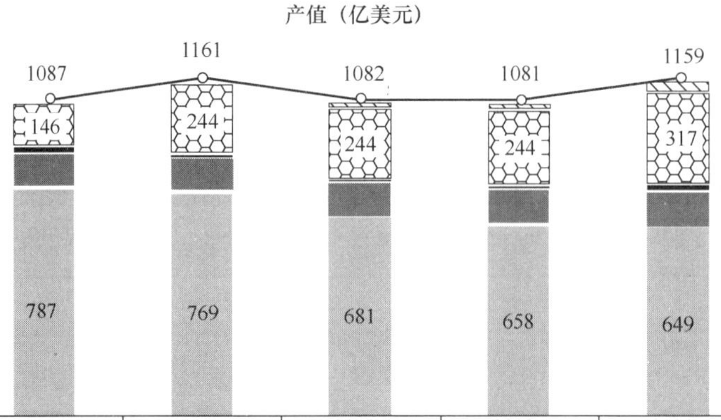

产值（亿美元）

年份	2016	2017	2018F	2019F	2020F
其他	6	5	5	5	5
Micro LED	—	—	0.2	0.6	1.0
Oxide AMOLED	8	14	20	24	41
LTPS AMOLED	146	244	244	258	317
Oxide TFT-LCD	25	11	12	16	25
LTPS TFT-LCD	116	117	120	119	123
a-Si TFT-LCD	787	769	681	658	649
总计	1087	1161	1082	1081	1159

图 15-1　2016—2020 年全球显示产业产值结构

15.2　液晶显示（LCD）器件（面板）

15.2.1　液晶电视面板

2018 年，全球政治经济格局震荡，大国之间的贸易摩擦不断，中国经济增速放缓，加之汇率波动加剧，全球主要区域电视面板市场的表现低迷，出货不如预期。但面板厂商通过积极的专案促销和出货，出货量同比依然有较大幅度的增长，库存得到有效去化。市场研究机构群智咨询（Sigmaintell）的数据显示，2018 年上半年，全球液晶电视面板的出货量达到了 1.35 亿台，环比下降 3.7%，同比增长 10.6%。出货面积环比下降 3.6%，同比增长 8.8%。出货面积的同比增幅低于数量的增幅，大尺寸化速度仍在减缓。

分尺寸来看，受世界杯赛事的拉动，海外市场需求持续走强，带动中小尺寸出货同比大幅增长。2018 年上半年，32 英寸面板出货同比增长 25%，在全球液晶电视面板中的占比高达 32%。39~45 英寸面板出货同比增长 11%，占比提升到 24.4%。而反观大尺寸，65 英寸面板出货环比下降了 4%，占比连续 5 个季度维持在 4.4%左右，出货表现明显不如预期。而因小尺寸占比增加，大尺寸的比重没有明显提升，上半年全球液晶电视面板的平均尺寸没有增长，反而下降。2018 年一季度，全球液晶电视面板的平均尺寸为 43.6 英寸，环比下降了 0.1 英寸，二季度为 43.3 英寸，环比下降了 0.3 英寸，具体如图 15-2 所示。平均尺寸的增速不如预期是 2018 年上半年全球液晶电视面板市场供需失衡的重要因素之一。

分厂商来看，中国面板厂因产能的持续扩充，整体竞争力明显提升，在全球液晶电视面板市场中的比重不断增加。从 2018 年上半年出货量的排名来看，京东方、LG 显示和群创光电分别名列前三，三星位列第四，华星光电排名第五。

第15章 市场

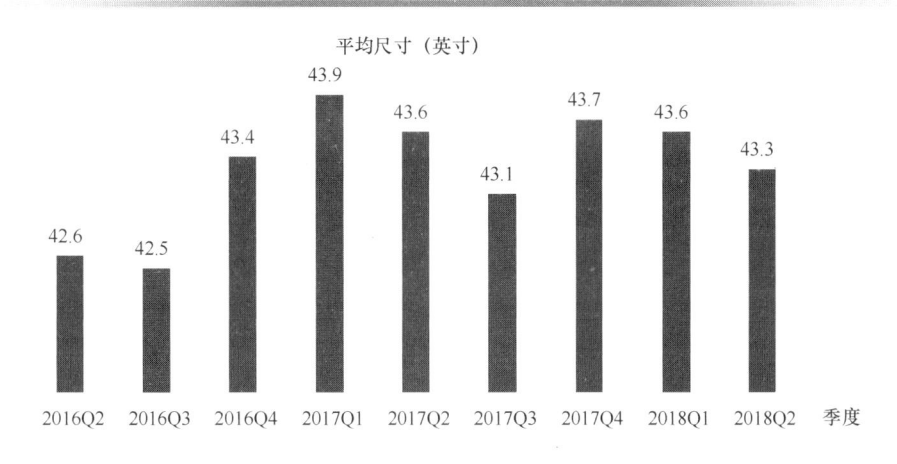

图 15-2　2016—2018 年全球 LCD TV 面板出货平均尺寸

京东方在 2018 年上半年出货量达到 2584 万台，超过 LG 显示，排名全球第一。2018 年，京东方福清的 8.5 代生产线满产稼动，全球首条 10.5 代面板生产线量产。同时，在 55 英寸以上的大尺寸领域逐步突破，产品结构得到有效改善，面积排名也跻身全球前三。

LG 显示的液晶电视面板出货达到 2372 万片，环比下降 7.2%，同比下降 3.4%。LG 显示持续推动大尺寸化，在 55 英寸、65 英寸及 75 英寸等大尺寸及高端产品领域保持领先地位，出货量排名虽然落后于京东方，但出货面积排名依然维持全球第一。

群创光电 2018 年上半年一直保持高库存运转，而随着二季度运营策略的转变，二季度末库存得到积极有效的去化。上半年出货总量达到 2074 万片，同比增长 7.4%，数量排名全球第三，面积排名全球第四。

三星显示主要关注高端大尺寸产品，65 英寸的规模不断扩大。其中，三星 8K 策略积极，2018 年二季度已经量产 8K 电视面板。其整体出货量相对稳定，出货量排名第四，但出货面积仅次于 LG 显示，排名全球第二。

华星光电维持满产满销，2018 年上半年出货总量达到 1910 万片，同比增长 5.6%，出货量和面积均排名全球第五，产品依然以 32 英寸和 55 英寸为主。

友达光电受到中国厂商积极产能扩充的影响，市占率降低到 10% 以内。友达光电的投资相对保守，2018 年下半年，8.5 代生产线扩产产能迎来量产，产能将有小幅增长。

其他面板厂商，惠科的 8.6 代生产线几乎满产满销。中国电子（CEC）旗下 2 条新的 8.6 代生产线均已开始量产投片，但出货量维持缓慢增长。夏普的面板生产线维持较高的稼动率，但是库存压力尽显，通过不断的产品结构调整来缓解库存压力。

2018 年上半年全球液晶电视面板出货量排名如图 15-3 所示；2018 年上半年全球液晶电视面板出货面积排名如图 15-4 所示。

从 2017 年二季度开始，面板价格步入下降通道，而 2018 年上半年电视市场表现不佳，面板价格到 6 月依然维持下降的趋势，且二季度的降幅扩大，价格一度接近成本，使得面板厂承受巨大的亏损压力。

截至 2018 年 6 月，32 英寸的价格与 2017 年相比，价格高点下降了接近 40%；39.5～43 英寸尺寸段面板价格维持较大幅度的下降；50 英寸价格甚至与 49 英寸价格倒挂，加速需求进一步从 49 英寸往 50 英寸转移。55 英寸的价格与 2017 年相比，价格高点下降了 31.5%，65 英寸价格二季度降幅扩大，2018 年上半年的整体降幅接近 25%。

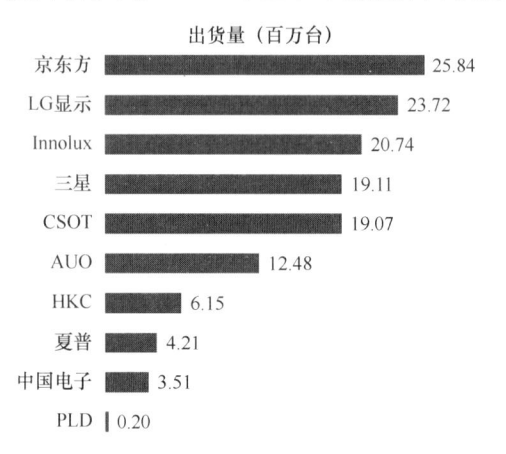

出货量（百万台）
- 京东方 25.84
- LG显示 23.72
- Innolux 20.74
- 三星 19.11
- CSOT 19.07
- AUO 12.48
- HKC 6.15
- 夏普 4.21
- 中国电子 3.51
- PLD 0.20

图 15-3　2018 年上半年全球液晶电视面板出货量排名

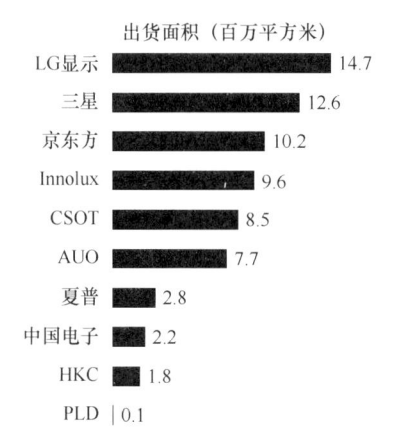

出货面积（百万平方米）
- LG显示 14.7
- 三星 12.6
- 京东方 10.2
- Innolux 9.6
- CSOT 8.5
- AUO 7.7
- 夏普 2.8
- 中国电子 2.2
- HKC 1.8
- PLD 0.1

图 15-4　2018 年上半年全球液晶电视面板出货面积排名

面板价格在 2018 年二季度加速下跌，纷纷跌破总成本，使得面板厂商的获利面临严峻的挑战。受到获利驱使，面板厂在三季度备货旺季积极推动面板价格上涨，出现了阶段性涨价的行情，但价格实际上涨周期仅维持了约 2 个月，打破了原来的价格波动周期规律。在未来全球液晶电视面板市场供需过剩的大背景下，液晶电视面板价格上涨周期将大大缩短。

2018 年全球贸易保护主义兴起，大国之间的贸易摩擦不断，汇率波动加剧，经济增长动力走弱，市场弥漫着悲观的情绪。对电视面板市场来说，受"世界杯"拉动、南美等地区数位信号转换带来的换机潮及北美经济向好的影响，电视面板出货创历史新高。预计 2018 年全球液晶电视面板的出货量为 2.84 亿片，同比增长 8.4%，出货面积为 1.51 亿平方米，同比增长 9.5%，出货量及出货面积均达历史新高。但受整体经济环境影响，消费者购买力受限，TV 面板出货结构阶段性向小尺寸化逆行，需求面积的增幅小于产能供应的增幅，带动供需失衡，面板价格下跌，厂商获利再次面临严峻挑战。2018 年上半年液晶电视面板主流尺寸价格降幅如图 15-5 所示。

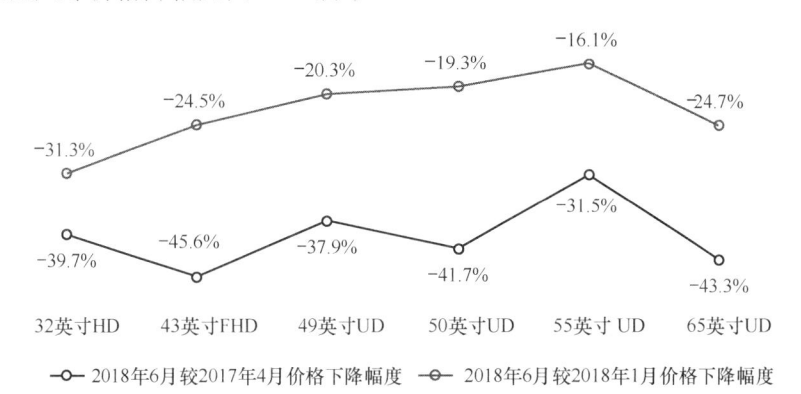

图 15-5　2018 年上半年液晶电视面板主流尺寸价格降幅

展望未来，全球电视市场需求量基本饱和，且受到 OLED 等新技术的持续渗透，预计未来液晶电视面板的需求量很难增长，2019 年和 2020 年全球液晶电视面板需求量同比呈现小幅下降的趋势，如图 15-6 所示。

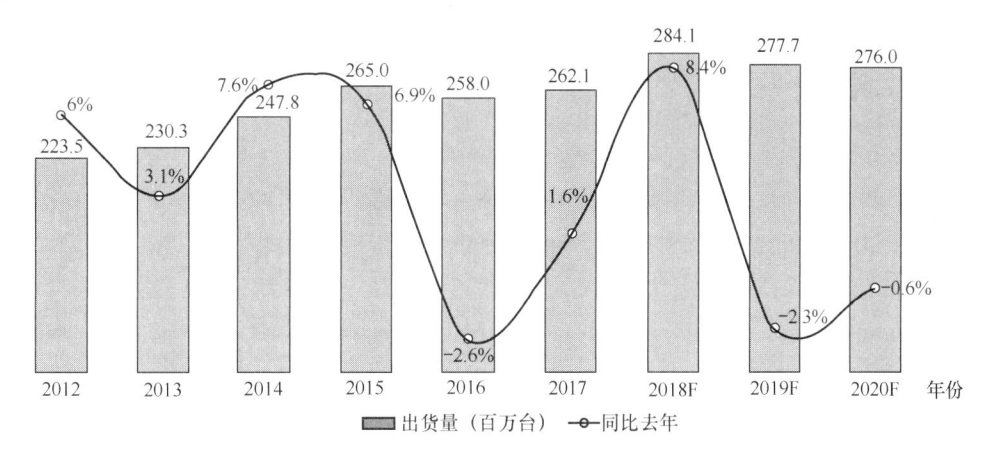

图 15-6　2012—2020 年全球液晶电视面板出货量

从面积来看，2018 年，全球液晶电视面板的出货面积同比增长 9.5%，增幅较大。主要原因是北美和中国市场的 65 英寸等大尺寸面板需求逐步得到释放，但尺寸结构的问题也较为明显，32 英寸等小尺寸面板在新兴国家的出货比重居高不下，造成面积增速的季节性波动很大。展望未来，全球液晶电视面板市场大尺寸化趋势依然明显，带动需求面积持续增长。预计 2019 年和 2020 年需求面积分别同比增长 4.8 和 3.8%，如图 15-7 所示。

目前电视市场主要以更新换代的需求为主，随着全球 TV 面板高世代生产线的开出，拉动了市场大尺寸化的稳步推进，消费者对大尺寸的认可度越来越高。

一方面，韩国及中国（主要为中国台湾地区）厂商在现有生产线的基础上，增加 65

英寸及以上大尺寸面板产能；另一方面，10.5 高世代面板生产线开始量产供货，大大提升 65 英寸及以上大尺寸面板的供应能力。2018 年，65 英寸面板需求量将达到 1330 万台，同比将大幅增长 18.7%，65 英寸以上的超大尺寸面板需求量将达到 440 万台，同比增长 14.8%。到 2020 年，65 英寸面板出货量预计超过 2000 万台，65 英寸以上大尺寸面板的出货量接近 800 万台，维持高速增长的趋势，如图 15-8 所示。

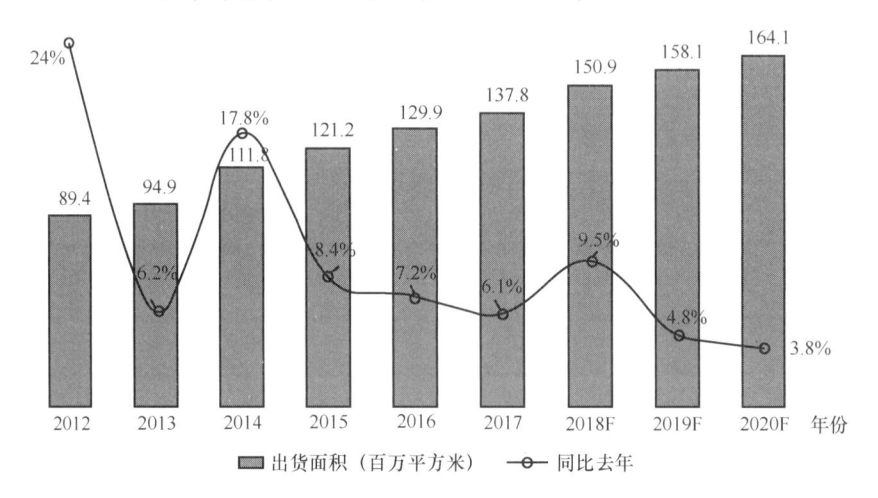

图 15-7　2012—2020 年全球液晶电视面板出货面积

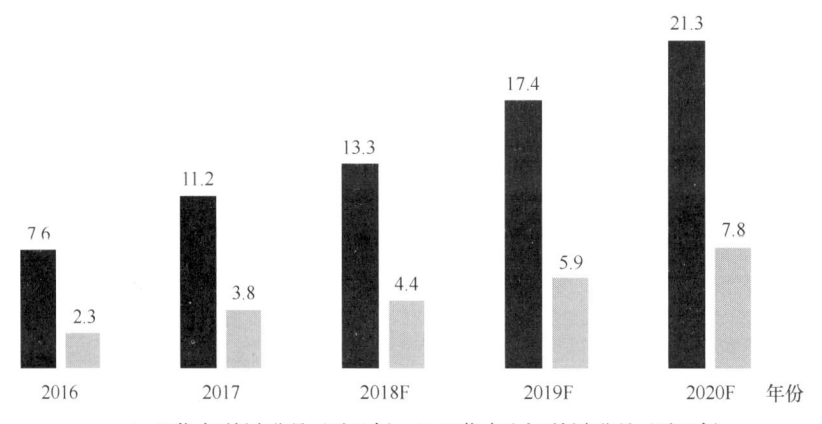

图 15-8　2016—2020 年全球 65 英寸及以上大尺寸面板出货量

从平均尺寸来看，2018 年，全球液晶电视面板平均尺寸为 43.9 英寸，仅增长 0.4 英寸。由于小尺寸的需求保持强劲，其在全球面板出货中的占比过高，同时大尺寸的需求被抑制，平均尺寸的增长远远低于预期。而随着大尺寸面板供应的增加及面板价格的下降，将会带动大尺寸面板加快渗透，平均尺寸将稳步增加，预计到 2019 年，平均尺寸将增长 1.3 英寸，达到 45.2 英寸。2020 年，平均尺寸也将维持约 1 英寸的增长。

如前文所述，全球电视市场容量饱和，液晶电视面板的需求数量难以再现高速增长，未来不断新增的产能主要依赖全球液晶电视面板平均尺寸的增长，如图 15-9 所示。

第15章 市场

出货平均尺寸（英寸）

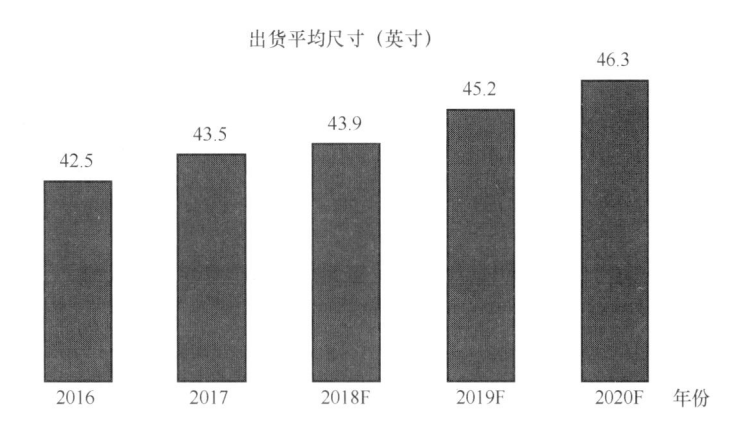

年份	2016	2017	2018F	2019F	2020F
尺寸	42.5	43.5	43.9	45.2	46.3

图 15-9　2016—2020 年全球液晶电视面板出货平均尺寸

15.2.2　IT 显示器（MNT）面板

根据市场研究机构群智咨询（Sigmaintell）的调查数据，2017 年，全球显示器面板的出货量达到 1.37 亿台，同比下降 1.9%，出货面积达到 2.1 亿平方米，同比增长 5.2%，受网咖市场需求的带动，32 英寸等大尺寸显示器面板出货大幅增加，虽然出货量同比下降，但是面积依然维持增长。2018 年，电竞市场需求爆发，全球显示器面板的出货量达到 1.39 亿台，小幅增长 1.5%，出货面积同比增长 1.4%。

预计未来显示器面板市场需求数量稳定，维持在 1.3 亿~1.4 亿台，而受到中小应用崛起及移动办公兴起的影响，全球显示器面板市场份额受到一定的排挤，预计未来两年，显示器面板市场数量规模呈现小幅下降的趋势，具体如图 15-10、图 15-11 所示。

年份	2016	2017	2018F	2019F	2020F
显示器面板出货量（百万台）	140	137	139	138	136
同比去年	-3.8%	-1.9%	1.5%	-0.7%	-1.4%

图 15-10　2016—2020 年全球液晶显示器面板出货量

而随着高世代面板产能的持续增长，显示器面板供应产能也将随之逐年增加，供应过剩的风险随之加大。与电视面板市场类似，面板厂商只有通过产品结构优化、增加高端产品比重及积极推动大尺寸显示器面板的比重，才能在未来严峻的竞争环境中保持竞争优势。

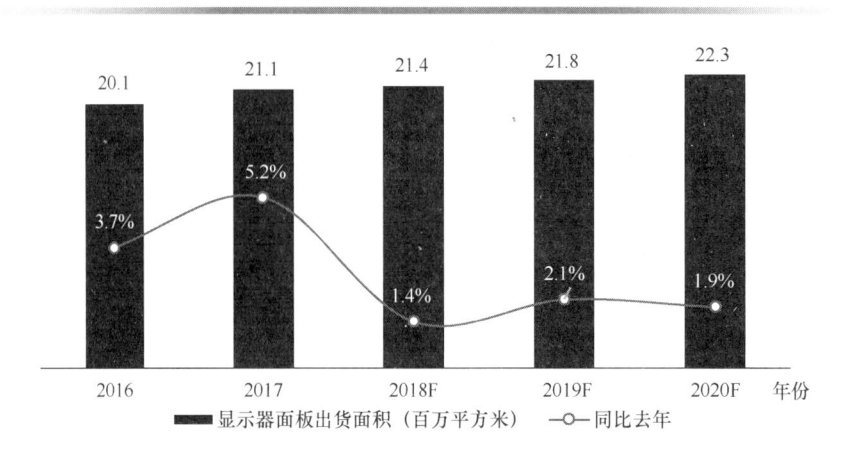

图 15-11　2016—2020年全球液晶显示器面板出货面积

显示器面板需求数量相对稳定，面板厂商通过降低成本和技术升级来推动显示器更新换代，预计 20 英寸以下的小尺寸比重进一步下降，而中大尺寸占比逐渐增加，其中，23～24 英寸将发展成主流尺寸，且这个尺寸段的产品更加向 23.8 英寸聚集。整体来说，预计到 2020 年，23～24 英寸的占比将达到 39%，27 英寸及 27 英寸以上的大尺寸显示器面板出货比重也将逐年增长，如图 15-12 所示。

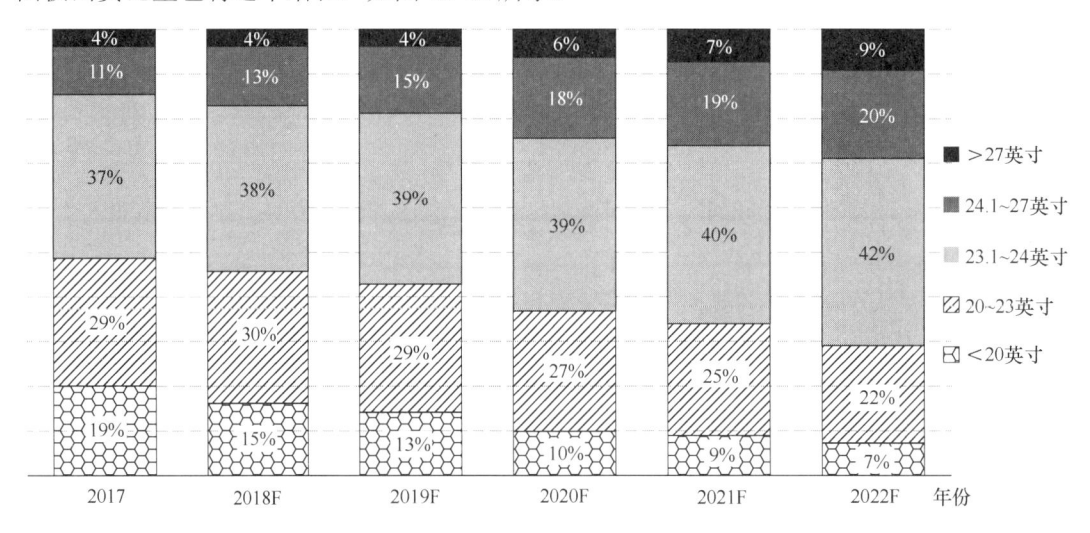

图 15-12　2017—2022年全球液晶显示器面板出货分尺寸占比

尺寸结构的迁移带动平均尺寸变化，显示器面板的平均尺寸也呈现逐年增加的趋势。2018 年，全球显示器面板出货平均尺寸为 23.1 英寸，增长了 0.4 英寸。预计到 2019 年和 2020 年，平均尺寸分别达到 23.4 英寸及 24 英寸，同比分别增长 0.3 英寸及 0.6 英寸，如图 15-13 所示。

相较于传统显示器市场，电竞显示器没有受到移动装置的显著影响，数量维持高速增长。近两年，"绝地求生"等竞技游戏的火热，将电子竞技的发展推向一个新的高潮，电竞显示器也成为显示器行业关注的焦点。而且相较于传统的显示器面板产品，电竞产品规格要求较高，销售价格和利润表现较好，品牌竞相加入，电竞市场的规模逐步扩大。2017年，全球电竞显示器的规模达到 370 万台，同比呈现倍数以上的增长，渗透率达到 2.7%。预计 2018 年的规模将超过 500 万台，市占率提升到 4%，预计 2019 年和 2020 年电视显示器市场规模将维持高速增长的态势，2020 年，电竞显示器市场规模将接近 900 万台，市占率达到 6.5%，如图 15-14 所示。

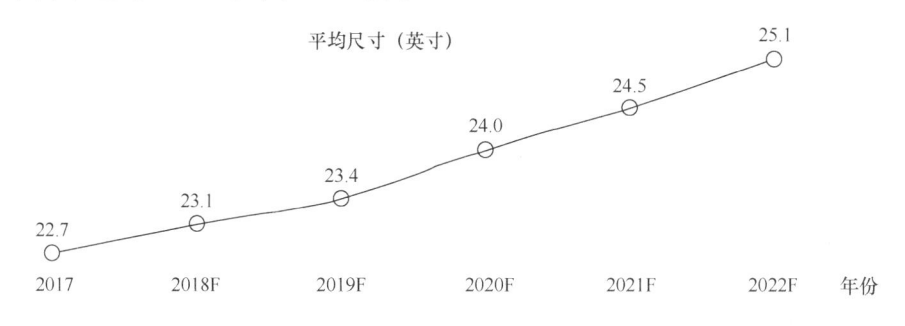

图 15-13　2017—2022 年全球液晶显示器面板出货平均尺寸

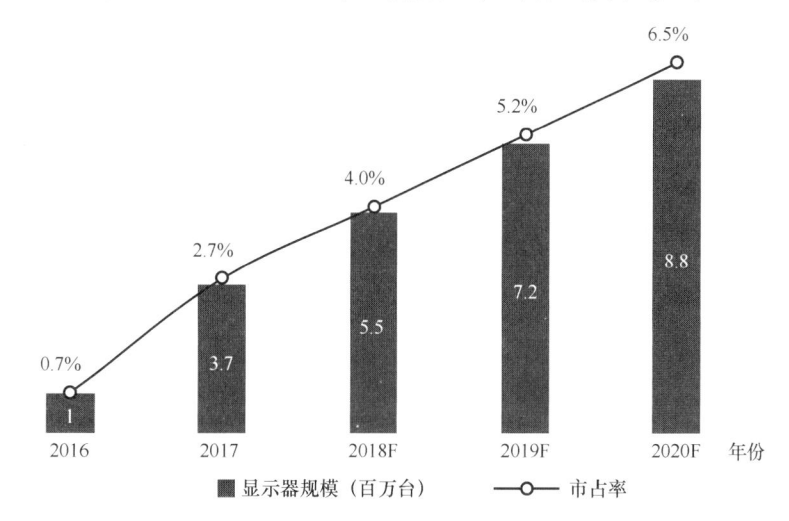

图 15-14　2016—2020 年全球电竞显示器规模及市占率

15.2.3　笔记本（NB）面板

2017 年，笔记本市场受 Chrome Book 热销及小米、华为等新品牌加入的影响，笔记本面板出货量达 1.76 亿台，同比大幅增长 6.7%。而随着笔记本电脑细分市场更加丰富，不断细化消费者需求，特别是这两年电竞游戏的流行带动游戏笔记本电脑（简称"游戏本"）持续热销。而且游戏本基本上以 15 英寸高刷新率的高端产品为主，其在销售价格及获利方面相较普通的笔记本产品有较大的空间，厂商也积极布局。根据市场研究机构群智咨询（Sigmaintell）的数据，2018 年，笔记本电脑的出货量将达到 1.77 亿台，同比维持 0.6%的小幅增长，出货面积将同比增长 4%。

但大屏智能手机快速普及、技术快速更新换代，加之 4G 的普及和 5G 网络的推广，便携式的娱乐功能将进一步向智能手机转移，对未来笔记本面板出货产生不小的冲击。预计 2019 年全球笔记本面板出货量为 1.75 亿台，同比下降 1.1%，2020 年的出货量减少到 1.74 亿台，同比下降 0.6%。虽然数量下降，但是主流应用类别的笔记本电脑持续向 13～15 英寸转移，带动出货面积依然维持小幅增长的态势。具体如图 15-15 所示。

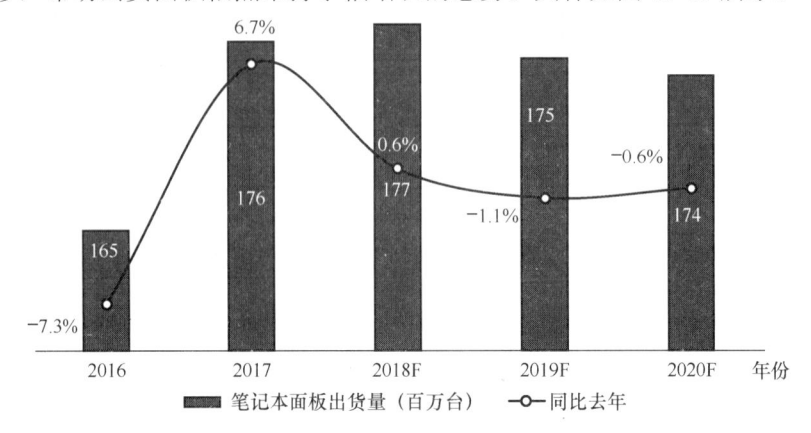

图 15-15　2016—2020 年全球笔记本面板出货量及同比

分厂商来看，韩国厂商对于笔记本面板的布局保守，三星显示全面退出笔记本面板市场，而 LG 显示也仅以高端产品为主，笔记本面板出货在全球中的比重持续大幅下降。而以友达光电和群创光电为首的中国台湾地区的面板厂则相对积极，特别是友达光电针对 LPTS 的笔记本面板，领先市场推出一系列产品，包含窄边框、省电、高解析、高色彩饱和度等高端产品，而友达光电凭借高刷新率和快速的反应速度，在全球电竞笔记本电脑应用面板市场中的占比达到 90%。同时，因为友达光电积极进行产品结构调整，使用有限的产能集中生产高利润的电竞产品，有效地改善了获利情况。中国大陆地区的面板厂商，特别是京东方，近几年来随着 8.5 代生产线面板产能的持续扩充，其笔记本面板的出货量从 2017 年开始便已经超过中国台湾地区厂商，排名全球第一，2018 年的占比有望超过 30%，如图 15-16 所示。

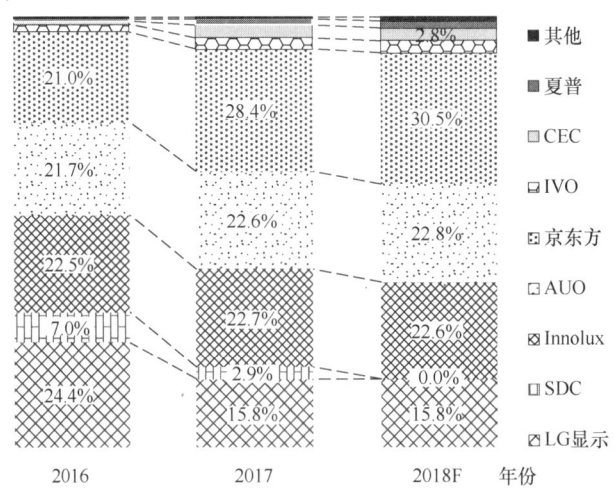

图 15-16　2016—2018 年全球笔记本面板厂商出货量市占率

15.2.4 手机面板

根据市场研究机构群智咨询（Sigmaintell）的数据，2017 年，手机面板的出货量达到 28.5 亿片，同比下降 1.9%，其中智能手机面板出货量约为 19.9 亿片，与 2016 年基本维持一致，同比微幅下降。2018 年，受全球经济环境及更新需求放缓影响，2018 年，全球手机面板的出货量预计达到 28.6 亿片，同比微幅增长 0.4%，智能手机面板出货量预计接近 19.5 亿片，同比下降 2.2%，如图 15-17 所示。

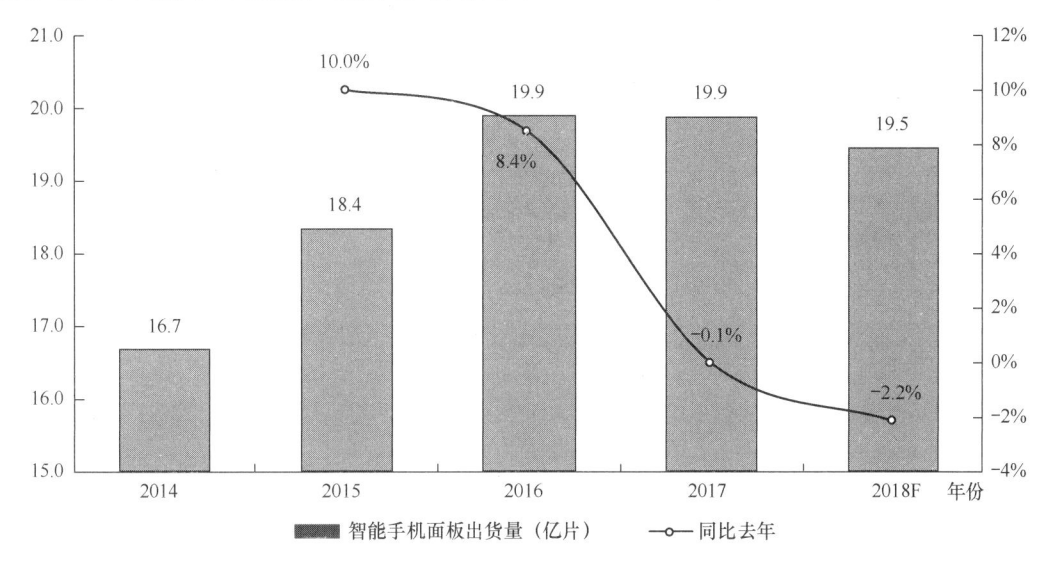

图 15-17 2014—2018 年全球智能手机面板出货量及同比

在国家政策激励下，中国大陆地区面板厂近年来发展迅速，智能手机液晶面板的出货量实现大幅增长。2017 年，全球智能手机液晶面板出货约 15.7 亿片，其中中国大陆地区面板厂智能手机液晶面板出货 7.2 亿片，占比达 46%。2018 年，中国大陆地区面板厂智能手机液晶面板出货量预计上升至 7.5 亿片，占比继续攀升至 52.3%，如图 15-18 所示。

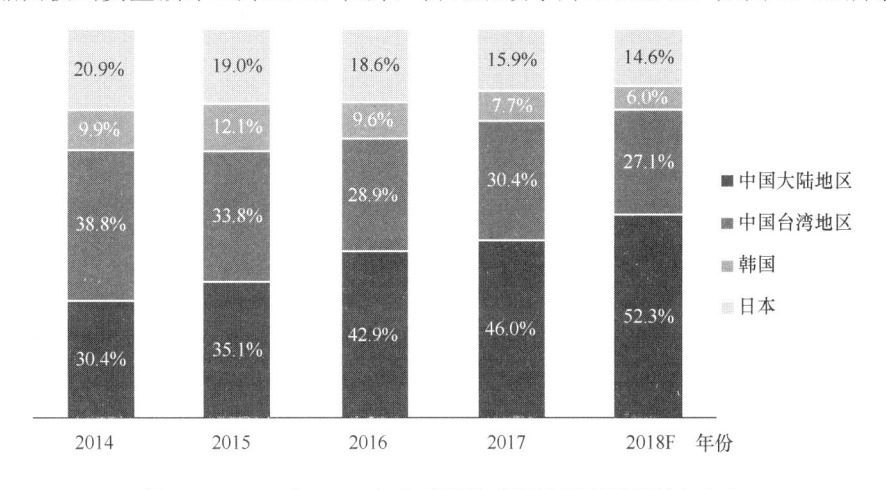

图 15-18 2014—2018 年全球智能手机液晶面板区域市占率

2017年，TOP5面板供应商的市场集中度约为61%，2018年，TOP5面板供应商的市场集中度提升到65%，同比提升4个百分点。

其中，三星显示依托苹果的新订单及中国大陆地区市场的稳定表现，实现了同比2.3%的出货量增长。其次，京东方柔性OLED的稳定交付及其在LCD面板强劲的产能优势，使其实现了同比2.7%的出货量增长。排名第三的天马依托LTPS的品质实力及对全面屏时代的快速跟进，2018年，其智能手机面板出货量同比增长11.5%。

整体来看，在LCD领域，除了在中国大陆地区设厂的友达光电，日本、韩国、中国台湾地区面板厂的竞争优势在逐步减弱。2018年全球智能手机面板出货情况如图15-19所示。

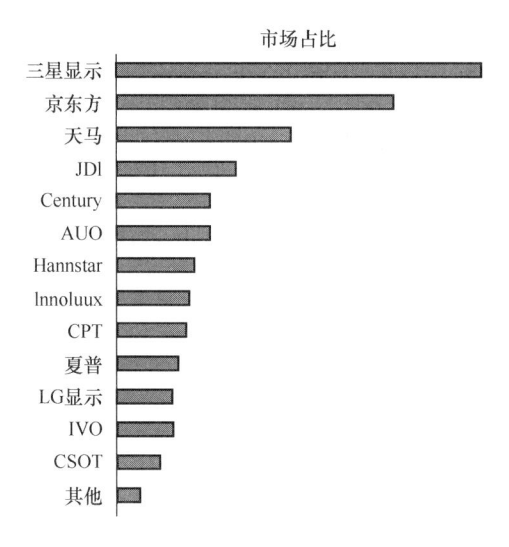

图15-19　2018年全球智能手机面板出货情况

（资料来源：Sigmaintell）

智能手机市场日益成熟，产品的竞争也日益激烈，推动着品牌业者不断提升手机的技术指标和创新设计，面板技术升级是首要目标，智能手机面板a-Si（非晶硅）比重持续下滑，2016年已经下降至50%以下，并保持持续收缩趋势。2017年，随着众多新的LTPS（低温变晶硅）产能释出，价格竞争异常激烈，价格对于终端客户明显利好，从而使得LTPS智能手机面板出货比重从2016年的29%上升至32.7%。2018年，随着全面屏发展对技术升级的要求，LTPS智能手机面板出货比重预计继续上升至35.8%。柔性AMOLED面板因为苹果公司的采用从2017年起出货比重明显增长，达到7.4%，2018年，这一比重将继续上升至10.3%。柔性AMOLED随着产能的快速增加和市场普及，出货比重将逐步攀升，如图15-20所示。

中国大陆地区面板厂不仅在出货量方面占据越来越重要的地位，技术升级也紧跟市场趋势。

在液晶面板方面，中国大陆地区面板厂也致力于不断提升产品的技术品质，2016年，在中国大陆地区面板厂智能手机面板出货中，LTPS的比重为14.1%。2017年，随着京东方、天马、华星光电 LTPS 新产能的量产，LTPS 面板比重大幅上升至 27.9%，出货量同比增长超过 100%。2018 年，全面屏发展进一步加速了面板技术的升级，上半年，中国大陆地区面板厂智能手机面板出货中 LTPS 液晶面板比重已经达到 42.9%，具体如图 15-21 所示。

在全面屏面板方面，2018 年，全球全面屏面板出货约 11 亿片，同比增长约 378%。2018 年，全面屏已经成为行业手机的标配。从 2018 年的全年表现来看，受到主力机型的拉动，三星显示以 28.6%的市场份额引领全面屏面板市场，且都是 OLED 显示面板。其次是天马，依托自身在主力品牌华为、vivo 的优异交付及品质管控，位列 LCD 全面屏出货首位，其 2018 年全面屏面板的出货量约为 1.8 亿片，同比增长约 648%，如图 15-22 所示。

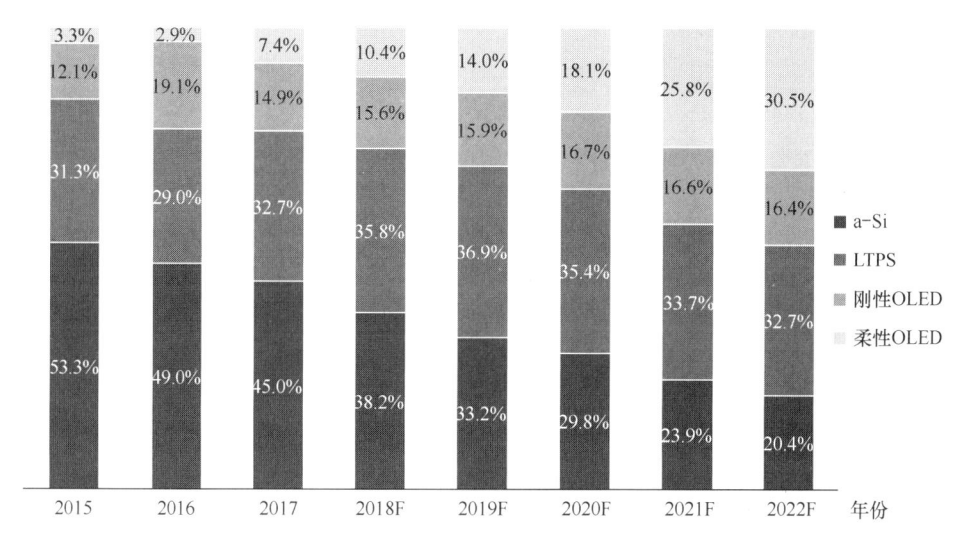

图 15-20 2015—2022 年全球智能手机面板技术类型

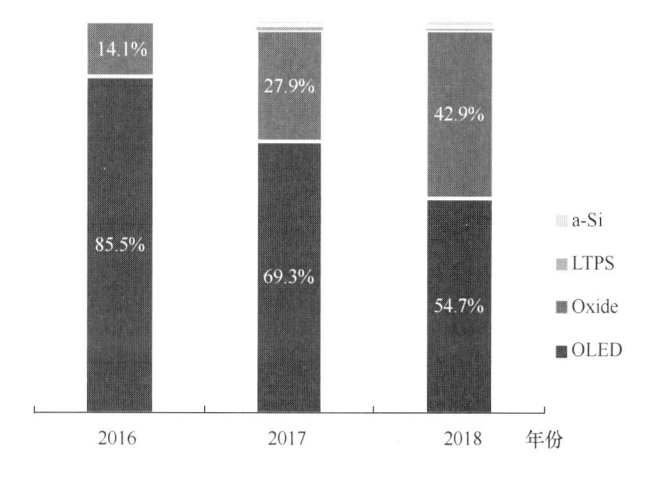

图 15-21 2016—2018 年中国面板厂智能手机面板技术类型

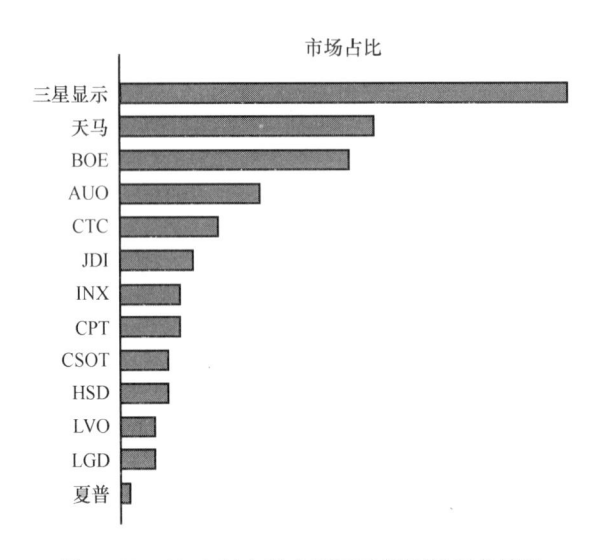

图 15-22　2018 年全球全面屏手机面板出货情况

（资料来源：Sigmaintell）

15.2.5　车载显示面板

TFT-LCD 汽车显示屏产业正由快速增长转向缓慢增长。从 2017 年开始，单位年增长率将低于 10%。入门/主流产品的市场增长引擎正在向中国和新兴国家转移，低成本解决方案开始蓬勃发展。与此同时，对安全信息显示的需求正在起飞，全数字集成仪表板、大尺寸中控显示面板、平视显示器（Head Up Display，HUD）和电子后视镜（e-Mirror）等需求已经成为性能升级与价值增长的刺激因素。然而，市场竞争日益加剧，中国面板厂商异军突起，现在也开始提供中控显示面板，市场排名在 2018 年重新洗牌。

中控显示面板出货量占总出货量的 60% 左右，其在近几年获得了强劲增长，但在 2017 年全球前装市场安装率达到 58% 之后，其增长率已经降至个位数。中控显示面板在顶级和高端车型内的安装率已经很高，而且正在向更大尺寸的屏幕升级。2018 年，中国和新兴市场地区推动中控显示面板在主流/入门车型中的出货量。直至 2020 年，中国政府都会针对新型节能汽车提供税收优惠，电动汽车显示器需要呈现电池电量、剩余里程、充电信息、发动机状态等，这将引发更大的显示器需求。

然而，持续增加的采用率和采购量将不可避免地引发车厂和一线系统制造商的价格下行压力。汽车显示系统正在转向模块化设计，其显示器与系统相互分离，以便降低开发成本，缩短产品上市时间。因此，价格压力持续增加而产品生命周期将会更短，这将是长期趋势。

中国面板厂商的市场份额在 2017 年第三季度增加了 15%，增幅超过了 2012 年的 3 倍，如图 15-23 所示。同时，日本和中国台湾地区的汽车面板制造商在 2017 年的份额都略微下降。中国大陆地区的面板厂商，如天马和信利，原本在被动式集群仪表板市场表现强劲，也已在 2015 年进入了车载液晶面板（TFT LCD）市场。其在 2016 年集群仪表板显示器市场的占有率达到 30%。2017 年，中国面板厂商以激进的定价策略提供标准化的产品，大举进入中控显示面板市场。2018 年，他们在中控显示面板市场的份额应该会更大。借助于国内需求增长的优势，中国大陆地区面板制造商将开始对中国台湾地区面板制造商在中控显示面板市场的领先地位构成挑战。

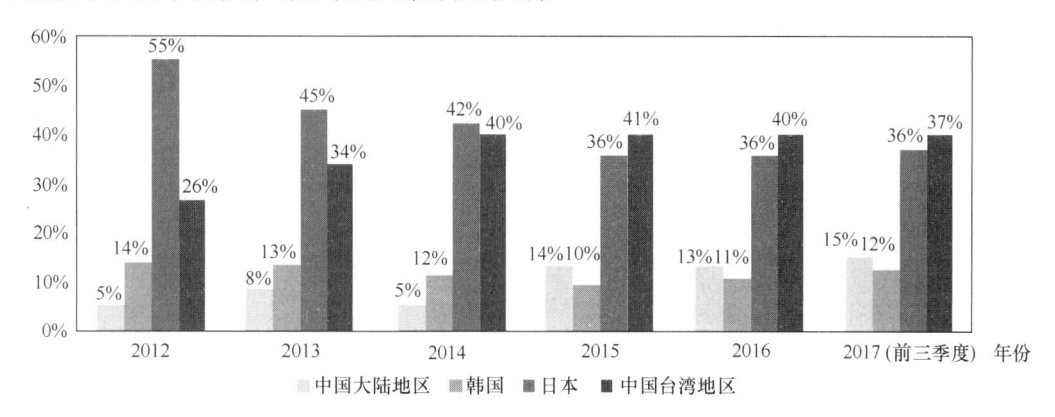

图 15-23　2012—2017 年 TFT-LCD 中控显示面板出货量增幅

2018 年，JDI 仍将处于领先地位，同时有几家供应商将在其余排名上展开竞争。基于 2018 年的销售计划，友达光电、夏普、群创光电和 LG 显示将与天马争夺第二和第三的排名，出货量排名将重新洗牌。

日本、韩国和中国（主要为中国台湾地区）的面板厂商正在积极准备迎接下一代显示平台的竞争。汽车产业正在转型，集中力量走向更强大的高级驾驶辅助系统（Advanced Driving Assistant System，ADAS）和更高级别的自动驾驶。驾驶舱设计的趋势是支持多屏幕和更多新应用的"Domain Cockpit"。自动驾驶汽车的发展演变正在为更多的显示应用打开大门，如中央控制面板、HUD、e-Mirror、门上显示器和侧后视镜，也包括许多新兴的技术需求，如曲面、非矩形、HDR、大尺寸、LTPS、AMOLED、In-Cell 和压力触控。为了对 2021 年后上市的新型显示平台规范进行定义，2018 年将是至关重要的一年。日本供应商 JDI 和夏普正在推进 LTPS LCD 和氧化物 LCD。韩国厂商 LG 显示和三星正在推动 AMOLED。中国台湾地区面板供应商也在将其重点转移到安全性和可靠性更高的应用，如集成化仪表板、e-Mirror 和 HUD，并提供更高的集成度，以便赢回市场。

15.2.6　电子标签（ESL）显示面板

根据市场研究机构群智咨询（Sigmaintell）的数据，2018 年，全球 ESL 出货量将达到 1 亿片，同比增长 18%，如图 15-24 所示。全球新零售潮流到来，在工厂、仓储及企业管理的智能化趋势下，ESL 显示面板出货增长是必然趋势。

ESL 即电子标签，一般由显示模块、控制板及电池组成，代替传统纸质标签；一般用于无人超市、卖场、药店等零售业，也可用于智能工厂及仓库等场合。相比于传统纸质标签，ESL 具有高效率、低错误率、低人力成本及高智能化的优点，由此更加适合新零售业的发展。然而，因 ESL 对使用场景有特殊性要求，其对于显示面板的要求更倾向于超低功耗、超低成本、稳定的显示效果等。

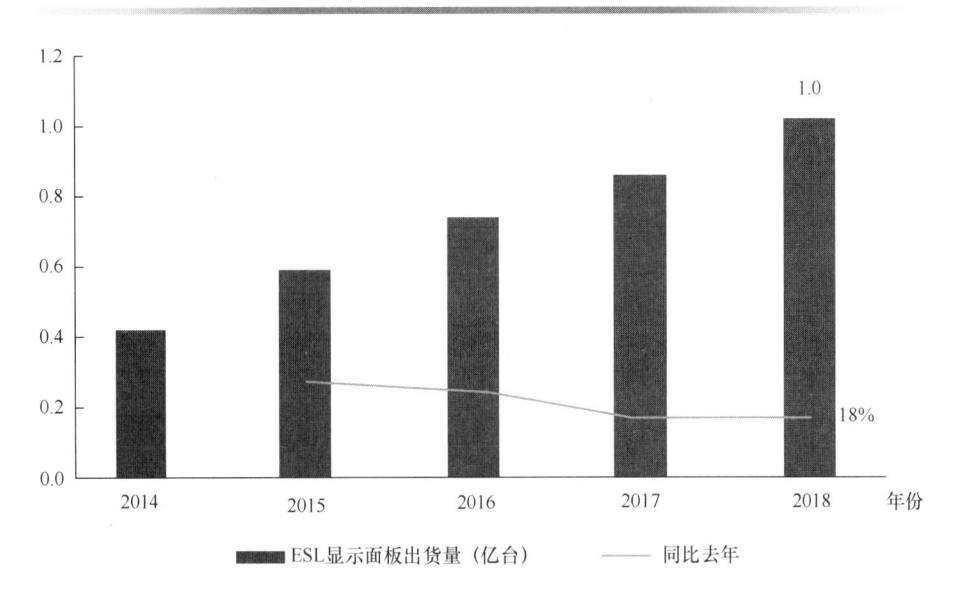

图 15-24　2014—2018 年全球 ESL 显示面板出货量及同比增速

但是，ESL 和纸质标签在同样的业态下竞争，两者是替代关系，那么相较于纸质标签，ESL 势必无法绕开成本竞争，压力可想而知。因此，ESL 整机厂面临的是严峻的成本压力，突破方向是新的商业模式。除了传统的整机售卖方式，ESL 整机厂则可寻求新的商业模式，例如，以租赁或收取服务费的方式将整机投放到超市、商场等地。

总体来看，在新零售趋势下，当今线下零售还大有可为，全球 ESL 市场更是潜力无限，这于面板行业，尤其是 a-Si 面板厂商来说，无疑是一个新的机会。

15.2.7　商用显示面板

从分类来看，全球商用显示器分为广告机（Digital Signage）、拼接墙（Video Wall）和电子白板（White Board）市场。其中，在广告机和电子白板应用中，绝大部分使用显示器和电视用屏幕。考虑到重复计算的问题，我们剔除掉共用数量，根据市场研究机构群智咨询（Sigmaintell）的统计数据，2018 年上半年，全球商用显示器专用显示面板出货量为 120 万台，同比增长 74%，预计 2018 年全年出货量可达 270 万台，同比增长 53%。

商用显示面板市场规模增长主要得益于广告机市场的成长，在中国和欧美市场，受到物联网发展，特别是新零售发展的拉动，户内广告机需求快速成长。

另外，因使用电视屏幕而未统计在内的电子白板市场，在 2018 年也将呈现较大发展，预计全球规模为 225.7 万台，同比增长 42.7%。电子白板市场的两大驱动力为教育市场和会议市场，主要市场来自中国大陆地区和欧美国家。

近年来，全球领先的智能软硬件厂商（微软、英特尔、CISCO、华为和阿里等）纷纷加大对智能会议系统的投入。通过优化 OS、简化硬件连接设备、提高使用体验和降低成本，我们认为，未来几年，智能教育和智能会议系统需求的增长将持续带动电子白板需求高涨。

2017 年和 2018 年全球 65 英寸以上 LCD 面板产品比重如图 15-25 所示。

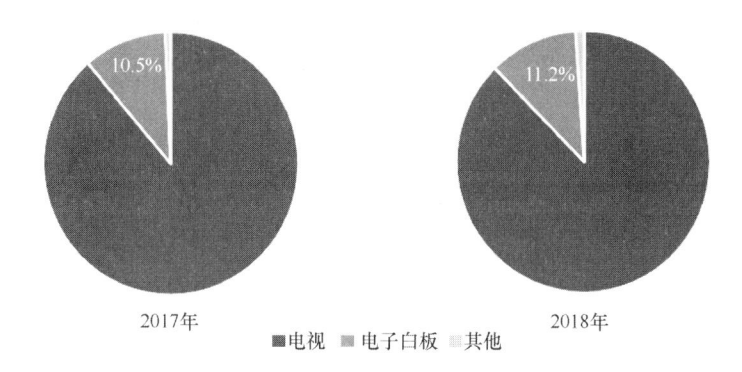

图 15-25 2017 年和 2018 年全球 65 英寸以上 LCD 面板产品比重

15.3 有源矩阵有机发光二极管（AMOLED）器件（面板）

AMOLED 产业与 TFT-LCD 产业类似，也是资金密集型、技术密集型的产业。从技术角度考虑，AMOLED 产业同时需要 TFT 背板和 OLED 成膜两个方面的技术，这样就与 TFT-LCD 面板技术有了一定的传承性。所以，迄今为止，进军 AMOLED 产业的企业有两类：一是传统的 TFT-LCD 面板企业，凭借其在 TFT 领域的技术积累，进一步研究 OLED 方面的相关技术，整合为 AMOLED 技术；二是传统的 PMOLED 技术方面的企业，在原有驱动电路技术和 OLED 器件技术的基础上，再投入 TFT 的研发力量，达成升级至 AMOLED 产业的目的。在这两类企业中，以 TFT-LCD 型企业居多。

上述 AMOLED 的技术特性也使得这一产业的投资与 TFT-LCD 产业不尽相同。新建一条 6 代 AMOLED 生产线，需要至少 30 亿美元的投资，但是如果将一条 TFT-LCD 面板生产线改建为 AMOLED 面板生产线，将可以继续使用原有的厂房设施和 TFT 工艺段的设备，大大减少投资。这也是目前多数 TFT-LCD 面板企业纷纷建设 LTPS、Oxide 等方面的生产线，并积极研发跟进 OLED 相关技术，以备机会成熟之时转产 AMOLED 的原因。

截至 2018 年 8 月，全球已经量产的 AMOLED 生产线共有 15 条，正在建设和筹建中的生产线有 14 条，主要集中在中韩两国。

全球 AMOLED 生产线布局如表 15-1 所示。

表 15-1 全球 AMOLED 生产线布局

厂商	世代（代）	生产线状态	用途	基板技术	月产能（K）	可挠性	量产时间	地点
京东方	5.5	量产	中小	LTPS	4	刚性	2014	鄂尔多斯
	6	量产	中小	LTPS	48	柔性	2017Q3	成都
	6	建设中	中小	LTPS	48	柔性	2019Q2	绵阳
	6	规划中	中小	LTPS	48	柔性	计划中	重庆
华星光电	6	建设中	中小	LTPS	48	柔性	2020Q1	武汉
辉光电中	4.5	量产	中小	LTPS	15	部分柔性	2014Q4	上海
	6	建设中	中小	LTPS	30	部分柔性	2019Q2	上海
国显光电	5.5	量产	中小	LTPS	15	部分柔性	2015Q2	昆山
	6	建设中	中小	LTPS	30	柔性	2018Q4	固安

续表

厂商	世代（代）	生产线状态	用途	基板技术	月产能（K）	可挠性	量产时间	地点
天马	5.5	量产	中小	LTPS	8	刚性	2016Q3	上海
	6	量产	中小	LTPS	15	部分柔性	2018Q2	武汉
信利	4.5	量产	中小	LTPS	30	部分柔性	2016Q4	惠州
	6	规划中	中小	LTPS	30	柔性	计划中	眉山仁寿
柔宇	5.5	建设中	中小	Oxide	15	柔性	2018Q2	深圳
三星显示	4.5	量产	中小	LTPS	55	刚性	2008Q1	韩国天安
	5.5	量产	中小	LTPS	180	部分柔性	2012Q3	韩国汤井
	6	量产	中小	LTPS	120	柔性	2017Q2	韩国汤井
	6	建设中	中小	LTPS	135	L7-1改造	2018Q1	韩国汤井
LG显示	8.5	量产	大	Oxide	8.3	刚性	2014Q3	韩国坡州
	8.5	量产	大	Oxide	26.4	刚性	2016Q1	韩国坡州
	8.5	量产	大	Oxide	26.4	刚性	2017Q2	韩国坡州
	8.5	量产	大	Oxide	12	刚性	2018Q2	韩国坡州
	4.5	量产	中小	LTPS	22	部分柔性	2016Q1	韩国鱼尾
	6	量产	中小	LTPS	15	柔性	2017Q3	韩国鱼尾
	6	建设中	中小	LTPS	30	柔性	2018Q3	韩国坡州
	8.5	建设中	大	Oxide	60	刚性	2019Q3	韩国广州
	10.5	规划中	大	Oxide	30	刚性	计划中	韩国坡州
JDI	6	建设中	中小	LTPS	13	柔性	2019Q3	日本白山
夏普	4.5	建设中	中小	LTPS	30	柔性	2017Q4	日本龟山市

AMOLED作为未来中小尺寸主流显示技术的地位已经被确立，但我们预计短期内刚性AMOLED和柔性AMOLED市场表现将出现较大的反差。刚性AMOLED技术成熟、成本竞争力较好，加上屏下指纹技术的普及对刚性AMOLED形成正面影响，刚性AMOLED在未来2年将维持强劲增长态势。而柔性AMOLED受到技术成熟性、高成本限制及产品形态的突破瓶颈，预计其需求成长速度赶不上供应成长速度。

根据市场研究机构群智咨询的数据，在中小尺寸显示市场，全球智能手机用AMOLED显示屏的出货量在2018年将达到4.5亿片，其中柔性OLED面板出货量为1.8亿片，刚性OLED面板出货量为2.7亿片。到2020年，出货总量将增长到6.5亿片，其中柔性显示屏为3.4亿片，而刚性显示屏为3.1亿片。2016—2020年全球中小尺寸用AMOLED面板出货量如图15-26所示。

而在大尺寸显示领域，随着良率的改善和成本的下降，AMOLED也成为LCD技术在高端市场的强力挑战者，预计未来AMOLED显示屏在出货量上将逐渐增长。

随着LG显示新增的AMOLED TV产能的逐步释放，包括广州8.5代和韩国坡州10.5代OLED生产线，将带动大尺寸AMOLED面板出货量从2020年开始迎来大幅增长，预计2022年全球OLED TV面板出货量将超过1000万片，相比于2016年增长10倍。

2016—2022年全球大尺寸用AMOLED面板出货量及增长率如图15-27所示。

第 15 章 市场

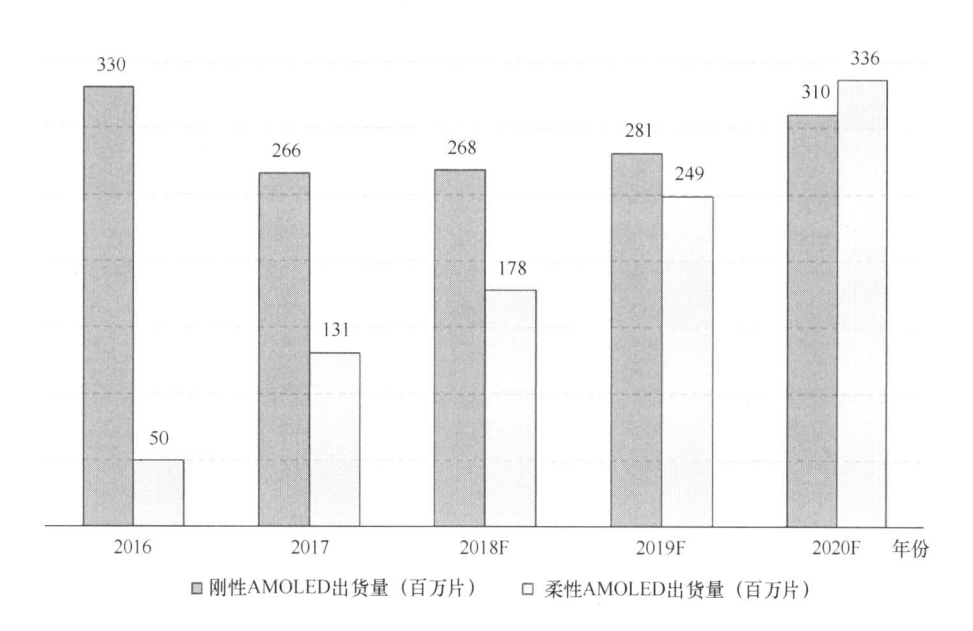

图 15-26 2016—2020 年全球中小尺寸用 AMOLED 面板出货量

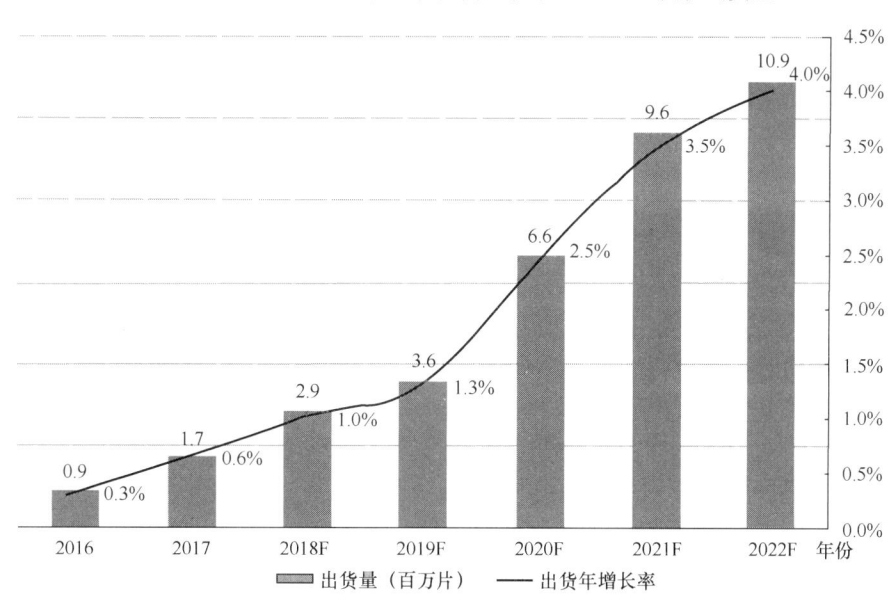

图 15-27 2016—2022 年全球大尺寸用 AMOLED 面板出货量及增长率

从全球 AMOLED 产值来看，由于柔性 AMOLED 需求萎靡，刚性 AMOLED 价格下调等因素影响，2018 年，全球 AMOLED 显示面板的的产值同比 2017 年同期仅增长 3.7%。然而，随着产能供应的源源不断增加，并伴随着 AMOLED 显示屏在智能手机市场及 AMOLED TV 在电视市场渗透率的提升，未来 AMOLED 也不断拓展新应用市场，笔记本显示器、车载显示器等均为目标可发展市场。因此，从中长期来看，AMOLED 的产值规模将逐渐增长,将会从 2017 年的 250.9 亿美元增加至 2020 年的 336.7 亿美元,年复合增长率为 10.3%,如图 15-28 所示。

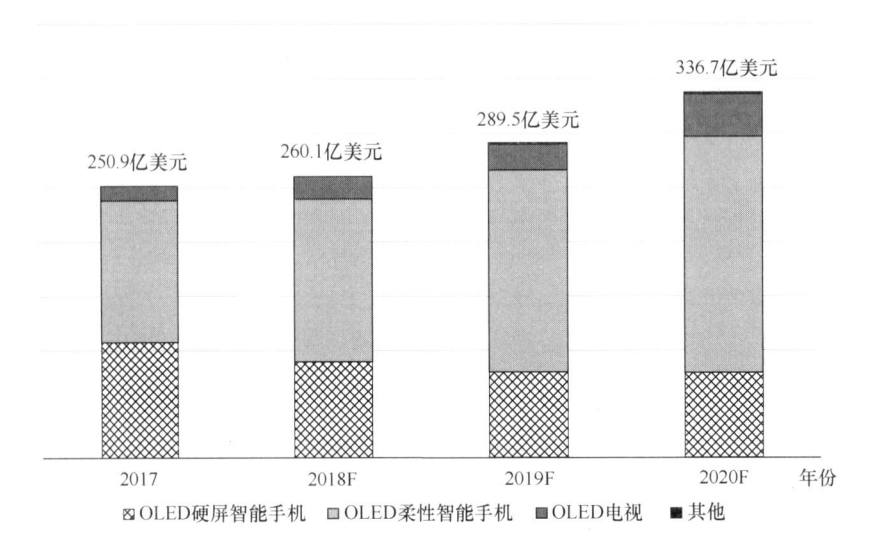

图 15-28 2017—2020 年全球 AMOLED 面板产值

15.4 微米级发光二极管（Micro LED）显示器件

Micro LED 于 2018 年进入市场,初期将以室内公共显示应用为主,如索尼的 CLEDIS 显示屏、三星的 Cinema 电影院产品;将于 2019—2020 年实现穿戴式大量量产,并于手机与电视应用中实现少量量产;2021 年,将进入 Micro LED 的快速成长年,至 2022 年完成大、中、小尺寸两位数的渗透率;根据市场研究机构 CINNO Research 的预测,Micro LED 芯片市场规模将于 2022 年突破 10 亿美元,并于 2025 年达到 28 亿美元的规模,等同超越 2016 年背光 LED 封装的总产值（27.7 亿美元）,具体如图 15-29 所示。

若将 Micro LED 消耗的金属有机化合物化学气相沉淀（Metal-organic Chemical Vapor Deposition,MOCVD）产能换算成 Veeco K465i 2 英寸机约当产能,总需求量将于 2020 年超过 150 台,并于 2025 年达到 2432 台,此规模相当于 2016 年全球 LED MOCVD 总产能的八成,市场研究机构 CINNO Research 预测,Micro LED 将成为 LED 未来 5~10 年最大的需求成长来源。

LED 显示应用路线可分成背光与自发光两种,前者为 LCD 目前 100%的背光来源,后者主要应用于公共显示器（PID）,依其应用场景又可分为户外显示屏（Outdoor Signage）和室内显示屏（Indoor Signage）,两者皆可经由去封装、芯片微缩与巨量转移制程导入,进阶成 Micro LED 屏。

整体来看,LED 显示应用市场规模,因背光跌价、平均颗数减少与 OLED 面板在小尺寸的渗透,产值至 2016 年已跌破 50 亿美元,预计市场将持续萎缩至 2020 年,然后受益于 Micro LED 的放量,于 2021 年实现产值反转,并于 2023 年回到 50 亿美元大关,背光占显示应用产值的比重将渐渐式微,一路从 2016 年的约 60%下降至 2025 年的 13%,

第 15 章 市场

Micro LED 的产值贡献比重则将于 2025 年提升至 55.5%，成为 LED 最主要的显示应用市场，具体如图 15-30 所示。

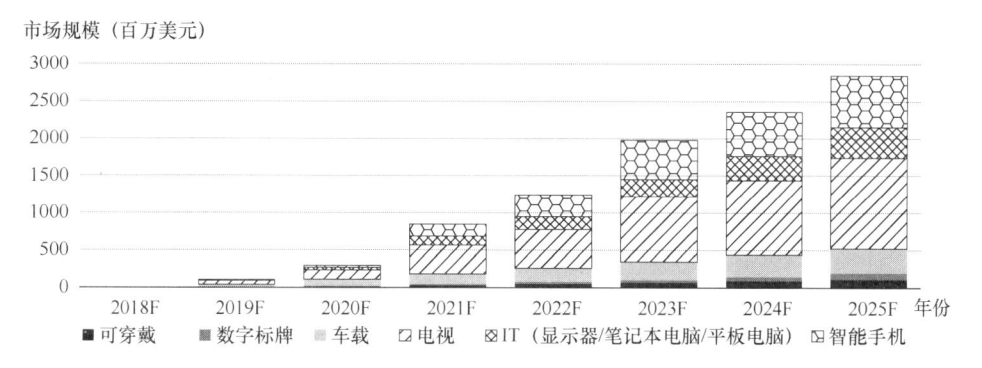

图 15-29 Micro LED 市场预测

（资料来源：CINNO Research）

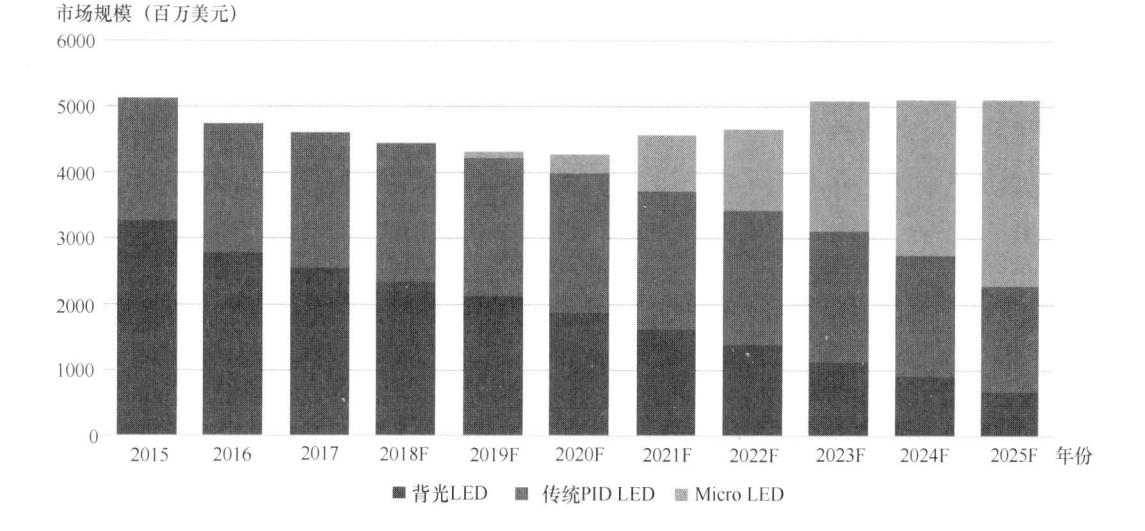

图 15-30 LED 显示应用市场情况

（资料来源：CINNO Research）

第 16 章 产品

16.1 车载显示器件（面板）AMOLED 技术优势与挑战

2018 年，奥迪发布了 E-Tron SUV，采用 AMOLED 数字倒车镜，如图 16-1 所示，外部传统的倒车镜位置被相机代替，内部采用了由 7 英寸 AMOLED 显示器构成的虚拟倒车镜。早在 2012 年，奥迪就在 R18 sports 上装备了上述类型的虚拟倒车镜，但是当时采用的是 LCD。

图 16-1 E-Tron SUV 采用的 AMOLED 数字倒车镜

市场研究机构 UBI Research 预测：2018—2022 年，车载用 OLED 复合增长率将超过 400%，到 2022 年将占据 10%的市场份额，市场规模超过 50 亿美元，成为高端智能汽车的标配。

那么 AMOLED 应用到车载领域中，器件本身有怎样的技术优势呢？

第一，AMOLED 的基本画质要优于 LCD，包括强光环境下可读性（对比度、色域）、夜间可读性、视角、高低温度下画质的稳定性、响应速度等。考虑到车载应用场景，相较于 LCD，AMOLED 具有白天看得清，晚上不刺眼的画质优势，也就是说，无论白天黑夜，AMOLED 都具有更好的画面表现能力。AMOLED 的动态响应速度远远高于 LCD，从理论上讲，更快的响应速度对于驾驶员意味着更好的驾驶体验，甚至能提高驾驶安全性。

车载显示器还需要具备在复杂自然环境下的适应能力，这里我们以高低温度的情况进行说明，LCD 需要通过液晶的偏转来控制像素的亮暗，而液晶对温度是非常敏感的，在低温环境（−50℃）下，响应速度大大降低，而 OLED 无论在高温还是低温环境中，表现都更加优秀。

第二，AMOLED 可以帮助车载显示器实现更多的差异化设计：无须背光，模组轻薄，可以进行柔性设计，可实现透明显示、镜面显示等。透明 OLED 比 LCD 有着更高的透过性，还可实现夜间显示、高户外对比度、柔性设计，其应用场景可以是车窗显示、天窗显示、HUD 显示等。

但是车载用 AMOLED 同样面临很大的技术挑战，其中关键的是寿命问题及由有机显示器件寿命问题导致的信赖性问题。相较于智能手机，车载对于信赖性要求更为严格，目前 OLED 还很难满足车载的要求。车载用与智能手机用 AMOLED 寿命比较如表 16-1 所示。

表 16-1　车载用与智能手机用 AMOLED 寿命比较

类别	智能手机用	车载用
平均使用寿命（年）	2～3	10～12
一日平均使用时间（小时）	8	5
T_{50}（小时）	10000	20000～50000
T_{95-92}（小时）	240	1000
T_{80}（小时）	—	15000（2020 年）
使用温度范围（℃）	−20～85	−40～100
测试条件（保管）	85℃，240 小时	100℃，500～1000 小时

AMOLED 的高温信赖性更为脆弱，随着温度的增加，寿命会迅速下降。

三星和 LG 一直在通过技术提升来克服这些挑战，国内的 OLED 面板厂也同样在不断努力。LG 计划在 2018 年实现 T_{80} 寿命达到 1200 小时，高低温（−40～95℃）信赖性达到 500 小时。

主要的改善方案：采用 Tandem 结构、新型高寿命有机发光电子材料、耐热型 EL 材料、补偿电路，以及降低屏幕分辨率等。据悉，LG 显示已于 2019 年年初与 GM 进行为期 1.5 年的测试工程，如果一切顺利，将在 2019 年第三季度开始正式量产。LG 显示的车载改善目标的重点是提高寿命，解决烧屏问题，同时提高屏幕亮度及高温信赖性。

（以上全文摘自《OLEDindustry》，曹浩然原创）

16.2　数字光处理技术微型投影与智能驾驶

汽车科技结合最新显示技术，已能为驾驶车辆的民众分忧解劳。新一代的显示与光学技术，可在车窗或驾驶视野创造透明显示场域，避免驾驶者因为低头看仪表板或导航设备造成分心，甚至搭配主/被动智能行车系统，提高道路驾驶安全性。

大多数道路交通事故发生的原因是驾驶者分心，新一代全自动或半自动智能驾驶技术的开发目的就是减少车主疏忽、分心状况，同时搭配自动驾驶或主动式安全提示提高驾驶安全性。

在汽车全自动驾驶开发领域，以驾驶员为主的半自动或是主动式安全提示等智能汽车应用比较容易导入现有的汽车设计，也是目前众多智能驾驶技术中较能落地发展的研发方向。而在以驾驶员为核心的智能汽车应用中，抬头显示器（Heads Up Display，HUD）的研发就成为相当重要、关键的智能汽车拼图之一。

以往的 HUD 多半用于军事或航天设备，将繁复的仪表板信息显示到驾驶者头盔玻璃护罩上，省去驾驶者低头找对应仪表位置的麻烦，不仅实用性高，在高压力、需要快速反应的作战场景中，也能发挥极佳的人机接口整合效用。早期 HUD 成本较高，但在新的显示技术、光学技术改良下，HUD 或用于进阶显示的设计方案成本持续压缩，导入车用或其他商业用途的可能性大增。

尤其是各种智能辅助驾驶技术推陈出新，车载通信系统应用需求大幅跃升，卫星定位导航、定速跟随、前方自动测距、车道偏移、视角盲区侦测等进阶智能驾驶辅助技术在新一代主/被动行车智能系统中已是相对成熟的技术，只是驾驶座内的指示、提示多半还是使用 LED 灯或音效这类低科技的人机接口，让新科技的导入并未有令人眼前一亮的效果。

为了让这些先进驾驶技术更为实用，HUD 相关显示技术开始受到造车业界的重视，尤其是针对驾驶的辅助驾车应用，如果能透过 HUD 显示机制将指示画面投映到前挡风玻璃上进行呈现，或是运用透明的偏光玻璃呈现行车或提示信息，通过相对不干扰行车驾驶的信息提示方式，让车辆驾驶者可以在安全的基础上接收更为完整的行车信息，同时也避免影响其注意力。

入门级的 HUD 设计为利用偏光处理的透明屏幕，在未投映显示内容时，屏幕为全透光、不阻碍视线的状态。在呈现内容时，内容以车速、基于移动位置服务（Location Based Service，LBS）信息数据为主，屏幕在全透光状态下显示文字数据，对于驾驶视野仍可维持极佳的不干扰状态。

较进阶的设计方案为使用投影式设计，利用微型投影模块直接将呈现内容投映在挡风玻璃上进行成像，画面本身预先针对投映面进行曲面校正，使文字或信息不会因为玻璃角度产生变形，同时，因为呈现的画面均在驾驶者面前，驾驶者在驾驶车辆时不需要频频低头检视，大幅提升行车安全。

而实行数字光处理（Digital Light Processing，DLP）方案的 HUD，有相当实际的技术优势，尤其是 DLP 本身的微型设计可以令光机机构大幅缩小，而新一代的光机将光源换成镭射光源，又可将原有光学机构大幅简化，自动对焦成像可以让呈现画面质量、锐利度、亮度与彩度进一步提升，镭射光源搭配以微机电系统（Micro-Electro-Mechanical System，MEMS）为基础的 DLP 架构，对高振动的车用环境来说，耐振效果也相对较好。

微投影机光机结构由光源、DLP MEMS 芯片、光学机构组成，若改用镭射光源，则构造可以更精简。尤其是新一代的车联网应用，驾驶信息平台需要提供的信息越来越庞杂，使用 LCD 或是大屏幕显示器会有阻碍视线、干扰驾驶的问题，若将高度整合内容的屏幕设于中控台或是驾驶仪表板区，也会导致驾驶者在驾驶过程中还要频频低头才能确认信息，这对驾驶安全来说，都是新的隐忧，而利用透明半穿透式的屏幕显像或将信息直接投映于车主前方，在提供丰富行驶信息的同时也提高了驾驶专注度，兼顾行车安全与数据获取需求。

以车用信息平台为例，目前已有 TI、ARTC、中华汽车、帷享科技有限公司、扬明光学股份有限公司、晨云软件等投入"次世代驾驶信息平台研发联盟"，开发进阶次世代的驾驶信息座舱。以往的车舱电控科技多半以视听娱乐应用为主，新一代的车舱数据整合需求已进一步扩展至智能化与安全应用为辅的实用设计，对于先进半导体、显示技术的需求会越来越高。

而在新一代智能驾驶、车联网应用需求下，除了抬头显示器的显示技术，也额外带动几个汽车传统零件进阶数字化升级，例如，在驾驶中控仪表板方面，已经全面进阶至数字仪表板，以进一步提供更丰富、完整的车辆信息，早期的纯电动车就已导入 LCD 或 AMOLED 屏幕至主仪表板，作为车辆电机现况的呈现载体，甚至导入动态图形用户界面（Graphical User Interface，GUI）以营造更具科技性的用车体验。

传统车室配置的视听娱乐系统，通常会配置于汽车的中央控制区，新一代的智慧车舱设计也将中控大幅数字化，例如，特斯拉（Tesla Motors）率先以 17 英寸 LCD 大型屏幕取代车辆中控，而更先进的中控台设计，甚至以触控玻璃取代整个中控区，在触控玻璃后设置 DLP 投影光机，处理中控人机接口呈现与动画、信息显示，整个中控区的操控人机接口改用虚拟按键，用图标取代实体机械式按钮，以更直观、前卫的全触控屏幕呈现。

在安全性方面，在智能车舱的概念下，将车室外的情况通过电子摄影机实时获取并投映在抬头显示器或是数字仪表板、中控台中，作为行车指引参考，同时，与前安全距离、侧车异常警示、盲区警告提示等信息，均通过不干扰驾驶的方式投映于重点位置，实现进阶的先进驾驶辅助系统（ADAS）应用环境。

目前比较热门的是 DLP 抬头显示器方案，DLP 方案的优势在于数字光源处理投影技术，其可以提供比 LCD 屏幕更大的视角呈现，投映画面也可以整合更多信息。并在驾驶的平视区域进行呈现，保证安全的行车状态。

借助 DLP 芯片组整合的微投影模块，视野宽度（Field of View，FoV）可以达到 12 度，与其他车用电子显示器相比可以发现，搭配 DLP 方案可不用佩戴偏光眼镜，驾驶者可在驾驶的同时直视前方路况与行车数字信息。目前已有欧美高级车种采用以 DLP 为基础的 HUD 技术。

而 HUD 通过微投影机进行整合，一般业界认为车用市场仍大有可为，因为 DLP 加上 MEMS/镭射光源方案，虽然光机尺寸对于智能手机、行动装置仍太大，但设置于车舱中绰绰有余，未来可衔接新一代车用人机接口，为车舱扩充如夜视辅助、卫星导航、路况即时消息、环车显影等功能，协助驾驶者专注于路况。

（以上全文摘自《电子时报》）

第 17 章 技术

17.1 LCD 技术趋势分析

（1）8K 技术进入大规模量产期，量子点/无边框有增长机会。

从技术层面来看，随着 4K 的普及化，曲面电视的销量下滑，量子点电视的销量缓慢增长，近几年来，大尺寸液晶面板技术革新似乎进入瓶颈期。然而，从 2018 年开始，随着技术的突破，8K 液晶面板迎来了量产期，量子点、无边框和整个大尺寸市场也将随之迎来快速增长。

不管是 LCD 还是 OLED 显示产品，画质提升一直是显示产品开发的核心焦点。电视（TV）产品通过各种手段来提升画质，特别是分辨率经历了从 HD 到 FHD，再到 4K 的普及。根据市场研究机构群智咨询（Sigmaintell）的数据，2018 年，全球 4K 液晶 TV 面板的出货量有望接近 1.1 亿片，渗透率提升到 38.8%。在 55 英寸及以上大尺寸面板市场中，4K 面板的渗透率已经超过 95%。

4K 在大尺寸市场中逐步实现全面普及，而 8K 将是面板厂商角逐的下一个战场，受制于人眼可识别能力，8K 产品主要集中在 65 英寸及以上的大尺寸市场，尤其对于 65 英寸和 75 英寸的产品规划相对积极。面板厂商 8K 显示面板产品规划如表 17-1 所示。

表 17-1 面板厂商 8K 显示面板产品规划

尺寸	65 英寸	70 英寸	75 英寸	80 英寸	82 英寸	85 英寸	98 英寸	100 英寸	110 英寸
LG 显示	√		√				√		
三星	√		√		√	√	√		
INX	√		√			√		√	
AUO	√		√						
京东方	√		√				√		√
CSOT	√					√			
OEC							√		
夏普		√		√					

注：√是指厂商规划有 8K 显示面板的产品尺寸。

众所周知，由于片源的问题，显示硬件的发展一直快于内容的发展，对 8K 而言也是如此。因此，对 8K 产业链来说，除了面板厂商要开发出高质量的 8K 面板，如何将输入的低画质信号转换为高质量的 8K 输出信号将变得至关重要。当前限制 8K 快速发展的因素恰恰是转换和画质运算芯片技术。如下是芯片解决方案简述。

随着自主开发系统级芯片（System on Chip，SoC）技术的成熟，2018 年，三星电子等主流品牌加快了对 8K 产品的布局步伐,并在 2018 年 10 月正式推出 8K 电视产品并量产,与此同时,三星显示和友达光电的 8K 面板也迎来了量产。2018 年将成为 8K 电视的发展元年,8K 电视在 2020 年以后有望实现加快渗透,预计到 2020 年,8K 面板的出货规模将达到 260 万台,渗透率提升到 0.9%。到 2022 年,预计 8K 面板的出货规模将接近 950 万台,渗透率提升到 3.6%,如图 17-1 所示。

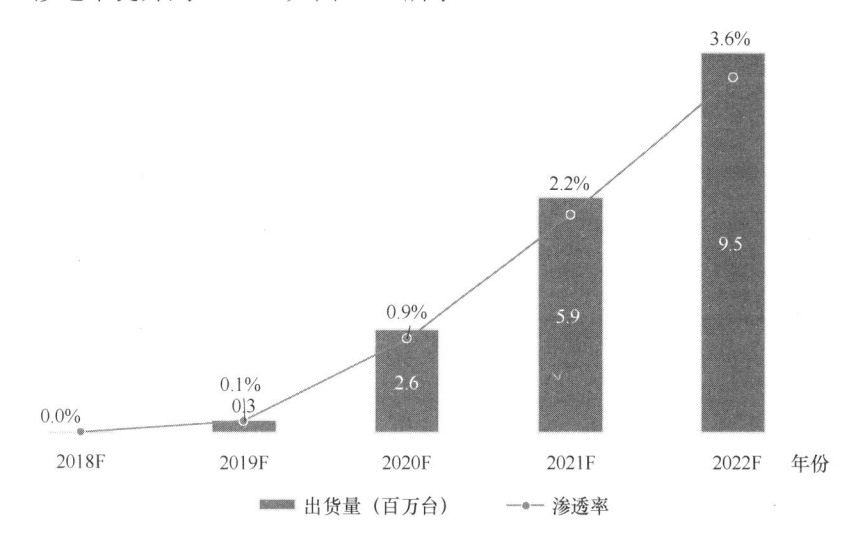

图 17-1 2018—2022 年全球 8K 液晶电视面板出货量及渗透率

传统的 QD 背光模组用量子点膜(QD Film)来取代原 TV 背光中的扩散膜,大幅提高 TV 的显示色域到 100%以上,极大弥补了 LED 背光在色域上的天然不足。随着 TV 产业上下游的努力,QD Film 材料的高度垄断逐渐被打破,越来越多的中国厂商参与进来,降低成本的工作也初见成效;另外,三星积极推出新的 QD 产品,厂商把量子点材料直接涂敷在 LGP 上,除实现完美的画质外,还可以实现超薄设计。在成本没有明显增加的前提下,品牌厂商在 QD 产品的选择上将会更加多样化。

市场研究机构群智咨询的数据显示:2018 年,全球 QD 电视出货量达到 310 万台,相比 2017 年增长 3 倍。预计到 2019 年,全球 QD 电视的出货量维持高速增长,出货量预计达 530 万台,渗透率提升到接近 2%,如图 17-2 所示。

在边框的处理上,产业链厂商不断追求极致,电视的边框经历了窄边框到三面无边框及四面无边框的不断演进。而无边框的电视产品需要面板端的积极配合,厂商在生产无边框的面板时需要 GOA 的制程和 R 角的设计,另外,在没有边框的边缘要做封胶处理(Side Sealing)。目前主要面板厂商均在持续扩充 GOA 的产能和提升产品良率,使得无边框成本下降,供应能力得到提升。从 2018 年开始,品牌厂商把三面无边框产品从高端产品逐步转为主流产品,而四面无边框产品的生产依然面临模组段 FPC Bonding 的技术挑战,生产成本及难度系数较高,以韩国厂商为主导,其他的厂商也在积极布局。

(2)全面屏发展成热点,2018 年全面爆发。

从 2017 年开始,"全面屏"成为关键词,整个产业链积极跟进,市场研究机构群智咨询的数据显示：2017 年，全球全面屏智能手机发货量约为 1.3 亿部，全面屏的普及已经成为产业链不可逆的趋势，2018 年全面屏趋势全面爆发。

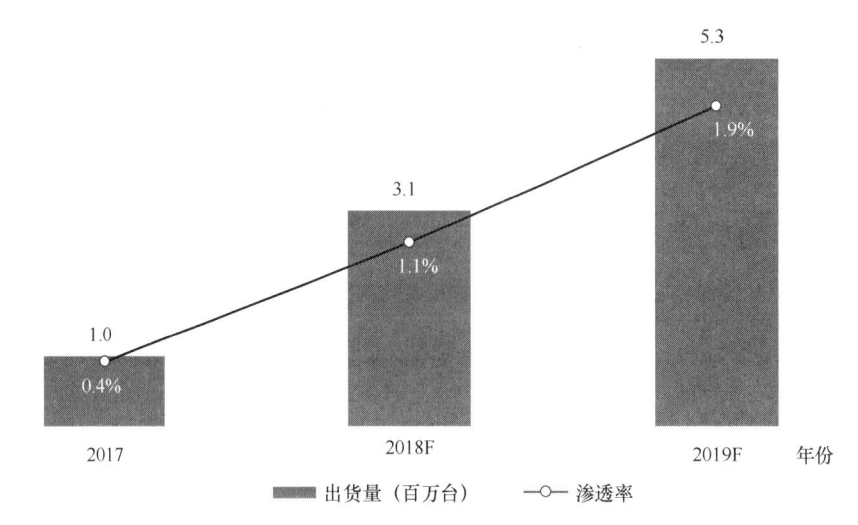

图 17-2 2017—2019 年全球 QD LCD 电视出货量及渗透率

2017 年，全面屏面板设计的主要方向是保持宽度不变，拉伸长度比例，常规的 5.46 英寸 16∶9 面板拉升为 18∶9，尺寸增长为 5.99 英寸，AA 区面积增加 12.5%。而苹果发布的 iPhone X 手机的"刘海屏"也引起了市场的高度追捧，长度向大于 18∶9 的更细长的方向发展，进一步增加了手机屏的可视面积。以 5.5 英寸 16∶9 产品为例，如果换用 18∶9 的全面屏，则显示屏在保持整体宽度基本不变的前提下，可将尺寸增加到 6 英寸；如果换用 18.7∶9 的刘海屏，则显示屏尺寸可以增加到 6.2 英寸，可视面积提升 16%，具体如表 17-2 所示。

表 17-2 全面屏/刘海屏可视面积对比

尺寸	5.5 英寸	6.0 英寸	6.2 英寸（刘海屏）	6.4 英寸（刘海屏）
长宽比	16∶9	18∶9	18.7∶9	19.5∶9
屏幕宽度	6.85	6.82	6.83	6.81
可视面积比	1	1.11	1.16	1.21

注：以 5.5 英寸产品的可视面积为基准；刘海部位计入可视面积。

全面屏及异形全面屏的发展使得智能手机的平均尺寸也实现大的升级。根据推算，每生产 1 百万片 5.99 英寸 18∶9 的面板，就要比原本 5.5 英寸 16∶9 的面板多消耗 1 千片 6 代生产线大板。尺寸的升级将大幅提升智能手机面板面积需求，对面板产能消耗有非常积极的作用。

根据市场研究机构群智咨询（Sigmaintell）的预测，2018 年，全球智能手机异形全面屏的出货量将接近 5 亿片，占全部智能手机面板出货量的比例将超过 26%，其中，LTPS LCD 和 AMOLED 产品中的异形全面屏趋势将普及得更加迅速。预计到 2018 年年底，异形屏产品在 LTPS LCD 和 AMOLED 面板出货产品中的渗透率都将超过 50%，异形屏产品

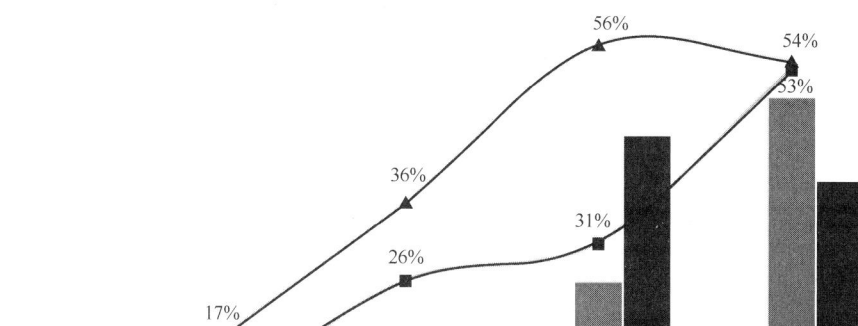

将成为这两种规格面板的主流出货产品,具体如图 17-3 所示。

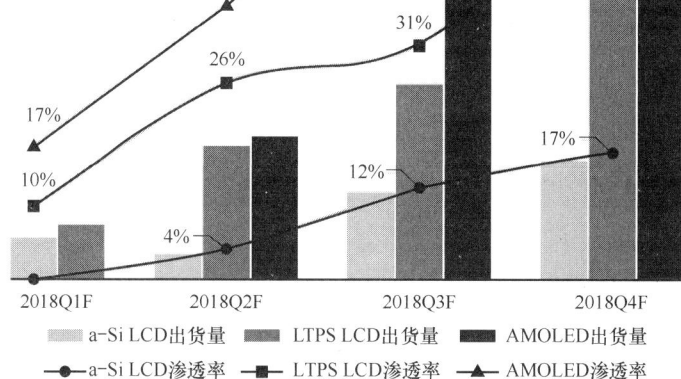

图 17-3　2018 年全球异形屏面板分类型出货量及渗透率统计

(3) 打孔风潮兴起。

终端及面板业者还在积极探索全面屏更多可能的形态,"打孔屏"成为下一个可能的发展趋势。相较于"刘海屏","打孔屏"无疑提升了手机显示屏的可视面积,更加接近"全面屏"的概念,同时也提升了手机整体外观的时尚性及科技性,更能吸引消费者。毋庸置疑,其对产业链的挑战性也相当高,各大整机厂商也纷纷开始考虑和加大对"打孔屏"的研发力度,主力面板厂商同时也在加大这方面的开发力度,但"打孔屏"是否能真正引领全面屏的发展趋势,仍须观望。

打孔屏是指在手机屏幕上打出一个圆形的洞,用于摆放摄像头,从而提升屏占比,从技术角度分类,孔可分为盲孔和通孔两种,最大的区别在于是否需要贯穿液晶层,盲孔只需要背光开孔,摄像头置于液晶层之下,而通孔因为液晶层也开孔,故摄像头可以通过孔径,与一般的开槽、水滴、美人尖前摄显示无异。无论哪种工艺,在阵列设计、封装工艺、切割研磨及偏光片材料等方面都有不同程度的挑战。2018 年 12 月发布的华为 Nova 4 采用盲孔,而三星的 A8S 则采用通孔。

由于盲孔较通孔的开孔孔径更小,设计更美观,因此受到整机厂商更多的青睐。经过近半年的努力,目前打孔屏的漏光、贴合等问题都基本有了很好的解决方案。根据调查,截至 2019 年 1 月,主流面板厂的盲孔显示面板的模组良率已经提升到 60%～70%的水平。2019 年,基本可以形成稳定供货交付。

现阶段,天马、京东方、华星光电、深超光电、友达光电、LG 显示等面板厂家均已布局了打孔屏幕。除三星和华为外,其他手机终端也在规划打孔屏的项目,群智咨询(Sigmaintell)预估 2019 年打孔风潮将兴起。一方面是基于成本的考量,虽然 2018 年,OPPO Find X 及 vivo NEX 产品的出现为手机实现真全面屏拓展了全新的设计思路。但是从成本角度来讲，这种设计增加了机械装置的成本。另一方面，2018 年，原本有品牌厂规划了打孔屏幕，但最终放弃原因之一是 COF 产能受限，采用打孔屏的目的是实现更大意义上的全面屏，故而，产品的下边框也需要变窄，需要手机面板驱动 IC 采用薄膜晶体封装技术，其中手机用的 Film 产能受限，导致很多厂家无覆晶薄膜（Chip On Flex 或 Chip On Film，COF）COF 产能。产能不足的状况将在 2019 年第三季度缓解，将促进打孔屏在终端的使用。

除 2018 年已发布 LCD 的打孔屏外，2019 年，柔性打孔屏也将面世，另外，a-Si 厂家也在布局打孔屏。市场研究机构群智咨询预计，2019 年，全球打孔屏的出货量预计达到 9000 万部，约占全面屏出货量的 8%，如图 17-4 所示。

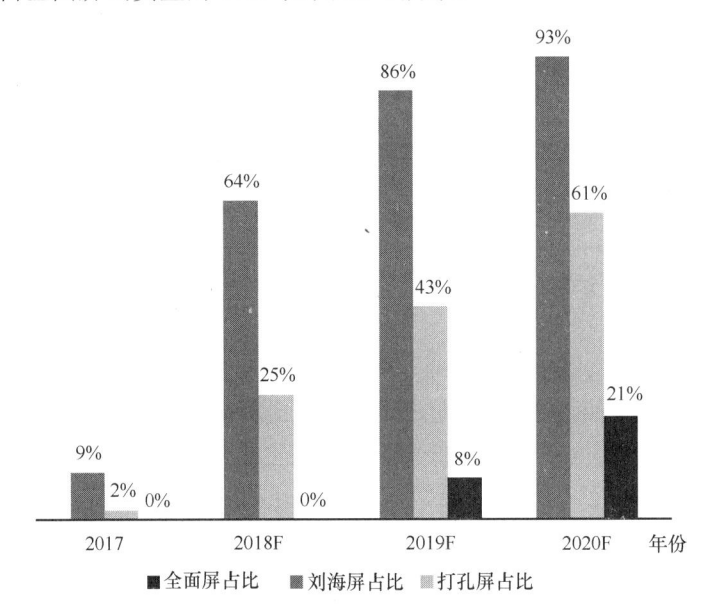

图 17-4 2017—2020 年全球各类型显示屏的占比

（4）屏幕技术集成成为趋势。

目前屏下指纹识别方案有两种，一种是以新思科技（Synaptics）及深圳市汇顶科技股份有限公司为代表的光学屏下指纹技术，另一种则是以高通为代表的超声波屏下指纹技术，目前光学屏下指纹技术已经商用。

现阶段，屏下指纹识别需要配合 OLED 屏幕使用，OLED 是主动发光，是理想的发射光光源，直接把手指放上去，屏幕底下的传感器容易识别到指纹。此外，OLED 显示模组更薄，也可以缓解由于放置屏下指纹传感器带来的整体机身变厚的问题。

对屏下指纹来说，经过 2018 年的市场验证，随着供应链不断成熟，屏下指纹的发展趋势已经得到验证。2019 年，屏下指纹（尤其是光学屏下指纹）渗透率将持续上升，在品牌的旗舰主流手机中，屏下指纹将成为标配。2019 年，屏下指纹仍然围绕"LCD 屏下指纹方案"及"大面积（1/4 屏幕或 1/2 屏幕）"屏下指纹方案的方向发展。据悉，现阶段，厂家也在积极研究 LCD 的屏下指纹方案，有望在 2019 年实现量产。根据市场研究机构群智咨询（Sigmaintell）的数据，2018 年，全球屏下指纹芯片的出货量约为 4500 万颗，预计 2019 年全球屏下指纹方案芯片的发货量约为 1.9 亿颗。

屏下指纹现阶段已量产，但摄像头的处理方案仍在研发中，OPPO 和 vivo 采用机械式伸缩隐藏前置摄像头也只是过渡方式，为了实现真正意义上的全面屏，摄像头模块也需要和指纹模块一样，置于面板下方，用到前置摄像头时只需要改变屏幕的颜色让它变得透明即可。据 SamsungMobile.News 报道，三星正在开发一种新技术，试图隐藏显示器下方的前置摄像头。据内部消息，目前有一款原型机使用了隐藏摄像头技术。使用屏下摄像头技术的手机可能会在 2020 年上市，而苹果公司也申请了相关屏下摄像头专利，但要真正实现量产，还须攻克技术难题。

目前的屏幕技术能做到的透明度和摄像头要求的透明度相差甚远，技术难度仍然很大。传统的 RGB 摄像头解决方案几乎无法达到该要求。虽然 2019 年可能仍然无可量产的屏下摄像头产品上市，但预计到 2020 年，屏下摄像头将会有机会被终端厂商采用，并且前置摄像头打开时，消费者可能看不到那个"孔"。这一切成为产业链共同努力的方向。

综上所述，2019 年，智能手机的显示面板仍将以全面屏为主，且打孔屏会获得更多的市场份额，折叠产品也将进入量产，越来越多的功能将集成到手机面板中。我们期待着能够早日看到真正意义上的全面屏。

（5）Dual-Gate/COF。

未来追求极致的下窄边框，2019 年，面板厂及整机厂会采用几套解决方案。首先在低端的 a-Si 面板，将从目前的 Single Gate IC 往 Dual Gate IC 转变，下边框非显示区域的宽度从 5.X 逐步缩减到 4.X 范围。而面对 LTPS 的低端产品则从目前的 COG 方案升级到更窄的 Driver IC，升级版的 COG 方案的 Driver IC 会使得目前下边框非显示区域的宽度从 4.X 逐步缩减到 3.X 范围。而中高端的面板产品仍然会采用 COF 的方式，升级版的 COF 方式的 Driver IC 会使得目前下边框非显示区域的宽度从 3.X 缩减到 2.X 范围，如图 17-5 所示。

	低端/COG	中端/COG	中高端/COF
2018年	Single-Gate	Driver IC	Driver IC
2019年	Duual-Gate	Upgrated Driver IC	Upgrated Driver IC
非显示区域宽度提升（毫米）	5.X→4.X	4.X→3.X	3.X→2.X

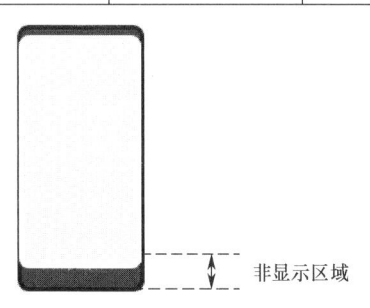

图 17-5　下边框提升方式及技术路线

（6）Foldable/可折叠产品。

2018 年 10 月，国内厂商柔宇科技（Royole）率先发布了可折叠终端，虽然首期备货量很少，但是此举也震动了海内外厂商，可折叠显示终端距离我们似乎确实不远了。

2019 年，三星、华为等整机品牌的折叠终端产品将陆续上市，折叠产品不同于现在的刘海屏、水滴屏、美人尖，它是一个全新的形态，将颠覆消费领域的应用。即使这样，2019 年仍然是全新市场导入期，处于尝试阶段。根据市场研究机构群智咨询（Sigmaintell）的保守估计，2019 年，全球折叠手机规模约为 90 万，行业出货量是否能突破该预测，更多需要看国内大陆地区厂商的表现。因为折叠产品对整个供应链的完善程度，包含上游原材料的提供、中游面板厂的产能、良率、性能、下游终端厂家的机构设计、整体厚度的解决方案，硬件实现后 UI 的改变等都提出了较高的挑战。无论如何，2019 年将成为折叠智能终端的发展元年。

折叠产品从形态上可分为内折、外折、内外折三种形态，从可靠性角度考虑，可折叠终端的发展趋势将从"外折"往"内折"，进而"多折""卷曲"的产品路线演进。

（7）Mini LED 背光技术趋于成熟，进一步提升大尺寸 LCD 显示面板技术竞争力。

随着显示技术的发展，面板产业发展更依赖技术创新和产品价值提升，未来显示面板的"质感"需求将朝向高分辨率的画面、曲面、超薄平面、轻薄化、可弯曲化、高动态 HDR、高对比度及广色域的趋势发展，如此的规格，才能让显示器展现出更自然的色彩，呈现更活泼生动的影像。

下一代的显示技术将由背光式走向自发光式，自发光方式因其结构较背光方式简单，所以可以做出更轻薄及可弯曲的产品，而 Mini LED 可取代现有 LCD 中的背光模块，展现出省电、轻薄及提升发光效率的特性以及与 OLED 产品的竞争态势，Mini LED 的发光的均匀性更佳，其应用也大幅扩大，例如，可应用于户外显示屏、车用抬头显示器、车用显示器、头戴显示器、穿戴装置、手机、电视、电竞笔记本电脑、微型投影机等。

Mini LED 的芯片发光尺寸为 100～200 微米，可通过 CSP 封装的方式达到轻薄化形态，由于应用产品的特性需求，Mini LED 将具备高分辨率、低功率、高亮度的特性，因此 Mini LED 的间距会缩小，同时晶粒需求也大幅提升，另外，Mini LED 光源的应用，在产品设计上将带来更轻薄的结构，在区域调光功能下提供更佳的对比度及更佳的广色域。

观察 Mini LED 的产业供应链，从生产制程的角度来看，供应厂商大致可以分为蓝宝石 PSS 基板厂、LED 磊晶厂、LED 封装厂、软硬基板厂、SMT 打件厂、TFT 背板厂及驱动 IC 厂，其中，Mini LED 技术发展的重点，将是以 6 英寸 PSS 的生产能力、晶粒量产能力、封装搭配软板的应用及背光模块化的设计能力为主。

在应用市场方面，封装厂荣创和群创光电计划共同合作研究 Mini LED 手机背光的解决方案。在电视市场的应用上，为了增加与 OLED 的竞争力，高端 LCD 电视也可能采用 Mini LED 的方案。

17.2 柔性 LCD

薄膜晶体管液晶显示器件（TFT-LCD）从刚性向柔性的发展是从平面向曲面开始的。

曲面显示器是显示器件（面板）带有一定弧度的显示设备，在增加了美观性的同时，提升了用户视觉体验上的宽阔感。在视觉上，曲面显示器要比平面显示器有更好的体验，可以避免两端视距过大，曲面屏幕的弧度还可以保证眼睛的距离均等，从而带来更好的感官体验。同时，因为曲面显示器微微向用户弯曲的边缘能够更贴近用户，与屏幕中央位置实现基本相同的观赏角度，所以曲面显示器也可以让用户有更好的观影体验。

但是，过去业界认为薄膜晶体管液晶显示器件（TFT-LCD）与有源矩阵发光二极管（AMOLED）显示器件最大的区别是，后者可以实现柔性而前者则不行。所谓柔性显示器是指由柔软的材料制成，可变形、可弯曲的显示装置。从这个定义来看，曲面显示不一定都是柔性显示，而柔性显示一定是曲面显示。

2017年1月，JDI发布了一款5.5英寸1080P的TFT-LCD，称为"Full Active Flex"。该产品的发布标志着TFT-LCD正式从刚性走向柔性，开始具备了与AMOLED竞争的新条件。

薄膜晶体管液晶显示器件实现柔性的重点是利用液晶盒内形成的微细聚合物间隔壁（Polymer Spacer Wall）的网络结构，保持一定的液晶盒间隙，并且保持稳定的取向。日本东北大学的藤挂石锅研究室，通过在液晶分子中溶解分子取向性的高分子材料（树脂），进行紫外线图案曝光，开发出不破坏液晶取向、可以使得两层基板以固定间隔结合的高分子间隔壁。

柔性LCD所使用的基板材料是由日本东北大学的藤挂石锅研究室开发出来的，一种是具有耐热性的超薄不锈钢箔（由日本大型钢铁公司新日铁住金制造），还有一种是聚酯碳酸薄膜（由帝人株式会社制造）。

在两层基板的表面涂覆聚酰亚胺膜（日产化学工业公司的SE-4811）后，在120℃的温度下加热，作为液晶取向膜使用。液晶盒的厚度为2微米，真空填充了液晶材料（德国默克公司的MLC-2038）。为了实现高对比度及广视角，还使用了双轴拉伸膜、圆偏光板和扩散板。

未来市场还需要可以延展的"伸缩显示屏"。为此，日本东北大学研发出通过控制液晶与高分子的分子取向，利用双折射实现高对比度显示的"无基板液晶显示屏"。

具体来说，向列液晶（JNC的TD-1013LA）中混合50wt%的二官能液晶性单体C型（由DIC制造），注入利用摩擦法进行了扭曲取向处理的液晶盒（厚度为10微米）。然后使用正交网格状的光掩摸（间隔为120微米或60微米）对液晶盒进行紫外线图案曝光，紫外线强度为3~100毫瓦/平方厘米，温度控制在25~50℃。结果表明，通过改变相分离的条件，可以控制取向液晶的分散形状，使得高分子包含更多控制了取向的液晶。

试制的TN液晶显示屏与通常的TN液晶显示屏相比，阈值电压略高，关闭状态的透射率也比较高，还有改善的余地。

有机薄膜晶体管（OTFT）的电子迁移率为1~10平方厘米/（伏·秒），超过了非晶硅薄膜晶体管（a-Si TFT）的0.5平方厘米/（伏·秒）。英国Flexenable公司曾介绍过将三醋酸纤维薄膜（Triacetyl Cellulose，TAC）作为主动驱动，试制使用OTFT的IPS液晶显示屏结果。

厚度为40微米的TAC膜为低双折射性，R_{th}小于1纳米，R_0小于1纳米，具有与玻璃基板相同的光学特性，适合作为液晶显示屏的基板。液晶的取向控制采用光取向，液晶盒厚度的控制使用光刻形成的间隔柱。通过采用新开发的具备自组织高分子壁液晶材料，提高了坚固性。

试制的 OTFT 驱动 IPS 液晶显示屏的画面尺寸为 4.7 英寸，画面宽高比为 16∶9，厚度为 300 微米，去掉背光源后的重量为 10 克。该器件的弯曲半径是 50 毫米。在低于 100℃环境下制作的 OTFT，其弯曲半径为 0.5 毫米，在 1 万次测试后的阈值电压变化很小，非常稳定。通态电流的变化也非常稳定。

柔性液晶显示屏也需要柔性的背光源。复合膜内的液晶和高分子都具有分子取向，通过开关电压可以实现光散射或透明状态。另外，局部调光的背光源会根据影像自动控制局部的背光源亮度，具备在降低功耗的同时提高影像对比度的功能，还可以抑制影像的黑色部分"泛白"现象。

塑料基板容易导致显示品质差、视角狭窄等问题，主要原因之一就是偏光板和相位差板的厚度。为解决上述问题，日本东北大学采用的是 In-Cell 偏光板。首先在染料类偏光板上低温生成 ITO（导电膜），使用 PVA 类黏合剂与作为底板的 TAC 薄膜接合。然后借助离型膜（由日本新田公司制造），使 TAC 薄膜与基板接合。再使用 250 纳米的紫外线，照射偏光板表面 6~12 分钟，使表面变性后再利用旋涂方式涂覆光取向膜。使用 5 微米的间隔壁，使液晶盒厚度保持固定，使用紫外线硬化树脂制作密封图案，最后注入液晶。

试制显示面板的厚度最后缩小到 0.2 毫米，对比度为 260∶1，电压透射性等其他特性与一般玻璃基板的 TN 液晶显示屏相当。

17.3　全球及中国印刷显示产业发展情况

17.3.1　全球印刷显示发展现状

1. 印刷显示器件（面板）

真正意义上的印刷显示包含发光显示器件全生产过程的印刷工艺，包括 TFT、透明导电层、发光层、各种功能膜层等。而目前所谓的"印刷显示"仅指印刷 OLED 工艺，主要是以印刷方式制作 OLED 器件。因为技术限制，现阶段并不能实现全器件的印刷制作。现有印刷 OLED 工艺仅以印刷的方式制作功能层，如空穴/电子传输和 EML 等。电极依然以蒸镀方式制作。

1）日本印刷显示器件（面板）最新进展

2018 年 1 月，JOLED 率先宣布量产，JOLED 是日本 OLED 面板制造公司，由索尼、松下、JDI 和日本产业机构在 2015 年 1 月合并而成。首批使用印刷显示技术生产的产品是 4K 21.6 英寸 OLED 面板（亮度为 350 坎/平方米，整个面板厚度仅为 1.3 毫米，重量仅为 500 克），此产品将搭载于索尼部分医疗器材的显示设备。该产品是由 JOLED 公司位于日本石川县的 4.5 代 OLED 生产线生产的，背板技术采用索尼开发的整合型顶栅极 IGZO-TFT 技术。

2）韩国印刷显示器件（面板）最新进展

LG 显示已经在韩国生产线上设立了 8 代 OLED 试验线进行印刷工艺研究。然而，由于发光材料仍处于开发阶段，尚未公开推出样品或产品。

2. 关键印刷显示材料

随着 OLED 技术和产业的发展，印刷显示材料也拥有了更好的积累和发展基础，应用及工艺均获得了较快的发展。

印刷显示材料不仅包含有机发光材料，还有金属材料、无机材料。目前金属浆料较为成熟，但主要仍限于银和铜。

高质量印刷 OLED 显示面板要求红、绿、蓝三色显示像素具有良好的发光性能和较长的运行寿命。而高效率、长寿命 OLED 器件多采用自上而下层层堆积的多层结构，通过电子、空穴传输层来调节电子、空穴注入迁移，实现器件内部的载流子平衡。

目前市场上销售的发光材料、载流子传输材料多是针对蒸镀工艺开发的小分子芳香化合物，将其直接应用于印刷工艺时，存在溶解性差、成膜性差、容易结晶等问题，仅通过印刷工艺的改进也难以得到高质量的发光材料、载流子传输材料和电极材料，以及各功能层的印刷墨水等关键材料。

目前磷光材料主要采用主体—客体混合型发光层，其中，客体材料多为小分子金属配合物，而主体材料则多是一些小分子芳香杂环化合物或芳香杂环聚合物。这类材料在印刷 OLED 显示点阵过程中容易出现结晶析出问题，影响发光效率。

针对印刷工艺对溶解性和成膜性的要求，利用增溶基团修饰的小分子发光核和主体材料/磷光发光中心一体化的树枝状分子设计思想来解决上述问题，实现高效印刷型红、绿磷光材料。

由于需要宽带隙材料，蓝光材料难以利用三线态发光。而单线态激子的利用率仅为 25%，这使得蓝光材料的性能远远落后于红、绿发光材料。由此可见，要实现高效印刷 OLED 显示，需要提高蓝光材料的发光效率，特别是突破 25% 的激子利用率。目前提出的热活化延迟荧光（TADF）、杂化局域电荷转移（HLCT）等理论，通过上转换或电荷转移态发光来提高三线态激子的利用率。

为解决蓝光材料的寿命问题，韩国与日本 OLED 设备商开发出了"FMM（精细金属掩膜）与印刷工艺相混合"的技术，也就是红、绿发光材料采用印刷工艺处理，而蓝色发光材料采用典型 FMM 工艺处理，然后再将三种发光材料相结合。

小分子有机发光材料的生产商目前以日本厂商居多，约占全球 80% 的市场份额。主要厂商包括美国 UDC，德国默克，日本出光兴产、三井化学、三菱化学，韩国三星 SDI、斗山、德山、LG 化学等。欧美厂商则以开发生产高分子有机发光材料的居多，主要厂商有美国陶氏化学、杜邦、住友化学等。

日本住友化学于 2013 年研发出利用喷墨法（印刷方式）生产高分子 OLED 面板的技术，藉由该技术可生产出解析度达 423ppi 的 OLED 面板（使用 370 毫米×470 毫米尺寸的玻璃基板），其解析度已接近利用蒸镀生产技术生产的 OLED 面板。

目前全球只有五家化学材料制造商能够进行印刷 OLED 材料的研究和生产，如默克、杜邦、住友化学和日产化学。

3. 关键印刷显示装备

美国 Kateeva 公司在 2016 年筹集了 8800 万美元，开创了 OLED 喷墨设备市场的先例。Kateeva 目前提供了两套喷墨印刷系统，用于早期开发和小型面板的开发，以及可用于最大 55 英寸生产的 Explore Pro（这仍是一个开发/试验系统）。Kateeva 宣布其在 2017 年已经出货了 4 套 Explore 系统。

Kateeva 并未透露客户名单，不过据推测，中国大陆地区的京东方和广东聚华印刷显示技术有限公司（简称"聚华"）都是该公司的客户。其他报道也指出，LG 显示也在测试 Kateeva 的系统。2017 年年初，Kateeva 宣布将其制造面积扩大一倍，以满足喷墨系统的需求。

此外，Kateeva 还宣布，其已拥有 600 多项专利，涵盖喷墨设备和用于制造 OLED 及其他显示屏的相关工艺，包括在美国、中国大陆地区、日本、韩国及中国台湾地区发行的专利。

业内人士指出，Kateeva 的这些新进展令人兴奋，但需要指出的是，OLED 喷墨打印花费的时间比预期的时间要长。2016 年，Kateeva 韩国分公司的副总裁表示，预计到 2018 年，三星显示将开始采用喷墨技术生产 OLED 电视。

17.3.2 国内印刷显示产业发展现状

2016 年，华星率先推出使用印刷显示技术制作的 31 英寸 OLED 电视样机。

2017 年，京东方发布科技部国家重点研发计划"量子点发光显示关键材料与器件研究"项目成果，推出 5 英寸主动式电致量子点发光显示（AMQLED）器件样机，该产品直接采用喷墨打印工艺制备电致量子点发光器件（QLED）实现全彩显示，色域超过 100%。

2017 年 11 月 28 日，广东聚华印刷显示公共平台落成，目前，平台完成了 5 英寸的印刷 OLED/QLED 样机，预计未来三五年才可能进入工业化量产。

17.3.3 国内印刷显示产业链情况

1. 印刷显示器件（面板）

1）广东聚华印刷显示技术有限公司

广东聚华印刷显示技术有限公司（简称"聚华"）于 2014 年 12 月成立，其以资本和知识产权为纽带，联合国内显示龙头企业、高校、科研院所，共建印刷显示公共平台。目前股东除了深圳华星光电技术有限公司、天马微电子有限公司、南京华东电子信息科技股份有限公司三家显示技术龙头企业，还包括华南理工大学、上海交通大学等高校科研院所。

聚华印刷显示公共平台现在涵盖了 4.5 代印刷显示平台和 200 毫米喷墨打印平台。4.5 代印刷显示平台具备从材料到器件开发的整套技术能力，最大基本尺寸可以应对 31 英寸 4K、2K 印刷 OLED 显示，200 毫米喷墨打印平台完成了 5 英寸印刷 OLED/QLED 样机，开发了全套喷墨工艺技术。

在产业战略合作方面，聚华现已与杜邦、住友化学、默克化工、日产化学、Kateeva、爱发科、韩国JUSUNG等世界顶尖上游企业签订了战略合作协议。

2）合肥京东方卓印科技有限公司

该公司成立于2016年7月，总投资10亿元，其中注册资本8亿。主要从事15英寸到55英寸打印OLED显示面板的设计、开发与生产。计划生产的产品有55英寸UHD电视、32英寸专用显示器、24英寸专用显示器、18.5英寸专用显示器。

其所采用的生产线是全球最大的一条in-line（量产线体内置）打印OLED技术专用生产线，通过后续扩充设备，可具备6000片/月的生产能力。

2. 关键印刷显示材料

中国企业如奥莱德、阿格蕾雅、北京鼎材科技有限公司等目前仅在蒸镀用小分子有机发光材料的合成方面掌握部分关键技术并开始小批量生产，在印刷用小分子有机发光材料或高分子有机发光材料及载流子传输材料上尚未取得突破。

3. 关键印刷显示装备

中国企业尚未在关键印刷显示装备上取得突破。

17.3.4 印刷显示的优缺点

1. 优点

（1）材料利用率高。与蒸镀工艺中有机材料无差别沉积在玻璃基板上不同，印刷显示工艺只在需要的地方才印刷有机材料，极大提高了有机材料的利用率，更为环保。

（2）成本低。材料利用率的有效提升，以及不再需要购买及维护真空蒸镀腔体、不再需要制作精密金属掩膜版、不再需要彩色滤光片（减去了相应的设备及材料成本）等改善，极大地降低了生产成本。

（3）良率更高、能耗更低。因为免去维护真空蒸镀腔体的工作，提高了良率；而不需要彩色滤光片工艺，使得器件结构相对简单，功耗更低。

（4）更容易处理大型基板，尤其是8代及以上尺寸面板。

2. 缺点

（1）工艺稳定性不高。主要表现在墨水的气泡问题、多喷嘴情况下的喷头故障问题及成膜后咖啡环现象。

（2）工艺耗时较长。为了避免溶液在低温挥发时损坏喷头，一般印刷用墨水的沸点在150～250℃以上，造成该溶液挥发困难，在现阶段依然需要真空设备，而真空干燥耗时较长。

（3）配套装备需求复杂。印刷用的真空设备对真空度要求不高，但要稳定成膜，则对真空设备抽速和真空恒压性能有很高要求。

（4）易耗品增加。最大量使用的易耗品是喷头，而最便宜的Fujifilm喷头的价格也是数千至数万美元不等。

17.3.5 中国印刷显示存在的问题

协会认为当前中国显示行业发展所面临的突出问题是"大而不强"的问题，主要体现为两个"不平衡"和两个"不充分"。两个"不平衡"是指"产能规模大与创新能力不足不平衡"和"资源分散与集聚发展要求不平衡"；两个"不充分"是指"产业配套能力不充分"与"技术储备和前瞻技术布局不充分"。

印刷显示技术是业界目前公认的可以实现更低成本和更大尺寸 OLED 的前瞻性技术，如果不能合理地布局进行技术储备，则不能从根本上解决"大而不强"的突出问题。

中国目前在印刷显示器件方面与国际先进水平基本同步，但在关键印刷显示材料和装备方面差距依然明显。如果不能在关键印刷显示材料或装备上取得重大突破，中国产业依然会有起步即落后的风险。

中国在发展 LCD 和 OLED 产业时都面临过"资源分散与集聚发展要求不平衡"的问题，在发展印刷显示产业时，我们除应避免重蹈覆辙外，也有必要考虑资源不宜过度集聚及预防研发风险的问题。

印刷显示技术目前应集聚于三个方向：一是开发新型量子点墨水，布局量子点印刷技术，实现量子点主动发光显示；二是开发新型可溶性红、绿、蓝有机发光材料、溶液及相应的印刷技术，并在 8.5 代生产线完成工程化验证；三是研制 50 英寸级彩色印刷 OLED 显示面板，推进 8.5 代电视用大尺寸彩色印刷 OLED 显示产业化。

17.3.6 印刷显示前景分析

印刷显示技术之所以受到业界的普遍关注，其原因是该技术可以使 OLED 实现大尺寸化，更为重要的是使用该技术的生产成本在理论上要比现有技术低（大型 OLED 面板的量产技术若能顺利确立，成本可望较原有蒸镀式下降 2~3 成）。因此可以判断，当印刷 OLED 工艺可以使得 8.5 代及以上生产线大批量产且成本好于现有 WOLED 技术时，印刷 OLED 技术前景广阔；当印刷 QLED 工艺可以使得 6 代及以下生产线大批量产且成本好于现有蒸镀 QLED 技术时，印刷 QLED 技术前景广阔。

目前印刷 OLED 尚未进入产业化，预计实现产业化还需要最少 3 年以上的时间，而印刷 QLED 所需要的时间可能更长，最少要 5 年以上。

17.4 Micro LED

顾名思义，Micro LED 是尺寸维度缩小到微米级的 LED，通过驱动个别微小化的 LED，实现高 ppi 的自发光 LED 显示器。欧、美、日、韩等国家和中国台湾地区各自开发了不同应用与技术路线的 Micro LED，也因此产生了许多别名，包含 μLED、iLED、mLED/MLED 等，以下以 Micro LED 为其正式称呼，μLED 为其符号缩写。

Micro LED 可以简单地解释为普通 LED 显示屏的微缩版。现在市场上，尤其是户外显示市场上广泛使用的 LED 显示屏是用发光 LED 矩阵实现显示的。这种产品中的 LED

发光芯片的尺寸通常都大于 500 微米。Micro LED 是用微缩技术将 LED 发光芯片的尺寸和间距减少到 50 微米以下，再结合驱动基板实现微型 LED 矩阵显示的技术。相对于其他显示技术中的发光材料，LED 发光芯片材料的技术最为成熟，能耗小、亮度高，可靠性也很好，是比较理想的发光体，LED 及 Micro LED 显示矩阵如图 17-6 所示。

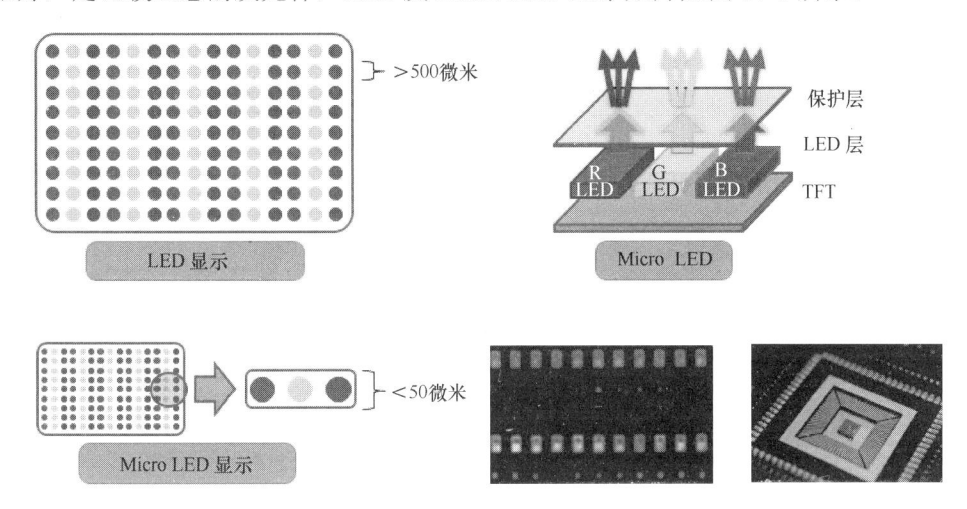

图 17-6　LED 及 Micro LED 显示矩阵

说起 Micro LED，先得从显示 TFT-LCD 背光模组说起。在 20 世纪 90 年代 TFT-LCD 开始蓬勃发展时，因 LED 具有色彩饱和度高、省电、轻薄等特点，部分厂商就利用 LED 做背光源。然而因成本过高、散热不佳、光电效率低等原因，并未大量应用于 TFT-LCD 产品。

2000 年，在蓝光 LED 芯片中加入荧光粉制成白光 LED 技术的制程、效能、成本开始逐渐成熟。2008 年，白光 LED 背光模组呈现爆发性成长，几年间几乎全面取代了 CCFL，其应用领域包括手机、平板电脑、笔记本电脑、台式显示器乃至电视等。

从传统 LCD 的光路径来看，LED 是先经过导光板，将光变成均匀的面光源，然后再通过 TFT 寻址、液晶偏转、偏光片极化，完成光的像素化，最后再利用 C/F 完成全彩化。这样的做法其实是把点光源变成面光源，再把面光源变回点光源，光在转换路径中大多被吸收了，利用率只有 5%～7%。而 Micro LED 的概念就是让光走最短的路径，让每颗 LED 单独扮演子像素，进而实现无机自发光的结构，原理与 OLED、QLED 大致相同，而初期的关键就是"把 LED 缩小"，以及"把微小的 LED 准确地放在 TFT 上"。

从背光 LED 到 μLED 的演进如图 17-7 所示。

关于 Micro LED 的尺寸，在业界没有具备公信力的行业标准，一般来说，默认 Micro LED 为长宽在 50 微米以下、没有导线架、没有 Substrate（衬底）的 LED 芯片，通过巨量移转（Mass Transfer）技术，将 LED 转移到驱动电路上，进而实现 LED 像素化。由于去基板的 LED 厚度只有 5 微米左右，巨量转移技术亦被称为薄膜转移技术。

Micro LED 并不是近两年才出现的新技术，其在学术领域已累积近 20 年的研究能量。2000 年，Cree 发表了名为"Micro-led arrays with enhanced light extraction"的专利，Micro LED 的概念由此诞生，之后相关的专利与论文，多以 Micro LED 为微缩化 LED 应用的代称。Micro LED 发展重大事件如表 17-3 所示。

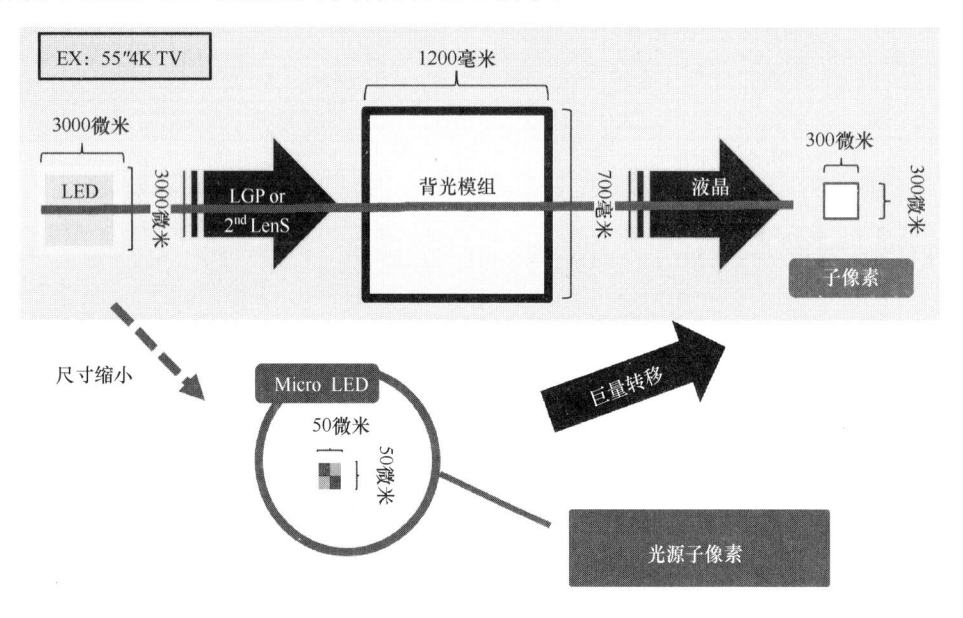

图 17-7 从背光 LED 到 μLED 的演进

（资料来源：CINNO Research）

表 17-3 Micro LED 发展重大事件

年份	事件
2000	Cree 申请了名为 "Micro-led arrays with enhanced light extraction" 的专利
2009	Luxvue 成立，总部在美国 Santa Clara
2010	InfiniLED 与 mLED 公司成立
2011	德国 Texas Tech University 结合 Micro LED 和 CMOS，使分辨率达 VGA 等级（640×480 分辨率）
2012	索尼发表 55 英寸 Crystal LED Display，采用 622 万颗微型 LED 实现 FHD 画质，面临生产良率问题
2013	Rohinni 与 X-celeprint 成立
2014	苹果收购 Luxvue
2015	苹果成立台湾桃园龙潭实验室
2016	索尼在 Infocomm 2016 上展出 CLEDIS 显示屏应用 Facebook（Oculus）收购 InfiniLED 工研院成立 CIMS（巨量微组装产业推动联盟）
2017	Facebook（Oculus）收购 mLED 工研院与聚积签署共同开发 "超小间距 LED 数字显示技术合作案" 鸿海集团联合投资 eLux 三星展示其 Cinema LED 剧院应用

（资料来源：CINNO Research）

Micro LED 研究并不限于显示，也包含了照明、生物医药与光通信，早期研究风气并不兴盛，2012 年，索尼展出第一代 Crystal LED Display 产品，Micro LED 才首次引起市场关注，然而索尼当时的技术只能做到展示，并不足以量产。在 Crystal LED Display 亮相后的四年时间里，索尼再也没有发表任何关于 Crystal 系列产品的消息。其配置如图 17-8 所示。

面板尺寸	55英寸
像素量	1920×1080×3（RGB）
亮度	≈400 尼特
可视角	≈180°
色域	>100% NTSC
功耗	≈70瓦

图 17-8　SONY Crystal LED Display（2012）配置

2009—2013 年，许多 Micro LED 新创公司陆续诞生，如 Luxvue、InfiniLED、mLED、X-celeprint、Rohinni 等，Luxvue 成立初期吸引了许多中国台湾地区的光电大厂投资，包含面板厂友达光电、IC 设计联发科、奇景光电，以及 LED 厂晶元光电股份有限公司（简称"晶电"），这些公司在 2014 年陆续将持股出清给 Violin Capital，为苹果的入主做准备，苹果随后于同年完成对 Luxvue 的并购，再次吸引了产业的目光。苹果随后于 2015 年在台湾桃园的龙潭乡设立了秘密实验室，低调地进行 Micro LED 显示技术的开发。

Micro LED 真正成为产业圈焦点是在 2016 年，这一年发生了三件大事：①苹果欲将 Micro LED 导入 Apple Watch 与 iPhone 的消息不胫而走；②索尼展出了睽违四年的 Crystal 第二代作品（CLEDIS），具体配置如图 17-9 所示；③台湾工研院成立了巨量微组装产业推动联盟（Consortium for Intelligent Micro-assembly System，CIMS）。

模块尺寸	403毫米 × 453 毫米
像素量	320 × 360 × 3 (RGB)
亮度	≈1000 尼特
可视角	≈180°
对比	>1000000:1
色域	>140% sRGB
刷新率	120 帧/秒

图 17-9　SONY CLEDIS（2016）配置

2017 年，Micro LED 的热度仍持续着，鸿海集团投资美国 eLux，成了最大股东，三星展出了 Cinema LED，中国的显示产业也开始陆续投入研发，面板厂如和辉光电、维信诺、惠科、中电熊猫，LED 厂如三安光电、华灿光电、干照，各自寻找了策略伙伴合作开发 Micro LED Display。

LED 从最上游的外延片，经过芯片切割后成为 μLED Chip，再通过巨量转移制程整合到背板上，结合驱动 IC、触控 IC、显示控制 IC、传感器、外框与其他封装材料，完成 Micro LED 面板，再至组装厂完成机构件组装，产生最终应用产品。

然而在技术发展上，Micro LED 仍存在许多不同的路线，主要分类如下。

1. 根据显示模式分类

Mini LED 是把传统 LED 背光模块缩小，使显示面板色彩更好、对比度更高，其是考虑了"OLED 技术难以参与竞争"及"Micro LED 量产时间过长"等限制而研发的升级型背光 LED，其量产性比 Micro LED 更高。LED 微缩化与像素化程度如表 17-4 所示。

表 17-4 LED 微缩化与像素化程度

	LED（传统）	Mini LED	Micro LED
模式	背光	背光	自发光
原生基板	保留	保留	去除
尺寸（typ.）	300~1000 微米↑	50~100 微米	50 微米↓
封装支架（L/F）	有	无	无
金属引线	有	无	无
LED 颜色（typ.）	白光	蓝光	红+绿+蓝
转移方式	单颗 P/P	巨量转移	巨量转移
分区控制程度	面光源	区域控制	全像素化

（资源来源：CINNO Research）

Mini LED 仍然属于 LCD 背光，只是通过去封装、尺寸微缩与巨量转移技术的导入，提高背光源区域控制的能力，减少背光的光学距离，进而实现超薄、省电、可挠、高动态对比（HDR）的背光技术，Mini LED 背光的导入将有助于突破 LCD 的限制，弱化自发光技术的比较优势，进而将 LCD 与替代技术的性价比差距进一步拉大。

2. 根据驱动背板分类

公共显示屏的应用，仍以印制电路板（Printed Circuit Board，PCB）为主要驱动背板，由于观赏距离远、生产价格指数（Producer Price Index，PPI）低，PCB 足以完成驱动 LED 的任务；超高 PPI 的应用如 AR/VR、pico-projector（微投影），就会选用更高密度的硅基互补金属氧化物半导体（Complementary Metal Oxide Semiconductor，CMOS）驱动背板；而在一般数十至数百 PPI 的消费电子应用中，Micro LED 可以与成熟的 TFT 驱动背板相结合，发挥 LED 材料成本低、寿命长、高亮度的优势，加入新型显示技术的竞争行列。Micro LED 背板三大技术路线如图 17-10 所示。

3. 根据全彩化方式分类

若以全彩化的技术路线来看，有单色 LED+光转换、RGB 三色 LED 与空间光合成三种方式，各种全彩化的手段都有不同领域的公司在进行研究，其对技术的要求与产品化的优劣势各有不同，具体如表 17-5 所示。

第 17 章 技术

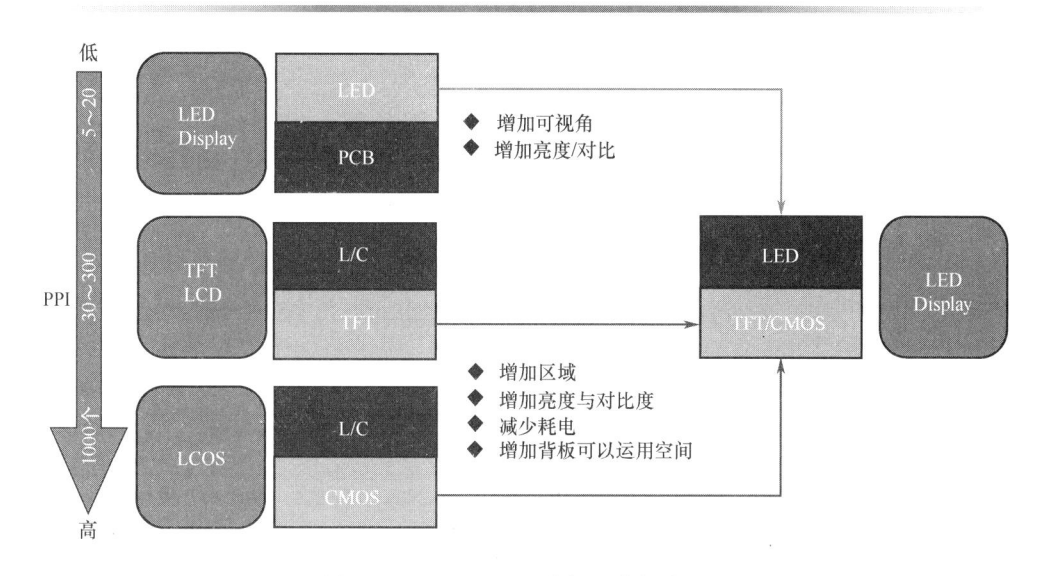

图 17-10 Micro LED 背板三大技术路线

(资料来源：CINNO Research)

表 17-5 Micro LED 全彩化模式

类别	单色 LED+光转换	RGB 三色 LED	空间光合成
发光原理	平面显示	平面显示	投影
LED chip 波长	Blue/UV 单色	R+G+B 三原色	R+G+B 三原色
光转换材料	QD/QW	无	无
转移难度	较低	较高	较低
材料稳定性	较差	较佳	较佳
色彩均一性	最佳	普通	较佳
驱动难度	普通	较难	普通

(资料来源：CINNO Research)

采用单色 LED 外加光转换层的方式，可以减少转移的次数，达成理论上三倍的转移效率，并提升异质发光层转移的累计良率，以及降低异质发光芯片驱动的复杂性；然而传统 LED 使用的荧光粉颗粒大多在数十微米以上，尺寸已经比 Micro LED 芯片本身还大，能作为光转换材料理想候选的，就只有量子点了，只是量子点怕热也怕水氧，在应用上仍然有信赖性的瓶颈，其图案化工艺、阻水氧工艺及厚度也都是 Micro LED 显示光转换层的挑战。

RGB 三色 Side-by-Side 的方式是目前最多面板厂开发的方向，由于三元、四元 LED 与 LTPS TFT、Oxide TFT 都是很稳定的制程，材料系统的发展已经成熟，待克服的基本上都是制造的问题，具备未来的量产性与大幅的成本下降空间。

在微投影的应用上，Micro LED 可经由三色模块的光学合成，通过投影实现全彩化，由于红、绿、蓝三色是各自独立的芯片模块，所以此种方法具备了第一种模式（光转换模式）同质芯片驱动的优势，且不需要不稳定的量子点材料，又没有 Side-by-Side 三色芯片转移整合的技术难度，具备量产性高、模块微缩程度佳的好处，即使投影与平面显示的规格要求与应用市场不同，Micro LED 通过空间光合成的技术，仍可视为 pico-projector 最有潜力的新兴技术。

当前参与 Micro LED 产业化的企业主要由两部分组成：技术初创公司和 LED 产业公司。虽然 LED 产业公司也参与 LCD 背光方面的业务，但严格来讲，这类企业并不算传统显示领域的核心公司，这些企业积极推广 Micro LED 也是出于拓展自身产品应用领域的考虑，但是相对来说，LED 企业在显示领域的影响力有限。同时也有面板厂商参与到 Micro LED 的研发和推广中，主要是中国台湾地区的群创光电和友达光电。在 Micro LED 主要的参与企业中，中国台湾地区的公司占了很大的比例，主要是由于台湾地区 LED 产业比较发达，台湾地区企业可以借力本地区成熟的 LED 产业，在 Micro LED 技术上具备很强的资源和技术优势。此外，中国最大的面板厂商京东方也表示正在开展 Micro LED 的技术研究，并已经取得了一定进展。

Micro LED 产业链仍存在许多不同合作模式与可能性，包含芯片切割、芯片转移与系统组装，许多公司皆将 Micro LED 视为新技术兴起时供应链重新盘整的机会，尤其对于最关键的巨量转移制程，积极研发的公司包含 LED 厂、面板厂、半导体厂、国家研究单位与许多新创公司，未来能掌握关键技术的公司，将有较大的机会与力量去影响 Micro LED 产业链的发展格局，Micro LED 阵营如图 17-11 所示。整体来说，产业仍需要时间去摸索和验证最有效率的合作模式。

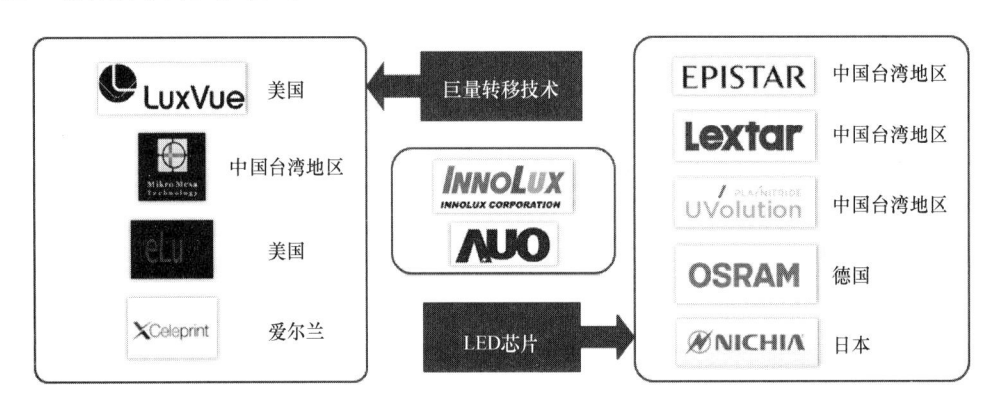

图 17-11　Micro LED 阵营

针对 Micro LED，目前话题性最高的仍是消费电子品牌索尼与苹果的动作，然而在制造端，日、韩、欧、美及中国（主要是中国台湾地区）已有许多低调布局多年的供应链，上游磊晶如晶电、Osram，转移技术如 PlayNitride、ITRI、Luxvue（Apple）、X-celeprint，相关光学材料如 Dexerials、DNP 等，近两年中国大陆地区厂家也相继投入研发行列，其中包含具备 RGB 芯片生产能力的中国磊晶厂三安光电、华灿光电、干照。Micro LED 部分供应链如表 17-6 所示。

Micro LED 的技术路线目前还很分散，各家选择的背板、共晶材料、转移方式，甚至应用路线都不同，大部分研发中的产品都先锁定最小尺寸的穿戴式设备和超大尺寸的公共显示屏。

第 17 章 技术

表 17-6　Micro LED 部分供应链

LED Chip	晶电、Osram、Nichia、三安光电、华灿光电、干照、光铉、隆达、亿光
TFT 背板	友达光电、群创光电、华映、LG、三星、和晖光电、维信诺、惠科、中电熊猫
CMOS 硅背板	台积电、世界先进、JDC、Viewtrix
巨量转移	Luxvue、X-celeprint、eLux、ITRI、PlayNitride、Mikro Mesa、Rohinni
研究机构	Leti、ITRI、Fraunhofer
方案整合公司	PlayNitride、Mikro Mesa、Lumiode、VueReal、glo、Ostendo
系统整合/品牌	索尼、三星、Oculus、LG、谷歌、苹果、夏普
相关设备	Aixtron、Veeco、ASM、Toray、元利盛、Disco、京码
相关材料	Kaneka、Dexerials、达迈、DNP、Corning、兆凌、VerLase、日立

（资料来源：CINNO Research）

一般来说，小尺寸应用的 PPI 较高，LED Chip 可能小至 10 微米，LED Wafer 的切割方式、Particle 的问题、转移方法的精度、全彩化的方法都备受挑战，只有在这些问题一一解决后，才能达到量产的最低技术门槛；长期来说，Micro LED 要面临的则是商业门槛，即相较于成熟的既有技术，Micro LED 可以带来的改变是什么。

Micro LED 往大尺寸走的动机，相较于小尺寸反而更偏向成本，低 PPI 的规格对 LED 的尺寸容忍度比较高，如果不考虑效率，甚至可以用传统方法直接打件，或是采用相对小量的复数转移法，所以适合作为前导产品的就是公共显示屏。对显示屏来说，LED 本来就是要一颗一颗放上去的，Micro LED 只是把芯片缩小，把导线架去掉，反而能直接节省材料，转移的效率只要比单颗拾取—贴装高都算是进步，可以把 Micro LED 显示屏当作 COB 显示屏的再进化，技术可行性高又具备潜在成本优势；长期来看，若能把拼接的技术带到消费电子中，或是解决大面积移转时面临的抓取与摆放效率难题，Micro LED 甚至可能成为颠覆显示产业的技术，成为次世代电视的未来。业界也有直接瞄准电视市场的 μLED 新创公司，代表厂商为 Mikro Mesa。

市场研究机构 Yole 在 Micro LED 显示领域检索出了 125 家企业和组织申请的近 1500 件专利。这些申请人包括许多初创企业、显示屏制造商、OEM 厂商、半导体企业、LED 制造商及科研院所。

该领域的专利整体相对比较"年轻"，专利平均年龄约为 3.2 年。该领域的首件专利申请于 2000—2001 年，不过，直到 2012 年以后，才开始出现大量的专利申请。因此，目前来看，该领域的授权专利还很少。

该领域的开拓者包括索尼、夏普、MIT（美国麻省理工学院）等，不过早期的大量开发工作主要由众多科研院所完成，包括 Kansas State University（美国堪萨斯州立大学）、University of Hong Kong（香港大学）、Strathclyde University & Tyndall Institute（斯特拉斯克莱德大学和廷德尔研究院）、University of Illinois（美国伊利诺伊大学），当然还包括 Luxvue，以及后来的 Playnitride 和 Mikro Mesa 等初创企业。此外，英特尔和歌尔股份（Goertek）等许多非典型显示屏技术企业也涉足了 Micro LED。

总结起来，Micro LED 显示领域的专利主要由初创企业和科研院所主导。除夏普和索尼外的显示屏制造商和 LED 制造商，进入该领域则相对较晚。事实上，很多厂商是在苹果收购 Luxvue，展现了对 Micro LED 显示技术的信心之后，才开始大力投入 Micro LED 显示技术研发。

截至 2017 年 12 月，Apple 在 Micro LED 显示技术领域拥有最多的专利，并且覆盖了几乎所有的技术节点。不过，Apple 的很多相关专利都是围绕着其 MEMS 转移技术开发的。而索尼等其他厂商，虽然专利数量略少，但是可能拥有更多基础设计专利，打造了更强的专利壁垒。

韩国知识产权局（KIPO）的数据显示，2017 年，Micro LED 技术专利申请高达 120 项，而在 2016 年只有 67 项。2015 年，专利申请数量为 62 项；2014 年这一数字为 36，2008 年仅为 4。

2008—2017 年，Micro LED 技术专利申请数量为 358 项。其中，韩国本土企业专利申请提出数量为 119 项，占比为 33.2%；而韩国本土以外企业专利申请提出数量为 116 项，占比 32.4%。韩国知识产权局认为，三星和 LG 的 OLED 技术遥遥领先，但是 Micro LED 竞争更为公平，韩国企业需要积极投资这项技术，才能获得竞争优势。

Micro LED 显示技术领域的许多专利都包含了对显示概念和架构的描述。但是就制造技术而言，像素转移和装配技术，毫不意外地成为这些发明专利的重要主题。低成本、及时且高良率地精准装配数百万个微型 LED 芯片，一直以来都是 Micro LED 显示能否实现的关键。

目前，50 多位专利申请人提出了很多可能的解决方案。有些显然经过深入的研究，并探索了实际可行的开发策略以应对相关技术挑战。但是，也有很多专利申请仅含糊地描述了设计想法或概念。尽管专利提出的解决方案很多，但大多可以归为数种主要的技术类型，包括 MEMS、Elastomer Stamps（弹性印章）、Fluidic Transfers 及 Sticky Tapes 等。

不过，关于缺陷管理和 Micro LED 测试的专利申请相对很少。即使制造良率很高，但缺陷像素仍然存在，因此，缺陷管理和 Micro LED 测试技术被认为是 Micro LED 显示的关键使能技术，Micro LED 制造离不开有效的缺陷管理策略。

要实现 Micro LED 大规模制造，需要结合三种完全不同的技术和供应链区块：LED 制造、背板制造及微芯片大规模转移和装配。相比于传统的显示屏供应链，该领域的供应链很长、很复杂。每一步工艺都很关键，高效地实现全面管理极具挑战。目前，没有一家公司能够掌控整个供应链，相对于其他成熟的显示技术，Micro LED 供应链显得更加平衡。

Micro LED 技术领域专利申请人的多样化反映了这些挑战，但是对于不同的应用，需求也各不相同。对于企业级、军事及医疗应用的 AR/MR 等量小、高附加值的应用，那些掌握优秀技术且资金充裕的初创企业，往往能够高效地管理供应链。然而，TV 和智能手机等消费类应用，则要求大量的投入以启动大规模制造。

尽管只有少数厂商拥有覆盖所有主要技术节点（转移芯片结构、显示架构等）的广泛专利布局，但是，现在已经有足够多的专利申请人在各技术节点布局了专利，一旦 Micro LED 显示大规模量产并上市，这些专利会带来复杂的授权许可和专利诉讼。

在各技术领域拥有强大专利布局的小企业，将尝试从涉及 Micro LED 制造的大型厂商获取专利授权许可费用。而大企业也将利用专利来互相钳制，阻止竞争对手进入市场。为了早做准备，后来者正在大量申请专利，尽管其中很多专利并没有太多含金量。

总体来看，Micro LED 自身性能潜力大、寿命长、能耗低、亮度高，LED 产业成熟。其性能优越性，在业界引起了很大的反响，引发了包括 LED、LCD、OLED 的显示界及 IT、AI 业界国际巨头的关心和期待，为 Micro LED 技术带来了很好的发展机遇。互联网、物联网、人工智能、智能制造和智慧社会的发展，对显示技术不断提出新的要求，VR、AR 等各种智能移动终端对显示有高画面品质的需求，大型电视墙、商用拼接显示屏和公共显示屏等也对低功耗和高分辨有更高的需求，这些显示产品的快速发展，亟须发展新的技术，这对 Micro LED 来说也是很好的机遇。

一种新技术的出现和被市场认可并不是简单的事情。自 2014 年苹果公司收购 Micro LED 研发企业 LuxVue，引爆此概念后，Micro LED 成为近几年非常热门的技术议题，在业内受到很大关注。但 Micro LED 技术到现在还没有真正的实现产品化，业内普遍预测其至少还需要 5 年的发展时间，而巨量转移难题如同横亘在其前进道路上的一座大山，Micro LED 能否实现，解决巨量转移问题和降低成本是关键。

三星电子和 LG 电子 146 英寸和 175 英寸大型电视墙发布量产，标志着 Micro LED 技术正式从研发走向量产阶段。未来仍需要芯片厂和整机厂的密切技术配合，共同解决好芯片品质稳定性、巨量转移制程效率和良率的问题，提高量产能力、降低成本，进一步扩大市场规模。

17.5 硅基 OLED 微显示

硅基 OLED 微显示器件是新型显示技术类型的一个分支，它区别于常规的以金属氧化物或低温多晶硅等薄膜晶体管为背板的 AMOLED 显示器件，以单晶硅芯片为基底，像素尺寸为传统显示器件的 1/10，精细度远远高于传统器件。硅基 OLED 微显示器件主要涉及 IC 制造技术和 OLED 技术。它有别于传统意义的手机、平板电脑、电视屏幕，多指小于 2.5 英寸的显示器件。

单晶硅芯片采用现有成熟的集成电路 CMOS 工艺，不但实现了显示屏像素的有源寻址矩阵，还在硅芯片上实现了 SRAM 存储器、T-CON 等多种功能的驱动控制电路，大大减少了器件的外部连线，增加了可靠性，实现了轻量化。

与以金属氧化物或低温多晶硅等薄膜晶体管为背板的 AMOLED 显示技术相比，硅基 OLED 微显示技术有以下突出特点。

（1）基底芯片采用成熟的集成电路工艺，可通过集成电路代工厂制造，制造良率更是大大高于目前主流的 LTPS 技术。

（2）采用单晶硅，迁移率高、性能稳定，寿命高于 AMOLED 显示器。

（3）200 毫米×200 毫米的 OLED 蒸镀封装设备就可满足制造要求（与 8 英寸晶圆尺寸兼容），而不像 AMOLED 需要追求高世代生产线。

（4）硅基 OLED 微显示器体积小，非常便于携带，并且其凭借小身材提供的近眼显示效果可以与大尺寸 AMOLED 显示器相媲美。

与 LCD 显示技术相比，硅基 OLED 微显示技术亦具有不少优点。

（1）低功耗：比 LCD 功耗小 20%，电池可以更轻。

（2）工作温度宽：LCD 一般不能在极端温度如 0℃ 以下的环境中工作，必须额外增加加热元件，而在高温下又必须使用冷却系统，所有这些解决方案都会增加整个显示器的重量、体积和功耗。而 OLED 为全固态器件，不需要加热和冷却就可以工作在 -46～+70℃ 的温度范围内。

（3）高对比度：LCD 使用内置背光源，其对比度为 60∶1，而硅基 OLED 微显示器件的对比度可以达到 10000∶1。

（4）响应速度快：OLED 像素更新所需时间小于 1 微秒，而 LCD 的更新时间通常为 10～15 毫秒，相差了 1000～1500 倍，OLED 的显示画面更流畅，从而能够减小视疲劳。

硅基 OLED 微显示产品及主要工艺流程如图 17-12 所示。

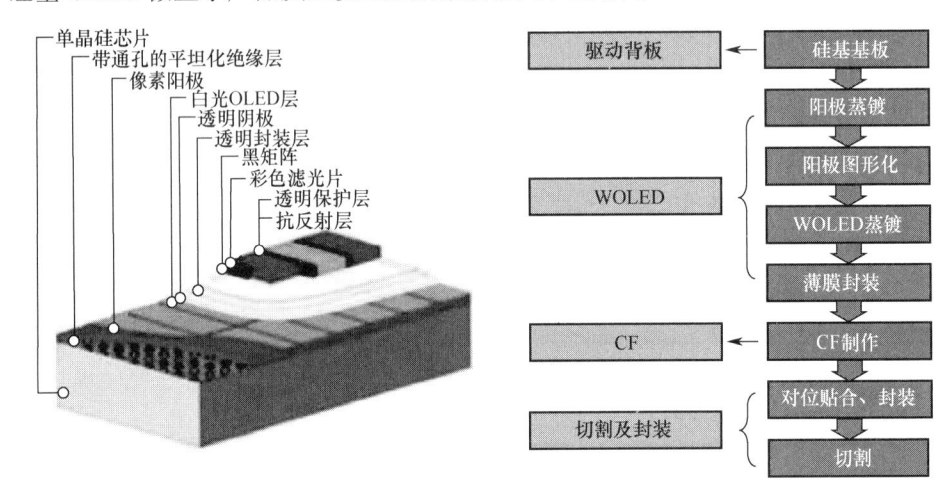

图 17-12 硅基 OLED 微显示产品及主要工艺流程

硅基 OLED 微显示器件具有广阔的市场应用空间，特别适合应用于头盔显示器、立体显示镜及眼镜式显示器等。如与移动通信网络、卫星定位等系统联在一起，则可在任何地方、任何时间获得精确的图像信息，这在国防、航空、航天乃至单兵作战等军事应用上具有非常重要的军事价值。硅基 OLED 微显示器件能够为便携式计算机、无线互联网浏览器、游戏平台及可戴式计算机等移动信息产品提供高画质的视频显示。可以说，无论是对于民用消费领域，还是工业应用乃至军事用途，硅基 OLED 微显示器件都提供了一个极佳的近眼应用解决途径。

但由于目前硅基 OLED 微显示头盔显示器价格较高，主要应用于高端产品，其价格还不能为广大消费者接受，所以目前的市场应用主要面向军事领域。头盔显示器将是 21 世纪数字化战场下一代步兵的得力工具，是实现单兵作战系统中军事信息化的重要组成部分。硅基 OLED 头盔显示器可用于海、陆、空三军军械的战场装备，基于虚拟现实军事训练、战事模拟训练等。

AR 眼镜有望成为下一代计算平台并最终取代智能手机。市场研究机构 Tractica 预

第 17 章 技术

计：2022 年，AR 眼镜市场出货量将增至 2280 万件。显示器件是 AR 眼镜的核心部件，主要由 LCOS 和硅基 OLED 两种显示技术竞争，而硅基 OLED 微显示预计将占有 80% 的市场份额。

目前全球从事开发、生产 OLED 微显示器件的厂商并不多，主要集中在欧美国家，包括美国 eMagin 公司、英国 MicroEmissive Displays（MED）公司、德国 Fraunhofer IPMS 研究机构、法国 MicroOLED 公司、日本索尼及中国云南北方奥雷德、京东方、视涯科技等。其中，eMagin 是全球首家进入 OLED 微显示领域的厂商，也是目前为止推出产品最多、规模最大、技术最为先进的一家厂商。尽管国内厂商在微显示方面做出了一定的努力，并获得了相应的成果，但欧美厂商在 OLED 微显示技术的专利与创意等领域内仍然保持了相当的优势。

eMagin 公司：成立于 2000 年 6 月，是全球首家硅基 OLED 微显示器件制造商。2001 年，eMagin 公司首个 SVGA+OLED 微显示器开始商业化供样，至今该公司已经推出了三代 OLED 微显示产品。其第三代产品分辨率达到了 1920×1200，像素尺寸缩至 9.6 微米，产品中还加入了最新的设计用以提高对比度、色域等光学性能。该公司的硅基 OLED 显示器件采用了顶发射 OLED 技术，以白光透过彩色滤光片的方式实现全彩，配合薄膜封装技术，在制作彩色滤光片时对 OLED 器件形成保护。

到目前为止，硅基 OLED 微显示器件基本都采用这种工艺技术制造。微显示产品正在朝着高分辨率、数字化方向发展。为了获得高分辨率，需要进一步缩小像素尺寸，为此，eMagin 将像素驱动方式从第一代产品的电流方式换成了电压方式，在电流驱动方式中，电流源 IDATA 通过行线对像素进行写入，存于驱动管 QP1 的电流用于驱动 OLED。程序电流通过位于背板的简单的电压电流转换实现，最终实现灰度显示。这种方式的优点是背板设计简单，特别适用于模拟视频界面；缺点是像素存储电容的面积较大，限制了像素变小。驱动像素的电流对存储电容的信号变化很敏感，所以需要电容足够大以降低硅寄生漏电流造成的亮度干扰。在电压驱动模式中，电压源 VDATA 用来对像素进行写入。OLED 通过 QN1 管上存储的栅压响应信号来驱动，由于 OLED 亮度与偏压是非线性的，写入电压 VDATA 必须进行伽马校正。这种模式的优点是信号对存储电容的干扰不敏感，电容缩小自由度大，可以减小像素尺寸。

eMagin 除推出 OLED 微显示模组外，还推出了集 OLED 技术、头盔技术和 3D 立体视像技术于一体的个人显示系统 Z800 3D Visor。尽管仅有 0.59 英寸的对角尺寸，但它却能提供相当于距离 3 米处 105 英寸电影屏幕大小的宽大画面。

Micro Emissive Displays（MED）公司：于 1999 年成立，致力于 P-OLED 微显示器技术的开发。2005 年 11 月，MED 公司发布第一款商业化微显示器 eyescreen，并商业出货。2007 年 5 月，该公司位于德国德累斯顿的批量制造工厂正式投入运营。公司主要用于美国 Vuzix 公司的 iWear 系列头戴式眼镜。MED 公司推出的 eyescreen 技术是在 CMOS 衬底上将 P-OLED 和显示驱动电路整合在一起，从而在同一芯片上实现图像大小调整等更多功能。eyescreen 可提供一流的图像质量和超低功耗，对角线像素数组的间距仅为 0.24 英寸（6 毫米）；集成了显示驱动电子电路和数字视频接口，可直接无缝集成多系统，使得产品设计师能够开发更小、更轻的产品。

MicroOLED 公司：成立于 2007 年，与法国原子能机构 CEALeti 合作，开发出了世界上最高效的 OLED 微显示器。其开发的 OLED 技术基于特殊的有机薄膜结构和改进的制造工艺，开启电压低、制造工艺稳定、温度稳定性高、散热低而且高效。2008 年，MicroOLED 公司开发了 0.38 英寸 WVGA（数码产品屏幕分辨率的一种，英文全称为 Wide Video Graphics Array）硅基 OLED 微显示器，2012 年，该公司接着推出了 0.61 英寸硅基 OLED 微显示器，采用了四点像素设计，拥有彩色、黑白两个型号，其中彩色型号分辨率为 1280×1024，黑白的是 2560×2048。

弗劳恩霍夫协会光电微系统研究所（Fraunhofer IPMS）：2009 年 6 月，Fraunhofer IPMS 发布了 OLED 微型投影产品的研究新成果，该显示器的硅基芯片采用 0.35 微米高压集成电路工艺，分辨率为 320×240（QVGA），基于 P-OLED 技术。2010 年，该机构参与研发成功 HYPOLED OLED 微型显示器，显示区的有效面积为 7.68 毫米×5.76 毫米，具有 VGA（640×480）分辨率。整个芯片采用 0.18 微米制程 CMOS 工艺制造，核心电压与数字 I/O 电压为 1.8 伏，OLED 负向偏压值最大为-5.5 伏，可提供 10000 尼特的单色及 1000 尼特的全彩画面。该显示器基于顶发光（Top-emitting）PIN 结构的 OLED 技术。2011 年，IPMS 还开发展示了双向 OLED 微显示器，有效显示面积达 11.52 毫米×8.64 毫米，解析度为 QVGA（320×240，单色），如果内嵌影像感测器，其解析度则为 QQVGA（160×120）。硅芯片采用 0.35 微米 3.3V/12V CMOS 工艺。OLED 通过 Shadow Mask 直接制作在硅芯片上，封装采用薄膜封装及玻璃复合封装技术。

索尼公司：2011 年，索尼发布了 0.5 英寸及 0.7 英寸 OLED 微显示器产品。0.5 英寸屏的分辨率达 1024×768，像素尺寸为 9.9 微米；0.7 英寸屏的分辨率为 1024×720。这两款 OLED 微显示器色域可达 90% NTSC，对比度高达 10000∶1，响应时间为 0.01 毫秒。这种全新超高显示密度 OLED 微显示屏是专门设计用于数码相机电子取景器等领域的，它可以提供 97%的 NSTC 色域，采用了白色 OLED 及彩色滤光片结构。

奥雷德公司：成立于 2008 年 5 月 12 日，致力于为全球用户提供优秀的 OLED 微型显示器产品及技术支持。其在短短两年时间里实现了 OLED 微型显示技术的突破和产业化，其产品技术性能指标达到或超过了国外水平，填补了国内 OLED 微型显示器批量生产的空白。奥雷德开发了 0.5 英寸、0.6 英寸、0.97 英寸 SVGA（800×600）硅基 OLED 微型显示器，具有全彩色、单色白光、单色绿光、单色红光等规格型号。其硅基衬底采用 0.18 微米 CMOS 技术，集成了全数字视频信号处理及 804×3×604 个驱动单元等电路。0.5 英寸的像素尺寸达到了 12.6 微米×12.6 微米，与 eMagin 公司第二代产品接近。全彩微显示像素采用垂直 RGB 条状排列，可广泛应用于各种近眼显示系统。2010 年，该公司的 0.5 英寸产品开始批量生产。

京东方：京东方与云南北方奥雷德光电、高平科技、云南滇中发展合作，共同投资 11.5 亿元人民币，在云南省昆明市建设国内首条大型硅基 OLED 微显示器件生产线项目，从事 OLED 微显示器件的生产、销售及研发。

视涯科技：伴随着京东方与奥雷德等的合作，国内还有总投资 20 亿元的合肥视涯硅基 OLED 微型显示器项目，其计划从 2018 年 9 月开始设备搬入，于 2019 年投产，预计到 2020 年可实现月加工 6000 片 12 寸晶圆产能，年产 2000 万片微型显示器件，届时将成为全球最大的硅基 OLED 微型显示器件生产基地。

17.6　平行现实显示

20 世纪是即时大众传媒时代，收音机和电视机将资讯同时传递给千家万户，所有人同时收听、观看同一节目。步入 21 世纪，这些都开始改变，个人计算机、手机等设备给予每个人以私有空间，人们真正成为了"个性化"的一代。借助计算机、手机这些不断发展的终端平台，分众传媒造就了巨大的产业，创造出了人类历史上一些最成功的产品和服务。

人们喜欢私人设备，当人们完全沉浸在它投射的情景中时，这些设备的体验非常吸引人。但是当人们外出和其他个体互动的时候，这些私人设备却会带来一些突出的问题。它们将人们和周围的人与环境分隔开来，于是走在街道上的那些拇指族们便可能撞上电线杆，或者碰到其他人甚至发生交通事故。在苹果手机发布十周年的纪念活动上，一位苹果产品的重要发明人公开为他的发明所造成的危害道歉。

当然，AR 技术可以解决很多这类问题，AR 技术让人们看到叠加额外信息的现实世界。但是从短期来看，AR 技术的实现还需要佐以沉重的头戴式设备，穿戴起来非常不舒服，与周围的人具有不可消除的物理隔阂。

通常来说，最棒的科技是那些和周边环境无缝衔接甚至融入周边环境的科技，而现有的情形并不是这样。例如，你去一个非常大的飞机场赶飞机，你此时正通过安检，走向巨大的航班信息板。上面列出了所有可能的航班，其中多数信息和你无关，你必须逐个筛选后才能得到你需要的信息。而当你知道了登机口，你还要进一步想方设法找到它。机场里满是指示牌，可是多数是不会帮你找到 C37 入口的。

将一个不是由私人设备构建的周边环境，替换成能提供人们想要的资讯、方位、娱乐和广告等信息的智能周边环境。同样是上面的场景，在未来的世界里，航班信息板上只显示出你的航班信息，而且字体很大。你可以在 50 英尺外就能清楚看到。所有的机场指示信息都是用你的母语展示的。你要去的登机口指示牌在闪烁，很容易找到。路上有指示箭头，当你走在路上，还可能有一条指示信息告诉你，你的航班延误了，然后给你提供一些购物消遣的建议。在这样的智能环境中，你的周边环境和你的需求相关联，而且所有这些都不需要头戴式设备。

凭借如今的科学技术，这些场景都是有可能实现的。当你走近机场，传感器能进行人脸识别或者探测到你手机发出的信号。当你接近机场时，所有信息指示设备都会呈现你需要的信息。那现在就只剩下一个问题：其他人。如果你是唯一在机场的人，那这些都没问题，但是通常还有许多其他人，系统同时也要为他人服务。为了解决这个问题，人们需要一个全新的显示技术，以保证在同一时间观看同一显示屏幕时，每个人都能够看到不同的内容，而且不需要头戴式设备。这就是我们要介绍的平行现实显示技术。在 2018 年 SID 会议期间，来自 Misapplied Science 公司的 Paul H. Dietz 在其演讲报告中展示了平行现实显示的概念和初步成果。

平行现实显示技术需要满足如下两点要求：①对不同观察位置显示不同画面；②通过

跟踪技术将显示内容和目标对象绑定。

平行现实显示器基于光场技术，特别是其需要重新设计像素。传统的显示器像素像很小的彩色灯泡，在显示器观看视角内，像素要有均匀的颜色和亮度，因此，在任何地方看，画面都一样。相反，平行现实显示器像素在不同的方向上必须发射出不同的光束。

平行现实显示的像素需要极高的角分辨率，而投影仪刚好可以满足这样的要求。我们使用微型投影仪投射出红绿条纹，当它投向观众时，一部分人看到红色而另一些人则看到绿色，这可以满足上面的第一点要求，如图 17-13 所示。

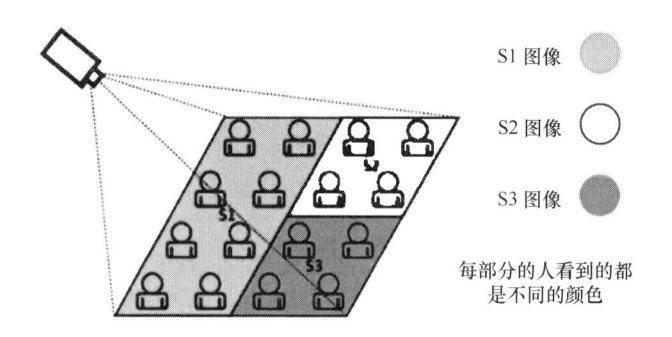

图 17-13　平行现实显示像素示意图

可以通过控制平行现实显示器的像素，来使特定区域的观众看到特定的颜色。实际上，只需要将特定的颜色投射到特定区域的观众那里。想象一下，使用许多平行显示像素来实现画面显示。举例来说，考虑一个 3×3 的像素阵列，在三个分开的观测区域 S1、S2、S3 形成图像。这些投影仪被有序地排列以覆盖整个观看区域。对于每一个作为平行现实显示像素的投影仪，都会有一个模型图案可以使特定颜色照射在特定观测区域上，如图 17-14 所示。

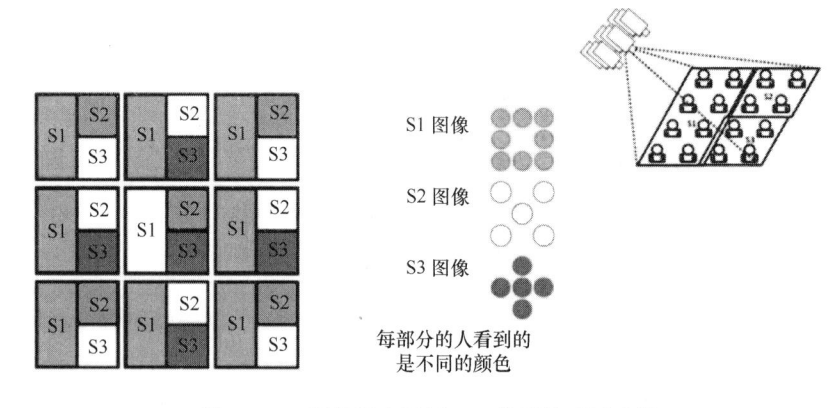

图 17-14　平行现实显示 3×3 像素阵列示意图

根据上述设计思想，第一个平行现实显示设备设计有 42 个投影仪，每一个都由一个单片机来驱动。尽管像素密度并不高，可是整个显示设备足以同时为 5000 人提供独立的显示内容。

第 17 章　技术

使用投影仪作为像素来设计大尺寸显示器听起来好像不太实际，实际上，头戴式显示器、口袋投影机等设备用的微型投影仪（Pico Projector）早已量产。而且成本和尺寸也在快速降低。体育馆级别的显示器也仅需要千万美元，所以这种平行现实显示器是可行的。

当然，很多显示器并不需要设计成体育馆级别的。这时，需要在角分辨率和像素数量间找到平衡。

投影仪本身只是一种放置在显示器前的透镜系统。实际上，也可以通过在平板显示器前方放置投影物镜来制作一个简单的投影仪。如果精心设计，显示器内的每个像素都可以以独立的方向发射光束。

现在想象将上述显示器分成很多小区域，每个区域前放一个投影物镜。这时每个物镜下的像素数量减少了，但是制作出多个平行放置的投影仪。通过这种方式实现的平行现实投影仪可以实现像素数量（分辨率）和每个像素的光束数量的平衡设计。其实光束数量是固定的，但是我们能够通过改变投影物镜的尺寸来选择如何将它们放到像素中。

在该项目中，使用最新一代的超高清晰度（Ultra High Definition，UHD）面板（大概800万像素），并在该面板上放置 448 面投影物镜。这意味着每个透镜对应 20000 级别的独立角度数量，这个角分辨率足以设计出面向 100 人的平行现实显示器。

第18章 企业

18.1 显示器件（面板）企业竞争策略分析

18.1.1 三星电子

韩国三星电子的子公司三星显示在 1984 年就设立了 TFT-LCD 研究小组。1991 年，三星电子在其半导体事业部内设立了一个特殊事业部，专攻 TFT-LCD 技术。三星于 1995 投产了其第一条大批量 TFT-LCD 生产线。随后不断扩产，陆续投资了 3 代线、5 代线、7 代线和 8.5 代线，其显示面板总产能在 2005 年达到世界第一。

三星电子从 2001 年开始投入量产 AMOLED 显示面板，其扎实的研发实力、丰富的量产经验和强大的品牌推广能力，推动 AMOLED 成为中小移动市场的主流技术方向。在 2001—2011 年初期的 10 年间，三星主要通过对旧的小世代 TFT LCD 生产线进行改造升级来量产 AMOLED 产品，2011 年，三星的全新 5.5 代 OLED 面板生产线投产，并于 2013 年进行了扩产。

2015 年，三星确定了以 AMOLED 为核心的未来投资计划。2016—2017 年，三星陆续关停两条 5 代和一条 7 代 TFT-LCD 面板生产线，全力发展 AMOLED 事业。

2016—2017 年，三星 AMOLED 屏幕除了供应自主品牌三星 Galaxy 系列手机，开始向苹果、OPPO、vivo 供货，2018 年又开始向小米和华为供货，其客户阵营正不断扩大。

展望未来，市场研究机构群智咨询（Sigmaintell）分析，三星将致力于以下几方面的战略发展。

（1）保持其在柔性 AMOLED 技术和产品方面的领先优势。三星 OLED 产品在技术和产能方面都处于业内领先地位，而且三星还在不断追加投资以保持领先优势。未来三星的发展方向还是要保持公司在 OLED 领域的领先地位，着重发展柔性、可折叠和屏幕与周边零部件整合性技术。

（2）扩大 AMOLED 的应用领域。当前 AMOLED 市场过分聚焦于智能手机应用，对整个 AMOLED 产业是一个隐忧，三星将致力于在其他应用市场推广 AMOLED 技术的导入和量产化，主要包括平板电脑、笔记本电脑和车载市场。

（3）推动大尺寸 AMOLED 技术产品化和量产化。三星近年来虽然关闭了数条 TFT LCD 生产线，但并未停止对大尺寸世代线的产能改造和技术实验。三星电子在量子点材料和量子点 film 方面有强大的专利、技术和制造能力。未来的投资方向为采用蓝光 OLED 与 QD 量子点膜相结合的方式，量产大尺寸 OLED 产品。

（4）推动大屏幕 Micro LED 技术和市场成长。三星电子在 Micro LED 方面具备一定的生产经验，特别是巨量转移方面。通过与领先的 LED 芯片制造商合作，三星将致力于进一步提高大屏幕 Micro LED 转移制程良率和量产能力，进一步降低成本和提高销量。

18.1.2 LG 显示

LG 显示自 20 世纪 80 年代开始研发显示器技术，1993 年，其投资了首条 LCD 生产线后持续投资，陆续建设了 5 代线、6 代线、7.5 代线和 8.5 代线。在 2001 年全世界 TFT-LCD 企业因为产能过剩面临亏损时，LG 显示投资建设世界上第一条 5 代线，并于 2002 年 5 月建成投产，使得 LG 显示的 TFT-LCD 市场份额在 2002 年居世界第一位。随后竞争对手加大投资力度，LG 显示市场份额一直落后于三星，在三星关闭其 5 代和 7 代 LCD 生产线后，LG 显示液晶面板产能于 2017 年居世界第一位。

2009 年，伊士曼柯达公司（Eastman Kodak Company，简称"柯达公司"）将 OLED 相关业务出售给 LG 集团，2014 年，LG 显示首条 8.5 代 AMOLED 生产线投产，并在 2015—2018 年，持续扩产了 8.5 代 AMOLED 生产线至月产能 70K，同时投资 6 代 OLED 生产线。

2017 年，LG 显示发布了中长期投资规划，计划 2020 年前在 OLED 领域投资 135 亿美元，在韩国投资 10.5 代和 6 代 OLED 面板生产线各一条，并在广州建设 8.5 代 OLED 面板生产线。

市场研究机构群智咨询（Sigmaintell）分析，LG 显示在显示器件方面的战略可以分为如下几方面。

（1）大尺寸 OLED 面板投资从稳步转向激进，同时争取大尺寸 OLED 盈利。

LG 显示在 OLED TV 的产能投资策略方面一直稳步推进，其总体战略是通过韩国 LCD 产能改造来增加 OLED 产能，以节省投资成本；又通过在中国 LCD 工厂的扩充来维持总体 LCD 产能的稳定，维持总体 LCD 的市场竞争力和盈利。进而以 LCD 的盈利来弥补尚在初期阶段的大尺寸 OLED 的亏损。伴随着 OLED 良率提升和初期投资折旧结束，以及 LCD 逐步陷入微利的压力，预计 LG 显示在 OLED 电视的投资将逐步转趋积极。

（2）积极发展柔性 OLED 技术，缩小与三星的差距。

LG 显示未来注重在 OLED 领域的全面发展，在中小尺寸领域，LG 显示希望通过积极的投资缩小与三星的差距。而且与三星不同，由于 LG 显示与手机品牌厂商不存在激烈的竞争关系，预计未来 LG 显示在手机 OLED 面板领域的处境将较为乐观。但技术和产能的限制仍是 LG 显示迫切需要解决的难题和挑战。

（3）对 Micro LED 和 QD 量子点技术进行跟踪性投资。

在 2018 年的 IFA 期间，LG 电子首次发布了 175 英寸的 Micro LED 电视，这是继三星电子以后的第二家电视品牌做出如此尝试。目前 Micro LED 技术瓶颈受限于巨量转移制程的复杂性和高成本压力，LG 也开始涉足并期望在 100 英寸以上的超大尺寸市场争取一席之地。同时，由于三星已将 QD OLED 列入短期投资计划，对 LG 显示的 WOLED 将形成技术挑战，LG 显示也尝试进行技术和专利布局来防范风险。

18.1.3 鸿海集团

早在 2001 年,鸿海投资的统宝光电开始 3.5 代低温多晶硅 TFT-LCD 厂的建设,与日本三洋合作,双方共同开发相关量产技术。2003 年,由鸿海投资的群创光电在新竹投资建设了一条 6 代 TFT LCD 生产线。2009 年,群创光电合并统宝光电,2010 年群创光电、奇美与统宝三者合并,新奇美电子正式成立。

2013 年,新奇美电子正式更名为群创光电,自此开启了鸿海集团"眼球计划"的产业链一体化整合之路。

谈到鸿海,必离不开夏普。夏普于 1991 年投产 1 代 TFT-LCD 面板生产线,在随后的十几年时间里,取得了诸多非凡成绩。持续投资了 4.5 代、6 代和 8 代 TFT-LCD 生产线,并于 2009 年量产了 10 代生产线,也是全球最大世代的 TFT-LCD 面板生产线。夏普是全球第一家量产 TFT-LCD 技术的面板厂商,被称为日本"液晶之父",但随着韩国、中国台湾地区和中国大陆地区面板企业的兴起,日本企业受到越来越多的竞争压力,经营状况持续下滑。2010 年以后,夏普的财务状况极为糟糕,亏损严重。夏普财报显示,其 2015 财年营业亏损达到 1619 亿日元,比 2014 财年 480 亿日元的亏损额增加 237%。2016 年,日本夏普被台湾鸿海收购。

2016 年 6 月,鸿海完成对日本老牌家电及液晶面板制造企业夏普的整体收购。完成收购后,夏普的股价得以稳固回升,鸿海则对夏普进行积极的改革和组织重组,希望以夏普的优势资源融入和助力鸿海的总体战略。2017—2018 年,夏普在中国、东南亚和欧洲电视市场积极抢夺市场,成功稳定了市场份额;财报显示,夏普的面板业务也恢复到盈利水平。早在收购夏普以前,群创光电在鸿海的联动影响下,不断进行产业一体化整合,整体的竞争力进一步加强。

在技术布局方面,鸿海规划将夏普龟山的 6 代生产线进行 LTPS 产能转换成 IGZO,龟山的 8 代生产线能也全数锁定生产 IGZO 产品,以放大夏普在 IGZO 面板方面的制造优势。

在完成初步的资源重组后,市场研究机构群智咨询(Sigmaintell)分析,鸿海的总体发展战略将朝向如下方向发展。

(1)在战略上侧重发展非家电业务,加大对智能家居和教育的投资。

收购夏普后,鸿海首先将重心放在电视业务重组和扩张上,从 2019 年开始将更多资源放到非电视方面,如智能家居和电子白板业务。鸿海旗下目前有夏普和北美 SMART 两大自有品牌,另外还持股美国 Vizio 品牌。通过扩大终端业务来发展一条龙产业链和眼球计划是重中之重,这一方面可以扩大智能终端规模和营业额,另一方面为即将量产的广州 10.5 代生产线提供产能出海口。

(2)在中国大陆地区以外的海外区域加强投资布局。

鸿海的组装产能主要分布在中国大陆地区,随着国际政治和经济形势的变化,未来鸿海将扩大海外产能和投资布局。重点投资区域将聚焦在北美和东南亚、南亚地区。例如,在美国投资整机组装和模组产能,在印度投资电视和手机模组和组装产能。

（3）强力推进夏普+群创光电+深超业务深度整合。

在中国大陆地区面板厂积极扩产的背景下，鸿海集团内业务整合不断推进，但进展缓慢。随着近年来多次的人事调整和业务重组，将对业务进行更深度整合。群创光电客户群完整，擅长市场推广；夏普擅长技术开发和量产经验；深超拥有一定的中国政府和平台资源。未来发展方向以群创光电为销售龙头，夏普专注技术开发，整合三者面板产能，借以扩大集团整体产业规模和竞争力。

18.1.4 JDI 日本显示器株式会社

JDI 日本显示器株式会社（简称"JDI"）是由东芝、索尼、日立的显示器部门于 2012 年整合成立的。JDI 由第一大股东官民基金"产业革新机构"（INCJ）出资支持，从最大客户苹果公司获得预付款，新建了用于智能手机面板生产的工厂并新增生产线。自上市以来的设备投资总额已达约 5000 亿日元（约 296 亿元人民币）。

近年来随着中国面板厂商的崛起，JDI 的市场份额不增反降，占营业额超过五成的大客户苹果端订单也在减少，造成工厂开工率低下。2017 年 10 月至 12 月的稼动率甚至降到"六成以下"。

到 2017 年财年末（2018 年 3 月），除了工厂稼动低迷造成的边际利润率下降，伴随裁员产生的提前溢价退休金、工厂减损等，整个财年累计赤字超过 2000 亿日元（约 118 亿元人民币）。预计企业可支配的资金中现金流量将连续第五个季度持续减少。

目前 JDI 在使用 2017 年经 INCJ 债务担保后取得的 1070 亿日元融资作为运转资金。因此，其目前也在寻求与苹果、华为这样的手机品牌厂的合作机会，以及在探讨与京东方科技集团、天马微电子这样的液晶面板制造商等多家海外公司取得资本合作的可能。然而与中国企业合作的谈判还没有定论，前景也不明确。

JDI 在 2017 年关闭石川县能美工厂并出售给 INCJ，INCJ 又将能美工厂以固定资产形式出资给 JOLED。因此实际上 INCJ 增加了对 JDI 和 JOLED 的投资，并有效帮助 JDI 避免了能美工厂的预期损失。JOLED 对能美工厂进行改造，用于印刷显示 OLED 产品，主要少量供货显示器和医疗用显示面板。

18.1.5 京东方

2003 年，京东方并购了韩国现代电子的 TFT-LCD 业务及其全部 TFT-LCD 专利技术、全球营销网络，2003 年 9 月，京东方自主建设的一条 5 代 TFT-LCD 生产线破土动工。随后，2008—2017 年，京东方相继投资了一条 4.5 代、一条 6 代、一条 5.5 代、4 条 8.5 代生产线和一条 10.5 代生产线。生产线分布于北京、合肥、成都、重庆、鄂尔多斯、福州、绵阳等地。

京东方是近年来产能扩充最积极的厂商，在高世代产能上展开了与日韩厂商的直面竞争。未来对于高世代面板产能的投资，将会停止 8.5 代的投资步伐，集中力量扩充 10.5 代产能。目前液晶电视面板的产能集中在 8.5 代，而 8.5 代生产线除了液晶电视面板，约有 30%的产能用来对应 IT 应用面板，含 Tablet（平板电脑面板）、Notebook（笔记本电脑面板）和 Monitor（显示器面板）。这几年经过不断的市场耕耘，京东方在全球大尺寸 LCD

面板的出货量排名全球第一，出货面积排名全球第二，而且2019年将超过LGD成为全球第一。后续随着10.5代生产线的量产，将会带动TV面板生产转向10.5代生产线，而8.5代生产线将会释放更多的产能来生产TV以外应用的产品，同时也意味着京东方在创新应用面板的生产和出货上依然有较大的提升空间。

在小尺寸OLED领域，京东方亦积极储备相关人才和技术，而随着小尺寸AMOLED手机渗透率的不断提升，市场需求持续扩大，京东方从2015年开始加快对6代AMOLED生产线的投资。

从资源整合方面来看，近年来京东方以面板为核心展开了一系列纵向和横向整合。一方面，除了显示面板业务，持续扩充健康服务及智慧系统业务；另一方面，以面板为核心，推动上下游资源整合，包括上游芯片材料、下游代工业务的扩大，均有助于提升其综合竞争力。

产能的不断扩充、生产技术的持续提升及纵向和横向的资源整合，将有望带动京东方成为全球面板产能面积最大的厂商。

在OLED方面，京东方利用其在TFT基板方面的技术积累，对OLED方面的技术进行研发跟进。早在2002年，京东方就收购了拥有部分OLED专利的韩国HI-LCD公司，拥有了部分OLED的专利和研发人员。

2010年，京东方对其成都4.5代TFT-LCD面板生产线进行技术改造，并于2010年10月与成都电子科技大学在成都合作共建"OLED联合实验室"，随后，在于2013年量产的鄂尔多斯5.5代LTPS LCD生产线内架设了一条小型OLED生产线。成都京东方6代LTPS/AMOLED柔性生产线于2017年年底在成都量产，目前在建绵阳6代AMOLED柔性生产线，预计于2019年正式投产，同时计划投资10亿元在合肥建设打印OLED技术平台。

京东方是目前国内在OLED领域投资最大和最为积极的面板企业。其未来的主要发展方向为中小尺寸柔性OLED显示屏和大尺寸OLED打印生产技术。从战略方向来看，市场研究机构群智咨询（Sigmaintell）分析，京东方的战略走向如下。

（1）将投资重心从LCD转向新兴技术领域。

通过连续15年的持续性大规模投资，京东方的TFT-LCD总产能将于2019年超过LG显示，居世界第一位。未来其投资重心在于新兴技术投资与突破，提高产品附加值，提升客户群质量和黏性。特别是重点聚焦韩厂领先的柔性OLED和大尺寸OLED技术。

（2）发展多元化创新应用，扩大显示面板应用市场。

京东方提出了"芯屏器合"战略，旨在以物联网发展为契机，以显示器件为依托，发展芯片及周边技术，拓展更多的创新应用，提升营业额和公司价值。公司的创新业务发展方向目前非常分散，但未来将走向聚焦。

（3）发展智能制造，打造产业一体化业务模式。

长期以来，京东方一直致力于发展下游整机和品牌业务，早在2009年，京东方视讯公司成立，旨在发展自有品牌电视和显示器业务，2015年，又成立了高端电视品牌Alta，希望拓展高端电视市场。同时，京东方视讯也持续发展代工OEM业务，以显示器和电视整机组装为起点，逐步扩展到手机、车载、电子白板、电子标签和艺术数字屏幕等多元化终端产品。

18.1.6 天马微电子

天马微电子（简称"天马"）为国内进入 LCD 领域最早的面板制造企业，其从 TN 时代到 TFT 时代一直跟随全球显示市场消费和技术趋势，不断进取。目前，天马拥有 TFT LCD 4.5 代生产线三条，5 代生产线一条，5.5 代和 6 代生产线各一条。2010 年，天马在上海建设了一条 AMOLED 中试线，2013 年建设了一条 5.5 代 AMOLED 量生产线。2016 年又在武汉建设了一条 6 代 AMOLED 生产线，并且该生产线为刚性和柔性结合，2018 年第二季度，刚性 AMOLED 产能已实现量产供货。

2018 年，天马提出 4421 战略，也就是在移动智慧终端、车载、工业、新应用/IoT 四大核心市场进行深耕；采取 a-Si 转型、LTPS 领先、OLED 突破及新技术创新四大技术；兼具软实力与硬实力两大实力；唯一追求核心市场的领先，希望能在面板产业里做强、做精。

以业务占比来看，天马目前移动智能终端业务营收占总营收的比例超过 70%，工业和车载占比近 30%。由于天马的整体产能与投资都还在成长，所以在未来的产品结构上，预计移动智能终端的占比还是会维持在 60%~70%，车载等应用则会维持在 30%~40%。截至 2018 年，天马累计申请专利 9629 项，授权专利 5606 项，海外授权专利占比为 45.6%；近 3 年专利申请年增率超过 20%。目前内嵌触控专利申请与全面屏专利申请均为全球第一。为了贴近客户，天马进行全球布局，目前共有消费品与专显两大事业部，同时也持续加大研发投入，2017 年的研发投入金额为 16 亿元，而 2010—2017 年的研发投入年复合成长率为 42.7%，研发投入占营收的年复合成长率为 14%。

全面屏和异形屏技术在 LCD 产品中也开始占据越来越大的份额。天马凭借 LCD 产品优势和与国内手机品牌良好的合作关系，在第一季度的全面屏面板出货量接近 3500 万，市场占比为 19%。国内手机品牌全面屏手机的大规模上市及天马与国内四大手机品牌的密切合作将天马第一季度的全面屏面板出货推至全球第二、LCD 领域第一的位置。

从短期来看，全面屏已成为智能手机面板领域最重要的规格之一，随着全面屏发展进入 2.0 时代，对面板厂商而言，提高全面屏产品的实力将直接影响厂商未来的整体出货和盈利状况。

市场研究机构群智咨询（Sigmaintell）分析，天马的战略走向如下。

（1）坚持深耕中小尺寸和移动应用显示市场。

天马在全球中小尺寸和移动应用市场积累深厚，其产能规模不及全球大型面板厂，但优势在于专业深厚的产业经验和灵活的技术、市场策略。中小尺寸和移动市场最大特点之一是技术变化快、市场节奏快。大型面板厂商在步伐和节奏上很难跟进，而天马可凭借自身经验和对市场的主动出击来赢得主动权，甚至领跑市场。

（2）以物联网和 5G 为契机，发展多元化业务。

随着 2020 年 5G 的正式商用，预期已酝酿多年的物联网应用将迎来爆发式增长。除了智能手机、车联网、工业物联网、新零售等产业存在巨大机会。天马着眼于大产业和大市场变化,将积极拓展多元化业务领域,推动公司营业额和利润稳步增长。

(3)大力发展AMOLED业务,刚性柔性同步走。

这一战略的确立将有利于天马在未来数年持续性加强AMOLED技术投资、研发和量产投入,通过对技术的学习、客户的导入、市场资源的平移,逐渐将其在TFT LCD领域的优势转化到AMOLED领域。

18.1.7 华星光电

华星光电为TCL集团子公司,2011年,其第一条8.5代TFT LCD生产线在深圳投产。2015年4月,华星光电第二条8.5代生产线正式投产,另外其在武汉建设了6代LTPS生产线。华星光电第二条11代生产线项目目标是在深圳市光明新区投资建设一条月加工3370毫米×2940毫米玻璃基板约9万张的超高清新型显示器件生产线,主要生产和销售65英寸、70英寸、75英寸的8K超高清显示屏及65英寸OLED、75英寸OLED显示屏等,项目总投资约为426.83亿元。该项目由TCL集团、华星光电和深圳市重大产业发展基金共同投资完成,计划在2021年3月正式实现量产。

目前,华星光电已成为拥有6条面板生产线、总投资达1891亿元的面板企业,产品全线覆盖大尺寸电视面板和中小尺寸移动终端面板。2018年上半年,华星光电全球市场份额为14%,行业排名第五;华星光电对中国六大电视品牌厂商出货占比为33%,自2014年起连续行业排名第一。

华星光电积极布局下一代显示技术,持续迎接挑战,不断提升运营效率,保持效率领先;加快产品和技术开发,进一步提升产品竞争力;调整产品结构,加强与客户的协同,共创双赢;实现从"效率领先→产品领先→技术领先→生态领先"的跨越。

在OLED方面,华星光电第一条6代柔性AMOLED生产线正在武汉建设,于2019年上半年投产。同时成立了"广东省印刷及柔性显示创新中心",创新中心以建设4.5代印刷OLED研发公共开发平台及印刷显示产业园为基础,攻克印刷显示产业的前沿与共性关键技术,未来将为11代项目第二期大尺寸印刷OLED工艺提供技术支持。华星光电领先同业,抢先布局印刷显示技术。

(1)量子点材料合成:已开发适合电致发光的新型QLED材料和适合印刷的墨水配方。

(2)量子点印刷器件:先进印刷技术实现高性能QLED显示器的制作。

(3)印刷OLED技术:先进喷墨印刷制程工艺,效率更高、亮度更高、器件寿命更长。

(4)印刷OLED材料合成:开发喷墨印刷用新型OLED材料,采用印刷墨水配方体系。

(5)4.5代印刷显示平台:贯通全产业链,实现31英寸印刷OLED开发/中试。

(6)6代、8.5代印刷显示平台:为55英寸以上4K×2K印刷OLED量产做准备。

展望未来,市场研究机构群智咨询(Sigmaintell)分析,华星光电的战略方向如下。

(1)夯实以电视面板业务为核心的产业链一体化模式竞争力。

早期,TCL成立华星光电进入面板制造领域,首要目的是为TCL品牌配套,解决自主配套问题。随着规模扩大和竞争力提升,华星光电和TCL电子在策略联动、产业链一体化方面展现出竞争力,目前华星光电产能的60%左右用于支持TCL整机业务。未来,华星光电作为 TCL 集团的面板供应商，将助力 TCL 品牌出海战略，协同发展全球市场业务，在资源上互为补充，共同提升竞争力。

（2）积极布局前瞻性技术，为 TCL 集团的半导体显示业务寻找新动力。

正是因为长期跟随 TCL 的总体战略发展，其在中小尺寸领域相对滞后。如何提升中小尺寸领域的优势，并且通过不断的技术投资跟进大尺寸显示面板技术进步步伐，是华星光电面临的主要课题之一。

（3）发展多元化业务，提升在面板产业的整体竞争力。

随着两条 10.5 代生产线的布局和量产，以及 6 代 AMOLED 生产线的量产，如何消化产能将变得非常关键。未来华星光电必须跳脱从属 TCL 品牌的角色，跳脱依赖电视业务的定位，全方面发展多元化业务。

18.1.8 维信诺

在早期以高校为代表的研究机构中，以清华大学的产业化进程最为积极和有成效。清华大学 OLED 项目组于 1996 年成立，以此为前身，2001 年，北京维信诺公司成立，进行中试生产工艺技术开发，2006 年，开始全面进行 OLED 大规模产业化基地建设。2008 年 10 月，中国大陆地区第一条 PMOLED 大规模生产线在昆山建成投产。随后，维信诺进军 AMOLED 领域，于 2010 年年底建成中国大陆地区第一条 AMOLED 中试线。2015 年，维信诺（昆山）5.5 代 AMOLED 大规模生产线实现量产。在对市场和行业准确预判之后，维信诺（固安）6 代全柔 AMOLED 生产线于 2018 年第二季度在河北固安投产，另一条位于合肥的维信诺（合肥）6 代全柔 AMOLED 生产线也于 2018 年 12 月开工建设。基于多年的自主技术积累，维信诺拥有 OLED 相关核心专利 5000 余项，与小米、中兴、努比亚、AGM 等多家品牌终端厂商形成良好合作。未来将在显示领域持续发力，提升量产规模效应并进一步扩大市场份额。

在柔性显示技术发展趋势及布局方面，维信诺也有着自己的思考，随着应用的改变，维信诺提出四阶段的发展趋势，分别为固曲显示、可折叠显示、全卷曲显示、全柔性显示，依据不同的应用期技术发展也有所演进。

1. 柔性屏体技术

在对弯折形态、弯折半径、屏体边框、模组厚度及动（静）态弯折寿命等方面均存在技术提升，具体如下。

（1）已掌握柔性基板材料的贴合、剥离工艺，通过不断改善相关工艺，柔性 AMOLED 良率得以提升；

（2）具备柔性 AMOLED 显示有机发光材料及器件技术储备，已实现柔性显示屏分辨率、亮度、对比度和色域等性能指标提升；

（3）已掌握膜层结构设计、工艺优化等技术，在柔性屏体弯折形态、弯折寿命及可靠性等方面已获得性能提升；

（4）已掌握柔性衬底及 LTPS TFT 制备技术，在降低 LTPS 工艺流程温度（如降低至 400℃以下）以满足新型透明 PI 材料（透过率大于 90%）需求等方面已实现进一步优化；

（5）利用非 AA 区弯折（Pad Bending）技术，通过结合弯折非 AA 区柔性基材，已实现终端产品下边框更窄。另配合 Pad Bending 大型工具实现了更高良率等。

2. 柔性显示新技术

为了实现更高的可靠性指标和更薄的屏体厚度，维信诺开发了更多有利于柔性折叠的新技术，包括以下几点。

（1）采用金属网格（Metal Mesh）材料的柔性触控技术。目前柔性折叠屏应用较多的主要为 ITO 和 AgNW 材质，但是均为外挂式，且厚度较大，为了减小模组厚度，采用金属网格材料的触控技术亟须开发。金属网格技术则是利用 Ti/Al/Ti 金属材料沉积在 TFE 上形成导电金属网格图案，具有工艺流程简单、单体较薄、拥有较高的导电率或者较低的表面电阻（小于 10T 次/方）等优势。

（2）ALD 技术：开发 ALD 技术，利于使阻隔层更薄，使柔性折叠屏实现更小的弯折半径。同时利用 ALD 技术制备的膜层更致密，水氧阻隔能力更强，柔性折叠屏水氧环境氛围可靠性更优。

18.1.9 中电熊猫

中电熊猫于 1992 年 4 月由被誉为中国电子工业摇篮的熊猫电子集团有限公司独家发起设立，是中国电子行业的骨干企业。1996 年 5 月和 11 月，公司分别在香港联交所和上海证交所挂牌上市，是中国电子信息行业第一家 A+H 股上市公司。

公司以电子装备、消费电子和电子制造服务为主营方向，产品领域包括智能制造、轨道交通、移动通信和电子制造服务等。公司积极开展国际合作，与瑞典爱立信等多家知名合资企业建立了合作。公司构建了完整的技术创新体系，建成 1 个国家级研发中心、10 个省市级研发中心，科研开发水平居全国领先地位。公司通过 ISO 9001 认证，建立了完整的质量管理体系和先进的企业管理信息系统。

公司承担多个国家重点工程项目，多次荣获国家科学技术进步奖、江苏省人民政府科学技术奖等奖项。公司是国家高新技术企业、国家工商管理局公示的"守合同、重信用"企业和江苏省优秀企业。

面对经济发展的新常态，公司以推进实施制造强国战略为指引，对接"中国制造2025"，以市场为导向，通过优化产品结构、加大新品研发、提升服务质量，努力为社会创造价值，积极回馈投资者，把公司打造成为国内一流、国际知名的电子装备制造商和服务商。

中电熊猫是由中国电子信息产业集团有限公司（CEC）、南京中电熊猫信息产业集团有限公司（中电熊猫）、南京新型工业化投资（集团）有限公司、南京新港开发总公司持股共同投资打造的从事高世代液晶面板专业生产的中央直属国有企业。公司在引进夏普生产线的基础上，重点推进技术的消化吸收和再创新，生产线为国内先进的液晶面板生产线之一。

公司前期投资一条 6 代 a-Si 的面板生产线，总产能为 90 千片大板/月，投资总额为138 亿元。该 6 代生产线已于 2011 年 3 月底正式投产，目前正常运营，保持满产稼动。

此项目为南京市一号重点工程。

2013 年 4 月，由中国电子、南京市、日本夏普株式会社共同投资打造的 IGZO 8.5 代超高分辨率液晶显示项目（简称"G108 项目"）投入建设。该项目总投资为 291.5 亿元，注册资本为 175 亿元，采用行业领域前沿技术，产品覆盖大中小尺寸全系列。该 8.5 代生产线设计产能为 60 千片大板/月，生产线技术主要从日本夏普技术转让，2016 年正式量产，目前正常运营，保持满产稼动。

近几年来，中电熊猫在显示面板领域的投资速度加快，在成都投资的成都中电熊猫 8.6 代生产线在 2018 年第二季度量产。中电熊猫致力于研发金属氧化物 TFT（IGZO）技术、光配向技术（IPS、UV²A 技术）、铜配线技术、触屏技术、超窄边框技术等最新前沿技术，填补了中国金属氧化物工艺液晶面板量产技术领域的空白。2017 年，其入选国家技术创新示范企业。

18.1.10 彩虹光电

2017 年，彩虹光电在咸阳投资建设了 8.6 代项目，玻璃基板尺寸为 2250 毫米×2610 毫米，该项目一期产能为 6 万片/月，二期产能为 6 万片/月，主要产品尺寸为 50 英寸、58 英寸、65 英寸、100 英寸，主要技术为 a-Si、IGZO、Cu 制程、COA、GOA、PSVA 等。该项目于 2018 年 3 月实现量产，其产品主要定位中大尺寸液晶电视面板产品，在全球液晶电视面板市场大尺寸化进程的趋势下，中大尺寸面板的需求持续增长，特别是 50 英寸和 65 英寸的市场需求快速增加，中电彩虹积极布局 65 英寸等大尺寸，符合市场发展的趋势。

18.1.11 惠科

2001 年 12 月，惠科股份有限公司（简称"惠科"）在深圳正式成立，注册资本为 2 亿元，是一家集消费类电子产品研发、生产、销售于一体的高新技术企业。公司的主导产品为 LCD 显示器、液晶电视、平板电脑、一体电脑、手机、电源、机箱等。

惠科旗下的重庆惠科金渝光电科技有限公司成立于 2015 年，总投资为 240 亿元。目前该公司主要运营一条 8.6 代液晶电视面板生产线，该生产线从 2015 年开始筹建，2017 年上半年正式量产。

惠科是以整机代工业务发展起来的企业，其在下游整机的生产中积累了多年的研发及生产经验。而惠科在重庆的 8.6 代生产线在 2017 年正式量产，生产线自运行以来，得到多名中国台湾工程师的技术支援，并通过一年左右的时间，逐步形成了本地化的研发团队，在工艺研发、新产品开发等方面奠定了良好的基础，也为后续的 8.6 代生产线的建设提供了宝贵的人才资源及研发保障。

但是本地化技术人员及自主研发能力相对缺乏，技术团队稳定性不足，从而使得惠科在面板生产行业的技术积累相对薄弱。

18.1.12 信利

在显示领域，信利业务覆盖车载显示屏、移动智能终端显示屏、工业医疗显示屏、消费电子显示屏等；在触控领域，包括车载触控屏、移动智能终端触控屏、工业医疗触摸屏、消费电子触摸屏等，信利都有扎实的生产技术和客户群。

在手机用显示屏领域，信利从 TN、STN、TFT，一直到 AMOLED 都有技术积累，并对新技术持续跟踪研发，保持其在技术上的领先地位。信利于 2001 年筹建 OLED 团队，2003 年 PMOLED 批量生产，2007 年投产 TFT 面板生产线，并开始 AMOLED 的研发。

截至 2018 年 6 月，公司已经拥有一条 2.5 代 LCD、一条 4.5 代 LCD、一条 5 代 LCD 和 4.5 代 AMOLED 生产线量产；一条 5 代 LCD 生产线建设中；一条 6 代柔性 AMOLED 生产线筹建中。公司在 LCD 技术方面经验相对丰富，有多年 LCD 生产线运作经验。特别是针对 a-Si TFT 技术，公司有比较强的技术和设备能力储备。由于信利 LCD 生产线都是从其他公司购买的二手生产线，所以对设备的改造能力较强。

信利正在筹建的仁寿 6 代柔性 AMOLED 项目投产后，主要产品尺寸为 1.2～14 英寸，包含了 20 余种尺寸规格的产品，可以满足智能穿戴设备、智慧医疗、智能手机、车载显示、军工、精密工业仪器、平板电脑等广泛的市场需求。项目量产前期将主要以高端智能手机，尤其是折叠手机，以及穿戴显示应用为主，后续将陆续增加工业和车载显示的应用和占比。

展望未来，信利的发展战略是希望依托其在显示模组和终端市场的技术和客户基础，大力发展显示面板业务，特别是柔性 AMOLED 业务。柔性及可折叠显示手机也是未来柔性 AMOLED 产品主要的发展方向，但信利目前与手机客户的主要合作业务集中于模组服务等方面，尚未进行大规模的面板供货服务。而智能手机面板领域的竞争日趋激烈，有限资源正向优势品牌和供应商集中。信利在智能手机面板供应领域的客户基础相对薄弱，因此在生产线运营初期可将研发周期较短的智能手机显示屏产品作为生产线主体产品，中长期则以车载、工控和创新应用等产品为主。而信利在车载市场耕耘多年，拥有较为扎实的客户基础和良好的客户关系，未来进一步拓展此方面的资源优势是比较合理的选择。

18.1.13 友达光电

达基公司于 1998 年 3 月和日本 IBM 签订技术合作协议，在中国台湾新竹科学园区建设一条 3.5 代生产线，但日本 IBM 只有一条 3 代线，所以双方签约时明确达基新建的 3.5 代生产线属于共同开发，而非单方面的技术输出，此线于 1999 年 4 月建成，同年 7 月量产。达基于 1999 年 8 月完全依靠自己的能力开工建设第二条生产线（4 代线），2001 年 3 月，达基科技与联友光电宣布合并，成立友达光电（AUO），2006 年，友达光电并购"台湾面板五虎"之一的广辉。友达光电一跃成为当时中国台湾地区第一大、全球第三大的 TFT-LCD 面板厂商。2015 年友达光电在昆山投资了 6 代 LTPS LCD 生产线。目前友达光电拥有从 4.5 代到 8.5 代全世代线的面板生产线，显示面板产能位列全球第五。

友达光电在 2000 年年初就建立了自己的 OLED 研究发展团队，并在 2006 年大规模生产了世界上第一款 AMOLED 手机显示器，用于 BenQ-Siemens S88 手机。不过由于友达光电发现 AMOLED 面板主要用于中小尺寸面板，因此该公司随后暂停了 AMOLED 面板的商业计划。2011 年，友达光电收购东芝移动显示位于新加坡的 4.5 代 LTPS TFT 生产线，并追加投资，将其转为开发 OLED 面板的平台。此外，友达光电拥有一条 6 代和一条 8.5 代氧化物基板的 AMOLED 实验线，分别于 2012 年和 2013 年投入使用，用于 AMOLED 技术的研发和小批量试产，但至今尚未有投资量产线的计划。

在激烈的市场竞争中，友达光电的发展策略可以归结为"走高端"和"差异化"。近几年来，友达光电凭借良好的技术积累和不断的技术创新，一直作为全球显示应用客户的中高端面板供应商，其 LTPS LCD 产品、IPS Notebook&Monitor 产品、VA 电视产品的出货表现相当稳定，在全球品牌客户中的市场份额也相对稳固。另外，友达光电积极开拓创新应用，夯实产品和客户基础，包括车载、商显、工控、医疗等领域，友达光电均位列全球前三。

18.1.14 瀚宇彩晶

瀚宇彩晶接受日本东芝与日立的技术转移，采用 AS-IPS 广视角面板专利制造技术，一次开建了两条 3 代生产线。2004 年 3 月 1 日，其 5 代生产线动工。瀚宇彩晶目前为全球产能较小的供应商之一，但近年来一直精进于成本控制和技术创新，其在低端手机市场、平板电脑市场的出货表现不俗，积极地降低成本也确保了公司相对稳定的盈利。

18.1.15 中华映管股份有限公司

1997—1998 年，第三次液晶景气被亚洲金融危机打断，从 1997 年第四季度起，液晶面板价格节节下跌，甚至低于制造成本，1998 年年初跌到谷底。日本企业迫于财务压力缩减了投资，而此时中国台湾地区众多企业开始进入液晶显示产业。中华映管股份有限公司（简称"华映"）于 1998 年从三菱电机旗下的 ADI 获得技术转移，引进了第 3 代 TFT-LCD 面板生产线，1999 年 5 月，正式量产大尺寸面板。它是中国台湾地区第一家取得日本大尺寸 TFT 液晶技术的公司。目前华映的主要业务为液晶显示面板生产，主要的液晶面板生产线包括台湾龙潭/杨梅的一条 4.5 代及 6 代生产线，以及间接持有的中国大陆地区福建莆田的华佳彩 6 代液晶面板生产线。

华映科技、福建省电子信息集团等筹设的福建华佳彩公司 6 代面板厂于 2016 年在福建莆田开工建设，首期投资 120 亿元。华佳彩项目于 2017 年 7 月量产并开始摊提折旧，2018 年产能陆续建置，第二季度设备基本安装完成。从 2017 年年底开始，智能手机朝着全面屏发展，华佳彩原生产的 16∶9 手机亦须切换成 18∶9 全面屏，生产线切换及产品生产到客户认证时间影响营业收入爬升进度；此外，华佳彩主攻内嵌式触控产品（2018 年手机新机设计多采用刘海 Notch，而"齐刘海"的异型全面屏一般搭配内嵌式触控），受 TDDI IC 缺货影响，华佳彩部分内嵌式触控手机产品量产时间推迟，整体产能利用率低，单位生产成本高。受上述因素影响，2018 年上半年，华佳彩实现营业收入 5228.85 万元，营业成本 1.03 亿元，资产减值损失（主要为"存货跌价损失"）1.17 亿元，净利润为 −2.95 亿元。

2018 年 12 月 13 日，华映自爆债务危机，总额高达 348 亿元新台币（约 77.55 亿元人民币）。市场研究机构群智咨询（Sigmaintell）的数据显示：2018 年，华映（CPT）产能在全球 6 代（含）以下 a-Si LCD 面板产能中占比为 6.8%。其主要产品包括智能手机显示面板、平板电脑显示面板、车载工控显示面板，产品结构以中低端为主，截至 2018 年第三季度，其功能手机显示面板的全球市占率约为 10.5%，智能手机显示面板全球市占率为 5.4%，平板电脑显示面板全球市占率为 15.8%，车载显示面板全球市占率为 7.4%。

由于目前高额的债务危机，势必导致其供应商及客户担心其付款及交货情况，从而暂停材料供应及出现转单的情况。根据最新情况，目前其台湾生产线已经停产。市场研究机构群智咨询（Sigmaintell）认为，此事件会带来的一连串的"蝴蝶效应"，对相关面板市场格局和供需走势影响较大，具体分析如下：

在智能手机方面，华映的直接客户主要为模组厂，主要包括信利、帝晶、同兴达、合力泰等。受此事件影响，瀚宇彩晶、京东方、群创光电等可能直接受益，尤其是瀚宇彩晶，其很多产品线与华映重合。

如果短期内生产线无法恢复生产，根据市场研究机构群智咨询（Sigmaintell）的预测，从 2019 年第二季度开始，智能手机的 a-Si 面板将趋于偏紧，2019 年下半年，a-Si 的供应恐出现 3000 万～4000 万片缺口。市场势必会出现需求转移和产能再分配的情况，从而导致 2019 年下半年 LCD 屏供应出现结构性偏紧态势。

在平板电脑方面，目前其主要直接客户为白牌市场及欧美平板客户，受此事件影响，京东方、瀚宇彩晶将成为比较直接的受益者。

在车载显示方面，根据群智咨询（Sigmaintell）的调查数据，目前华映主要提供中控显示屏（CID），尺寸主要集中在 6.1～10.4 英寸。受此事件影响，其大陆地区客户，包括伟世通公司、惠州华阳通用电子有限公司、比亚迪股份有限公司、深圳市航盛电子股份有限公司等会受到直接影响。进而对应的车厂，包括上海汽车、比亚迪、长安汽车、广汽都是将直接受到影响。预计群创光电、深超光电和龙腾光电等将直接受益。

18.2 JOLED 公司的现状及未来发展规划

JOLED 是日本 OLED 面板制造公司，由索尼、松下、JDI 和日本产业机构在 2015 年 1 月合并而成，其自成立开始，便带有浓厚的神秘色彩。在 2016 年 9 月举办的国际会议"International Conference on Flexible and Printed Electronics"上，JOLED 公司的负责人对 JOLED 的现状和未来发展规划进行了详细解说。

18.2.1 OLED 成膜技术类型

OLED 面板发光层的成膜技术分为 RGB 打印、白光蒸镀和 RGB 蒸镀三种，其中，RGB 蒸镀需要使用高精细度的金属 Fine Mask（精细金属掩膜版），适合智能手机等小尺寸面板的量产；而白光蒸镀不使用 Fine Mask，适合大尺寸面板的量产；但是白光 OLED 面板需要使用 Color Filter（彩色滤光片）对白光进行过滤，会导致 3/4 光的损失，使面板的色纯度与发光效率成为一对矛盾的参数。

目前大多数 OLED 面板公司都采用蒸镀技术，但蒸镀制程需要真空环境和金属掩膜版，特别是 RGB 蒸镀对金属 Mask 的精度要求很高，制造难度较大。另外，蒸镀制程还存在 TS 距离、均匀性、材料利用率等问题。

RGB 喷墨打印是指在大气环境下将 RGB 材料分别打印在基板上的技术，与蒸镀技术不同，打印技术有很多优点，具体如下。

（1）不需要真空环境，设备投资较少，保养维护也较为容易；

（2）不需要掩膜版，基板也不用向下放置，生产大尺寸面板较容易；

（3）使用溶剂型材料，材料很难喷溅到其他地方，材料利用率很高，有利于量产的成本节约；

（4）喷头通用性强，在基板尺寸允许的情况下，设备能对应不同尺寸的基板；

（5）换线和保养时间短，能有效缩短生产节拍，提高生产效率。

目前 JOLED 正在开发 RGB 三种颜色的打印技术，期望以其较高的生产效率来弥补蒸镀技术的不足。但是打印使用的有机材料信赖性较差，为此 JOLED 特别制定了相应的改善措施。从器件、制程、材料和设备出发，JOLED 认为，亮度和寿命是首先要解决的问题，从而制定了问题改善的路线图。

对于器件的亮度，JOLED 以其 2013 年时做到的值为基准（一倍），今年已经做到了两倍，预计 2018 年可以做到三倍。目前打印技术的研究所在京都，但从 2016 年开始转移到石川县，在那里建立一条 4.5 代（730 毫米×920 毫米）量产线，用于 300ppi 以上精细度打印 OLED 面板的量产。

18.2.2 背板技术

OLED 与 LCD 不同，需要能通过大电流的 TFT 做驱动，a-Si（非晶硅技术）因为载流子迁移率太低，不适合做 OLED 的驱动。目前适合作为 OLED 驱动的 TFT 器件有 LTPS（多晶硅技术）和 IGZO（金属氧化物技术）。

其中，LTPS 技术在大面积多晶硅形成上尚有一些问题需要克服，而且整体生产成本较高，而 IGZO 技术的载流子迁移率虽然不及 LTPS 技术，但对于 OLED 也足够用了，其最大的优点就是在大面积生产时薄膜的均匀性较好，生产成本也相应较低。目前 JOLED 主要开发 IGZO 技术，但同时也在开发新的 TFT 制造技术。

对 IGZO 性能的要求，大致可以分为以下 6 项。

（1）光罩道数：光罩道数不仅对设备投资、光罩数量等这些无尘室相关项目有很大的影响，对成品良率影响也很大。因此，各家公司都想以尽可能少的光罩道数来实现高性能、高良率的 TFT 器件。JOLED 的 TFT 技术是索尼开发的整合型顶栅极构造。

（2）载流子迁移率：OLED 的驱动类型为电流驱动，驱动能力与载流子迁移率成正比，对于高精度和高开口率的面板来讲，必须使用高迁移率的 TFT 驱动。但是 IGZO 的载流子迁移率比 LTPS 要低，而且只能实现 N 型构造，无法制造出 Si CMOS 之类的金属氧化物半导体（Metal Oxide Semiconductor，MOS）管结构，铟镓锌氧化物（Indium Gallium Zinc Oxide，IGZO）还存在周边电路功耗的问题。

（3）信赖性：从 IGZO TFT 的特性可以看出基板面内特性的均一性。一般来说，溅射法使用的靶材容易有消耗不均匀的问题，会导致基板面内薄膜沉积的不均匀，最终使 TFT 特性在基板面内有偏差。

（4）基板尺寸：对大尺寸基板来说，IGZO 技术比 LTPS 技术节省制造成本。不同世代都存在一个最佳产品尺寸，所以对不同世代来说，IGZO 和 LTPS 没有可比性，但从投资角度来看，相同基板尺寸下 IGZO 的生产成本较低。另外，对模组成本来说，IGZO 与 LTPS 没有太大的区别。

（5）生产性：IGZO 制程较 LTPS 简单，在制造方面生产性会高一些。

（6）均一性：为了保证大面积内特性的均一性，除了膜厚，氧化物半导体的元素比例也需要精确控制，成分控制与堆积速度是一对相互制约的参数，需要找出折中的最佳值。

18.3 Micro LED 巨量转移企业概况

"巨量转移"难度高，成为目前 Micro LED 实现产业化的拦路虎。为此，专注巨量转移技术的各类企业也是各出奇招，纷纷希望借此契机度过难关，提高转移效率，以推进 Micro LED 进一步实现产业化。传统的 LED 在封装环节主要采用真空吸取的方式进行转移。但由于真空管在物理极限下只能应对大约 80 微米的情况，而 Micro LED 的尺寸基本小于 50 微米，所以真空吸附的方式在 Micro LED 时代不再适用。目前 Micro LED 各种巨量转移技术可谓百花齐放，并且均有不同技术特性，因此针对不同的显示产品可能都会有相对适合的解决方案。现阶段，大致可以分为以下几项：Stamp Pick & Place、Laser Release、Roll to Plate、Fluidic Transfer、Wafer Bonding。这些转移技术对应到面板的各种规格要求均不相同。

18.3.1 Luxvue

LuxVue 采取通过静电力吸附微小组件的方式，布局转移技术专利，之后陆续朝驱动、应用等专利技术拓展，三年来，其在 Micro LED 领域已布下 65 项专利。LuxVue 使用暂时基板载体，加上静电吸附方式，转移 1～100 微米的 LED 芯片。

18.3.2 X–Celeprint

美国新创公司 X-Celeprint 是 XTRION N.V 的全资子公司，其核心技术是由美国 Illinois University 的 John A. Rogers 等人开发的 Micro-Transfer-Printing（μTP）技术，利用牺牲层湿蚀刻和 PDMS 转贴技术，将 Micro LED 转贴到可挠式基板或玻璃基板上以制作 Micro LED 数组，并于 2006 年分拆给 Semprius 公司，2013 年，由 X-Celeprint 公司取得独家授权。这个制程的优点是可以一次转移大量的 Micro LED。该公司后续申请的专利都是基于此技术的延伸。另外，X-Celeprint 还研发 Micro LED 显示技术，主要解决 Micro LED 因复杂的结构设计造成的良率与效率偏低的问题。2018 年 3 月，X-Celeprint 披露了一则知识产权相关消息，欧司朗光电半导体与 X-Celeprint 签署了技术和专利许可协议，且此项协议涉及 X-Celeprint 公司的 Micro-Transfer-Printing（μTP）技术。

18.3.3 eLux

eLux 专利提出流体装配的方法，利用熔融焊料毛细管的界面，以便在组装期间将流体悬浮液体作为介质对电极进行机械和电器连接，可快速将 Micro LED 捕获及对准焊点，是一种低成本且高速的组装方法。

18.3.4 Uniqarta

相较于传统的 pick and place 转移技术，美国 Uniqarta 的巨量转移方案的速度与效率大幅度提升。现行的 pick and place 每小时只能转移 1 万～2.5 万颗，制作一台显示器需要 2～15 周的时间。

但 Uniqarta 研发的镭射转移技术，可以通过单激光束或多重激光束的方式进行移转。Uniqarta 执行长 Ronn Kliger 在演讲过程通过影片呈现转移速度，对于一颗大小为 130 微米×160 微米的 LED，每小时可转移约 1400 万颗。

18.3.5 QMAT

镭射转移的代表厂商是 QMAT，QMAT 转移技术利用 BAR（Beam-Addressed Release），使用激光束将 Micro LED 从原始基板快速且大规模转移到目标基板。

特别的是，为了确保巨量转移制程的零 ppm 缺陷及高产量目标，QMAT 也提出了 PL/EL 的检测方案，在转移之前先行检测及确认，确保转移的 Micro LED 是良品，这样的方式将可以减少后续维修的时间及加工成本。

18.3.6 SelfArray

美国 SelfArray 的定向自组装方式是通过反磁漂浮的方法处理转移。先将 LED 外部包覆一层热解石墨薄膜，放在振动磁性平台，在磁场引导下，LED 将快速排列。

SelfArray 执行长 Clinton Ballinger 曾通过影片，以 350 微米×350 微米的覆晶技术 LED 示范该项技术，并表示公司正在设计体积小于 150 微米的 LED，未来将会进行测试。如果该技术成熟，未来只需要几分钟的时间便可制作出一台 4K 电视。

18.3.7 韩国机械材料研究院（简称"KIMM"）

KIMM 提出滚轴转写制程技术，该技术为独创的专利技术，其利用滚轴对滚轴方式，将 TFT 元件与 LED 元件"转写"到基板上，最后形成可伸缩主动矩阵 Micro LED（AMLED）面板，利用滚轴转写制程技术的巨量转移相较于传统打件制程，速度平均提高 1 万倍左右。

卷对卷转移工艺也是 KIMM 的专利技术，将 TFT 元件拾起并放置在所需的基板上，再将 LED 元件拾起并放置在放有 TFT 元件的基板上，从而完成结合了两大要素的有源矩阵型 Micro LED 面板。

随着生产步骤的减少，生产速度大大提高。目前用于制造传统 LED 显示屏的固晶机每秒可在基板上贴装 1～10 个 LED，但是通过滚动转移工艺，每秒可以转移 10000 余个 LED。通过目前的方法生产全高清 200 万像素的 100 英寸数字标牌需要 30 多天的时间，但滚动转移工艺可以在一个小时内完成整个过程，大大降低了加工成本。

18.3.8 Optovate

英国牛津 Optovate 提出一种 Micro LED 转移技术，该技术只需要一步就能将多颗 Micro LED 从晶圆平行转移至衬底，实现精准的光学阵列。自 2008 年以来，Optovate 获批及正在审查的 20 项专利组合都是围绕该项技术的。据了解，Optovate 这种独特的 Micro LED 转移技术，可以将 Micro LED 从晶圆提取到用于显示和照明的背板上，同时公司还开发了一种生产和集成精密光学阵列的方法，该阵列将每颗 Micro LED 的光折射和光反射结合在一起，应用于各种显示器，LCD 背光和固态照明具有可控照明和超薄、低厚度等显著优势。这两项有关 Micro LED 转移和微光学元件光线控制的创新既可以与其他方法结合使用，也可单独使用。

第 19 章 投资

19.1 高世代 LCD 显示面板产能竞争焦灼化

面板厂商对高世代面板生产线投资热情持续高涨。根据市场研究机构群智咨询（Sigmaintell）的统计，全球已经公布的高世代面板新增生产线（大于 6 代，含 2018 年量产以及扩产的生产线）共有 13 条，其中，2 条 8.5 代生产线，4 条 8.6 代扩产线，7 条 10.5 代生产线，具体见表 19-1。

表 19-1　2017—2021 年全球新增高世代显示面板生产线

厂商	世代	所在地	工艺	产能	量产时间	主要产品	备注
群创	8.6	台湾	a-Si	45	2017Q1	TV	MP
LG 电子	8.5	广州	a-Si	60	2017Q2	TV	MP
京东方	8.5	福清	a-Si	120	2017Q2	TV+MNT	MP
惠科	8.6	重庆	a-Si	70	2017Q2	TV	MP
中电熊猫	8.6	咸阳	a-Si	120	2018Q1	TV	MP
中电熊猫	8.6	成都	IGZO	120	2018Q2	TV	MP
京东方	10.5	合肥	a-Si	120	2018Q1	TV	MP
友达	8.5	台湾	a-Si	25	2018Q3	TV	MP
华星光电	10.5	深圳	a-Si	90	2019Q1	TV	在建
惠科	8.6	滁州	a-Si	120	2019Q2	TV	在建
LG 电子	8.5	广州	OLED	60	2019Q3	TV	在建
鸿海	10.5	广州	IGZO	90	2019Q4	TV	在建
京东方	10.5	武汉	a-Si	120	2020	TV	在建
惠科	8.6	绵阳	a-Si	120	2020	TV+MNT	计划
华星光电	10.5	深圳	a-Si	90	2021	TV	在建
LG 电子	10.5	韩国坡州	OLED	30	2021	TV	在建
惠科	10.5	郑州	a-Si	90	2021	TV	计划

高世代面板生产线投资呈现以下特点。

（1）投资金额巨大。

根据生产线的不同技术配置和规划，投资金额各不相同。但是 7 代以上的高世代面板生产线对资金的要求非常大，正常一条 120K 的 8.5 代或 8.6 代液晶面板生产线的投资金额约为 240 亿元，而一条 90K 的 10.5 代液晶面板生产线的投资金额则高达 400 亿元以上。如果再加上 IGZO、OLED 等新技术的规划和布局，投资金额会更大。根据初步统计，2018—2021年，在全球即将量产的高世代面板生产线中，总投资将超过4200亿元，其中，中国大陆地区厂商投资金额为3413.7亿元。

（2）厂商积极布局10.5代生产线和高世代OLED面板生产线。

在新增的13条高世代面板生产线中，有7条10.5代超高时代面板生产线。在全球大尺寸化趋势的带动下，65英寸及75英寸等主流大尺寸面板需求迎来爆发增长，厂商对于10.5代生产线的投资热情持续高涨。但10.5代生产线的投资也启动了新一轮的产能竞赛，使得厂商间的竞争更加白热化和焦灼化，未来产能过剩的风险倍增，厂商将面临如何有效去化产能及能否持续获利的巨大挑战。

同时，因液晶电视面板的获利能力弱化，以LG显示为首的面板厂商加速布局高世代OLED面板产能，其中LG显示位于广州的8.5代OLED生产线已正式获得政府审批，将于2019年迎来量产；其在韩国的10.5代生产线也直接跳过LCD产品，直接生产OLED的产品。除LG显示外，中国的面板厂商也在积极规划高世代OLED生产线，相信在不久的将来也将逐步加入大尺寸OLED阵营。

（3）高世代面板产能持续向中国大陆地区聚集。

在全球新增的13条高世代面板生产线中，只有1条落地在韩国，其余的12条生产线都聚集在中国大陆地区，中国大陆地区已成为全球最大的TFT-LCD面板产能聚集地。

19.2 AMOLED投资仍然非常积极

近年来，除了韩国面板厂，中国大陆地区面板厂在AMOLED方面的投资也非常积极，未来中国大陆地区预计有10条左右的6代AMOLED生产线，全部规划有柔性产能，据此，中国大陆地区厂商在AMOLED生产线的总投资额将达到2691亿元。取得的进步和存在的问题同样明显，具体如下。

（1）中国大陆地区AMOLED产业在全球初露头角，获得一席之地。

根据市场研究机构群智咨询（Sigmaintell）的预测，2018年，全球智能手机用AMOLED面板出货量预计将达到5.6亿片，其中，中国面板厂智能手机用AMOLED面板出货量预计将达2千余万片，同比增长108%。国内面板厂虽然在数量上无法与三星比肩，但是良率及质量均有大幅的提升，也为未来柔性AMOLED的发展积累经验。

（2）中国大陆地区AMOLED产能投资集中在柔性AMOLED上，技术难度大，产能过剩风险大。

中国大陆地区厂商在量产柔性AMOLED方面缺乏量产经验，一些厂商跳过刚性AMOLED直接生产柔性AMOLED，技术难度大，学习时间长，投资回报周期将相当长。

另外，针对中国大陆地区新投资的产能加上三星显示和LGD的柔性AMOLED产能，未来全球的柔性AMOLED产能将面临供应过剩的风险，详见表19-2。关于化解风险的途径，一方面是控制产能，另一方面是扩大需求。当前AMOLED应用市场单一，即使通过降低价格扩大市场需求，也会损害产业链和面板企业的利润，这个问题值得关注和深思。

表 19-2 全球 6 代及以下柔性 AMOLED 新生产线一览表

技术类型	厂商	世代	产能	所在地	量产时间
柔性 AMOLED	京东方	6	48	成都	2017Q4
	京东方	6	48	绵阳	2019Q1
	京东方	6	48	重庆	2020
	天马	6	30	武汉	2019Q2
	EDO	6	15	上海	2019Q2
	信利	6	30	仁寿	—
	维信诺	6	30	固安	2018Q4
	维信诺	6	30	滁州	—
	华星光电	6	45	武汉	2019Q4
	柔宇	5.5	15	深圳	2018Q3
	三星显示	6	120	韩国天安	2017Q2
	三星显示	6	30	韩国天安	2018Q2
	三星显示	6	60	韩国天安	—
	LG 显示	6	30	韩国鱼尾	2017Q3
	LG 显示	6	45	韩国坡州	2018Q3
	LG 显示	6	30	韩国坡州	—

19.3 资本和新进入者不断涌入面板产业

近年来，伴随着地方政府的投资热，除了现有企业的扩产和产能升级，越来越多的下游企业、创业型企业、资本陆续投入到显示面板生产线的兴建中。2017—2018 年，媒体相继报道湖南长沙浏阳或将投建 6 代柔性 AMOLED 项目，由湖南群显科技有限公司投资建设。

2018 年 10 月，陕西坤同柔性半导体服务制造基地举行落地仪式，项目总投资为 400 亿元（约 60 亿美元），占地面积约为 2000 亩，将建设产能规模为 30K/月大片基板的 6 代柔性 AMOLED 示范量产线，主要包括阵列、AMOLED 蒸镀、柔性模组三大工序，基板尺寸为 1500 毫米×1850 毫米，产品以中小尺寸柔性 AMOLED 显示屏模组为主。预计 2020 年第四季度开始投产，2021 年第三季度正式批量生产。

应用篇

第 20 章 市场

20.1 智能手机

美国大选落定，欧洲各国"公投"不断上演，使得 2017 年全球经济在缓慢复苏的进程中有了更多变数。对于智能手机市场，得益于亚洲、北美及欧洲市场的好转，2017 年全球手机出货量约为 19.0 亿部，其中，智能手机出货量约为 14.35 亿部，同比增长 1.7%；功能手机出货量约为 4.68 亿部，同比下降约 4.8%，具体如图 20-1 所示。

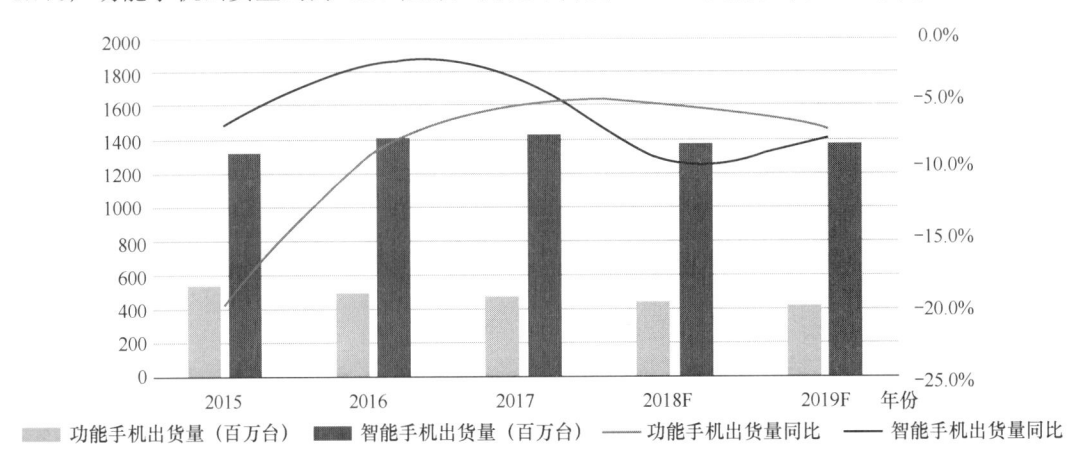

图 20-1 2015—2019 年全球手机出货量

（资料来源：Sigmaintell）

2018 年年初，全球经济增长势头较为强劲，随着贸易摩擦及美元走势增强，全球经济增长开始失去动力。贸易保护是全球经济增长减弱的一个主要原因，尤其是美国实施了更高的关税，其他经济体实施了报复性措施。与此同时，2018 年美联储持续加息，美元相对多数国家货币都在升值，直接影响了很多新兴市场经济体的发展，阿根廷、土耳其、巴基斯坦、墨西哥、印度等国家的货币贬值不断加速，直接影响了当地的消费信心。

初步统计，2018 年全球手机的出货量约为 18.1 亿部，其中智能手机的销量约为 13.7 亿部，同比下降 4.3%。

三星和苹果两大品牌依然保持智能手机市场的领先地位。三星全年出货 3.18 亿部，以 22.2%的市场占有率位居第一；苹果全年出货 2.17 亿部，市场占有率为 15.1%，位居第二。

中国 11 家品牌全年合计出货量达到 5.82 亿部，已经超过三星和苹果的 5.35 亿部出货量总和。其中，华为通过不断投入高额研发费用以及累积知识产权，在功能性和质感方面已能与领导品牌相提并论。继 2015 年其出货量突破 1 亿部大关之后，2017 年，智能手机出货量达到 1.53 亿部，同比大增 9.8%，以全球市场占有率 10.7%的成绩位居第三位。OPPO 和 vivo 则在 2017 年凭借成功的销售策略和创新技术，出货量异军突起，合计达到 1.91 亿部，分别取得 7.5%和 5.8%的市场占有率。小米则成功实现逆转，2017 年，其合计智能手机出货量达到 0.87 亿部，同比大增 60%，市占率约为 6.1%，位列全球第五。

目前智能手机市场的增长主要来自换机行为。换机行为可简单分为换机需求及购买行为。2015—2016 年，全球及中国大陆地区市场出现了第一次换机高峰，全球及中国大陆地区市场智能手机也出现了销量高峰。2017 年以后，换机时间逐步被拉长，主要原因有四点：第一，4G 移动网络基本普及，运营商补贴的推力不断减弱。第二，产品品质不断提升，智能手机的使用寿命不断延长。第三，产品迭代速度加快，零售均价不断提升，产品本身也无根本性痛点推动用户强烈换机。第四，购买力减弱，购机能力，或者说消费能力可能随着经济的下行在减弱。

在中国大陆地区市场，受到可支配收入上涨带来的消费升级的影响，用户对于智能手机购买与使用的诉求已经发生改变。用户寻求的不再是高性价比的硬件产品，而是能够满足日常所需的时尚化的智能工具，以及能够体现个人品位与身份特征的品牌手机。

中国手机市场在二十余年的发展过程中，经历了两次大的换机潮，尽管增速一度放缓，但销量从未下降。2017 年，中国大陆地区市场智能手机出货总量为 4.68 亿部，同比下降约 6.2%。中国大陆地区市场跌幅超过全球水平，受到经济环境偏弱、运营商补贴减弱、高保有量及手机均价上涨等多方面影响，消费者换机周期已经延长到约 31 个月。2017—2019 年，中国智能手机产品的关键技术升级趋势延缓，进入"微创新"时代，将会进一步导致用户换机周期的延长。不过中国大陆地区市场在全球市场的份额占有率仍有 32.6%，依然保持最大市场地位。

在品牌出货结构方面，2017 年，品牌集中度不断上升，TOP5 品牌以强大的份额优势形成竞争壁垒，"华米 Ov"更是成为国内手机品牌的代表。华为（含荣耀）仍然实现高速增长，全年实现出货约 9650 万部，以 20.6%的市场占有率位列行业首位。OPPO 依旧实现稳定增长，以 18.3%的市场占有率仍然位列行业第二位，全年出货 8560 万部，同比增长 11.7%。vivo 则以 7610 万部出货量、16.3%的市场占有率成功挤掉苹果位列国内市场的第三位。小米由线上逐步走向线下，积极拓展线下市场，并成功拉动整体销量走高，实现份额的翻倍增长，2017 年，其中国大陆地区市场出货量约为 6020 万部，同比大增约 37.9%，以 12.9%的市场份额位列行业第四位。伴随国内品牌的品牌力、产品力上升，三星的份额继续遭到蚕食。苹果在 2017 年推出的异形屏代表作 iPhone X，成功吸引消费者眼光，保持了品牌份额的稳中有升。2016 年苹果在中国大陆地区市场上一共出货 5004 万部，同比微降 0.8%，市场占有率为 10.7%，位居第五位。

在平均销售单价（ASP）方面，2017 年，中国品牌在全球智能手机市场中的成长趋缓，由于竞争激烈，又逢零组件价格上涨，纷纷调涨售价。2016 年，中国品牌智能手机平均销售单价约为 1700 元。2017—2019 年，中国大陆地区智能手机 ASP 如图 20-2 所示。

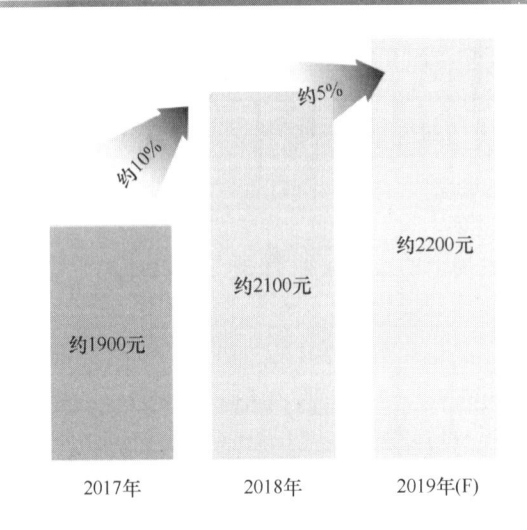

图 20-2　2017—2019 年中国大陆地区智能手机 ASP

(资料来源：Sigmaintell)

自 2015 年下半年起，一向主打性价比的中国大陆地区手机品牌陆续调涨手机售价，旗舰机种尤为明显，如华为 P/Mate 系列，OPPO/vivo 的 R 系列/X 系列等，甚至小米、魅族也不例外。虽然涨价可能造成消费端的需求下降，但在市场竞争日趋激烈的情况下，调涨终端售价以维持获利空间恐怕是品牌为了生存的最后一搏，这也意味着中国智能手机品牌新一轮的淘汰赛已悄悄开打。自 2016 下半年起，手机关键零组件价格涨势开始，成为手机终端售价上涨的直接因素。智能手机面板价格已连续超过三个季度上扬，而从 2016 年第四季度起，行动式内存解决方案价格涨势又起，NAND Flash 的缺货状况也没有因第一季的淡季而舒缓，使得手机成本结构持续增加。零组件涨价的现象给搭载安卓（Android）系统的中国智能手机厂商带来的危机最大，原因在于中国智能手机品牌超过 30 个，且产品差异化程度小，使得手机难以避免降价厮杀的窘境，而零组件的涨价更将使原已很小的获利空间进一步遭到压缩。

单从出货量看来，全球排名前五的手机厂商是三星、苹果、华为、OPPO 和 vivo，国产手机品牌有三个。但市场调研公司 Canaccord Genuity 的数据显示，虽然苹果 2016 年第四季度销量在全球所占份额约为 18%，但是它所获得的利润却占据整个产业的 92%。其次，三星占了智能手机产业利润的 9%，索尼只有 1%，黑莓连 1% 都不到。这对国产手机厂商来说，实在是一个暴击，销量飞速上涨，然而盈利能力却如此低，甚至很多企业都在亏损，卖一部赔一部。所以接下来如何在加速市场扩张的同时，提升品牌溢价，从而获得盈利能力，成为国产手机必须跨过的一个坎。

如果要总结 2017 年的手机行业，避免不了存量市场、线下渠道称王、高端机趋势明显、价格战转为品牌战等关键词。但是，被众人感知最明显的是手机价格的普遍上涨，这也是用户关心的焦点。不过，这背后还有一个关键因素，那就是受人民币贬值、关税政策的影响，手机物料价格集体上涨，上游供应链的产能无法满足手机数量的增长，导致很多元器件必须提前抢购。与其说是手机厂商之间的竞争，倒不如说是与供应链之间的博弈。手机厂商面临的问题不是能够卖出多少台手机，而是在用户需要的手机数量基础上，元器件能否及时供应并完成组装。

可以毫不夸张地说,对供应链的掌控几乎决定着一家厂商的生死,小米、锤子在创立初期都踩过供应链的坑,当一家手机厂商没有达到足够的量级时,就根本没有和供应链谈判的能力,上游供应链也会优先把物料分发给苹果、三星,甚至销量达到 3000 万台的巨头厂商。与小米、锤子不同,OPPO 和 vivo 最初就选择自建工厂,买物料自己组装,对品控严格把关,加上这两年销量猛增,其在上游供应链也加大了话语权。相信很多人都记得,对消费者来说,小米最初几款手机最大的问题就是抢都抢不到,这被认为是饥饿营销。但是实际上小米最初只不过是一个非常小的手机公司,产能非常有限,无法满足用户需求。

由此可见,中国手机品牌盈利能力偏低的关键原因是供应链的话语权仍旧掌控在国外厂商手中。

在手机行业,主芯片、存储、屏幕被称为手机必不可少的三大器件,中国手机供应链历经十多年的模仿式发展,生产屏幕已经没问题,但仍弱于日韩厂商,在主芯片层面,展讯、海思奋力追赶,高通、联发科仍是市场霸主,存储更是处于早期跟随阶段。除了个别中国手机厂商有一定的自主研发能力,其他厂商所需要的物料几乎都要进口。不仅如此,一款手机从无到有,所牵涉的供应链厂商动辄几十家甚至上百家。以苹果为例,2014年,其推出 iPhone 6 时,有 793 家工厂作为苹果的供应商,分布在美国、法国、墨西哥、巴西、日本等。当时瑞信证券的报告称,中国大陆地区厂商以 349 家的数量位居榜首,日本有 139 家厂商,美国和中国台湾地区的供应商分别是 60 家、42 家。由此可见,想要全部达成合作协议,并非一日之功,更需要强大的掌控能力,一旦某个环节出现问题,产能就会跟不上,手机无法按时推向市场,一款产品胎死腹中都有可能。

权威市调机构高德纳咨询公司(Gartner Group,简称"Gartner")的数据显示,在中国,智能手机在所有手机中的销量占比为 96%,而美国也是 96%。换言之,在移动互联网的硬件层面,中国和美国已经在一个水平上。中美的智能手机普及率远远超过其他国家,例如,印度尼西亚的智能手机销量占比为 68%,巴西为 92%,印度仅为 50%。印度较低的智能手机普及率,对中国企业来说,意味着巨大商机。伴随着中国智能手机市场开始止步不前甚至萎缩,一大批中国企业涌入印度市场,推出了 150 美元左右的高性价比安卓手机,获得印度消费者热捧。数据显示,中国的企业已经占据印度智能手机市场的半壁江山,联想和小米已经进入市场前五名,不过和第一名三星相比,中国企业还有明显的差距。在中国手机市场中,小米在高性价比"网销型手机"上的创新,对于智能机快速普及功不可没,小米通过网络零售,降低了流通成本,让更多民众使用了智能手机,面对小米的创新成功,许多国内公司纷纷效仿,掀起了高性价比手机浪潮,传统的"中华酷联"市场格局被彻底粉碎。不过时至今日,中国智能手机市场再度发生巨大变化,网销型手机市场空间逐步饱和,厂商纷纷开拓线下零售渠道,并且在地级市、县城、乡镇、村庄开拓市场。在线下手机领域,OPPO 和 vivo 两家公司依靠铺天盖地的"店海战术",占据了明显优势。2016 年,这两家公司的销量增幅高达惊人的一倍。在中国市场中,功能手机也俗称为"老人机"或"学生机"。Gartner 的数据显示,虽然现实中依然有不少用户在使用,但其销量逐步萎缩,退出市场只是时间问题。另外,过去智能手机操作界面复杂,让一些老年用户敬而远之,继续使用功能手机。不过如今,在市场激烈竞争之下,厂商纷纷推出了针对老年人的易用界面，如扩大音量、放大字体，联系人拨号界面也更简单，这些功能也使得更多老年人从功能手机转向了智能手机。智能手机的高度普及，催生了中国庞大的移动互联网市场。全球媒体公认，在移动互联网时代，中国已经处于领先的地位，中国手机支付、手机购物等应用水平，均超过了部分欧美发达国家，许多创新商业模式甚至被海外公司模仿和移植。

在全球市场成长趋缓的形势下，2017 年，全球智能手机产业呈现制造厂商竞争加剧、技术落差扩大等趋势。

随着新兴市场基础建设提升速度缓慢，未来五年，全球智能手机出货量将呈现个位数成长率。国内手机品牌的高集中度预示着国内智能机的竞争格局已经趋于稳定，海外成为市场份额扩大、销售额增长的重要部分。此前，国产手机品牌代表"华米 Ov"在印度、东南亚等国家均取得了良好的成绩，向欧美等发达国家市场进军，将成为新的增长点。国内市场竞争激烈，部分厂商将重心放在海外，其中最有名的两家企业是传音和天珑移动。传音在非洲的市场占有率超过三星，是非洲第一大手机品牌，如今这个来自中国的手机品牌已经悄然掌握了非洲移动互联网的入口。从市场调查公司提供的数据来看，传音旗下 TENCO、itel、Infinix 三大品牌的市场占有率达到 38%，远超三星 23%的市场份额。另外，在印度市场，传音的销量也在前五名之列。

不过，传音的官方数据显示，2017 年，该公司手机全球出货量高达 1.2 亿台，尽管手机的销量很大，但单价低、整体利润并不高。传音还须快速转型，改变低价策略，建立生态系统。

天珑移动的市场主要在西欧，其与法国当地企业合作推出的 Wiko 品牌是法国第二大手机品牌，目前市场占有率达到 16.8%。天珑移动将本土团队运营模式在全欧洲进行复制和拓展，探索出了一条走进欧美国家，创立自主品牌的道路。

与此同时，此前专注国内市场的华为、小米等都已逐步加大海外征战步伐。除中国市场外，华为目前在欧洲、中东、非洲和印度市场都加快脚步；受益于中国和印度市场出货量大增，小米成为 2018 年全球增速最快的手机品牌之一，除印度外，目前其加速发力西班牙、俄罗斯、欧洲等市场。

此外，还有一些企业走上了原始设计商（Original Design Manufacturer，ODM）的发展道路，成为专业的智能手机代工企业。闻泰科技股份有限公司（简称"闻泰"）、华勤通讯技术有限公司（简称"华勤"）、龙旗集团（简称"龙旗"）是 ODM 企业三大巨头。数据显示，2017 年，闻泰的智能手机出货量达到 8370 万部，主要客户为小米、华为、联想、魅族；华勤的出货量是 7910 万部，主要客户为华为、小米；龙旗的出货量是 3420 万部，主要客户为小米和联想。另外，天珑移动的ODM出货量也有1540万部。

在此情况下，新旧品牌竞争态势必加剧。在下游品牌客户的激烈竞争下，智能手机代工厂商将追随主流客户需求，兵分二路朝高低阶二极化发展，中国大陆地区一阶代工厂威胁中国台湾地区厂商的态势日益明显。同时，抢夺彼此客户，甚至通过整并来追求持续成长、取得规模优势的现象将日益增多。

东亚厂商仍持续掌控全球智能手机设计、制造命脉。从组装厂商国别、地区来看，中国厂商占 70.2%（其中，中国大陆地区厂商占 48.2%，中国台湾地区厂商占 22%）、韩国厂商占 25.7%，掌控 95.9%的组装活动；从生产基地地理范畴来看，中国大陆地区（80.5%）、越南（11.6%）成为全球前二大智能手机组装国。但在产业获利趋薄态势下，受到关税减免、优惠补贴而分别南进（印度、印度尼西亚）、再西进（中国大陆地区内陆省份）的新建产能，将造成外包订单的迅速移转，加上完整产业体系建构不易，势必造成经营风险的提高。

此外，在产品技术方面，随着苹果、三星推出多项新功能规格（屏占比提高、OLED 面板、玻璃机壳、无线充电、3D 辨识等），预计国际领导品牌将可暂时扩大与中国大陆地区品牌之间的技术落差。对上游零组件厂商来说，良率提升与风险掌控成为技术领先厂商的获利关键。

对于 2018 年的全球智能手机市场，多数市场研究机构预估有 3%～5%的小幅下降，出货量为 13.5 亿～14 亿部。

三星和苹果依旧保持市场领先地位，两家品牌的合计市场占有率约为 37%。尽管三星智能手机在中国大陆地区市场表现失利，整体销售占比不断下降，但凭借着既广且深的全球布局，以及齐全的高中低端智能手机产品线，季度平均生产数量仍维持 7000 万部的水平，全年出货量同比小幅下降。从 2018 年第三季度开始，苹果的出货量受新品 iPhone XR 和 iPhone XS/XS Max 导入的影响逐步显现，但因为定价过高，预计全年的出货量也会同比小幅下降。

苹果品牌的盈利能力依旧遥遥领先。市场研究机构 IHS 在 2017 年 11 月发布了 iPhone X（64GB）的详细物料成本报告，测算结论是，其 BOM 成本为 370.25 美元（约合人民币 2458 元）。这一数字比 TechInsights 的 357.5 美元（折合人民币 2370 元）略高，但差距不大，iPhone X 为苹果带来的利润依然非常可观，其 BOM 成本占到了销售价格的 37%，毛利率高达 63%。与 iPhone X 相比，iPhone 8 成本要低得多，iPhone 8（64GB）的 BOM 成本经测算为 255.16 美元（约合人民币 1697 元），毛利率约为 71%。在苹果迄今为止的智能手机中，AMOLED 屏幕和原深感摄像头是形成差别的关键硬件。苹果在 iPhone X 上采用了由三星独家提供的高宽比为 19.5∶9 的 5.85 英寸有源矩阵有机发光二极管（AMOLED）面板，并在偏振膜下方搭载了一个 Force Touch 传感器，其屏幕高宽比是目前上市手机中最大的。显示屏的像素分辨率为 2436×1125，采用了 iPhone 系列有史以来的最高像素密度（458ppi）和对比度（1000000∶1）。经测算，包括玻璃盖板、AMOLED 面板和 Force Touch 传感器在内的显示屏模块的成本为 110 美元，是 iPhone X 中最贵的组件。三星年度旗舰手机 Galaxy S8 使用的 OLED 屏幕和 iPhone X 几乎相同，甚至有更高的分辨率，但三星采购的价格仅为 85 美元。iPhone X 的突出亮点是其 Face ID 功能，这一面部识别系统取代了用于手机解锁及付款验证的 Touch ID，新功能还包括在人像模式中营造出影棚级光效，以及在游戏和应用中带来增强现实体验。Face ID 功能通过原深感摄像系统来实现，该系统位于手机顶部的黑色刘海（凹口）中。一个红外（IR）镜头能够投射和分析超过 30000 个肉眼不可见的光点，为脸部绘制精确细致的深度图，然后采用机器学习技术来识别外表上的物理变化。经测算，原深感摄像头的 BOM 成本为 16.70 美元，与 iPhone 8 中的指纹识别模块相比，iPhone X 中的人脸识别模块的成本高出了两倍。对于外部机构的拆解和成本分析，苹果官方并未发表评论。不过苹果首席执行官库克曾在 2015

年表示，他从来没有看到一家机构的零部件拆解和成本分析接近真实情况。

中国品牌在2018年依旧保持着两位数的高成长率，华为、小米、OPPO、vivo在全球市场的地位与2016年相比没有新的变化，依旧维持第三到第六位。

对于2018年的中国大陆地区智能手机市场，市场研究机构群智咨询（Sigmaintell）发布报告指出，2018年，中国智能手机出货量可能出现近年来的首度萎缩，同比下滑10%。2018年第四季度，中国智能手机出货表现不佳，是全年出货量下滑的最大原因。

从品牌出货结构来看，2018年，华为在中国市场的智能手机出货量达1.1亿部，居首位，其次分别为OPPO、vivo、苹果和小米。衰退的中国市场将对那些严重依赖本土市场的中国厂商产生不利影响，这会影响手机厂商的现金流和盈利能力，限制海外扩张，并影响未来生存。尤其是金立和魅族等厂商遭遇的威胁比以往任何时候都更加严峻。随着联想和中兴通讯在2018年重新关注中国市场，五大厂商之间的竞争将加剧。

展望2018年的智能手机市场，由于缺乏唤起消费者换机意愿的创新议题，预估智能手机市场需求动能将持续减弱。市场研究机构集邦咨询顾问（深圳）有限公司已将2018年全球智能手机出货量成长率从原先预估的5%下调至2.8%，约为15亿部。

2018年，许多手机品牌将会面临改变，谷歌和HTC会完成专利和人力资源的交接，LG的手机业务可能会继续影响该公司的总体表现，在全球手机市场增长放缓的大环境下，其他厂商可能也会面临一些阵痛和艰难的选择。2018年，小米将维持正成长，出货量预估将达到1.3亿部，年成长率为45.2%，将有机会超越OPPO，市占率跃升为全球第四。

20.2 电视

受惠于北美市场旺季销售优于预期、中国大陆地区房地产市场依然稳定增长，以及大尺寸电视的价格越来越亲民，2016年，全球液晶电视的总出货量为2.19亿台，年成长1.6%。

2017年，电视品牌厂商盈利水平下降、价格促销力度不强、作为全球最大区域市场的中国电视市场需求萎靡等导致全球电视出货量同比下滑，据群智咨询（Sigmaintell）的统计，2017—2018年全球各地区平板电视出货量如表20-1所示。2017年，全球电视出货量为2.3亿台，同比下降3.4%。2018年年初，印度政府再次上调电视进口关税，中国政府加强信用管控和房地产管控，全球货币汇率震荡，中国市场"元春"五周销售量下降13.8%，显然，整个电视产业正深受负面影响。但2018年电视市场仍有望恢复增长，当然，风险也将并存。

全年分区域来看，中国市场由于年初开始积极促销，以及同期基数低，2018年有望微幅增长3.3%；欧洲市场由于经济稳健，加上"世界杯"促销拉动，有望同比增长3.4%；亚太区域（不含中国）有望继续增长4.0%，虽然总体需求向好，但印度从2018年4月开始再次上调关税，对品牌厂商布局和整机价格均有一定影响；此外，南美市场有望继续增长2.9%。

表 20-1　2017—2018 年全球各地区平板电视出货量

地区	2017 年出货量（百万台）	2018 年预计出货量（百万台）	同比
中国	51.4	53.1	3.3%
日本	5.0	4.9	-1.9%
北美	44.7	44.5	-0.5%
欧洲	45.5	47.0	3.4%
除中、日外的亚洲	34.7	36.1	4.0%
指中东及亚洲	18.0	17.0	-5.4%
中南美洲	30.7	31.6	2.9%
合计	230.0	234.2	1.8%

从品牌出货量来看，2017 年，前五大电视品牌分别为三星、LG、TCL、创维和海信。

三星与 LG 在 2017 年的出货量各为 4205 万台及 2765 万台，仍排名第一、第二。其中，三星 2017 年电视出货量同比下降 10.1%，在 2016 年年初中国台湾地区地震与三星显示器的 BCS 制程转换不顺的影响下，三星电子一整年都在解决中尺寸面板的供给缺口问题，进而影响电视整机出货。不过，这也使得全球电视平均尺寸的放大速度超出预期。LG 的 2017 年电视出货量则衰退了 1.3%，主因在于 2016 年年初，公司内部组织重整，集团的获利与库存控制被视为首要任务，不再追求出货量的成长。

中国大陆地区品牌 TCL 排名第三，自有品牌出货量为 2309 万台，年成长达 16.8%，主要成长皆来自海外市场的出货。创维、海信分别位列第四位、第五位，2017 年出货量分别达到 1527 万台和 1499 万台，同比下降约 6.0% 和 11.9%。

公开数据显示，2016 年，智能电视出货量达到 1.09 亿台，全球智能电视销售比重从 2014 年的 37.8%、2015 年的 44.7%，增长为 2016 年的 49.8%，接近一半。

若以国家和地区来看，中国大陆地区在 2016 年挤下韩国，成为全球第一。而之前韩国厂商首度推出智能电视，其 2014 年智能电视占有率为 42.4%，2015 年智能电视占有率为 39.1%，虽然都维持了第一，但在 2016 年时却下滑到 37.0%。反观大陆地区，从 2014 年的 29.5%、2015 年的 39.1% 一路攀升到 2016 年的 40.0%，顺利拿下市场龙头。日本则以 10% 左右的销售量居第三位，见表 20-2。

表 20-2　2016—2018 年全球电视品牌分区域出货占比

国家	2016 年占比	2017 年占比	2018 年占比
韩国	31%	31%	29%
中国	34%	34%	35%
日本	9%	10%	9%
其他	26%	26%	26%
总计	100%	100%	100%

（资料来源：Sigmaintell）

中国大陆地区能迎头赶上的主要原因在于其背后广大的内需市场。实际上，在除中国大陆地区市场外的全球智能电视市场上，韩国厂商以 60% 以上的市占率居压倒性第一位,而排名第二的大陆地区厂商则仅为 10%左右。不过,中国大陆地区积极进行全球市场布局,韩国厂商也无法高枕无忧。除了海信、TCL,乐视在 2016 年以 20 亿美元购并了美国电视制造大厂 VIZIO,加速智能电视市场的攻占。同时,夏普、富士康也与提供电视解决方案的德国 Net Range 进行合作,进军智能市场。三星电子与 LG 电子也与 Netflix、亚马逊(Amazon)等线上流媒体厂商合作,提供多样的免费频道服务以强化智能电视竞争力。

过去,观众看电视只能被动收看,节目按照电视台的时间轴顺序播放。观众只有两种选择,一种是选择看还是不看,另一种是换台。这属于电视的 1.0 时代。而随着智能电视的出现,看电视的方式逐渐发生了质的转变。用户可以根据自己的偏好,自主选择节目源,同时可以和电视互动,如点播、回看等。随着人们收入及生活质量的提高,如今的电视已经进化成智能交互。这一过程不仅是技术的进步,更是消费者权利的扩展。电视的应用更加丰富,操控更加简单。

各企业都在积极推进智能电视,智能电视的发展已成为不可逆转的趋势。智能电视在全球迅速发展的主要原因是电视视频内容不断发展及价格日趋平民化。

内容资源为智能电视产品带来更多非电视 1.0 时代的选择。除了技术储备,电视的内容资源也愈发重要,更多的用户愿意为视频内容付费。2016 年中国网络视听发展研究报告显示,2015 年,付费用户比例为 17%,2016 年,付费用户比例增加至 35.5%,视频付费比例成倍增长,用户付费习惯初步建立。彩电品牌也顺势加大内容投资力度,健全分屏视频付费体系。各大视频网站也重金布局大 IP。其"壕买"的热门内容包括热门电影、电视剧和综艺。2016 年中国网络视听发展研究报告显示,腾讯以 8.1 亿元购《如懿传》,优酷以 800 万美元购韩版《步步惊心》,聚力以 2.5 亿欧元购西甲联赛,爱奇艺以"天价"购《奔跑吧兄弟》,爱奇艺以 2400 万元购《太阳的后裔》。国家新闻出版广电总局网络司网络视听节目备案库的数据显示,2016 年 1 月 1 日至 2016 年 11 月 30 日,视频网站备案的网络剧共 4430 部,共计 16938 集;微电影、网络大电影总计 4672 部;网络综艺 618 档,共计 6637 期。这样的大 IP 时代,各大视频网站除了购买版权,自制内容也分外突出。主流视频网站内容布局方式基本为版权+自制。

另外,智能电视价格越来越平民化。中怡康全渠道数据显示,从 2012 年的均价 5144 元开始,智能电视均价年年下降,2016 年,均价已降至 3312 元,详见图 20-3。

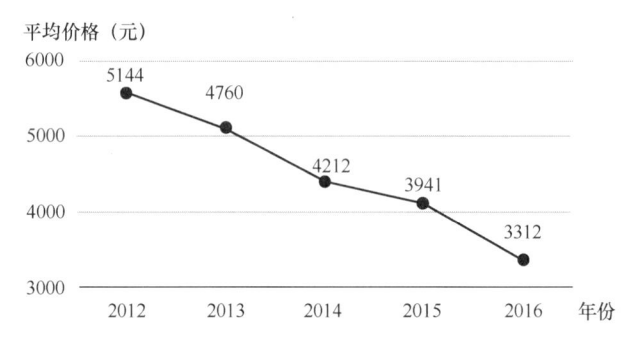

图 20-3 2012—2016 年智能电视价格变化走势

第20章 市场

2010年，3D电视一度被各大电视品牌寄予厚望，希望能借此冲刺销量、拉高单价，但是几年过去，事与愿违，如今3D电视不仅没能冲出一片天，还一一遭到各大厂牌放弃，这个趋势在2017年1月的国际消费类电子产品展览会（International Consumer Electronics Show，CES）上尤其明显，3D电视几乎全面消失。3D电视默默收摊的结局，再度印证技术导向思维往往很难尽如人意。

2009年，《阿凡达》上映，创下全球票房纪录，也带动3D风潮，全球电影院大举扩张3D影厅，电视厂商很快跟进，2010年起就抢推3D电视，希望在电视逐渐饱和的市场中，通过3D电视刺激新一波买气。然而经过几年的发展，3D电影票房表现不差，3D电视却不然。3D电视从2012年开始，势头渐渐不妙，2012年，3D电视销售量占电视总销售量的比例逐年递减，从23%降至2015年的16%，2016年，仅为8%，连同支持3D功能的蓝光播放器也跟着走衰，蓝光播放器总销售量占比从40%降到2015的25%，2016年只有11%。内容供货商也纷纷跳船，2012年，DirecTV取消全天候3D频道，2013年，ESPN也承认失败，在2013年年底结束ESPN 3D。电视大厂对市场的反应很快，从2013年起，VIZIO不再推出3D电视，三星也从2016年起不再推出3D电视。2017年，两大3D电视支持者——LG、索尼也宣告放弃，所有新机种都不再具备支持3D的功能，除此之外，夏普、TCL、海信也未在CES 2017上推出3D电视机种。

根据市场研究机构IHS公布的数据，2016年，全球曲面电视销售量为832万台，市占率为3.8%。2017年可望首度突破1000万台，达到1104万台，市占率约为4.9%。2018年，预估将有1031万台的成绩，短期内市场将持续成长，然而到2019年，可能减至959万台，2020年为767万台，其市占率也将一路下滑，2018年为4.3%，2019年为3.9%，2020年剩下约3.0%。从中长期来看，曲面电视市场将会呈现萎缩趋势。

LG电子表示，在评估消费者需求与产品实用性后，2017年不推出曲面电视，空缺由平面OLED电视与超高画质UHD电视等产品填补。曲面电视无法扩大市场的主因大致与3D电视相同，即消费者对产品使用感到不便。因为曲面电视的收视环境若偏离25°，影像明暗比、色彩鲜明度都会下降。虽然LG首先宣布停产曲面电视，但三星却暂不跟进。三星表示，评估了曲面电视营造出的身临其境效果、产品设计优势、大陆地区市场销售成绩等后，还是会在2017年的高阶产品线中持续推出22款曲面电视。

对于2017年的全球电视市场，多数市场研究机构的数据统计结果是同比下降3%~4%，是2014年以来的最低水平，全球电视市场越来越趋于饱和。

三星作为全球最大的电视厂商，2017年出货4205万台，较2016年大幅减少10%，全球市场份额也首次跌破20%。LG电子位居第二，2017年表现稳定，LCD电视出货2765万台，OLED电视突破110万，全球市场份额稳定在12%，与2016年同期基本持平。TCL凭借垂直整合的优势，2017年实现逆势增长，TCL品牌（包含Melody、Rowa、Toshiba中国等）全年出货2309万台，同比增长17%，位居全球第三位。夏普（不包含北美）2017年全球出货918万台，同比增长87%，重回全球电视排名前十。中国互联网品牌小米的电视业务经历了三年的蛰伏期，2017年全球出货271万台，同比2016年增长189%。

2017年，电视整机出货平均尺寸为42.2英寸，相对上一年仅增长0.4英寸。在全球电视市场出货衰退 3%~4%的大背景下，平均尺寸的增速放缓势必会带动出货面积的放缓。

从全球主要电视品牌的产品尺寸规划来看，三星、LG 与索尼等国际品牌将加速布局 65 英寸与 75 英寸以上产品组合，65 英寸以上产品的比重将由 2017 年的 5.5%提升至 2018 年的 7%。京东方 10.5 代生产线使用全球最大的 LCD 玻璃基板，将以经济切割的 65 寸与 75 寸在 2018 年第一季后开始投入市场，将有助于品牌降低大尺寸面板的采购成本。

在分辨率升级方面，4K 高分辨率以上产品的市占率预计由 2017 年的 37.1%提升至 42.8%，其中，在 55 寸以上的产品中，已有近 95%以上是 4K 分辨率。在 4K 大尺寸产品渗透率快速提升后，往 8K 分辨率升级已成为品牌明确的发展方向，但由于图像处理芯片、信号接口、8K 信号源、内容等软硬件供应链的发展都尚未完善，因此预计 2018 年 8K 产品在全球电视出货的渗透率仅为 0.2%~0.3%，2020 年，在东京奥运带动下可望提升至 1.5%，到 2022 年将有机会突破 5%。

在高端产品布局方面，仍是 OLED 与 QLED 两大阵营壁垒分明，QLED 阵营靠着三星电子的强势拉抬，整体市占率仍高于 OLED，但 OLED 电视在 LGD 产能供给提升的加持下，2018 年的市占率预计将成长至 1.1%，逐步缩短与 QLED 的差距。2018 年，随着越来越多电视品牌加入 OLEDTV 市场，加上生产良率的提升，OLEDTV 在高端电视市场仍有望维持亮眼表现，整机出货有机会超越 2017 年的 150 万台，达到 250 万台的新高纪录。反之，QLEDTV 阵营如三星、TCL 及海信，因定价问题，在高端市场中的推广上遇到不小的阻碍。以 55 寸 4K 电视为例，OLEDTV 与 QLEDTV 两者的零售价格仅差 100 美元左右，但近年来在 LG 电子及索尼等大厂推波助澜下，OLEDTV 在消费者心中已成为高端电视的代名词，所以 QLEDTV 定价过高反而会影响购买意愿。QLED 经历了 3 年多的发展，品牌和上游厂商积极推动量子点膜成本下降，预计 2018 年量子点膜的成本将下降 20%左右，国内品牌对量子点国产膜的采购比重也在增加，随着 QLED 成本的下降，预计 2018 年 QLEDTV 市占率将同比提高 0.2 个百分点，至 1.4%。展望未来两种高端产品的发展关键，QLED 阵营所寄望的 QD Pixel 新技术预计将能改善 QLED 成本过高的问题，但目前开发进度缓慢，预计要到 2019 年才有机会开花结果。而 OLED 阵营除了持续面临 LCD 阵营 10.5 代经济切割与 8K 规格的夹击，LGD 2019 年在广州的投资将再次增加折旧成本。

随着电视市场的竞争日趋激烈、商品同质性越来越高及利润越来越薄，推动产品升级成为带动消费者换机及品牌获利的关键。因此，中国 10.5 代以上的超高世代生产线所带来的庞大产能，将扮演推动品牌加速尺寸增加及分辨率升级的重要角色。此外，QLED 与 OLED 也将在高端产品中创造差异化，这些规格升级都将使 2018 年的电视市场持续充满话题。

国内电视领域的发展已经呈现出新的景象：在中产阶级崛起、消费升级的大环境下，电视在智能化的方向上狂飙猛进。在智能电视进入中国市场短短几年的时间里，彩电市场几乎被智能电视全面覆盖。智能电视发展神速，2012 年零售量达到 1488 万台，渗透率为 34.3%，零售额为 765 亿元，渗透率为 46.3%；到 2016 年已达到零售量 4209 万台、渗透率 80.9%、零售额 1394 亿元、渗透率 90.6%。而在这一段时间内，中国彩电零售量基本保持 4300 万～5200 万台。按照这样的发展速度，预计 2017 年智能电视零售量为 4381 万台，渗透率接近 9 成，达 89.4%，零售额为 1578 亿元，渗透率为 98.1%左右，具体如图 20-4 所示。在之前长达一年多的面板价格上涨及 2016 年市场透支的情况下，仍无法阻挡智能电视继续加速渗透的步伐。

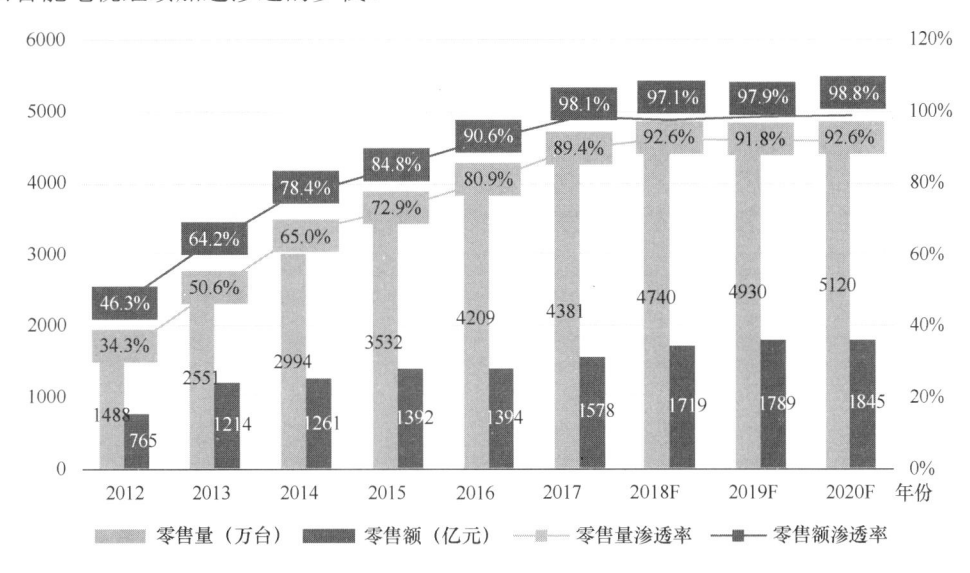

图 20-4 2012—2020 年智能电视零售量、零售额及渗透率

目前智能电视尺寸几乎覆盖了所有的彩电尺寸。2016 年，在 50 英寸及以上尺寸段中，智能电视的渗透率已基本接近 100%，可见智能电视在大尺寸中已占据了霸主地位。大屏高端智能正成为电视主要发展方向。即使在 32 英寸这样的中小尺寸中，智能电视的渗透率也已经达到 41.6%，智能电视无疑是彩电发展的绝对方向。

2017 年 1—8 月，中怡康全渠道数据显示，目前 99.6%的 4K 产品为智能产品。也许在 3～4 年前，4K 对大家来说还是个比较陌生的概念，但是在显示技术大踏步向前的情况下，4K 电视已基本上完成了普及。中怡康全渠道数据显示，2013 年，4K 电视零售量为 107 万台，渗透率为 2.1%，至 2016 年零售量已达 2334 万台，渗透率为 44.9%，2017 年 1—8 月，渗透率达 57.2%。4K 电视在国内的普及发展已是大势所趋，已然成为电视产业发展的主要方向。2017 年 4K 电视渗透率有望突破 6 成，达 63%，具体如图 20-5 所示。

在相同面积的显示屏幕上，如果像素点数量越多，分布越密集，那么图像的细腻度与精度也就越高。之前电视从 720P 升级到 1080P，从 1080P 升级到 4K 都是遵循这个理念，而且效果也是显而易见的。然而，随着 100 英寸以上超大电视的出现，4K 级别的分辨率也已经不再能满足高端发烧级消费者的需求，由此，8K 电视应运而生。

2017 年 8 月 31 日，夏普在中国上海、中国台湾地区、东京、柏林四地同步发布全球首款消费级 8K 电视——夏普旷视 AQUOS LCD-70SX970A，售价为 68888 元。2017 年 9 月 7 日，在国家会议中心举办的 2017 年国际冬季运动博览会上，京东方震撼推出全系列 8K 显示产品阵营，包括 27 英寸、65 英寸、75 英寸、98 英寸及 110 英寸等 8K 产品。而这些做法说明，不管是面板行业还是电视终端厂商都充分显示了对 8K 技术的信心。未来

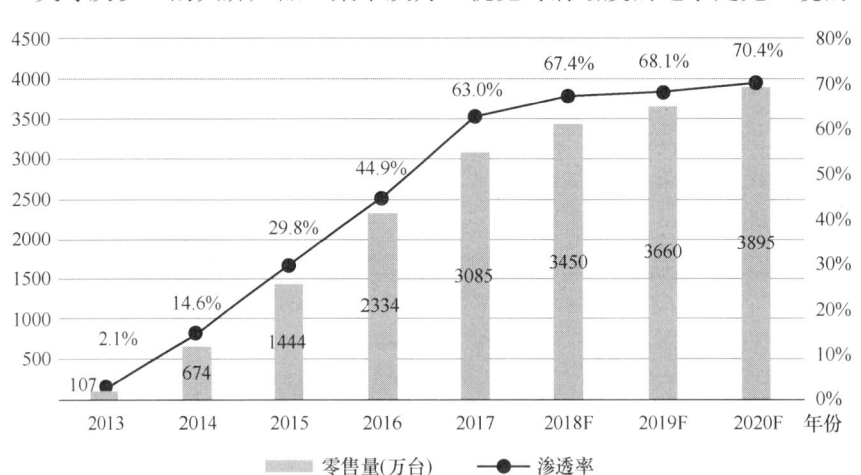

8K 会在 65 英寸及以上的大屏产品上集中发力，视觉对清晰度的追求是无止境的。

图 20-5　2013—2020 年 4K 电视零售量及渗透率

OLED 电视进入中国大陆地区市场后，三年时间里累计销售 6 万台，2017 年，OLED 零售量将达 8 万台，渗透率为 0.2%左右。2017 年，索尼宣布站队 OLED 阵营，现阶段 OLED 参与品牌有 LG、创维、康佳、长虹、索尼、飞利浦。目前在国内市场中，创维品牌份额最大，占比为 34.4%，索尼在加入 OLED 阵营短短数个月后，已占领 8.5%的市场份额，型号个数也由 2016 年的 37 个，增长至 2017 年 1—8 月的 50 个。2014—2020 年 OLED 电视国内销售量及渗透率如图 20-6 所示。

图 20-6　2014—2020 年 OLED 电视国内销售量及渗透率

2017 年，海信在 CES 上宣布将于 2019 年推出 QLED 电视，目前 QLED 阵营参与品牌共有 7 家，主要为三星、TCL、海信、飞利浦。其中，三星品牌占一半以上份额，为 65.3%。中怡康全渠道数据显示，国内市场 2015 年的 QLED 电视零售量为 19 万台，2016 年达到 31 万台，渗透率为 0.6%。2017 年将进一步提升，全渠道市场零售规模预计可达 90 万台，渗透率为 1.8%，如图 20-7 所示。

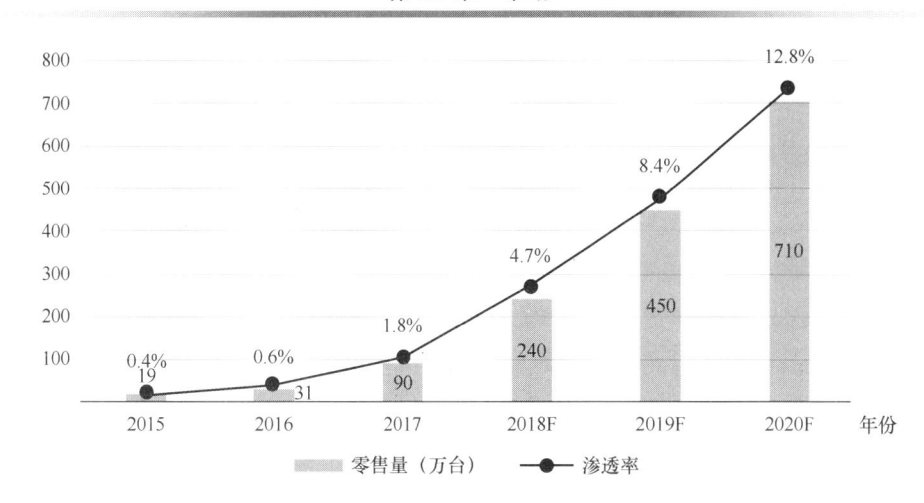

图 20-7 2015—2020 年 QLED 电视国内销售及渗透率表现

在中国大陆地区电视市场中，国内传统品牌通过大尺寸与明星产品共同发力，份额仍占绝对优势。TOP3 仍是海信、创维、TCL。三家品牌共占中国市场 4 成左右的份额，但相对去年，份额有所下降，而这些份额主要被外资品牌抢去。

2017 年，外资品牌变化很大，夏普低价推进大屏，索尼走高端，三星推量子点，LG 坚守 OLED，而这样的变化使得外资品牌得到了增长。2017 年 1—8 月，外资品牌在中国市场中的占比达到 20%，比去年同期高 7 个百分点。

其中，夏普用四个尺寸组合成数个套餐冲击市场。在四个"套餐"尺寸中，45 英寸、50 英寸、60 英寸、70 英寸的内部贡献率达九成，45 英寸+60 英寸结合的套餐销售效果最佳。"套餐"内机型分别赠送一张内容年卡，充分利用了消费者喜欢低价及主要为内容而购买智能电视的心理。

索尼通过增加 4K 产品、扩大大尺寸产品比例来调整产品结构，均价大幅上涨。一直以来，索尼都坚持走高端路线，均价连年上涨，但是市场份额却也得到了增长。另外，索尼 OLED 市场策略也与液晶市场策略一致，2017 年推出高端 OLED A1 系列。

而互联网品牌今年因成本压力增加，也摒弃以往低价冲销量的策略，进行了多次价格上调，但互联网品牌的市场份额仍在缩减，2016 年 1—8 月的市场份额为 19%，2017 年 1—8 月，市场份额降至 15%。而值得一提的是，小米通过优良的产品、稳健的经营策略、多方面发展的渠道策略，排名上升。

20.3 虚拟现实与可穿戴装置

根据市场研究机构 Super Data 的统计，2016 年，虚拟现实（Virtual Reality，VR）产业的收入共计 18 亿美元，其中包括硬件收入 15 亿美元，软件收入 3 亿美元。

此前，厂商的硬件出货量一度是限制 VR 产业收入的一大要素，在产能改善之后，这一制约也随之减弱。而随着硬件持有量的上升，用户对 VR 软件内容的消费热情也显著提高。这也是 VR 产业收入增长的主要动力。

智能手机 VR 装置一直在硬件出货量中占据最大的市场份额。最初，谷歌（Google）与三星为抢占这一市场，分别推出了 Cardboard 与 Gear VR 装置。2016 年，根据市场研究机构 CCS Insight 的统计，全球智能手机 VR 装置出货量为 1860 万套，实现收入约 6.6 亿美元。但到 2017 年，全球智能手机 VR 装置的出货量下滑到 1423 万套，年需求衰退 23.8%，实现收入约 5 亿美元。需求下滑的主要原因是观赏时的眩晕及 VR 影像和游戏内容不足。观赏时的眩晕问题主要是由于画面延滞与景深不一致。画面延滞的问题虽然可以通过 OLED 显示器的快速反应特性来解决，但因为三星将有限的 OLED 产能预留给自家品牌与苹果新一代 iPhone 使用，使其他品牌智能手机（甚至谷歌的 Nexus 6P 手机）都有 OLED 显示器供货受限的问题。再者，面板光线与眼睛的距离与观赏时认知上物体光线至眼睛的距离不一致，长时间观赏会发生眩晕问题。而 VR 影像与游戏内容不足问题主要是由于 VR 市场未有明确的获利机会，专业软件开发商对于 VR 影像与游戏内容的投资会有疑虑。

相较于智能手机 VR 装置，HTC Vive、Oculus Rift 及索尼所推出的 PlayStation VR 等虚拟现实专用头盔可带来更高质量的用户体验，但高质量却迟迟无法反映在销售量上，毕竟要拥有一整组虚拟现实专用头盔和高端个人计算机完整套件，对一般消费者而言还是负担过重。2016 年，全球虚拟现实专用头盔的出货量约为 120 万套，比最初预估的 200 万套减少 40%，实现收入 8.4 亿美元。

除了 VR，2016 年，增强现实（Augmented Reality，AR）实现收入约 10 亿美元，出货量仅有约 10 万套。混合现实（Mixed Reality，MR）实现收入约 5000 万美元，累计整个虚拟现实产业实现收入约 29 亿美元。

2017 年，整个虚拟现实产业的收入同比增长了 65.5%，达到 48 亿美元。其中，VR 产业仍是主导产业，在收入中的占比约为 77.1%，达到 37 亿美元。智能手机 VR 装置的收入虽然有所下滑，但虚拟现实专用头盔的出货量却同比增加了 161.7%，达到 314 万套，实现收入约 22 亿美元。另外，随着更佳的沉浸式（Immersive）解决方案的出现，VR 软件可以让消费者获得更丰富的视听内容和体验，也推动了 VR 软件市场实现大幅度成长，达到 10 亿美元。乐观的预计是到 2019 年 VR 相关产品的厂商才会开始明显获利。到 2020 年，VR 软件的收入则可能超过硬件。

2016—2017 年，VR 硬件的出货在地区分布上一般以北美和欧洲分列第一位和第二位，全球占比分别约为 35% 和 30%。亚洲地区位列第三，全球占比约为 20%。虽然亚洲目前的持有量并不高，但在未来一段时间内，亚洲将会成为轻量级 VR 设备持有量最高的地区。

如果按照品牌结构来看，2016—2017 年，三星 Gear VR 受益于先发优势，在过去两年内的销量已经超过 500 万，谷歌 Daydream 则凭借低廉的价格奋起直追。

高端的个人计算机（Personal Computer，PC）及主机设备更受欧美用户的青睐，不同于中国等轻量级 VR 设备"泛滥"的情况。另外，随着 PlayStation VR（简称 PSVR）这类高性价比设备的推出，兼容 VR 功能的 PC 的价格正在快速下降，这可能也会在未来几年内影响硬件的销售走势。

尽管北美和欧洲在设备持有量上占据明显的优势，但这一优势没能转化成对应的内容收入。2016 年，全球 VR 产业的软件总收入为 3.3 亿美元，2017 年，预计将会达到 10.3 亿美元。其中，亚洲将以 3.58 亿美元的产值成为 VR 软件内容收入最高的地区，北美、欧洲则分别以 3.26 亿美元和 2.7 亿美元居第二、三位。

游戏产品通常有较强的变现能力，因此 VR 游戏在 2017 年仍将是 VR 软件内容中收入最高的部分，其占比约为 50%。虽然亚洲的 VR 软件内容整体收入最高，但 2018 年，VR 游戏最主要的增长还是来自欧美地区。

关于使用 VR 产品的人员构成，对美国用户的调研显示：18～34 岁的用户群是 VR 使用的主力人群，占用户总量的 63%。从性别分布来看，在 18 岁以上的用户群体中，男女比例为 3∶2，女性用户也占到较大的比例。而如果以平台来划分，53% 的用户拥有移动端 VR 设备，42% 的用户拥有主机端 VR 设备，持有 PC 端 VR 设备的只有 28%。这也和 VR 设备普遍的性价比差异直接相关，越是偏向硬核、高价的设备，持有比例就越低。但同时，偏好硬核、高价设备的用户往往有较好的 VR 使用环境或条件。约 83% 的 PC 端 VR 用户拥有足够的空间来摆放较大型的 VR 设备，虽然这并不能直接说明这部分用户拥有较大的房屋空间，等同于经济条件较好，但还是能从侧面反映硬核 VR 用户有相对较好的消费条件。

此外，不同年龄、性别的用户群对 VR 内容的偏好也呈现出典型的差异。18～24 岁的男性用户往往是 VR 游戏内容的主力人群，其中约 52% 的用户是 PSVR 的忠实拥护者。他们在 VR 内容上的月均消费高达 43 美元，是其他用户的两倍。而同年龄段的女性用户则更偏好 VR 影视内容，往往受明星、综艺等元素的吸引。在 35 岁以上用户群中，男性用户往往更喜欢探索、旅行类型的 VR 内容，这部分用户的个人收入也是各类用户中最高的（个人年均收入为 81000 美元）。他们习惯使用移动设备，但单次使用时间是各类用户中最短的。同年龄段的女性用户虽然也以移动设备为主，但通常对 VR 没有充分的了解——多数人没有尝试过 PC 端 VR 设备，付费意愿也是各类用户中最低的。

AR 和 MR 市场的增长在 2017 年仍不明显，实现收入分别为 11 亿美元和 6000 万美元，同比成长分别为 10% 和 20%。AR 与 MR 也将在未来几年进入快速增长阶段。其中，MR 的增长更令人瞩目，预计到 2020 年，AR 与 MR 的产值将分别达到 132 亿美元和 199 亿美元，两者合计会占整个虚拟现实市场总额的 54%，届时 MR 的产值也将首次超过 AR。由于 AR 技术的发展重心是企业用户与垂直市场应用，因此销售循环（Sales Cycle）较长，企业间的并购与结盟使得销售状况更加复杂，虽然目前 AR 相关技术所产生的结果都显示相当乐观，但距离 AR 装置的量产仍需一段时间，预计要到 2019 年才会有较好的销售成绩，届时出货量会有 150 万套。

从上述的产值、产业分布来看，虚拟现实行业的潜力是有一定保证的。但当下各路投资方都在追求更短期的回报，这一点往往是虚拟现实企业难以达成的，也是虚拟现实项目融资面临的困境。

根据市场研究机构 Super Data 的统计，2012—2016 年，整个虚拟现实产业的投资规模为 41 亿美元，其中，2016 年的投资规模已经突破 20 亿，达到了近年来的高点。但 2017 年却出现了明显的回落，预计只有 16 亿美元。不过 2017 年也是一个曲线的拐点，2017—2020 年，虚拟现实产业的投资规模还会继续上升，预计到 2020 年将会达到 35 亿美元。需要指出的是，投资额的上升将会主要来自 AR/MR 产业，VR 产业的投资还会长期保持一个平稳的状态。

2016年，中国VR市场规模为34.6亿元，尽管这一规模还处在比较小的水平，但是市场规模增长速度非常快。其中，规模最大的细分市场是VR头戴装置，以20.5亿元的规模占整体份额的59.2%。其他包括VR摄像机、VR体验馆在内的VR硬件市场的规模约为11.1亿元，占比约为32%。占比最小的VR内容（包括消费级内容、企业级内容和VR营销）的市场规模则仅有3亿元。

在VR头戴装置细分市场中，PC端头戴装置虽然出货量不占优势，但因为平均价格远高于手机盒子，其市场规模能够占到整个头戴装置市场的一半左右。从头戴装置的出货量来看，入门级的手机盒子是现阶段市场的主流。在PC端头戴装置方面，游戏开发者和VR体验馆是最主要的销售方。目前，PC端头戴装置是VR头戴装置市场营收增长的重要来源，未来这种趋势还将延续。而在主机头戴装置方面，由于政策限制，在长达15年的时间里，用户无法通过官方渠道购买游戏主机。没有了PS4的支持，PSVR的销量自然也难以保障。随着游戏主机禁令的解除，游戏机销量的上涨有望带动主机头戴装置的发展。同时，购买PS4和PSVR将可能是一种新的娱乐方式。中国在VR一体机的开发方面目前仍处于领先位置，大朋VR、启视VR、小派VR等品牌都推出了新版本的VR一体机。因为VR一体机具有无线传输、可以随身携带的优势，未来这类型的头戴装置将逐渐受到市场的关注。与Oculus的新产品Santa Cruz所提供的高端解决方案不同，目前中国的VR一体机是没有Inside-out追踪技术的。不过，这一技术已经应用到新一代产品中，配置这种追踪系统的一体机将很快与消费者见面。

2017年，中国VR市场规模为52.4亿元，同比增长51.4%。其中VR头戴装置的市场规模为21.6亿元，同比增长5.4%，仍为规模最大的细分市场，占比为41.2%。VR内容市场规模则为10.3亿元，同比增长243.3%。其他VR硬件（包括VR摄像机、VR体验馆）市场的规模为20.5亿元，同比增长84.7%。

预计2018年中国VR市场将突破百亿元人关。在未来五年中，VR市场的年复合增长率将超过80%。预计到2021年，中国会成为全球最大的VR市场，行业整体规模将达到790.2亿元，如图20-8所示。

目前占比最小的VR内容市场，会在未来五年快速增长，预计2021年的市场规模为386.4亿元，年复合增长率为163.4%。这也意味着VR内容市场将占到整体市场规模的近50%，成为VR市场中最大的细分市场。在VR的企业级应用中，企业级解决方案（包括设备、软件开发、其他适配）的销售是现阶段主要的收入来源。VR技术可以应用于教育、医疗、房地产、航天等诸多领域，目前来看，头戴装置销售的重点领域集中在教育和培训上。政府对教育信息化强有力的支持，以及教育体系自身的创新需要，共同驱动着VR教育垂直市场的发展。虽然目前企业级内容市场在VR市场规模中的占比不足1%，但其市场增长速度将始终保持在高位，年复合增长率为355.0%，预计到2021年，VR企业级内容的市场规模将达到87.7亿元。教育和培训的巨大需求是企业级内容市场快速增长的主要原因，国家在政策层面高度重视教育信息化，政策对VR教育的利好势必会进一步推动市场规模的扩大。消费级VR内容包括游戏、影视、直播、其他四大类型。2019年将是消费级内容市场的转折点，在这一阶段，行业内主要的内容制作商会开始实现盈利。

第20章 市场

2021年，消费级内容市场的规模将达到278.9亿元，其中VR游戏的占比接近35%，市场规模为96.2亿元。紧随其后的影视内容在消费级市场中的比例也超过30%，到2021年，VR影视的市场规模将达到87.9亿元。随着VR市场变得越来越主流，VR技术也开始进入传统的广告营销领域。诸如360度全景广告、App内置广告、VR直播广告、品牌体验活动等层出不穷，VR营销市场呈现出形式多样化的特点。在未来五年中，VR营销市场的年复合增长率预计超过120%，2021年的市场规模将达到19.8亿元，如图20-9所示。

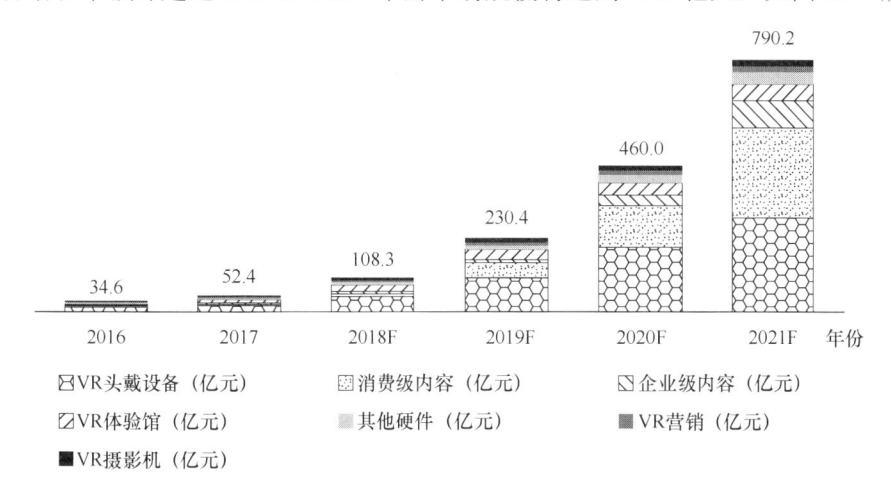

图20-8　2016—2021年中国VR市场规模

（资料来源：根据企业公开数据、行业访谈及艾瑞和Greenlight Insights统计预测模型估算）

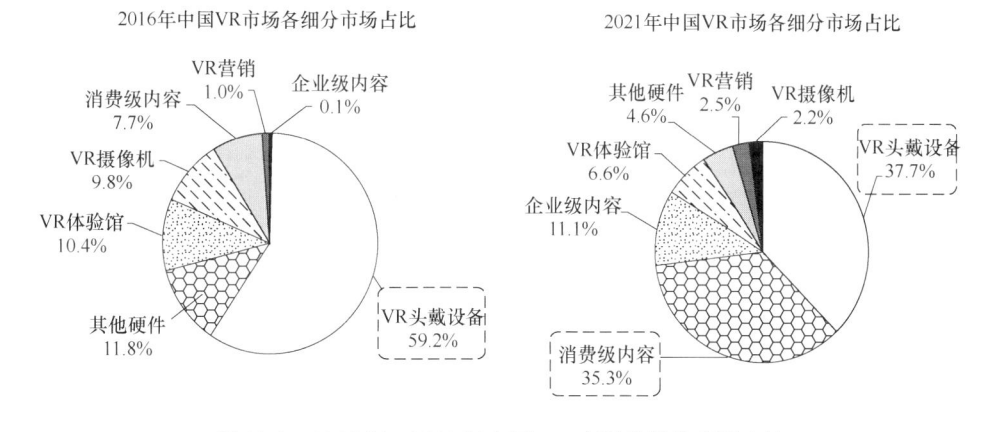

图20-9　2016年、2021年中国VR市场各细分市场占比

（资料来源：根据企业公开数据、行业访谈及艾瑞和Greenlight Insights统计预测模型估算）

线下的VR体验中心正发展成为中国的重要产业。2016年，超过3000家VR体验馆开业，虽然前期消费者进入壁垒依然比较高，但VR体验馆将作为市场教育中培养用户的一种重要方式，推动整个VR产业的发展。不过，VR体验馆的销售收入目前不太乐观。由于缺乏高质量的、合适的内容和专业的运营，现存的一些低质量VR体验馆将会被淘汰。当内容市场成熟之后，体验中心势必会拥有更大的市场规模。体验馆包括VR游戏

厅、VR 影院、VR 主题公园（仅指专用场地，不包括游乐场内的 VR 游戏设施）等形式，预计 2021 年的市场规模将达到 52.5 亿元，占 VR 市场的 7%。

在中国，VR 全景摄像机和其他 VR 摄像机正在缓慢地触达消费者和专业市场。对消费级摄像机来说，由于大众对 VR 技术的了解不深入，中国市场相比全球市场，销量会更低。由于企业级应用的增加，2019 年起，VR 摄像机的销售量会快速上涨。

其他 VR 硬件包括所有类型的配件和 VR 输入设备，如运动捕捉系统、触感控制器、声音采集设备等。这一细分市场的规模将以年复合增长率 54.6%的速度增长，预计 2021 年的市场规模将达到 36.2 亿元。

可穿戴装置是指可直接穿在身上或整合到衣服、配件中，并且可以通过软件支持和云端进行数据交互的设备。其思想和雏形出现于 20 世纪 60 年代，70—80 年代有概念设备推出，2012 年，智能手表等可穿戴装置开始爆发，2013 年下半年进入产品密集发布期。当前可穿戴装置多以手机辅助设备的形式出现，其中以智能手环、智能手表和智能眼镜最为常见，三者占据全球可穿戴装置出货量的 70%以上。智能手环普及程度最高，功能简单；智能手表的平台和方案众多，功能多样；智能眼镜技术门槛高，实现的功能也最为复杂。

根据市场研究机构 Gartner 的统计，2016 年，全球可穿戴装置出货量为 26588 万台（包含蓝牙耳机），实现收入 305.08 亿美元，同比增长分别为 16.9%和 13.7%。其中有 93 亿美元来自以苹果 Apple Watch 和三星 Gear 为代表的智能手表类产品。2017 年，全球可穿戴装置的出货量增长 16.7%，达到 31037 万台，实现收入 349.05 亿美元，同比增长 14.4%，如图 20-10 所示。

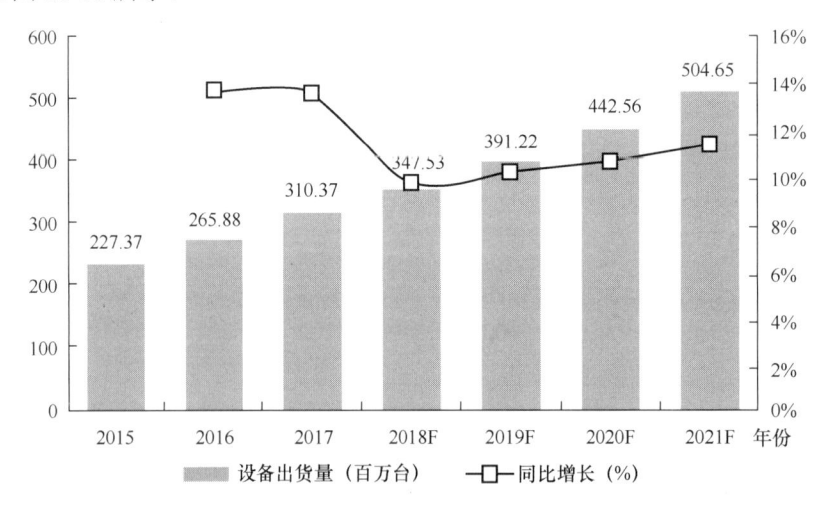

图 20-10 2015—2021 年全球可穿戴装置出货量及同比情况

（资料来源：前瞻产业研究院）

预计到 2021 年，全球将卖出 5.05 亿台可穿戴装置，其中智能手表出货量将接近 8100 万只，占整体可穿戴装置的 16%。受惠于 Apple Watch 相对稳定的平均售价（ASP），整体智能手表的营收也将有所增长。智能手表产量的增加，将略微降低其制造与零件成本，使整体的平均售价从 2017 年的 223.25 美元微幅降到 2021 年的 214.99 美元。预计 2021 年，全球可穿戴装置将实现营收 550.61 亿美元，其中智能手表营收将高达 174 亿美元。2015—2021 年全球可穿戴装置营收规模及同比情况如图 20-11 所示。

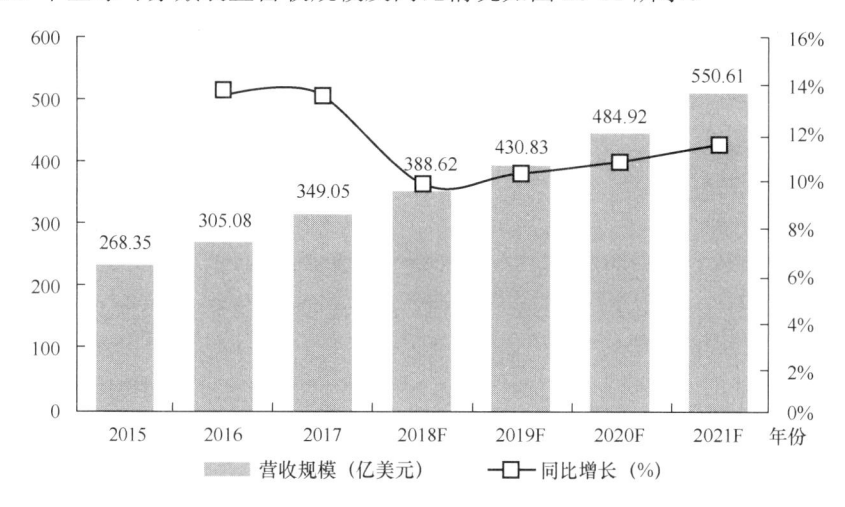

图 20-11　2015—2021 年全球可穿戴装置营收规模及同比情况

（资料来源：前瞻产业研究院）

从竞争格局来看，目前排名前五的可穿戴设备品牌分别为 Fitbit、小米、苹果、佳明（Garmin）、三星。其中，Fitbit 以 22.0%的市场份额稳坐第一宝座；排名第二的小米的市场份额为 15.4%；苹果 Apple Watch 以 10.5%的市场份额排行第三；佳明和三星的市场份额分别为 5.9%和 4.3%，排在第四位和第五位。苹果在智能手表市场的占有率仍高居第一，然而随着越来越多的品牌抢占市场，苹果在智能手表市场的占有率将从 2016 年的 1/3 左右下滑到 2021 年的 1/4，如表 20-3 所示。

表 20-3　2016—2021 年全球可穿戴装置出货量

年份	2016 年	2017 年	2018 年	2021 年
智能手表（百万台）	34.80	41.50	48.20	80.96
头戴式显示器（百万台）	16.09	22.01	28.28	67.17
穿戴式摄影机（百万台）	0.17	1.05	1.59	5.62
蓝牙耳机（百万台）	128.50	150.00	168.00	206.00
智能手环（百万台）	34.97	44.10	48.84	63.86
运动手表（百万台）	21.23	21.43	21.65	22.31
其他健身监测器（百万台）	30.12	30.28	30.97	58.73
总计（百万台）	265.88	310.37	347.53	504.65

（资料来源：前瞻产业研究院）

2017 年，全球将卖出 1.5 亿个蓝牙耳机，较 2016 年成长 16.7%，2021 年，出货量将增长至 2.06 亿个，在苹果率先取消 3.5 毫米耳机插孔后，各大智能手机供应商将陆续取消耳机孔的设计，在 2021 年以前，蓝牙耳机都将是最畅销的可穿戴设备。

第 21 章 产品

21.1 全面屏手机

全面屏手机是业界对超高屏占比手机的一个宽泛定义。从字面上解释，就是指手机的正面全部都是屏幕，四个边框都采用无边框设计，追求接近 100%的屏占比。但受限于目前的技术，业界宣称的全面屏手机暂时只是超高屏占比的手机，没有能做到 100%屏占比。

2014 年，日本手机厂商夏普推出无边框设计的夏普 305Sh，但由于体验较差，并没有在手机市场引起较大的波澜。

全面屏概念的兴起要归功于小米，2016 年 10 月 25 日，小米在全球业界提出了"全面屏"概念，小米 MIX 手机正面采用了一块 6.4 英寸 LCD 超大屏幕，而机身面积仅和 5.5 英寸的 iPhone 7 Plus 相当，屏占比高达 91.3%，让手机从正面看上去几乎全是屏幕。

2017 年，随着全面屏技术的成熟，全面屏进入量产。各家手机厂商的全面屏产品蓄势待发。小米 MIX、三星 Galaxy S8/S8+和 Galaxy Note8、LG G6+等产品已经率先用上了全面屏。2017 年 2 月，LG 推出了 G6，其采用了自家的 5.7 英寸 LCD 屏，采用 18：9 的比例，屏占比达 78.32%。2017 年 3 月，三星发布了 Galaxy S8，屏幕则采用了自家的 AMOLED 屏，有 5.8 英寸和 6.2 英寸两种尺寸，采用 18：9 的比例，屏占比达 84.15%。2017 年 10 月，努比亚提出了"全面屏 2.1"概念，并推出搭载全面屏技术的努比亚 Z17S，配合无边框设计，使得整个屏占比达 90.36%。全面屏手机发展历史如表 21-1 所示。

表 21-1 全面屏手机发展历史

型号 参数	夏普 Aquos Xx 302Sh	夏普 Aquos Crystal X	小米 MIX	三星 Galaxy S8	Essential Phone PH-1
时间	2013 年 8 月	2014 年 8 月	2016 年 1 月	2017 年 3 月	2017 年 5 月
屏占比	81%	82%	84%	84%	85%
主屏尺寸	5.2 英寸	5.5 英寸	6.4 英寸	5.8 英寸	5.7 英寸
屏幕	LCD	LCD	LCD	Super AMOLED	LCD
分辨率	1920×1080	1920×1080	2040×1080	2960×1440	2560×1312
处理器	骁龙 800	骁龙 801	骁龙 821	骁龙 835	骁龙 835
内存	2G	2G	4G/6G	4G/6G	4G
闪存	32G	16G	128G	128G	128G
摄像头	1610W	1310W+120W	1300W+500W	1200W+800W	1300W+800W
电池容量	2600mAh	2610mAh	4400mAh	3000mAh	3040mAh

第 21 章 产品

续表

型号\参数	夏普 Aquos Xx 302Sh	夏普 Aquos Crystal X	小米 MIX	三星 Galaxy S8	Essential Phone PH-1
图片					

目前业内对全面屏的设计流派大致分为四种：其一为以小米 MIX、小米 MIX2 为代表的无额头窄下巴的设计；其二为以三星 S8 为代表的全视曲面屏设计；其三为以夏普 Aquos S2 为代表的"打孔屏"（Hole）设计；其四为以苹果 iPhone X 为代表的"刘海屏"（Notch）设计。而 vivo X20 等机型宣传的全面屏实际上相当于三星 S8 全视屏的直屏版本，与三星的设计归为一类。

全面屏的核心优势在于超高的屏占比，不仅可以带来更好的视觉体验，同时外观也会显得更加简洁漂亮。

从人机工程学的角度来看，18∶9 以上的屏幕更加适合单手操作，并且可以同时运行两款软件，进行分屏操作。近期发布的安卓 7.0 版本操作系统就增加了系统底层对多窗口的技术支持，可以预见，分屏操作将会因为全面屏手机的推广而逐渐被用户习惯。

从整机显示区域的角度来看，5.7 英寸的全面屏手机与 5.2 英寸普通手机大小相近，但显示区域明显增加，显示内容也更多，便于减少翻页次数，使得操作更加便利。

全面屏手机的推广对显示面板企业来说，最大的优势则在于消化过剩产能。根据推算，每生产 100 万片 5.99 英寸 18∶9 的显示屏，将比生产 5.5 英寸 16∶9 显示屏多消化近 3000 平方米产能，如果全球手机平均尺寸从 5.5 英寸的 16∶9 提升至 6.0 英寸的 18∶9，相当于新增消化一座月产能 60K 的 6 代面板生产线。另外，全面屏手机的推广也成为 TFT-LCD 技术抗衡 AMOLED 技术的关键契机，因更多的显示面板企业把有关全面屏的投资集中在 a-Si 或 LTPS TFT-LCD 生产线上，所以全面屏将有效缓解 a-Si 及 LTPS TFT-LCD 手机面板的价格下滑，同时由于全球 a-Si TFT-LCD 产能增加幅度有限，高性价比的 a-Si TFT-LCD 产品亦有可能因结构性缺货而出现价格上涨的情况。

2017 年，全球全面屏手机的出货量约为 1.3 亿部，渗透率约为 9%，其中，中国大陆地区市场全面屏手机的出货量约为 2200 万部，全球占比为 16.9%，渗透率约为 5%，低于全球平均水平 3.7 个百分点。

2018 年，全面屏手机将从"刘海屏"到"打孔屏"，不断挑战可视面积。

2017 年，苹果发布 iPhone X "刘海屏"高端智能手机，这种创新设计在曝光之初引发了不小的争论。但无论如何，它增加了智能手机的可视面积，同时也增加了品牌的辨识度。国内手机品牌在 2018 年将会有多款异形屏手机面世,截至 2017 年 12 月,已经在规划和研发中的异形屏智能手机超过 20 款。

与普通全面屏相比,异形屏的大范围普及将遇到以下五大挑战。

第一,面板开槽部位的设计难度较高,与全面屏显示区域四角类似,如图 21-1 所示,开槽部位的边角通常是 R 角形状,因此该部位显示线路的布局需要进行重新设计。

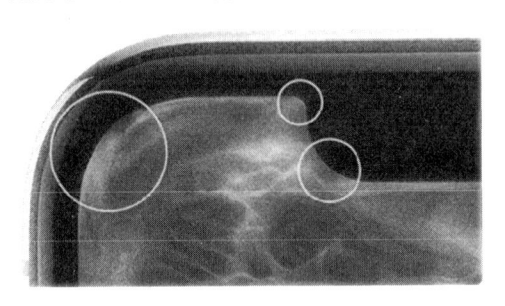

图 21-1 开槽部位放大图

第二,由于不同品牌的开槽部分的尺寸存在差异,因此对驱动 IC 的算法匹配提出了差异化的要求。如果显示屏还同时使用了 TDDI 驱动方式,那么对驱动 IC 的调校要求就更高。

第三,LCD 异形屏对背光改动的要求很多,背光整体结构及内部的各种膜材都需要根据对应开槽进行匹配。

第四,需增加相应的屏幕切割设备,这部分需要增加的资金投入较多(虽然主流面板厂已经增加了相应的投资)。

第五,异形屏的采用也对手机硬件(包括摄像头、听筒等)、软件(操作系统等)的适配性提出更高要求,无形中增加了其他零部件的成本。

总之,异形屏的采用无疑会增加硬件及软件的成本,最终品牌厂又不得不转嫁该部分成本到终端消费者上。在全球大宗原材料价格不断攀升的今天,异形屏的成本压力将是终端品牌不得不面对的挑战。预计 2018 年,全球异形屏智能手机的发货量约为 2.8 亿片,渗透率从 2%上升到 19%,如图 21-2 所示,其中更多是由苹果公司贡献的。

三星 Galaxy 前不久公布其"挖孔"屏幕的专利申请。对于"打孔屏"是否能引领全面屏的发展趋势,仍须观望。相较于"刘海屏","打孔屏"无疑提升了手机显示屏的可视面积,无比接近"全面屏"的概念,同时也提升了手机整体外观的时尚性及科技性,更能吸引消费者。毋庸置疑,其对产业链的挑战性也相当高,国内整机厂商也纷纷开始考虑和加大对"打孔屏"的研发力度,主力面板厂商同时也在加大这方面的开发力度。

21.2 8K 电视

电视曾带给我们无限欢乐,即使画面欠佳,众多精彩的电视节目也都能成为一代经典。但曾经模糊不清的画面，如今已经不能再吸引消费者的关注，电视将更纤薄，屏幕不断加大，画面也向更优质且更清晰的方向发展。如今普及率已经很高的 4K 电视是否已经不能满足消费者的所有需求？8K 电视的普及是否即将到来？消费者和电视厂商都给出了肯定的答案。

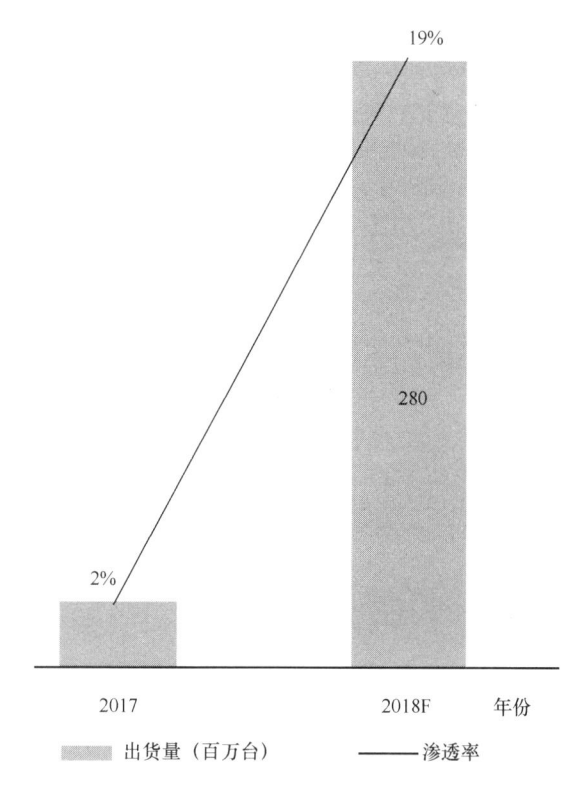

图 21-2　2017—2018 年全球异形屏智能手机出货量及渗透率

（资料来源：Sigmaintell）

对消费者来说，随着消费进一步升级，消费者对电视产品的要求也在不断上升。尤其对电视来说，其"灵魂"就在于优秀的画质。数据显示，在彩电高端消费人群中，74%的人认为清晰度是最重要的要素，而这些人无疑是引领彩电消费升级的主力，也是彩电业转型最应该考虑的群体。如今的电视已向更大屏及更高清晰度"进化"，而在屏幕加大的同时，4K 已经不再是画质的最优"标配"。在近距离观看时，仍然会有十分明显的颗粒感。

从电视行业发展趋势来看，从 720P 到 1080P，再到 2K 和 4K，是电视不可逆的必然发展结果。从 2015 年 4K 进一步普及开始，4K 电视渗透率逐年增加，虽然在普及初期有不少消费者对内容不足的质疑，但随着 4K 拍摄制式的广泛应用，4K 在内容方面得到进一步补充。目前 4K 技术已经完全成熟，基本达到该项技术的极限。8K 电视的分辨率可达到 7860×3840，像素点数量达到 3300 万级别。在分辨率方面，8K 电视能够呈现出 4 倍于 4K 电视的优秀画质，在画质层面上同样也有极大进步。在色彩、观看视角、帧率等方面，8K 电视都具备普通电视无法媲美的优势，也让真正体验过的使用者感受到 8K 的到来势不可当。奥维云网（AVC）的用户调研数据显示，认为 8K 技术是高端电视产品趋势的人群的占比为 77%。

从上游情况来看，目前夏普、群创光电、京东方和中电熊猫等面板厂已经开始量产或布局 8K 电视面板，很多企业计划投建 10.5 代 8K 面板生产线，促进 8K 超高清屏幕的量产。从产品来看，8K 技术将更多地应用于大尺寸面板，目前中国彩电市场的大尺寸化程度远远高于全球，奥维云网（AVC）预计，未来三年中国 60 寸以上彩电市场份额将超 20%，而 8K 电视在 60 寸以上电视产品中的渗透率也将达到 10%。

早在 2015 年的 CES 展会上，夏普展示了世界上第一台符合 8K 测试播放标准的电视；三星展示了 110 英寸 8K 电视，采用京东方的 8K 面板；LG 电子展示了 55 英寸的 8K 显示屏；松下也带来了 8K 解决方案。在电视行业几大巨头的带领之下，8K 技术之战的号角正式吹响。

接下来的几年，8K 产品始终是电视行业焦点。在 CES 2016 展会上，LG 继续发力，以一款 98 英寸的"庞然大物"吸引眼球，号称其是目前量产的最大 8K 电视。除 LG 外，海信也在展会上带来了旗下首款 8K ULED 电视 MU9800U。紧接着，康佳、中电熊猫等国内电视厂商也纷纷试水，跟随脚步发布 8K 产品。相比于 OLED 阵营，实际上有更多的厂商正在涉足 8K 领域，并伺机投入市场。

在 2018 年 1 月的 CES 展会上，众多彩电企业包括三星、索尼、海信、创维、TCL 等，已开始布局 8K 电视，2018 年将是 8K 产品普及的关键一年，2018 年有望成为 8K 电视元年。

其实早在 1995 年，日本放送协会（NHK）就开始了对 8K 分辨率的研究，又称超高清晰度（Super Hi-Vision），分辨率为 7680×4320，四倍于 4K、十六倍于 FHD，同时还伴有 22.2 声道音频。8K 相关的硬件设备由多家日本巨头联合研发，包括富士通、JVC、松下、夏普等。

NHK 每年的预算都在 7700 万美元左右，1995 年至今已经累计投入超过 10 亿美元。虽然不清楚具体有多少花在了 8K 上，但相关技术研究已经硕果累累，还有大量的相关应用。

2016 年，巴西里约奥运会的开闭幕式，以及游泳和田径等项目的比赛的 8K 试播是全球首次，就连日本境内也没有配套的电视设备和调频设备能够接受 8K 信号，因此 NHK 专门在日本境内为本次试播加装了配套的电视等设备。为了能让普通民众也能直观体验 8K 电视的魅力，NHK 还在东京和大阪等地区设立 6 处公共播放点，举办大众观赏活动。

在里约奥运期间，巴西环球电视台在令巴西人无比骄傲的地标建筑——巴西明日博物馆（Museum of Tomorrow）特别设立了展览"Experience Tomorrow——TV Evolution in Brazil"，采用的 8K 液晶电视正是在显示领域全球领先的高科技企业京东方生产的 98 英寸 8K 超高清电视。这是巴西首次采用 8K 显示屏转播现场赛事，每天接待约 7000 人。

虽然客观条件都显示 8K 电视要火，但是理想到现实总是还会经历一些磕磕绊绊。虽然 8K 技术的认知度在不断提升，上游面板厂也在积极推动，但 8K 技术的推广依然存在许多阻力。

高清须涉及"摄、编、存、播、显"五大领域，目前 8K 电视只在"显"的领域内实现了突破，而在"摄、编、存、播"领域，既面临着硬件替代的阻力，也面临着软件升级的阻力。

技术的进步、产品的更新迭代、消费者升级的需求都促使 8K 蓬勃发展。市场研究机构 IHS 的报告显示，8K 超高清显示设备数量在 2018 年约占总设备数量的 1%，这一比例在 2020 年将增至 9%。4K 电视虽然是目前的市场主流，但它并不能阻挡 8K 电视的到来。在众多电视厂商的共同发力之下，8K 时代的到来已势不可当。

第 22 章 技术

22.1 触控与显示驱动器集成屏下指纹技术

虽然整体市场前景不容乐观,但智能手机市场的竞争却日益激烈,推动着品牌业者不断提升手机的技术指标和创新设计。从智能手机面板的技术发展趋势来看,市场仍然围绕着"画质、外观、功能集成"三个方面,其中,画质技术已经达到相对成熟的水平,未来重点是不断优化升级。而"外观、功能集成"则是未来智能手机面板发展的主轴。在外观方面,AMOLED 主要围绕"曲面柔性"进行发展,LCD 主要围绕"窄边框、全屏幕"进行升级。在功能集成方面,则主要围绕显示芯片与触控芯片集成的 TDDI in-cell 进行发展。

触控与显示驱动器集成(Touch and Display Driver Integration,TDDI)是指触控与显示驱动的整合,它将原本一直分离的触控 IC、显示 IC 控制电路合二为一,减少电路干扰和复杂堆叠,减少显示噪声,可以使其外形更薄、简化供应链,还具有降低成本等诸多优势。

TDDI 最早是由人机界面厂商 Synaptics 提倡的,其实之前国内面板厂就尝试大量生产 TDDI 面板,但是由于当时单芯片方案技术的不成熟,产品良率非常低。2016 年,随着单芯片方案的逐步成熟,国内外面板厂开始积极导入 TDDI 方案,并成功量产供货手机品牌厂单芯片方案的 HD/FHD 产品。

截至 2016 年 12 月,国内外主流 LCD 面板厂(如京东方、天马、夏普等)纷纷量产 TDDI in-cell 面板,同时手机品牌厂(包括华为、OPPO、vivo、Gionee、魅族等)也都开始接受 TDDI in-cell 方案的显示屏并大量生产供应。

2017 年,全球手机 LTPS in-cell 液晶面板供给量近 6 亿片,在 LTPS(低温多晶硅)LCD 面板中的渗透率达 78%。随着单芯片方案的逐渐成熟,在 FHD 智能手机面板中,TDDI 方案将在 2017 年快速上量,逐渐成为主流方案。同样,在 a-Si LCD 面板中,TDDI in-cell 产品也将在 2017 年迎来成长。但是对 a-Si 面板而言,成本仍然是制胜关键,a-Si in-cell 面板良率及成本竞争力将是其成长的关键。

全屏设计将革命性地影响智能手机的固有形态,最先影响的是摄像头及指纹识别的布局。对指纹识别来讲,整合式集成设计将是未来的主要方向。受到识别距离的限制,2017 年,指纹识别的集成方案主要是指纹 Sensor 方案商与盖板玻璃的集成,主要分为三种方式:Under-glass 方案(将指纹传感器置于整个盖板玻璃下面)、Glass Cutout 方案(在盖板玻璃上掏 0.2~0.3 毫米深的凹槽,然后将指纹 Sensor 装进去)、In-glass 方案(将指纹 Sensor 融合到玻璃中,该工艺技术的难度最大)。

与此同时，受到此前苹果隐藏式指纹识别专利鼓舞，指纹识别或被嵌入到屏幕玻璃面板的下方。全球主流面板厂也纷纷加大研发力度，并且与主流指纹识别方案商（如 FPC、Goodix、Synaptics、Egis 等）积极配合，研发置于显示面板下方的隐藏式指纹识别方案，不断增大指纹识别传感器的识别距离。指纹识别方案也呈现多元化发展，从中短期来看，电容式仍是市场主流，高通超声波指纹识别等其他方案会并存发展。

根据群智咨询（Sigmaintell）的初步统计，2017 年，全球指纹芯片的发货量约为 9.8 亿颗，同比增幅超 30%，其中 FPC/汇顶的出货量均超过 2 亿颗。指纹识别已经成为手机的标配部件，虽然出货量增幅明显，但是产品结构却出现大逆转，盖板式等中高端需求下降明显，增长主要来自低端镀膜式需求。

屏下指纹技术主要分为光学式及超声波两种，且均需要搭载 OLED 屏幕实现。以新思、汇顶等为代表的光学式屏下指纹方案已经逐步成熟。在 2018 年的全球 CES 展上，vivo 率先发布了搭配 Synaptics Clear ID FS9500 光学指纹传感器的 vivo X20 Plus UD 屏下指纹手机，虽然目前仍然在试水阶段，但是国内主流品牌厂已经进入了小批量项目的试产阶段，预计 2018 年下半年会有更多搭载光学屏下指纹方案的智能手机上市。超声波方案主要以高通、FPC 为主。目前仍然在预研阶段，由于超声波方案必须搭载柔性 OLED 屏幕，整机产品的上市会晚于光学式指纹产品。预计 2018 年下半年超声波式的整机会逐步上市。相较于光学式屏下指纹方案，超声波式方案在量产成本、强穿透性方面颇具优势，随着中长期柔性 OLED 上量，从技术路线来看，超声波方案的屏下指纹或许能迎来更好的发展。

2018 年将会是屏下指纹的发展元年，光学式及超声波指纹均会有量产机型上市，技术的大范围普及仍然要依赖供应链的进一步成熟，或许到 2019 年将迎来市场的高速成长。

22.2 无线充电技术

无线充电技术源于无线电能传输技术，可分为小功率无线充电和大功率无线充电两种方式。

小功率无线充电通常采用电磁感应式，如手机充电的方式。大功率无线充电则通常采用谐振式，如大部分电动汽车的充电，但也有个别大功率无线充电，如中兴的电动汽车采用电磁感应式。

电磁感应式无线充电的基本原理是，初级线圈一定频率的交流电通过电磁感应在次级线圈中产生一定的电流，从而将能量从传输端转移到接收端。电磁感应解决方案在技术实现上并无太多神秘感，中国本土的比亚迪公司早在 2005 年 12 月申请的非接触感应式充电器专利中使用了电磁感应技术。

谐振式无线充电设备则由能量发送装置和能量接收装置组成，当两个装置调整到相同频率，或者说在一个特定的频率上共振时，它们就可以交换彼此的能量。

早在 1890 年，物理学家、电气工程师尼古拉·特斯拉（Nikola Tesla）就已经做了无线充电试验，实现了交流发电。磁感应强度的国际单位制也是以他的名字命名的。特斯拉构想的无线输电方法，是把地球作为内导体、地球电离层作为外导体，通过放大发射机以径向电磁波振荡模式，在地球与电离层之间建立起大约 8 赫兹的低频共振，再利用环绕地球的表面电磁波来传输能量。但因财力不足，特斯拉的大胆构想并没有得到实现。后人虽然从理论上证实了这种方案的可行性，但想要在世界范围内进行能量广播和免费获取也是不可能的。因此，一个伟大的科学设想就这样胎死腹中。

2007 年 6 月 7 日，麻省理工学院的研究团队在美国《科学》杂志的网站上发表了研究成果。研究小组把共振运用到电磁波的传输上，从而成功"抓住"了电磁波，将铜制线圈作为电磁共振器，一团线圈附在传送电力方，另一团在接收电力方。传送方送出某特定频率的电磁波后，经过电磁场扩散到接收方，电力就实现了无线传导。这项被他们称为"无线电力"的技术经过多次试验，已经能成功为一个两米外的 60 瓦灯泡供电。这项技术的最远输电距离还只能达到 2.7 米，但研究者相信，已经可以在此范围内为电池充电，而且只需要安装一个电源，就可以为整个屋里的电器供电。

目前主流的无线充电标准有五种，分别是无线充电技术的标准化组织标准（简称"Qi"）、Power Matters Alliance（PMA）标准、Alliance for Wireless Power（A4WP）标准、不可见的能量场（Invisible Power Field，iNPOFi）技术和 Wi-Po（磁共振无线充电）技术。

Qi 是全球首个推动无线充电技术的标准化组织——无线充电联盟（Wireless Power Consortium，WPC）推出的"无线充电"标准，具备便捷性和通用性两大特征。首先，不同品牌的产品，只要有一个 Qi 的标识，就都可以用 Qi 无线充电器充电。其次，它攻克了无线充电"通用性"的技术瓶颈，在不久的将来，手机、相机、计算机等产品都可以用 Qi 无线充电器充电，为无线充电的大规模应用提供可能。Qi 采用了最为主流的电磁感应技术。在技术应用方面，中国公司已经站在了无线充电行业的最前沿。据悉，Qi 在中国的应用产品主要是手机，这是第一个阶段，以后将运用到不同类别或更高功率的数码产品中。

PMA 标准是由 Duracell Powermat 公司发起的，而该公司则由宝洁与无线充电技术公司 Powermat 无线电源科技公司（简称"Powermat"）合资经营，拥有比较出色的综合实力。除此以外，Powermat 还是 A4WP 标准的支持成员之一。已经有 AT&T、谷歌和星巴克三家公司加盟了 PMA 联盟。PMA 联盟致力于为符合 IEEE 协会标准的手机和电子设备打造无线供电标准，在无线充电领域中具有领导地位。Duracell Powermat 公司推出过一款 WiCC 充电卡，其采用的就是 PMA 标准。WiCC 比 SD 卡大一圈，内部嵌入了用于电磁感应式非接触充电的线圈和电极等组件，卡片较薄，插入现有的智能手机电池旁边即可使用，利用该卡片可使很多便携终端轻松支持非接触充电。

A4WP 标准由美国高通公司、韩国三星公司及前面提到的 Powermat 公司共同创建的无线充电联盟创建。该联盟还包括 Ever Win Industries、Gill Industries、Peiker Acustic 和 SK Telecom 等成员，目标是为包括便携式电子产品和电动汽车等在内的电子产品无线充电设备设立技术标准和行业对话机制。

iNPOFi 无线充电是一种新的无线充电技术。其无线充电系列产品采用智能电传输无线充电技术,具备无辐射、电能转化效率高、热效应微弱等特性。与现有其他的无线充电技术相比,iNPOFi 采用电场脉冲模式,不产生任何辐射,中国泰尔实验室的测试结果显示,其辐射增加值近乎零。在高效方面,泰尔试验室还测定,该技术的产品充电传输效率高达 90%以上,彻底改变了传统无线充电最高 70%的低效率问题。在智能管理方面,其采用芯片适配管理技术,其中包括自动开启、关闭充电过程;自动适配需要的电压、电流,管理充电过程,以确保较高的充电效率;可以使用一个统一的充电板,为任何品牌、型号的电子产品进行安全、便利、高效的充电。在安全性方面,其同时考虑到了各种弱电充电中的安全性问题,如静电 ESD 保护、防过充、防冲击等,甚至在受电设备自身电源管理出现问题时,可以通过 inpofi 芯片自动熔断来保护电子设备不被损坏。值得一提的是,对智能设备厂商而言,inpofi 以一颗极小的芯片为核心,实现了超微化设计,仅为 1/4 个五毛钱硬币的大小,可以方便地集成到任何设备中,也可以集成到各种形态的可穿戴设备中。这是采用传统电磁原理的产品无法达到的。

Wi-Po 技术,即磁共振无线充电技术,利用高频恒定幅值交变磁场发生装置,产生 6.78 兆赫兹的谐振磁场,实现更远的发射距离。该技术通过蓝牙 4.0 实现通信控制,安全可靠,并且可以支持一对多同步通信,同时还具有过温、过压、过流保护和异物检测功能。由于该技术使用的载体为空间磁场,能量不会像电磁波那样发射出去,所以不会对人体造成辐射伤害。Wi-Po 无线充电可应用于手机、计算机、智能穿戴、智能家居、医疗设备、电动汽车等各种场景。

无线充电市场的爆发,对上下游企业而言,无疑意味着巨大的商机,不仅在智能手机市场中,而且在智能家居、汽车等市场中依然具有很大空间。此外,对第三方无线充电供应商来说,这也意味着巨大的商机。不过,无线充电产业尚处于发展初期,市场上涌现的无线充电器产品已经数不胜数,只有那些保证品质的产品才能在市场中脱颖而出。

22.3 HDR 技术

高动态范围(High-Dynamic Range,HDR)图像相比于普通的图像,可以提供更多的动态范围和图像细节,根据不同的曝光时间的 LDR(Low-Dynamic Range)图像,利用每个曝光时间相对应的最佳细节的 LDR 图像来合成最终 HDR 图像,能够更好地反映出真实环境中的视觉效果。

HDR 的概念来自 CG(Computer Graphics)动画,最初由著名的显卡公司 NVIDIA 提出,主要是为了实现游戏画面多层次的光色渲染;后来,这一渲染效果被广泛地运用于数码摄影领域,以获得低反差、色彩绚丽、细节层次明显的照片。HDR 电视是利用 HDR 技术的产品。在 HDR 的作用下,电视所呈现的色彩更加生动,黑色更深邃,画面中的物体也更加清晰明了。同时,画面的色调也会被扩大,可在冷色和暖色之间进行交替。4K HDR 则是一种比 4K 更先进的图像处理技术,电视所呈现的色彩更加生动,最亮和最暗画面的对比度更加分明,画面中的物体也更加真实,画面的色域也因此扩大。亮度是 HDR 的关键,市面上大多数的电视亮度在 400 尼特左右,部分机型达到了 750 尼特。但 HDR 电视的最高亮度可达 1000 尼特,亮度的提升可让场面显得更加真实,特别是户外场景。

当前 HDR 技术的解决方案主要有以下形式。从硬件来看，首先是背光分区独立控制；另外，背光源要采用高色域方案，如采用新的荧光粉或使用量子点背光方案。除了硬件显示方面达到 HDR 的标准，信号处理也是必不可少的，这就要求芯片必须支持 HDR 解码。当然，要实现真正的 HDR，片源的制作、编码解码、传输及最终的显示，所有环节均需要技术的革新和突破。

目前 HDR 共有四种标准：Dolby Vision、HDR10、HLG 和 SL-HDR1，其中前三个引发的讨论最为激烈。电影和流媒体运营商大多支持 Dolby Vision 与 HDR10，而以 BBC、NHK 为代表的电视台则选择站在 HLG 这边。有趣的是，同属一个技术原理的 Dolby Vision 与 HDR10 也开始出现嫌隙，电视厂商的站队更是乱作一团。有同时支持 Dolby Vision、HDR10 的，也有仅支持 HDR10 而明确表示不支持 Dolby Vision 的。但无论标准的内容有何差异，主流的 HDR 标准一般都会规定这样的几个维度，即色彩空间（色域）、色彩深度、转录目标亮度和电光转换函数。

色彩空间是对色域的标准化规定，sRGB、NTSC、DCI-P3 等影像标准都对色彩空间有规定，因此在参考引用这些色彩空间时，也会习惯性地将其称为 sRGB 色彩空间、NTSC 色彩空间和 DCI-P3 色彩空间。在 HDR 时代，几乎所有 HDR 标准都使用 Rec. 2020 影像标准所定义的色彩空间，因此该色彩空间也被纳入到了后来的 Rec. 2100 影像标准中。目前的 HDR 片源也都以 Rec. 2020 色彩空间发行，但是没有一块显示器可以完整显示 Rec. 2020 色彩空间中的所有色彩，最高端的屏幕也不过刚刚能显示 DCI-P3 色彩空间中的所有色彩，只占 Rec. 2020 的 73%。目前也只有杜比影院（国内只有十几家）和激光 IMAX 影院（全国不到十家）可以显示完整的 Rec. 2020 色彩空间。

色彩深度是指在描述色彩时使用多大的数据量，色彩深度越高，描述越精确，同色域内的色彩过渡越自然，占用空间也越大；色彩深度越低，色块越严重。传统的影像规范只用 8bit 深度，但是在 HDR 时代，需要显示的颜色范围更大，因此使用更高的色彩深度是合理的。HDR10 标准规定使用 10bit 深度保存色彩，而 Dolby Vision 标准允许使用更高规格的 12bit 甚至 14bit 保存色彩。

转录目标亮度是一个参考值，而非硬性规定。其是指影像工程师在调教画面时，会以某一个亮度来调整画面内容，在 HDR10 标准中，这个值是 1000 尼特，而在 Dolby Vision 中，这个值是 4000 尼特。这就意味着，如果你的显示器恰巧可以显示如此高的亮度，你看到的内容和影像工程师看到的内容是最为接近的。但是实际上，目前只有非常高端的显示器才能达到如此高的亮度，一般电视的亮度都不到 400 尼特，在显示 HDR 内容时，动态范围一定会受到影响。这些电视在硬指标上其实还停留在 Rec. 709 时代（规定的最大亮度只有 100 尼特）。当内容要求 1000 尼特甚至更高的亮度时，最高亮度不到 400 尼特的电视就需要想办法显示这些"不存在的颜色"。有的电视会切掉不显示（过曝），有的将过亮的部分映射到自己的范围内（压缩），这在本质上都是色彩管理，没有谁对谁错，只不过管理的方式有所不同。但是无论再怎么进行色彩管理，当屏幕素质不达标时，是不能完美显示 HDR 内容的。因此也有人认为，以技术定义而言，HDR 遵循自己独有的一套光电转换机制，即光信号与电信号之间的转换。将真实的场景以数字信号保存为照片，这就是光信号转换为电信号的一个过程。现在所谓的 HDR 只是一种软件处理技术，不涉及光

第 22 章 技术

电的转换，因此它们并不能算是真正的 HDR，在技术上这称为"色调映射"。

"电光转换函数"的存在是因为"光电转换函数"的存在。人眼对亮度的感知不是线性的，对低亮度之间差别的感知能力要远好于高亮度。科学家们想到了使用非线性的数据量来保存数字信号，在低亮度部分使用比高亮度部分更大的数据量，这个非线性的函数称为"光电转换函数"，如此保存下来的内容也需要使用逆向的"电光转换函数"才能还原出人眼的视觉效果。在一段时间内，伽马函数都可以很好地完成这个工作。但是进入 HDR 时代，使用伽马曲线也会造成数据量浪费，所以需要一个更高效的转换函数。其中，Dolby 的感知量化函数（Perceptual Quantizer，PQ）和 BBC+NHK 的混合指数伽马（Hybrid Log-Gamma，HLG）呼声最高。新的电光转换函数取代伽马矫正，实际上是为了进一步节省带宽；从另一个角度讲，则可以用相同的带宽传输更高质量的数据。

很多厂商认为 HDR 的重要程度甚至和 4K 相当，这其实没有错。从某种意义上说，HDR 应该比 4K 更重要。显示器的分辨率在大踏步地提升，但是在动态范围方面，我们已经用 sRGB/Rec.709 太久了，100 尼特的目标亮度对动态范围的限制太大，很难还原人眼所看到的效果，所以提升动态范围迫在眉睫。

智能手机厂商一直朝着提升屏幕尺寸和分辨率的方向发展。自 2017 年以来，智能手机厂商不再局限于在屏幕尺寸、分辨率、外观设计等显示硬件上着力，而是开始关注软件内容，将过去运用在电视上的 HDR 技术套用到手机上，HDR 虽然是通过软件进行演算后显示影像的，但是如果没有硬件配合，仍无法完整发挥效能。而目前手机显示器已进入可支持 HDR 技术的阶段，已能够完整展现 HDR 效果。随着 LG、三星、索尼智能手机皆采用 HDR 技术，中国大陆地区厂商的旗舰机种也可望陆续跟进，在各大主流旗舰机种均支持 HDR 技术的带动下，智能手机采用 HDR 技术将成为新的趋势。

第 23 章　企业

23.1　三星电子

三星电子是韩国最大的电子企业,同时也是三星集团旗下最大的子公司。1938 年 3 月,三星电子于韩国大邱成立,其是韩国民族工业的象征。三星电子的业务领域主要涵盖消费类电子、IT&移动通信、设备解决方案。在消费类电子业务方面,三星电子作为全球电视行业领导者,在 2016 年发布了量子点电视,并以一流的影像质量享誉全球。在 IT&移动通信方面,技术创新是三星电子实现持续发展并获得卓越业绩的最重要原因,三星移动设备的年销售量超过 4 亿台,其中,电信设备和解决方案为其在 4G 时代的全球扩张提供了动力。2016 年,其在全球智能手机市场中名列前茅。2017 年,其在推行全球产品线策略和追求盈利能力的同时,提供具有更好的消费者体验的产品,并在物联网(Internet of Things,IoT)、人工智能、融合驱动服务及 B2B 领域加大投资和研发力度。

23.2　苹果公司

苹果公司(Apple Inc.)是美国一家高科技公司,由史蒂夫·乔布斯、斯蒂夫·沃兹尼亚克和罗·韦恩等人于 1976 年 4 月 1 日创立,当时名为美国苹果电脑公司(Apple Computer Inc.),2007 年 1 月 9 日,其更名为苹果公司,总部位于加利福尼亚州的库比蒂诺。

苹果公司于 1980 年 12 月 12 日公开招股上市,2014 年 6 月,苹果公司已经连续三年成为全球市值最大的公司。苹果公司在 2016 年世界 500 强排行榜中排名第 9。2018 年 8 月 2 日晚间,其盘中市值首次超过 1 万亿美元,股价刷新历史最高位,至 203.57 美元。2016 年 6 月,苹果新成立了一家子公司 Apple Energy。2018 年 8 月,欧盟委员会无条件批准苹果公司收购英国音乐识别应用 Shazam。

23.3　LG 电子

LG 电子(LG Electronics)是消费类电子产品、移动通信产品和家用电器领域内的全球领先者和技术创新者,以家庭娱乐、家用电器、空调、商业解决方案和移动通信五大事业为中心。在全球各大地区设有海外生产基地和营销部门,在全球范围内拥有雇员 84000 多名,全球分支机构达到 114 家,研发中心有 29 个,设计中心有 6 个。

LG 电子是 OLED 电视先驱者，2013 年，其在中国推出首款 55 英寸曲面 OLED 电视。在 CES 国际消费类电子产品展上，LG OLED E8 和 LG OLED C8 荣获 2018 CES "产品优胜奖"，LG OLED W8 和 LG OLED E8 荣获 2018 CES "产品创新奖"。

自 1993 年进入中国以来，以地处北京的 LG 电子（中国）有限公司为中心，LG 电子已拥有惠州、天津等 13 个生产法人（产品工厂）、5 个分公司（地区营销业务）、5 个直营服务中心，投资额超过 25 亿美元，员工达 36000 余人。

23.4　TCL

TCL 创立于 1981 年，目前致力于成为智能产品制造和互联网服务领域的全球领先企业。TCL 于 2004 年 1 月整体在深交所上市（SZ.000100），旗下另拥有四家上市公司：TCL 电子（1070HK）、通力电子（01249.HK）、华显光电（00334.HK）、翰林汇（835281）。集团现有 75000 余名员工、26 个研发中心、10 余家联合实验室、22 个制造加工基地，在 80 多个国家和地区设有销售机构，业务遍及全球 160 多个国家和地区。近年来，TCL 主营业务取得稳步增长，连续 4 年营收超过千亿元。截至 2017 年年底，TCL 集团实现营收 1115.8 亿元，同比增长 4.79%。根据公司最新数据，TCL 电子 2017 年 LCD 电视产品（包含商用显示器）销量为 2377.4 万台，同比增长 15.9%；华星光电 2017 年液晶玻璃基板投片总量为 338.7 万片，同比增长 19.9%；2017 年，TCL 的空调、洗衣机产品销量分别同比增长 26.9%、11.5%，冰箱产品销量同比下降 4.78%；2017 年，TCL 销售通信设备及其他产品 4387.6 万台。

为了适应移动互联网的高速发展和满足跨界竞争的需要，TCL 于 2014 年年初提出"智能+互联网""产品+服务"的"双+"战略转型。为了尽快实现下一个千亿目标，2015 年年初 TCL 集团制定了"双+"转型和全球化的双轮驱动发展战略：通过"双+"转型建立新的业务能力；通过全球化完善全球业务布局，提升海外市场份额。

23.5　海信

海信集团有限公司（简称"海信"）拥有海信电器和海信科龙两家分别在沪、深、港三地上市的公司，持有海信（Hisense）、科龙（Kelon）和容声（Ronshen）三个中国著名商标。海信目前在全球拥有 13 个生产基地、12 个研发中心。海外分支机构覆盖美洲、欧洲、非洲、中东、大洋洲及东南亚等全球市场，产品远销 130 多个国家和地区。

继 2016 年成为欧洲杯顶级赞助商，海信于 2017 年 4 月 6 日宣布成为 2018 年俄罗斯世界杯官方赞助商。2017 年 11 月 14 日，海信集团旗下上市公司海信电器股份有限公司与日本东芝株式会社在东京联合宣布，东芝映像解决方案公司 95%的股权正式转让海信。在转让完成后，海信电器将享有东芝电视产品、品牌、运营服务等一揽子业务，并拥有东芝电视全球 40 年品牌授权。

23.6 创维

创维集团有限公司（简称"创维"）成立于 1988 年，主要从事多媒体（智能电视、内容运营业务）、智能电器（冰箱、洗衣机、空调、厨电等业务）、智能系统技术、现代服务业等四大业务，集团旗下有创维集团和创维数字两家上市公司及若干家高新技术企业，设有国家级企业技术中心、国家级工业设计中心。

创维三十年来累计申请专利 6388 项，完成国家和省市重大科研任务 200 余项，获得省市科研成果 100 多项。2017 年，其参与完成我国 DTMB 标准制定，荣获国家科技进步一等奖。创维成立三十年来，为国家创造税收 400 亿元，投资公益事业 3 亿元，提供就业岗位 4 万余个。创维 SKYWORTH 已成为家喻户晓的世界级家电品牌，其同时还拥有 METZ、COOCAA 两个子品牌。

创维在全球拥有美国硅谷研究室、香港研发中心、深圳数字研究中心等六大科研机构，在墨西哥、俄罗斯设立了控股生产基地，逐步形成了"前瞻开发在美国、应用开发及生产在深圳、销售在全世界"的国际化经营模式。在国内，创维设有 200 多个办事处，拥有超过 2 万名签约客户，分销服务体系渗透到各级市场中。

23.7 康佳

康佳（KONKA）即康佳集团，全称为康佳集团股份有限公司，成立于 1980 年 5 月 21 日，前身是"广东光明华侨电子工业公司"，是中国改革开放后诞生的第一家中外合资电子企业。2015 年，康佳以资本公积转增方式增发资本，变更后注册资本为 24.08 亿元。华侨城集团为康佳第一大股东。1999 年，康佳集团成为深圳本土产值过百亿的企业，2013 年产值突破 200 亿元，2017 年康佳实现跨越式发展，销售收入达到 312 亿元，实现净利润 50.57 亿元。2018 年上半年，康佳已实现营业收入 176.25 亿元，利润总额为 3.91 亿元，同比分别同比增长 54.6%、1179%，预计全年将实现收入 500 亿元、利润总额 10 亿元。

2017 年，康佳启动以跨越式发展为导向的转型升级战略，2018 年，康佳正式构建"一个核心定位、二条发展主线、三项发展策略、四大业务群组"的发展战略。康佳以消费电子业务（彩电、白电、手机）为基础，向战略性新兴产业升级、向产业地产业务拓展、向互联网及供应链服务业务延伸，形成了"产业产品业务群、科技园区业务群、平台服务业务群及投资金融业务群"四大业务群协同发展的局面。其已完成多媒体彩电、移动通信、白色家电等业务的公司化运营，成立科技产业园事业部、半导体事业部、环保科技事业部、供应链金融事业部等战略新兴业务部门。

23.8 长虹

四川长虹电子控股集团有限公司（简称"长虹"）创始于 1958 年，公司前身——国营长虹机器厂是我国"一五"期间的 156 项重点工程之一，是当时国内唯一的机载火控雷达生产基地。从军工立业、彩电兴业到信息电子的多元拓展，已成为集军工、消费电子、核心器件研发与制造于一体的综合型跨国企业集团，并正向具有全球竞争力的信息家电内容与服务提供商挺进。2015 年 6 月 3 日，四川长虹电器股份有限公司发出公告，称其控股股东四川长虹电子集团有限公司的公司名称已于 6 月 3 日变更为四川长虹电子控股集团有限公司。

长虹拥有四家上市公司：四川长虹（600839.SH）、长虹美菱（000521.SZ）、长虹华意（000404.SZ）、长虹佳华（08016.HK）。同时，新增长虹民生（836237.OC）、长虹能源（836239.OC）、中科美菱（835892.OC）及新收购的格兰博（837322.OC）四家新三板挂牌公司。

2016 年 12 月，长虹在北京发布全球首创超高效远心激光光机和柔性菲涅尔光学屏幕的 CHiQ 激光影院。2017 年 8 月，长虹与华为全资控股子公司深圳市海思半导体有限公司签署了战略合作协议，双方将在国内就"物联网"领域技术和产品应用展开实质性合作。

23.9 华为

华为技术有限公司（简称"华为"）是一家生产销售通信设备的民营通信科技公司，于 1987 年正式注册成立，总部位于中国广东省深圳市龙岗区坂田华为基地。截至 2016 年年底，华为有 17 万多名员工，华为的产品和解决方案已经应用于全球 170 多个国家，服务全球运营商 50 强中的 45 家及全球 1/3 的人口。

2016 年 8 月，全国工商联发布"2016 中国民营企业 500 强"榜单，华为以 3950.09 亿元的年营业收入成为 500 强榜首。同时，华为在"2016 中国企业 500 强"中居第 27 位。2018 年 2 月，沃达丰和华为完成首次 5G 通话测试。华为是全球领先的信息与通信技术（ICT）解决方案供应商，专注于 ICT 领域。在通信网络、IT、智能终端和云服务等领域为客户提供有竞争力、安全可信赖的产品、解决方案与服务，与生态伙伴开放合作，持续为客户创造价值，释放个人潜能，丰富家庭生活，激发组织创新。

23.10 小米

北京小米科技有限责任公司（简称"小米"）成立于 2010 年 3 月 3 日，是一家专注于智能硬件和电子产品研发的移动互联网公司，同时也是一家专注于高端智能手机、互联网电视及智能家居生态链建设的创新型科技企业。

小米还是继苹果、三星、华为之后，第四家拥有手机芯片自研能力的科技公司。

小米已经建成了全球最大的消费类 IoT 物联网平台，连接超过 1 亿台智能设备，月活跃用户达到 1.9 亿。小米系投资的公司接近 400 家，覆盖智能硬件、生活消费用品、教育、游戏、社交网络、文化娱乐、医疗健康、汽车交通、金融等领域。2018 年 2 月，谷歌联合 WPP 和凯度华通明略发布的《2018 年中国出海品牌 50 强报告》显示，小米在中国出海品牌中排名第四，仅次于联想、华为和阿里巴巴。

小米已进入 74 个国家，2017 年年底，在 15 个国家中处于市场前 5 位。2018 年 7 月 9 日，其正式登陆香港交易所主板。小米 2018 年手机出货量达到 1.2 亿台以上，占比为 8.7%，排名全球第四、中国第二，逆势上扬 32.2%。

23.11 OPPO

广东欧珀移动通信有限公司（OPPO）位于广东省东莞市长安镇乌沙海滨路 18 号。公司于 2003 年成立，主要生产和销售手机等消费电子产品。OPPO 为广东欧珀移动通信有限公司的商标。OPPO 是一家全球注册，集科研、制造和营销于一体的大型高科技企业，产品远销美国、俄罗斯、欧洲、日本、韩国、东南亚等市场，OPPO 致力于打造高品质时尚数码行业的国际一流品牌。OPPO 一直专注手机拍照的技术创新，开创了"手机自拍美颜"时代；如今，全球超过 2 亿年轻人正在使用 OPPO 拍照手机。

OPPO 手机从 2009 年开始进入海外市场。截至 2016 年 12 月，已经开拓泰国、越南、印度尼西亚、印度、马来西亚、新加坡、墨西哥、菲律宾、缅甸等 27 个市场。2018 年上半年，其发明专利授权量达到 1520 件，全国排名第三。

23.12 vivo

维沃移动通信有限公司（vivo）是一家民营企业，于 2010 年 6 月 7 日在东莞市工商行政管理局登记成立。公司经营范围包括生产、销售各类电话机、手机、手机配件、饰品等。

vivo 是一个专注于智能手机领域的手机品牌，2014 年，vivo 品牌的国际化之路全面开启，除中国大陆地区市场外，vivo 进驻的海外市场包含印度、泰国、缅甸、马来西亚、印度尼西亚、越南和菲律宾。2016 年年底，vivo 高层在媒体沟通会上透露，将在国内外成立研发中心，国内部分有深圳、东莞、南京、杭州和北京，而国外将在美国硅谷与圣地亚哥设研发中心。

第 24 章 投资

智能电视的产业链包括传统电视、互联网、智能电视三个部分。传统电视部分的上游包括 ITO 靶材、玻璃基板等原材料；中游包括面板、背光模组；下游为电视厂商。互联网部分由广电系所主导，其上游为内容服务平台、集成播控平台和电视台，他们通过中游的广电网络运营商将节目内容推送到观众的面前。芯片、遥控方式、外围设备等硬件厂商属于智能电视部分的上游；视频网站、程序开发者也属于智能电视部分的上游，其将影视内容和应用程序通过应用商店推送到观众的面前。可见内容对于智能电视的特殊性及重要性。

智能内容类型众多，如视频类、新闻类、社交类、工具、教育、生活、游戏类等。而在过去 5 年的时间里，网络视频快速增长，超过网络音乐、网络游戏、网络文学等其他网络娱乐类应用。2016 年中国网络视听发展研究报告显示，2016 年 1—11 月，网络视频用户使用电视上网看视频的比例达到 55.1%，比 2015 年翻一番。

合作共赢是行业市场发展的必经阶段，随着智能电视的普及，内容视频提供商与终端商的合作盛行。

（1）TCL+爱奇艺：TCL 于 2013 年 9 月联手爱奇艺推出 TV+电视。TCL 主导研发、制造和渠道销售，爱奇艺则提供视频服务等软件内容。

（2）阿里+创维：2013 年 9 月 10 日，阿里与创维合作推出搭载阿里云系统、天赐系统的酷开电视。

（3）乐视+TCL：2015 年 12 月，乐视宣布以 19 亿元入股 TCL，拉开了 2016 年彩电市场战略合作的序幕。

（4）乐视+VIZIO：2016 年 7 月，乐视以 20 亿美元收购美国本土第一大电视厂商 VIZIO 及其关联公司 Inscape。

（5）爱奇艺+创维：2016 年 9 月 13 日，爱奇艺以 1.5 亿元投资创维旗下的酷开电视，占股 5%。

（6）海信+TCL：2016 年 11 月 30 日，在华星光电 11 代生产线正式开工之际，海信与 TCL 签署战略合作协议。

（7）腾讯+酷开：2017 年 6 月 6 日，腾讯以 3 亿元的投资获得创维旗下开发互联网电视的子公司酷开的 7.71%股权。

（8）腾讯+雷鸟：2017 年 7 月 5 日，腾讯注资 TCL 旗下互联网品牌雷鸟，获得 16.67%的股权，成为雷鸟第二大股东。

内容提供商与电视厂商的合作目的可以分为两种。第一种是作为一种工具，卖会员、卖广告，如乐视、PPTV、芒果等，他们的目的是使自己的视频内容让更多用户观看。第二种目的为做平台，如小米和阿里，他们是为了做一个平台，整合各视频网站的内容。目前的弊端是内容资源同质化，由于国内的内容资源大户依然是腾讯、爱奇艺、乐视、芒果TV等，结果就出现了不同电视品牌同样的电视资源库。